김상복 목사 창세기 강해 · 2

모험을 두려워 말라

김상복 목사 지음

모험을 두려워 말라

1993년 12월 25일 초판 발행
1999년 4월 10일 초판 6쇄발행
2001년 4월 16일 초판 7쇄발행
지은이 · 김상복
발행인 · 김수곤
발행처 · 선교횃불
등록일 · 1999년 9월 21일 제54호
등록주소 · 서울시 송파구 삼전동 103번지
전   화 · (02) 2203-2739
팩   스 · (02) 2203-2738

ISBN 978-89-5546-364-4

총 판 · 선교횃불   (값 13,000원)

ⓒ 김상복. 1993
이 출판물은 저작권법의 보호를 받으므로 무단 복제를 할 수 없습니다.

"

위대한 믿음의
조상 아브라함처럼
모험을 두려워하지 않고
하나님께 순종함으로써
하나님이 주시는 복된 삶을 살기
원하시는 _____ 님께
이 책을 드립니다.

"

차 례

머리말 6

제 1 장 서론(창 11:24-32) 9
제 2 장 아브라함의 소명과 순종(창 12:1) 37
제 3 장 아브라함의 복된 삶(창 12:2-9) 55
제 4 장 아브라함의 애굽행(창 12:10-20) 87
제 5 장 인생을 망친 선택(창 13:1-13) 105
제 6 장 약속의 하나님(창 13:14-18) 119
제 7 장 엘 엘리욘의 하나님(창 14:1-24) 127
제 8 장 미래를 향한 예언(창 15:1-21) 147
제 9 장 고통의 씨앗(창 16:1-16) 163
제 10 장 엘 샤다이 하나님(창 17:1-8) 179
제 11 장 마음의 할례(창 17:9-14) 191
제 12 장 웃게 하시는 하나님(창 17:15-27) 207

제 13 장 불가능은 없다(창 18:1-15) ·····················215
제 14 장 신임받는 아브라함(창 18:16-33)··················231
제 15 장 멸망의 위기(창 19:1-38) ························247
제 16 장 진실을 잃지 말자(창 20:1-18) ····················263
제 17 장 웃음의 순간, 절망의 순간(창 21:1-21) ············277
제 18 장 화해는 필요하다(창 21:22-34)····················289
제 19 장 여호와 이레(창 22:1-24) ························299
제 20 장 대가를 지불하라(창 23:1-20) ····················329
제 21 장 충성스러운 종과 아리따운 처녀(창 24:1-58)·······349
제 22 장 명상의 저녁(창 24:59-67) ·······················375
제 23 장 만족한 최후(창 25:1-11) ························385
제 24 장 위대한 믿음의 조상 아브라함(롬 4:18-22)·········395

머리말

성공적인 삶의 요소 가운데 반드시 들어있는 것 하나는 모험이라는 것입니다. 모험을 싫어하는 사람은 평범한 삶을 살아갈 수는 있지만 뛰어난 삶이나 인생의 수많은 성취를 경험하며 살 수는 없습니다. 그런데 모험이라고 하지만, 소위 믿음이라는 것보다 더 큰 모험을 요구하고 큰 결과를 약속하는 것은 없습니다.

인간의 눈에는 보이는 것도없고 손에 만져지는 것이 없는데도 마음의 눈으로 분명히 보고 듣고 믿고, 그 믿는 것을 향해 전진할 때 믿는 것이 마치 현실이기나 한 것처럼 느끼고 말하고 생동하는 삶이 믿음의 삶입니다. 마음으로 본 것들이 마치 그럴 줄 알았다는 듯이 하나씩 하나씩 현실화되어 가는 것을 체험하며 삽니다. 이것이 "믿음은 바라는 것들의 실상"(히 12:1)이라고 하는 말입니다. 믿는 사람들의 삶입니다.

인류의 역사에 있어서 수많은 위대한 일들이 믿음에서 출발하여 이루어졌습니다. 아브라함을 믿음의 조상이라고 흔히 부릅니다. 지금부터 사천 년 전에 사신 분이지만 최소한 세계 종교 중 유대교와 기독교와 천주교와 모슬렘 종교가 이 분을 그들의 믿음의 조상으로 삼고 있습니다. 네 그룹을 합하면 현재 세계 인구의 거의 3분의 2 정도가 됩니다. 이 분은 믿음으로 산 사람이고 많은 사람들이 이분의 믿음과 같은 믿음을 갖고 역사 속에 멋진 삶들을 살아 왔습니다.

메소포타미아 지방의 우르라고 하는 작은 도시에서 살던 아브라함이라는 한 사람이 하루는 눈에 보이지도 않는 하나님이 나타나셔서 고향을 떠나라고 하시는 음성을 들었습니다. 좋은 집에서 아내와 함께 자식이 없어도 안정된 삶을 살고 있었습니다. 그와 그의 후손을 통해서 많은 나라가 형성될 것이며, 위대한 왕들이 나올 것이고, 결국 세계 모든 인류가 그를 통하여 복을 받게 될 것이라는 약속을 하나님으로부터 받았습니다. 아브라함은 이 약속을 믿고 무작정 어디로 가는지도 모르고 미래를 향하여 출발을 합니다.

그의 후손들이 지금의 이스라엘 민족과 아랍 사람들이요 신앙적으로는 유대교, 천주교, 모슬람교를 믿는 사람들입니다.

아브라함의 이야기는 너무도 흥미진진하고 많은 교훈을 남겨 놓았습니다. 이 책에서 이 분의 모험적인 신앙의 삶 속에서 나타나는 적나라한 모습을 살펴보며 영원한 교훈을 얻어, 우리도 믿음의 삶을 통해서 우리에게도 주어지는 복된 삶을 누리기를 원합니다. 우리도 이 시대와 우리 가정의 아브라함이 되어 그 분처럼 모든 사람들에게 '복의 근원'이 되기를 바랍니다.

이 책의 내용은 횃불선교센타의 목사횃불회 회원 목사님들과 매주 월요일 오전에 모여 공부한 내용과, 할렐루야교회의 성도들과 나누었던 내용을 함께 엮어 출판한 것입니다.

저와 함께 이 성경공부에 참석하여 주신 수 많은 목사님들께 감사를 드립니다.

모험적 믿음의 삶을 추구하며
1994년 11월

제 1 장

서론

"나홀은 이십구 세에 데라를 낳았고 데라를 낳은 후에 일백 십구 년을 지내며 자녀를 낳았으며 데라는 칠십 세에 아브람과 나홀과 하란을 낳았더라 데라의 후예는 이러하니라 데라는 아브람과 나홀과 하란을 낳았고 하란은 롯을 낳았으며 하란은 그 아비 데라보다 먼저 본토 갈대아 우르에서 죽었더라 아브람과 나홀이 장가들었으니 아브람의 아내 이름은 사래며 나홀의 아내 이름은 밀가니 하란의 딸이요 하란은 밀가의 아비며 또 이스가의 아비더라 사래는 잉태하지 못하므로 자식이 없었더라 데라가 그 아들 아브람과 하란의 아들 그 손자 롯과 그 자부 아브람의 아내 사래를 데리고 갈대아 우르에서 떠나 가나안 땅으로 가고자 하더니 하란에 이르러 거기 거하였으며 데라는 이백 오 세를 향수하고 하란에서 죽었더라"(창 11:24-32).

서론

창세기는 언약의 책이면서 믿음의 책입니다. 창세기에는 우리에게 주는 많은 교훈과 진리가 있습니다. 하나님의 말씀에 순종한 믿음의 조상들의 삶이 담겨 있습니다. 이런 의미에서 창세기는 12장부터가 사실상 본론이나 마찬가지입니다. 이스라엘의 조상, 위대한 믿음의 조상 아브라함의 이야기가 12장부터 나타나기 때문입니다.

성경 전체에서 가장 많이 언급되는 사람은 아브라함입니다. 아브라함의 이름은 신구약에 약 400여 차례나 나타나는데 신약만 하더라도 일흔 네 번이나 나옵니다. 이것은 아브라함의 위치가 성경 역사에서 얼마나 중요한가를 말해주고 있습니다.

창세기만 보더라도 12장부터 25장까지 열 네 장에 걸쳐 아브라함의 이야기가 나옵니다. 창세기 초두에(1-11장) 씌어진 태고의 역사, 즉 창조로부터 아브라함까지가 열한 장인데 비해, 아브라함 한 사람의 생애는 열네 장입니다. 그의 아들 이삭은 두 장, 야곱은 열두 장, 요셉이 열세 장입니다. 창세기 전체를 통해 가장 중요하게 다루어진 인물이 바로 아브라함이라는 것을 우리는 장의 수만 보아도 알 수 있습니다.

그러면 지금부터 우리는 믿음의 조상 아브라함에 대해서, 하나님께서 축복해 주신 아브라함의 복된 삶에 대해서 살펴보도록 하겠습니다.

아브라함의 가족상황

서론에서는 먼저 아브라함의 가족상황을 성경을 중심으로 요약해 보겠습니다. 먼저 아브라함의 가족상황과 아브라함의 행적을 전반적으로 개괄해 보고나서, 12장부터 25장까지에 나타난 아브라함의 생애를 성경 말씀 한 구절 한 구절을 자세하게 살펴보기로 하겠습니다.

본서는 강해서이기 때문에 창세기 한 구절 한 구절의 깊은 의미와 거기에서 배울 수 있는 신앙적인 교훈들을 살피는 데 앞으로 많은 지면을 할애할 것입니다. 그러나 지나치게 부분적인 것에 관심을 기울이다보면 전체적인 것을 놓치고 마는 경우가 종종 있습니다. 나무는 보지만 정작 중요한 숲은 보지 못하고 마는 것입니다. 그래서 저는 서론을 빌어 아브라함의 생애의 전반적인 모습을 먼저 살펴보기를 원합니다.

맨먼저 아브라함의 가족사항에 대해 살펴보도록 하겠습니다.

데라

아브라함의 아버지 데라는 우상숭배자였습니다(수 24:2). 유대인의 전승에 의하면, 데라는 우상을 제작해 파는 사람이었습니다.

창세기 31장에서 보면, 야곱이 라반으로부터 떠날 때 라헬이 드라빔을 훔쳐나오는 장면이 있습니다. 이 드라빔은 우상의 일종인 가족 수호신으로서, 이 드라빔의 소유자에게 상속권이 있었습니다. 데라가 만든 것이 바로 이런 우상이었습니다. 데라는 우상을 만들었을 뿐만 아니라 섬기기까지 했던 것입니다. 결국, 이 우상은 데라를 거쳐 그 아들 나홀과 손자 브두엘, 증손자 라반에 이르기까지 데라의 후손들을 우상숭배자로 만들어 버렸습니다.

데라는 70세가 지나서 세 아들을 두었습니다. 그 당시에는 보통 30세 정도에 결혼을 해서 자식을 낳는 것이 보편적이었습니다. 그런데 데라는 70세가 되어 세 아들 아브람과 나홀과 하란을 낳았습니다. 세 아들 모두 하란에서 결혼했고, 하란은 롯을 낳은 후 갈대아 우르에서 죽었습니다.

아들을 잃은 데라는 몹시 슬펐고 그래서 하란의 아들인 롯에 대해서 각별한 애정을 느꼈을 것입니다. 아마 데라가 갈대아 우르를 떠난 것도 하란의 죽음에서 비롯된 것이 아닌가 짐작해 봅니다. 어쨌든 데라는 두 아들과 손자와 그리고 자부들을 데리고 하란으로 떠났습니다.

데라는 본래 하란 사람인데 갈대아 우르로 갔다가 다시 하란으로 돌아온 것입니다. 11장 31절의 말씀에 따르면, 데라는 원래 갈대아 우르 출신인데 가나안 땅으로 가려다가 하란에 머물렀다고 생각하기가 쉽습니다만 데라는 본래 하란 태생으로 여겨집니다.

왜냐하면 데라의 형제들이 전부 다 밧단아람이란 동네에 살고 있기 때문입니다. 밧단아람은 하란 지방입니다. 현재 터키 동남부지방에 있습니다. 나중에 나오는 야곱이나 이삭의 생애에서도 그 후손들이 밧단아람으로 돌아와서 친척집을 찾아가고 있습니다. 뿐만 아니라, 데라의 조상의 상당수가 하란이 위치한 아람지역의 지명들과 이름이 비슷합니다.

이것을 보면 데라는 본래 갈대아 우르 사람이 아니라 하란 사람인데, 갈대아 우르에서 살다가 하나님의 부르심을 받아서 다시 하란에 돌아가 머물러 있었던 것으로 여겨집니다. 따라서 아브라함이 출생한 곳과, 하나님께서 아브라함을 부르신 곳은 수메르의 수도인 우르였습니다. 그러나 데라는 우르를 떠나 하란으로 돌아와 거기서 죽었고, 아브라함은 그곳이 약속의 땅이 아니었기 때문에 가나안으로 이주하였던 것입니다.

데라는 갈대아 우르로 갔다가 다시 하란으로 돌아와 아브라함이 75세가 되었을 때 하란에서 죽었습니다. 슬하에는 아브람, 나홀, 하란을 두었는데 이 중에서 하란은 데라보다 먼저 죽었고 아들, 즉 데라의 손자 롯을 남겼습니다.

데라는 205세의 수명을 누렸고(11:32) 그의 아들 아브라함은 175세까지 살았습니다(25:7). 데라가 죽고 난 뒤, 아브라함은 하나님의 부르심을 받고 75세에 하란을 떠나 가나안 땅으로 향합니다.

아브라함 대(代)에 이르자 인간의 수명이 처음으로 200세 이하로 줄어들었습니다. 새로운 시대가 시작된 것입니다.

아브라함

구약학자들에 의하면, 아브라함의 본고향도 데라의 고향인 하란이라고 합니다. 본래 하란사람인데 갈대아 우르에 가서 살다가 하나님의 부름을 받고 다시 자기의 고향 하란으로 돌아왔다고 학자들은 말하고 있습니다.

12장 1절에 보면 "여호와께서 아브람에게 이르시되 너는 너의 본토 친척 아비 집을 떠나"라고 말씀하시는데, 이 때 아브라함은 하란에 머물고 있을 때였으므로 "본토 친척 아비 집"은 하란을 말하는 것입니다. 후에 야곱이 에서를 피해 삼촌 라반을 찾아갈 때나, 아브라함의 종이 야곱의 아들 이삭의 신부 리브가를 찾으러 갈 때에도 갈대아 우르 지방으로 가지 않고 밧단아람 지역으로 찾아갔던 것을 보면 알 수 있습니다.

아브라함의 본명은 '아브람'인데 이 이름은 '그 아버지는 존귀하시다'는 뜻으로서 '아비람' 또는 '아바라마'라는 히브리어에서 변형된 이름으로 여겨집니다. 그러나 이 이름은 창세기 17장 5절에서 '열국의 아버지'를 의미하는 '아브라함'으로 개명됩니다. 성경에서 이름이 바뀌면 새로운 삶을 의미합니다.

아브라함은 나홀과 하란을 형제로 두었으며 사라와 결혼을 했습니다. 아브라함은 갈대아 우르 출신으로서 형제인 하란이 죽자 부친과 함께 하란으로 이주했습니다(11:31). 그러나 그곳은 하나님이 약속하신 땅이 아니었기 때문에 아버지 데라가 죽자 아브라함은 75세 때에 아내와 조카 롯을 데리고 다시 가나안 땅으로 이주하였습니다.

첩인 하갈과의 사이에서 아들 이스마엘을, 본처인 사라에게서 아들 이삭을, 그밖에 두번째 아내 그두라에게서 최소 여섯 명 이상의 자녀들을 두었습니다.

사라

아브라함의 부인 사라는 원래 아브라함의 이복여동생이었습니다(20:12). 아브라함의 부인이 된 사라는 아브라함과 아버지가 같고 어머니가 다른 이복 여동생이었습니다. 두 사람은 갈대아 우르에서 결혼했고, 우르를 떠나 하란을 거쳐 가나안으로 이동했습니다.

사라는 대단한 미모였습니다. 사라의 미모로 인해 아브라함은 목숨이 위태로울까 두려워하여 사라를 자기의 누이라고 속였습니다(12:11-13). 사라가 아브라함의 누이인 것은 사실이었습니다. 그러나 아브라함은 사라가 자기의 아내가 되었다는 사실을 숨김으로써 반쪽짜리 대답을 함으로써 결국은 거짓말을 하였던 것입니다.

사라의 원래 이름은 '사래'로서 아이를 출산하지 못해 많은 고통을 겪었습니다. 사라는 자신이 아기를 낳기엔 너무 늙었다고 판단하여 자신의 여종 하갈을 아브라함에게 주어 이스마엘을 낳게 하지만 하갈에게서 멸시를 받자 하갈을 학대하기도 했습니다.

그러나 결국 90세에 하나님이 언약하신 아기인 이삭을 잉태하여 낳았습니다. 사라는 127세를 일기로 헤브론에서 죽었는데, 사라는 성경에서 죽을 때의 나이가 언급된 유일한 여성입니다. 아브라함은 사라를 위하여 헷 족속으로부터 막벨라굴을 사서 거기에 사라를 장사지냈습니다.

하갈

아브라함의 첫번째 첩 하갈은 애굽 출신의 여종이었습니다(16:1). 아브라함이 하갈을 언제 얻었느냐 하면, 아브라함이 기근 때문에 애굽으로 갔을 때입니다. 아브라함은 자기 아내 사라에 대해서 바로에게 거짓말을 했습니다. 그때 바로가 아브라함에게 많은 양과 소와 노비 등을 선물로 받았는데, 그 종 가운데 하나가 하갈이었습니다. 결국, 애굽땅에서 아내를 잃을 뻔한 거짓말의 대가로 받은, 하갈 때문에 아브라함은 나중에 많은 고통을 겪게 됩니다.

하나님의 사람은 하나님의 뜻에 순종하며 살아야 합니다. 자기 의지대로, 자기 생각대로 살려고 꾀를 쓰다보면 문제가 생깁니다. 아브라함도 하나님이 가라고 한 땅에 머물렀으면 아무리 기근이 나더라도 하나님께서 일용할 양식을 주셨을 것입니다. 그런데 가라는 지시도 없는데 자기 생각대로 애굽에 갔다가 거짓말하고 바로에게 들켜 수모를 당하고, 또 아내를 팔아넘긴 대가로 노비를 받아왔다가 결국은 그것이 두고 두고 골치거리가 되고 말았습니다.

하갈 때문에 사라와 아브라함이 얼마나 속을 썩습니까? 결국 하갈에게서 난 이스마엘의 후손인 아랍 민족과 이삭의 후손인 이스라엘 민족은 몇 천 년을 두고 적대관계를 갖습니다. 이 모두가 아브라함의 인간적인 생각, 아브라함의 범죄에서 비롯되었습니다.

죄는 범할 가치가 없습니다. 왜냐하면 죄의 대가가 너무나 크기 때문입니다. 죄를 지을 때는 당장의 문제를 해결할 것 같고, 그 결과가 달콤할 것 같지만 결국, 그 죄 하나 때문에 두고두고 고생을 하게 됩니다.

'하갈'이란 이름은 히브리어 '하가르'에서 파생한 말인데 '방황하는, 도피하는'이란 뜻을 가지고 있습니다. 사라가 아브라함에게 자신의 여종인 하갈을 첩으로 준 것은 당시의 관습으로서, 이 경우 하갈이 임신하여 자식을 낳으면 법적으로 그 아이는 사라의 아이가 되는 것이었습니다.

그런데 하갈은 임신하자 아이를 낳지 못하는 여주인 사라를 멸시하였고 그 바람에 사라에게 학대를 받고 애굽으로 도망치려다가 광야에서 천사를 만나 되돌아온 후 이스마엘을 낳았습니다.

신약에서 바울은 하갈을 옛 언약에서 종노릇하는 자녀를 낳은 자로 비유하고 있습니다.

이스마엘과 이삭

아브라함에게는 하갈과 사라에게서 난 두 아들 이스마엘과 이삭이 있었습니다(21:9-13). 하나님께서 언약의 자손을 주시겠다고 약속하셨지만 그 사이를 참지 못하고 사라는 여종 하갈을 시켜 아브라함과 동침하게 하여 이스마엘을 낳았습니다. 그러나 이스마엘은 하나님이 언약하신 그 아들이 아니었으므로 결국 하나님께서는 태가 끊어진 사라에게서 진정한 언약의 아들 이삭을 낳습니다. 육적인 장남 이스마엘과 아브라함의 상속자가 된 이삭 사이에는 열대여섯 살의 나이 차이가 있었습니다.

'이스마엘'은 '하나님이 들으신다'는 뜻을 가지고 있습니다. 이것은 그 어머니 하갈이 광야로 도망쳤을 때 하나님이 그녀의 호소를 들으셨다는 데서 비롯된 이름입니다. 이스마엘은 비록 아브라함의 장남이기는 하지만 하나님께서 약속하신 자손이 아니었으므로 상속자가 되지 못했습니다. 창세기 16:7-14에 보면 이스마엘은 거친 사람이며 그의 생애는 싸움으로 얼룩질 것이라고 예언하고 있습니다.

이스마엘은 분가한 후 애굽 여인과 결혼했으며(21:21), 이삭과 함께 그 아버지 아브라함을 막벨라 굴에 장사지냈고(25:9), 137세를 일기로 죽었습니다. 전승에 의하면 이스마엘은 사막에 거하는 아랍 사람들의 조상이 되었습니다.

'이삭'은 '그가 웃었다'는 뜻의 히브리어 '이츠하크'에서 나온 말입니다. 하나님께서 아브라함에게 약속하신 아들입니다. 아브라함이 100세에 낳은 아들인 이삭은 40세에 리브가와 결혼했으며, 아내 리브가가 임신하지 못하자 여호와께 간구하여 60세에 에서와 야곱을 쌍둥이로 낳았습니다. 이삭은 리브가와 더불어 에서와 야곱을 서로 편애하였으며 이 때문에 두 아들 사이에 갈등이 생겼고 장자의 상속권에 대한 다툼으로 야곱은 이삭을 속여 장자에 대한 축복을 받았습니다. 이삭은 180세에 죽어 그 아버지의 무덤인 막벨라 굴에 장사되었습니다.

그두라와 여섯 자녀들

사라가 죽은 후 아브라함은 그두라라는 후처를 취하여 여섯 자녀들을 낳았습니다(25:1-2). 아브라함에게는 첫째 이스마엘과 둘째 이삭 외에도 그두라에게서 난 아들 시므란과 요산과 드단과 미디안과 이스박과 수아가 있었습니다(창 25:1-2).

그두라는 원래 아브라함의 첩이었습니다(대상 1:32). 그두라의 여섯 자녀들은 일곱 손자들을 낳았는데, 그두라에게 난 아들들에서 아라비아의 스바 족속과 드단 족속, 미디안 족속이 유래하였습니다.

이것은 아브라함이 큰 민족을 이룰 것이라는 하나님의 약속이 성취된 것을 의미합니다.

그밖의 첩과 아들들

아브라함은 175세에 죽었는데 그는 생애에서 사라뿐만 아니라 첫번째 첩 하갈과 후처 그두라와 또 몇 명의 첩들이 있었습니다. 이 첩들을 통해서도 아브라함은 자식들을 낳았습니다(25:6).

어떤 사람들은 기독교를 비난하면서 기독교의 성경이 부도덕한 책이라고 말합니다. 그 근거가 창세기, 특히 믿음의 조상이라고 하는 아브라함이 많은 첩을 둔 데서 찾고 있습니다.

아브라함의 생애에 대해 현대의 기준으로 평가하는 것은 문제가 있습니다. 그러면 이것을 어떻게 이해해야 하느냐? 하나님께서 일부다처제나 첩을 인정하신 것은 아닙니다. 그러나 아브라함이 살던 시대의 문화는 일부다처제 문화였으므로 하나님께서는 그것에서부터 출발하셔서 아브라함과 그 후손들과 나아가 곧 우리를 깨끗하고 정결하게 해 주셨습니다.

하나님께서 이미 우리를 구원하셨듯이 우리의 성화를 서서히 이루어가시는 것도 마찬가지입니다. 처음 예수 믿었을 때, 우리가 구원 받자마자 완전히 성화되었느냐? 그게 아닙니다. 믿기 전에 가지고 있던 좋지 못한 많은 습관과 성격과 악행을 여전히 가지고 있습니다. 그런데 하나님의 은혜와, 성령님의 인도하심과, 말씀의 역사를 통해서 시간이 지나면서 서서히 성화되어 갑니다. 이것이 우리의 모습입니다.

아브라함도 마찬가지입니다. 아브라함이 하나님을 믿었다고 해서 아브라함이 그당시의 모든 문화와 고립되는 것은 아닙니다. 아브라함에게는 여전히 아직 완전히 떠나지 못한 그 당시의 문화적 관습이 남아 있을 수밖에 없던 것입니다.

하나님은 하나님을 믿었다고 순식간에 모든 것으로부터 떠나고 한꺼번에 모든 것이 변화되길 기대하는 분이 아닙니다. 오랜 시간 끈기와 애정을 가지고 우리가 변화되는 모습을 지켜보시기를 기뻐하십니다.

어떤 사람들은 예수님을 믿자마자 술과 담배와 좋지 않은 습관들을 단번에 끊어버리는 사람도 있는 반면에, 또 어떤 사람들은 술과 담배를 끊는 데 오랜 시간과 노력이 필요한 사람도 있습니다. 어느 경우든 **하나님께서는 하나님 앞에서 경건하고 순결하게 살아가려는 모습을 기뻐하**

시는 분입니다.
　아브라함이 서서히 성화되면서 오랜 시간 동안 조금씩 변화된 것처럼 지금도 하나님은 우리를 변화시키시며 변화되어가는 모습을 기뻐하십니다

　아브라함은 자신의 모든 아들을 다 사랑하여 죽기 전에 모든 아들들에게 이스마엘을 내보낼 때와 마찬가지로 첩의 자식들에게도 다 재물을 주어 내보내었습니다. 그는 아들들을 동방으로 내보냄으로써 하나님께서 주신 언약의 자손인 이삭이 상속자로서의 권리를 행사하는데 아무런 장애가 없도록 준비했습니다.

　우리는 대개 성경에 있는 위대한 인물들의 장점만을 계속해서 보아왔습니다. 그러나 스스로 성경을 읽기 시작하면서 저는 마음에 많은 위로가 되었습니다. 왜냐하면 성경의 위대한 인물 중에도 20세기의 평범한 우리들보다도 못한 사람들이 많이 있었기 때문입니다.
　이것을 발견하기 전에는 저 자신에게 굉장히 엄격한 편이므로 나 자신의 실수에 대해 절대로 용서하지 못했는데 성경을 읽기 시작하면서 제 자신에 대해 많이 너그러워졌습니다. 아브라함을 사랑하시사 은총을 베푸시고 끝까지 돌봐주셨듯이 하나님은 저를 인도하신다는 것을 알았습니다. 이것은 동시에 다른 사람에 대해서도 관대해질 수 있도록 저를 변화시켰던 것입니다.
　그래도 나는 아브라함같이 첩이 있는 것도 아니고, 몰래 아들을 낳은 것도 아니고, 큰 거짓말을 한 것도 아니지 않습니까? 중요한 것은 우리가 얼마나 잘났나 또는 내가 얼마나 못났나 하는 것이 아닙니다. **우리에게 희망이 있는 것은 우리에게는 은혜와 자비의 하나님이 있기 때문입니다. 우리가 가치 있는 것은 하나님이 우리와 함께 하시기 때문입니다.**

20 모험을 두려워 말라

아브라함의 여정(旅程)

지금까지 아브라함의 가족 상황을 살펴보았습니다. 이제는 아브라함의 생애를 살펴보기로 하겠습니다. 아브라함의 생애를 살펴보는 데는 많은 방법이 있을 수 있습니다만 여기에서는 아브라함이 가나안 땅을 찾아가는 여정을 따라 지리를 중심으로 아브라함의 생애를 살펴보기로 하겠습니다.

갈대아 우르

갈대아 우르는 바빌로니아의 남부 지방으로서, 페르시아 만 근처에 있는 유프라테스강과 티그리스강 사이에 있는 지역을 말합니다. '갈대아' 지역은 바빌로니아의 마지막 왕조, 즉 갈대아 왕조의 이름에서 비롯된 것이므로 갈대아 즉 바빌론을 말하는 것입니다.

아브라함은 우상숭배자 데라의 아들로 갈대아 우르에서 태어나서 사라와 결혼을 했습니다(11:31). 하나님께서 아브라함을 부르신 곳도 우르였습니다. 그후 데라의 가정은 하란으로 돌아와 거기에 거하였고, 데라는 하란에서 죽었습니다. 아브라함은 아버지가 돌아가실 때까지 하란에서 살았다고 11장 31절에 나타나 있습니다.

하란

하란은 유브라데스 강의 북쪽 지류인 발리크 강 유역에 있는 한 도시로, 데라가 거주하다가 죽은 곳이며, 아브라함의 형제 나홀이 살고 있던 곳입니다. 주전 25세기 전에 건설된 것으로 추정되는 하란은 메소포타미아, 수리아, 니느웨, 애굽, 소 아시아를 연결하는 주요 대상 무역로의 중심지에 위치하고 있으며, 하란 사람들은 바빌론의 달신인 신(sin)을 숭배하고 있었습니다. 오늘의 터키에 있습니다.

아브라함은 75세 되던 해에 조카 롯과 함께 하란을 떠나 가나안으로 향했습니다(12:5). 이것을 보면서 위로가 되는 것은 아브라함이 75세에 떠났다는 것입니다. 하나님이 떠나라고 하시면 75세든 100세든 우리는 떠날 수 있습니다.

 사실 대개 나이가 40세 정도 넘어서면 더이상 인생의 모험을 하려고 하지 않습니다. 좀더 안정되고 안락된 생활을 누리려고 합니다만 그러나 **우리의 신앙생활은 죽는 날까지 모험의 연속입니다**. 아무리 나이가 75살이라도 하나님이 떠나라고 하면 떠나야 하고, 개척교회 하라고 하시면 교회를 개척해야 하며 사업을 시작하라고 하시면 시작해야 합니다.
 사실상의 모험은 세상 속에 있습니다. 지금은 당장 안락하고 편안해 보여도 하나님이 없는 삶은 높은 줄 위에서 벌이는 외줄타기와 같은 반면에 하나님을 의지하는 삶은 세상이 보기에는 홍수와 폭풍우 속 같아도 사실은 잔잔한 바다입니다. 홍해를 가르시는 하나님, 폭풍우 치는 바다를 잔잔케 하시는 예수님이 계시기 때문입니다.

세겜, 벧엘, 애굽
 아브라함이 가나안 땅에 도착해서 세겜과 벧엘과 애굽을 거쳐 다시 벧엘로 되돌아왔습니다(12:5-13:4).

첫째/ 아브라함은 가나안 땅 중에서 최초로 도착한 세겜 땅 모레 상수리나무에 이르자 자기에게 나타난 하나님을 위하여 그곳에 제단을 쌓았습니다(12:6).
 하나님이 약속하신 가나안 최초의 땅에 다른 누구를 위한 것이 아니라 하나님을 위한 단을 쌓은 것입니다. 세겜은 에발 산과 그리심 산 사이의 에브라임 산지에 위치한, 가나안 족속이 살던 성읍이며, 아브라함이 최초의 단을 쌓은 이후 세겜은 이스라엘의 모든 지파가 모여 언약의식을 행하는 장소가 되었습니다(수 24장).

둘째/ 아브라함은 벧엘 동편 산으로 옮겨 장막을 치고 하나님께 예배를 드렸습니다(12:8).

　아브라함은 가는 곳마다 하나님을 위하여 단을 쌓았습니다. 그 중에서도 특히 벧엘에서는 여호와를 위하여 단을 쌓고 여호와의 이름을 불렀습니다. 즉 여호와의 이름을 불렀다는 것은 예배를 드렸다는 뜻입니다. 셋의 아들 에노스 때에 사람들이 여호와의 이름을 불렀다는 것과 마찬가지의 의미입니다(4:26). 아브라함은 다시 기근을 피해 애굽으로 옮겼습니다(12:10).

　벧엘은 '하나님의 집'이란 뜻으로서 아브라함이 단을 쌓은 후에는 야곱이 사닥다리의 환상을 보고 돌기둥을 세워 하나님께 서원한 곳이기도 합니다.

　여기에서 잠시 성경에 나오는 지명들이 어디에 위치해 있는지 지리를 살펴봅시다. 아라비아 반도는 양쪽으로 왼쪽에는 홍해, 오른쪽으로는 한때 걸프전으로 유명했던 페르시아만이 있는데 수메르의 수도였던 우르는 바로 페르시아만의 윗쪽, 유프라테스강과 티그리스강이 페르시아만에 합류하는 지점 부근에 있었습니다.

　아브라함은 아버지 데라와 함께 유프라테스강을 따라 북쪽으로 이동했습니다. 아브라함은 데라가 죽을 때까지 유프라테스강의 발원지 부근인 하란에 머물러 있었습니다. 데라가 죽자 아브라함은 하란을 출발하여 지중해를 따라 요단강 서편에 위치한 세겜에 도착하여 단을 쌓았습니다. 그리고 세겜에서 동쪽에 위치한 벧엘로 이동한 아브라함은 벧엘에 단을 쌓고 여호와께 예배를 드리고 계속 남하하여 애굽으로 들어갔습니다.

　아브라함이 도착한 애굽 땅은 현재의 수에즈 운하 서쪽으로서 나일강 삼각주와 홍해의 맨윗쪽 사이에 있었습니다.

셋째/ 아브라함은 애굽에서 다시 벧엘로 돌아왔습니다(13:3).

애굽으로 갔다가 다시 벧엘로 돌아온 아브라함에게는 중요한 사건이 생깁니다. 바로 벧엘에서 롯과 아브라함이 갈라진 사건입니다(창 13장).

6절에 보면, 가축이 너무 많아져서 롯과 아브라함의 목동들 사이에 문제가 생겨 아브라함이 롯과 갈라서기로 결심하고 롯에게 우선권을 주자 롯은 제일 비옥한 땅을 몽땅 차지했습니다. 자기를 길러준 삼촌을 생각할 겨를도 없이 온 요단 평야를 자기가 취한 것입니다.

롯은 자기 생각과 방법을 통해 이제 가장 좋은 땅을 가졌다고 생각했겠지만 그러나 **참 승리의 근원은 하나님입니다.** 그러므로 롯이 차지한 요단 들도 하나님이 보시기엔 이미 아브라함에게 주시기로 계획하셨던 땅인 것입니다.

"보이는 땅을 내가 너와 네 자손에게 주리니 영원히 이르리라 내가 네 자손으로 땅의 티끌 같게 하리니 사람이 땅의 티끌을 능히 셀 수 있을진대 네 자손도 세리라 너는 일어나 그 땅을 종과 횡으로 행하여 보라 내가 그것을 네게 주리라"(13:15-17).

예수 믿는 재미가 이것입니다. 롯은 눈으로 보이는 것을 선택했습니다. 그러나 **신앙은 눈에 보이지 않는 것을 보이는 것처럼 선택하는 것이며 만져지지 않는 것을 선택하는 것입니다.** 만져지지 않는 것을 선택했는데 그것을 믿고 선택했을 때 하나님께서 그것을 현실화해주시는 은혜가 있는 것이 바로 신앙인의 재미입니다. 또한 아무것도 없이도 오직 하나님과 함께 사는 삶이 참 격려입니다.

헤브론

아브라함은 벧엘에서 롯과의 분가 사건이 있은 다음, 아브라함은 헤브론으로 이주하여 그곳에 15년 이상 정착해 살았습니다(13:18). 헤브론은 유다 산지에 위치한 도시로 예루살렘 남서쪽 약 30킬로미터 지점에 위치해 있습니다.

헤브론에서 아브라함은 15년 동안을 사는데 여기서 여섯 가지의 중요한 사건이 벌어집니다.

첫째/ 아브라함은 아모리 왕과 평화조약 협정을 합니다.

14장 13절에 나타납니다. "아브람이 아모리 족속 마므레의 상수리 수풀 근처에 거하였더라 마므레는 에스골의 형제요 또 아넬의 형제라 이들은 아브람과 동맹한 자더라."

아브라함은 지혜로운 사람이었으며 또한 양보할 줄 아는 사람이었습니다. 땅이 좁아 롯과 문제가 생겼을 때 그는 조카인 롯에게 땅을 선택할 수 있는 권한을 주었습니다. 아모리 땅에서도 그는 다툼과 갈등의 관계를 맺지 않고 평화와 협력의 관계를 맺었습니다. 아브라함의 이런 성격은 사라가 죽었을 때 헷 족속으로부터 정중하고 정당하게 막벨라 굴을 장지로 구입하는 데서도 드러납니다.

둘째/ 아브라함은 조카 롯을 구출합니다.

아브라함은 소돔과 고모라를 침공한 네 왕의 연합군으로부터 조카 롯을 구출해옵니다. 14장 1절에서 16절에 나오는 이야기입니다.

아브라함은 평화를 사랑하는 사람이어서 다툼을 피했지만, 필요할 때는 언제든지 일어서서 여호와를 의지하여 용맹하게 싸울 줄 아는 용기 있는 사람이기도 했습니다. 그래서 아브라함은 가솔들을 이끌고 연합군과 싸워 승리했던 것입니다.

셋째/ 아브라함은 멜기세덱에게 십일조를 드리고 멜기세덱으로부터 축복을 받습니다.

14장 17-24절에서, 아브라함은 엘람 왕 그돌라오멜을 격파하고 조카 롯을 구출해오면서 살렘 왕 멜기세덱의 영접을 받았으며 이때 아브라함은 멜기세덱에게 십일조를 드리는데 이것은 성경에 나타난 최초의 십일조였습니다.

중동 사람들의 문화를 연구한 학자들에 따르면, 십일조를 드리는 것은 유대 사람들만의 특유한 습관이 아니었다고 합니다. 그 당시에는 다른 나라 사람들도 신에게 드리는 헌물로서 십일조를 드렸는데, 유대 사람들이 이것을 하나님에 대한 하나의 의무로 만들었다고 학자들은 말합니다.

십일조 문제를 놓고 학자들 중에는 10%에 얽매이는 것이 율법적이라고 하는 학자들도 있는 반면에 몇 학자들은 "십일조는 모세의 율법에서 온 것이니까 십일조를 하여야만 한다는 것은 너무 율법적이다, 신약의 은혜시대에는 자진해서 받은 분량대로 하는 것이다"라고 강조하고 있는 학자도 있습니다.

십일조에 대한 성경 말씀들을 찾아봅시다. 창세기 14장 20절에서 아브라함이 멜기세덱에게 십일조를 드렸습니다. 야곱도 십일조를 드렸고, 모세오경에는 완전히 제도화된 십일조 얘기가 나옵니다. 유대인들은 누구나 다 십일조를 드렸습니다. 예수님도 유대인이었기 때문에 십일조를 하셨을 것이고, 예수님의 제자들과 사도 바울도 유대인이었기 때문에 십일조를 했습니다.
그러므로 십일조를 하지 않아도 좋다는 결론은 억지인 것 같습니다. 신약성경에는 명확한 십일조에 대한 말이 안 나온다고 할지라도, 성경 전체를 통해 십일조에 대한 많은 사례들이 있습니다. 즉, **십일조는 우리의 모든 소유과 물질들이 하나님의 것이고 하나님으로부터 비롯되었다는 신앙고백에 대한 최소한의 표현입니다.**

넷째/ 아브라함의 후손에 대한 하나님께 거듭된 언약을 받았습니다.

이것은 15장에 나옵니다. 하나님께서 아브라함에게 후손을 주겠다고 약속했을 때 아브라함은 자식이 없어서 엘리에셀을 상속자로 삼으려고 했습니다. 이 엘리에셀는 후에 이삭을 위하여 아내감을 찾으려고 떠난 종입니다. 그는 하란에서부터 아브라함과 같이 온 종인데 아브라함이 신임하는 가장 똑똑한 종이었던 것 같습니다.

아브라함은 하나님의 약속에도 불구하고 자식이 계속 없으니까 "하나님, 제가 데리고 있는 종 가운데 가장 신실한 종인 이 엘리에셀을 제 상속자로 생각하고 있습니다"라고 했고 하나님은 "그는 너의 후사가 아니라 네 몸에서 날 자가 네 후손이 되리라"(15:4)고 하는 약속을 해주셨습니다.

그러나 아브라함이 8절에서 "여호와여 내가 이 땅으로 업을 삼을 줄을 무엇으로 알리이까?"라고 믿음 없음을 드러내자 하나님은 "네 자손이 이방에서 객이 되어 그들을 섬기겠고 그들은 사백 년 동안 네 자손을 괴롭게 하리라"고 말씀하십니다.

이스라엘 민족이 출애굽한 것은 아브라함으로부터 400여 년 후의 일입니다. 400년 후에 나타날 사건을 벌써 하나님께서 예언하셨습니다. 15장의 예언은 정확하게 출애굽기에서 성취됩니다.

신앙의 길은 복잡한 것이 아닙니다. 하나님이 그렇다면 그런 것이고 아니라면 아닌 것입니다. 하나님께서 말씀하신 것을 그대로 믿으면 그것으로 해결됩니다. 그러므로 **신앙의 멋과 재미는 하나님이 전적으로 나타나는 것, 하나님을 전적으로 드러내는 것, 하나님께 전적으로 순종하는 것입니다.**

다섯째/ 하갈에게서 이스마엘이 탄생합니다.

사라는 하나님의 역사를 모른 채 인간적인 생각으로 자기의 애굽출신 몸종인 하갈로 하여금 아브라함과 동침하여 이스마엘을 갖게 합니다. 이 인간적인 생각이 나중에 사라를 괴롭히고 아브라함을 근심하게 하며, 하갈과 이스마엘이 샘가에서 하나님께 부르짖게 합니다.

이스마엘이 탄생하던 때에 아브라함의 나이가 85세입니다. 이삭이 아브라함이 100세 때에 태어났으니까 이스마엘과 이삭은 15년 차이가 납니다. 이러니 하나님이 약속한 씨인 이삭이 덩치 큰 형인 이스마엘에게 구박을 받으며 자라날 수밖에 없었던 것입니다. 이스마엘의 탄생은 역사 가운데 두고두고 이스라엘 민족의 가시가 됩니다.

여섯째/ 아브라함은 하나님의 언약의 표시로 할례를 주었습니다.

할례는 유대 사람들만의 유일한 방법은 아니었습니다. 그 당시의 다른 나라 사람들도 할례를 했습니다. 그것을 하나님께서 언약의 표시로 사용을 한 것입니다. 하나님은 이스라엘 민족에게 전혀 새로운 어떤 것을 가르치기도 하셨지만, 대개는 당시의 문화적인 관습들을 많이 사용하셨으며 그 관습들에서 이교적인 요소들을 제거 관습을 중생(重生)시키셨습니다. 만약 하나님께서 그 당시에 사용하던 관습이 아니라 20세기의 관습을 그들에게 가르쳤다면 그들은 잘 이해하지 못했을 것입니다. 이것은 예수님께서 신약 당시에 그 당시의 많은 관습들을 인용하여 비유를 많이 든 것과 같은 이유입니다.

이와같은 여섯 가지 사건이 헤브론에서 일어났습니다.

네겝

아브라함은 그 다음 15년을 남부지방 네겝에서 거주했습니다. 헤브론에서 다시 남쪽으로 애굽 방향으로 가서 15년을 사는데, 이 네겝에서도 중요한 네 가지 사건이 나타납니다.

첫째/ 아브라함은 사라를 누이라고 거짓말했습니다.

이 이야기는 20장에 나옵니다. 이미 아브라함은 애굽에서 첫번째 거짓말을 했었는데 25년이 지난 지금 아브라함은 또다시 같은 거짓말을 했습니다. 세 살 버릇이 여든까지 간다고, 철저하게 뿌리 뽑지 못한 악한 습관이 또다시 나타났습니다. 그러므로 악은 아예 첫발부터 안 디뎌야지 한번 악에 빠지고 나면 헤어나오기가 힘듭니다.

여러 해 전 제가 대학을 졸업한 직후, 가정교사를 하는 친구가 있었습니다. 마침 그 친구가 가르치던 학생이 일류대학교에 들어갔다고 그 집에서 한 상 차려 초대를 해서 저도 같이 갔습니다. 거기는 술 마시는 친구들도 여럿 있었습니다. 그 친구들이 하는 말이 "오늘은 상복이 너 때문에 술을 안 마시기로 했다"고 해서 '어, 그래도 나를 꽤 생각해 주는구나' 생각한 순간 친구가 하는 말이 "그래서 오늘은 우리가 술을 안 마시고 대신 포도주를 마시기로 했다"고 말했습니다.
그래서 한편으론 나 하나 때문에 친구들이 술을 안 마신다고 하니 조금 미안하기도 하고, 포도주를 놓고 어떻게 해야 하는지 고민도 되었습니다. 하여튼 이제 음식을 막 먹기 시작하는데, 조그만 잔을 하나씩 돌리고 제 앞에도 하나를 놓더니 제 옆에 있던 친구가 제 잔에 포도주를 따랐습니다. 그래서 저는 "아, 나 술 안 마신다"고 했더니 "너, 왜 이래? 너 때문에 우리가 술을 안 마시고 지금 포도주를 마시는데 이건 술이 아니야. 괜찮아." 그래도 "아, 나 안 마신다"며 친구와 실갱이를 하는 가운데 참으로 난처했습니다. 그래서 못 이기고 그냥 한 잔 홀짝 마셨습니다.
그런데 한 잔씩 또 돌리더니 제게도 또 한 잔을 따랐습니다.
"아, 나 이제 정말 안 마신다."
"야, 한 잔 마셨으면 두 잔도 마실 수 있는 거지."
그래서 가만히 생각해보니까 또 그런 것 같았습니다. 그래서 또 한 잔을 홀짝 마셨습니다. 그런데 또 잔을 채우는 것이었습니다.
"이젠 정말이야, 정말 안 마셔."
"임마, 이미 다 마셨는데 뭘 그래."

그래서 또 마셨습니다. 거울을 보니까 얼굴은 멀쩡한데, 잠깐 화장실 가려고 일어섰는데 다리가 휘청거렸습니다. 그 사이에 취한 것이었습니다.

그러므로 악은 처음부터 거부해야 합니다. 한 잔, 두 잔 야금야금 마시다 보면 자기도 주체하지 못할 만큼 죄악 속에 깊숙이 빠져들고 맙니다.

아브라함도 25년 전에 한 번 거짓말을 해 놓으니까 비슷한 상황이 오자 또 거짓말을 하게 된 것입니다. 두 번이나 아버지가 거짓말하는 것을 본 아들 이삭이 그것을 안 배울 리가 있습니까? 나중에는 이삭도 똑같은 거짓말을 합니다. 부모가 신앙의 본을 보이면 자식도 부모의 신앙을 따르고 부모가 거짓말의 본을 보이면 자식도 거짓말장이가 되고 마는 것입니다.

둘째/ 아브라함은 100세에 이삭을 얻고, 이스마엘과 헤어집니다.

21장에는 100세에 얻은 아들 이삭의 얘기가 나옵니다. 참 웃기시는 하나님의 모습이 나옵니다. 100살에 아들을 낳는다고 하니까 사람의 생각으로는 얼마나 우습습니까? 사라가 웃은 것이 이해가 갑니다. 사람은 도저히 상상할 수 없는 웃기는 일을 하나님이 하신 것입니다.

곧 이어서 아브라함은 이스마엘과 이별합니다. 아무리 여종 하갈의 자식이지만, 자기가 낳은 자식을 떼어내서 보내야 하는 그 아픔과 고통이 얼마나 컸겠습니까? 죄의 값은 큽니다. **죄의 값은 고통이요, 말할 수 없는 아픔입니다. 죄는 그 안에 슬픔을 가지고 찾아오며 죄 속에는 형벌이 들어가 있습니다.** 죄를 지으면 하나님께서 회초리를 들고 쫓아오시기도 하지만, 범죄하면 자동적으로 매를 맞게 되어 있습니다. 죄 안에 매가 들어 있습니다.

셋째/ 아브라함은 이삭을 하나님께 바칩니다.

22장에 나오는 이야기입니다. 여기에서 아브라함은 완전히 신앙의 사람으로 하나님의 인정을 받습니다. 아브라함은 마지막에 가서는 하나님의 뜻이라면 자기 자식도 죽일 수 있는 신앙을 갖습니다. 아브라함은 이제 인간의 생각으로는 비합리적인 명령일지라도 하나님의 명령은 순종해야 한다는 것을 알고 있습니다. 하나님께서는 이삭을 통해서 수많은 민족과 뭇별 같은 자손을 주시겠다고 약속하셨으므로 만약 자신이 이삭을 죽이더라도 하나님이 다시 살려내실 것이라는 믿음을 갖습니다.

아브라함이 어떤 믿음을 가지고 있었는지 22장을 살펴보도록 합시다. 먼저 5절을 봅시다.

"이에 아브라함이 사환에게 이르되 너희는 나귀와 함께 여기서 기다리라 내가 아이와 함께 저기 가서 경배하고 너희에게 돌아오리라."

우리말 성경으로는 이 구절에서 아브라함의 특별한 믿음을 찾아보기 힘이 듭니다. 그러나 이 중에서 "너희에게 돌아오리라"는 구절을 원문으로 해석해보면 아브라함의 놀라운 신앙이 드러납니다. 알기 쉽게 영어성경(NIV)에서 이 부분을 옮겨보겠습니다.

"We will come back to you."

우리, 즉 다시 말해, 아브라함과 이삭이 다시 돌아올 것이라는 것입니다. 이상하지 않습니까? 아브라함은 이삭을 번제로 드리는 흉내만 내려 한 것이 결코 아니었습니다. 아브라함이 이삭을 칼로 내려치려 하는 장면은 너무나 생생합니다. 그렇다면 아브라함은 왜 이렇게 종들에게 말했을까요?

아브라함은 알고 있었던 것입니다. 나이 백 세에 약속하셔서 아브라함이 불가능하다고 생각했던 아들을 낳도록 하셨던 하나님이셨습니다. 그 하나님은 이스마엘이나 그두라가 낳은 다른 아들들이 아니라 바로 이삭을 통해 뭇별 같은 후손을 주시겠다고 약속하신 하나님이셨습니다.

따라서 아브라함은 자기가 하나님이 명하신 대로 단순하게 순종하여 이삭을 번제로 드리면 하나님이 다시 이삭을 살리시리라고 믿었던 것입니다. 노아가 그때까지 한 번도 경험해 보지 못했던 대홍수를 120년이나 걸려 준비했던 것처럼, 아브라함도 지금까지 한 번도 듣지도 보지도 못했지만 부활에 대한 소망이 있었던 것입니다. 예수님이 부활하시기 전에 이미 아브라함은 부활에 대한 믿음을 가진 사람이었던 것입니다. 그래서 우리가 아브라함을 위대한 믿음의 조상이라고 부르는 것입니다.

이것은 아브라함의 믿음이 완숙해지는 결정적인 순간이었습니다. 아브라함의 믿음이 하나님으로부터 인정받는 감동적인 순간이었습니다. 그러므로 하나님은 12절에서 아브라함에게 이렇게 말씀하십니다.

> "네가 네 아들 독자라도 내게 아끼지 아니하였으니 내가 이제야 하나님을 경외하는 줄을 내가 아노라."

"내가 아노라." 하나님이 인정하시는 것입니다.

저는 이 구절을 읽을 때마다 가슴이 쩡해옵니다. 왜냐하면 이 구절에서 저는 숨겨져 있는 하나님의 마음을 느끼기 때문입니다. 그리고 이 구절에서 하나님은 제게 이렇게 말씀하십니다.

> "아브라함이 그 아들 독자 이삭을 아끼지 아니한 것처럼, 내가 내 아들 내 독생자 예수라도 아끼지 아니하고 너희를 위해 바쳤

는데, 너희는 이제도 하나님을 경외할 줄 모르는구나. 아브라함이 이삭을 바치고 가슴 아파할까 봐 나는 이삭을 바치기 전에 그의 믿음을 알아주었는데, 내가 내 사랑하는 유일한 아들 예수를 너희 때문에 직접 십자가에 못박혀 죽도록 하기까지 내가 얼마나 너희를 사랑하는 줄 너희는 아느냐?"

"너희는 아느냐?" 물으시는 하나님을 생각할 때마다 저는 그 사랑에 가슴이 저려오고 눈물이 앞을 가립니다. 우리 하나님은 이런 분이십니다. 아브라함에게는 번제로 바치라고 명하셨던 이삭까지도 돌려보내시며 아브라함의 믿음을 인정하시면서도, 자신은 친히 그 독자를 바쳐 우리를 향한 하나님의 크고 무한하신 사랑을 증명해 보이신 분입니다.

아브라함은 이 사랑을 알았습니다. 자식을 바치는 것이 얼마나 크고 고통스러운 사랑인지를 알았기에 하나님의 마음을 알았습니다. 그래서 아브라함은 이것이 하나님께서 자신의 믿음을 시험하시는 것이란 것을 알았습니다. 그리고 그 **시험에 합격하는 유일한 방법은 하나님의 말씀에 무조건적으로 단순하게 순종하는 것**이라는 것을 알았습니다.

하나님의 사랑을 알고 하나님의 마음을 체험한 아브라함은 비로소 하나님의 시험에 통과하여 '위대한 믿음의 조상'이 된 것입니다.

헤브론

그 다음 20년 동안 아브라함은 다시 헤브론으로 이사를 갔습니다. 아브라함이 네겝에서 헤브론으로 이주를 한 후 두 가지의 주요한 사건이 생깁니다. 그러나 20년이란 긴 기간에 비해서 헤브론에서 아브라함이 살았던 이야기는 자세하게 기록되어 있지 않습니다.

첫째/ 사라가 향년 127세로 헤브론에서 사망합니다.

사라는 가나안 땅 헤브론 기럇아르바에서 향년 127세로 죽습니다(23:1-2). 사라는 성경에서 나이가 기록된 유일한 여성입니다. 뿐만 아니라 다른 족장들의 죽음과도 비교될 만큼 사라의 죽음과 매장에 대한 기록은 자세히 기록되어 있습니다. 그것은 사라가 믿음의 조상인 아브라함의 아내요, 열국의 어머이기 때문입니다. 무엇보다도 사라의 죽음은 하나님의 언약에 참여한 사람 중의 첫 죽음이었기 때문입니다.

둘째/ 아브라함은 장지로서 막벨라 굴을 사들입니다.

사라가 127세에 죽자 아브라함은 마므레 근처에 있는 막벨라 굴을 매장지로 사들였습니다(23:3-20). 아브라함이 굴을 사들인 헷 족속(힛타이트 족)은 나중에 철기를 발명한 민족이며 밧세바의 남편 우리야가 바로 이 헷 족속이었습니다.

23장 3절에서 20절까지에는 아브라함과 헷 족속과의 거래 및 계약과정이 자세하게 기록되어 있습니다. 이 과정은 힛타이트 시대의 법과 일치하고 있습니다.

아브라함이 헷 족속과 계약하는 과정은 아브라함의 변화된 면모를 잘 드러내 줍니다. 헷 족속은 아브라함에게 매장지와 굴이 속한 밭을 그냥 내주려고 했습니다(11절). 그러나 아브라함은 헷 족속의 거듭된 사양(15절)에도 불구하고 밭값을 치르고 매장지를 구입합니다.

이것을 보면 아브라함이 옛날 애굽에서 아내를 누이라 속이고 종과 가축들을 받았던 것과는 대조적인 모습을 볼 수 있습니다. 이미 아브라함은 헷 족속으로부터 인정을 받을 만큼 헤브론 지방에서 영향력 있고 신망 있는 사람으로 자리를 잡았습니다. 뿐만 아니라, 헷 족속의 거듭된 호의에도 불구하고 정당한 대가를 치르고자 하는 성숙한 면모를 보이고 있습니다.

헤브론에서 아브라함이 막벨라 굴을 산 것은 두 가지 점에서 중요한 의미가 있습니다. 그것은 이 막벨라 굴이 앞으로 모든 언약의 참여자가 묻히게 될 장지가 되기 때문이며 또한 가나안 땅에 대가를 지불하고 산 땅을 가짐으로써 아브라함은 당당히 가나안 땅에 뿌리를 내리게 된 것입니다. 나중에 모세의 출애굽과, 여호수아의 정복전쟁, 다윗과 솔로몬의 통치를 통해서 완성하게 될 가나안 땅 정복의 언약이 막벨라 굴의 매입을 통해 시작되고 있는 것입니다.

네겝

아브라함은 말년의 38년을 다시 남부지방 네겝으로 이주하여 보냅니다. 네겝에서 네 가지의 중대한 사건이 생깁니다.

첫째/ 아브라함의 종이 이삭의 신부감을 찾아 메소포타미아로 떠났습니다(24장).

구약성경 가운데 가장 아름다운 이야기가 24장에 나옵니다. 이방인 중에서가 아니라 자기 민족으로 며느리를 삼으려는 아브라함, 하나님과 주인에게 충성할 뿐만 아니라 지혜롭기도 한 늙은 종, 인정이 많으면서도 결단력 있고 정숙한 리브가, 신부감을 기다리며 기도하는 이삭, 이 이야기에 등장하는 모든 사람들이 아름답습니다.

그러나 가장 아름다운 것은 이 모든 이야기의 연출자이시요, 매순간을 분명하게 인도해 가신 하나님입니다.

둘째/ 아브라함은 그두라와 재혼을 했습니다(25:1-6).

사라가 죽은 후 아브라함은 후처를 맞이합니다. 역대상 1장 32절을 보면 그두라는 원래 아브라함의 첩이었습니다. 아브라함은 그두라와의 사이에서 시므란과 스바와 므단과 미디안과 이스박과 수아를 낳았습니다.

이것은 긍정적인 면에서는 아브라함의 후손이 열국을 이루리라는 하나님의 축복이 성취된 것이지만, 부정적으로 보면 이삭의 상속권을 위협하고 나아가서는 이스라엘 민족을 위협하는 세력을 잉태한 계기가 되기도 했습니다.

셋째/ 이삭의 결혼 후 아브라함은 35년을 더 생존했습니다.

그두라의 아들들은 수많은 북아랍인들의 조상이 되었으나 하나님이 약속하신 씨는 이삭이었습니다. 그래서 아브라함은 유일한 상속자인 이삭을 제외한 나머지 자식들에게 재산을 나눠주고 생전에 분가를 시켰습니다. 그래서 아브라함의 상속권이 이삭에게 있음을 분명히 하고 이삭의 상속권을 보호하였습니다.

넷째/ 향년 175세의 나이로 아브라함은 막벨라 굴에 장사되었습니다 (25:7-9)

하나님께서 타는 횃불의 모습으로 쪼갠 짐승 사이를 지나면서까지 언약을 확인시키셨던 아브라함, 할례로 그 언약을 받아들였던 믿음의 조상 아브라함이 마침내 하나님 품으로 돌아갑니다.

아브라함의 파란만장한 생애에 비하면 오히려 너무 간략하다 싶을 정도로 25장은 아브라함의 죽음을 기록하고 있습니다. 아브라함이 죽어서 묻힌 곳은 생전에 아내 사라를 위하여 사두었던 막벨라 굴이었습니다. 하나님께서 아브라함에게 많은 땅과 후손을 약속하셨지만 생전에 아브라함이 본 것은 약속하신 씨앗인 이삭과, 여종의 몸에서 난 이스마엘을 비롯한 몇 명의 아들들이었습니다. 아브라함이 가나안에 정착하기는 했지만 아브라함이 정작 차지한 땅은 막벨라 굴이 전부였습니다.

이것은 하나님께서 아브라함에게 약속하신 축복이 이 땅 위에 있지 않다는 것을 말해줍니다. **하나님이 약속하신 아브라함의 후손은 아브라함의 육에서 난 자식들만이 아니라 믿음으로 거듭난 모든 사람들입니다.** 비록 아브라함은 이 땅 위에 한 평의 무덤자리밖에 갖지 못했지만 아브라함은 천국에서 모든 것을 가졌습니다. 하나님이 아브라함에게 약속하신 소망은 이 땅 위에 있는 것이 아니기 때문입니다.

　천국에서 아브라함은 세계 역사 가운데 뭇별보다 더 많은 하나님의 자녀들 속에 둘러싸여 열국의 아비, 믿음의 조상이라 칭함을 받게 된 것입니다.

제 2 장

아브라함의 소명과 순종

"여호와께서 아브람에게 이르시되 너는 너의 본토 친척 아비집을 떠나 내가 네게 지시할 땅으로 가라"(창 12:1).

아브라함의 소명과 순종

신앙은 모험적인 삶입니다

사업가들이 즐겨 쓰는 말 중에 이런 말이 있습니다. "비전(vision)에는 모험(risk)이 있다." **미래를 향한 비전, 위대한 일에는 일종의 모험이 따릅니다.** 어떤 사람이 사업을 잘하는가? 모험을 잘 할 줄 아는 사람들이 사업에서도 크게 성공합니다. 대사업가의 특징이 그것입니다. 모험을 하지만 그 모험을 정확하게 하는 목표를 볼 줄 압니다. 모험은 믿음과 용기가 필요합니다.

아브라함의 경우에도 하나님은 "떠나라"는 모험을 요구하셨습니다. 그는 믿었습니다. 그리고 용기있게 떠났습니다. 떠날 줄 모르는 사람에게는 발전이 없습니다. 성공적인 사람에게는 늘 모험적인 면이 있습니다.

신앙이라는 단어 자체도 상당한 모험을 내포하고 있습니다. 지금까지의 삶을 청산하고 새로운 삶을 향해 떠나야 하기 때문입니다. 아브라함의 생애에서 잘 드러나고 있습니다. 아브라함은 떠나라는 분명한 음성을 들었을 때 하나님을 믿고 무조건 고향을 떠납니다. 이것이 아브라함의 믿음이었습니다.

제가 인디애나에서 처음 대학 강의를 맡았던 대학교의 총장님은 인디애나 주의 북쪽 어떤 시골 출신이었습니다. 지금도 그 가족들이 그

곳에 살고 있다고 합니다. 어느날 제가 물어 보았습니다.

"형제가 몇이나 됩니까?"

"삼 형제입니다"라고 대답했습니다. 그의 아버지께서는 조그마한 시골 동네에서 농사를 지으면서 지내고 계실 때 맏아들인 그는 고등학교를 졸업하자마자 아버지께 이렇게 말했답니다.

"아버지, 저는 이 시골에서 살고 싶지 않습니다. 도시로 나가서 좀 더 넓은 세계에서 새로운 삶을 개척해 보고 싶습니다."

그리고는 집을 떠났습니다. 셋째 아들도 고등학교을 졸업하자 농촌 생활을 그만두고 새 삶을 추구해 보겠다고 떠났다고 합니다. 그런데, 둘째는 "아버지, 저는 집을 떠나고 싶지 않습니다"라고 했답니다.

그로부터 40년이 지난 후 집을 떠난 맏형은 대학교의 총장이 되었고 막내 동생은 해군청의 고위간부가 되었습니다. 그런데, 둘째는 아직도 아버지가 물려준 그 집 현관에서 아버지가 저녁 후 앉으셔서 흔들거리던 그 의자에 그대로 앉아 흔들거리며 지나가는 차를 구경하고 있다고 합니다.

세상을 사는 데는 그저 편하게 사는 방법과 좀 더 모험적으로 사는 방법이 있습니다. **신앙은 모험적인 삶입니다. 그래서 멋이 있습니다.** 또 많은 성취가 있습니다.

룻과 오르바의 이야기도 마찬가지입니다. 시어머니 나오미는 두 며느리 룻과 오르바에게 "너희 나라 사람한테 다시 시집가서 편안하게 살아라"고 그들을 돌려보내려 했습니다. 그러자 처음에는 둘이 다 시어머니를 따라가겠다고 우겨댔습니다. 그러나 얼마 안 가서 "오르바는 그 시모에게 입맞추되 룻은 그를 붙좇았더라"라고 합니다. 오르바는 작별의 키스를 하고 친정으로 돌아갔고 룻은 자기 시어머니를 놓지 않았습니다. 그 당시로 보자면 오르바는 현실적이고 편안한 선택을 한 것이고 룻은 앞날이 어떻게 될지도 모르는 모험적인 선택을 한 것입니다.
　그러나 그들의 선택은 그들의 운명을 180도로 돌려놓았습니다. 룻은 다윗의 할머니요 예수님의 조상이 되었고 오르바는 역사 저편으로 사라져버렸습니다.

　신앙의 길은 좁은 길입니다. 세상적인 눈으로 볼 때에는 험난하고 고통스럽게 보이는 길이나 신앙의 길 끝에는 하나님이 우리를 기다리십니다. 하나님이 함께 하시는 좁은 길이 오히려 결국에 가서는 넓고 큰 길이 되고 마는 것입니다.
　아브라함의 이야기는 우리에게 인생을 어떻게 살아야 할 것인가를 보여주는 본보기입니다. **믿음에는 언제든지 모험이 있으며 그 모험 때문에 신앙과 생활에 발전이 있습니다.**

　이민간 교포들도 본토와 아비와 친척을 떠나 새 세계를 향해 떠났습니다. 이민자들은 미국에 살면서 얼마나 많은 모험과 고생을 했는지 모릅니다. 그래서 저는 만나는 이민 교포들에게 아브라함의 비전을 심어주려고 무척 노력을 했습니다. 하나님께서 앞으로 아브라함과 같은 위대한 믿음의 역사를 일으키기 위해서 우리에게 모험을 허락하신 것이라는 것을 가르치곤 했습니다. 이민자들은 힘을 얻고 그들의 삶이 세계선교의 전초작업임을 깨닫게 되었습니다.

　우리는 이제 아브라함의 모험적인 신앙을 본받아 살아야 하겠습니다. 현재의 안락한 삶에 만족하지 않고 미래를 바라보는 모험적이고 진취적인 삶의 모습으로 살아야 하겠습니다.
　위대한 믿음의 조상 아브라함의 삶은 하나님의 음성에 순종하여 갈 바를 알지 못하면서도 안락한 삶을 떠나 미래를 바라보는 모험적인 삶의 모습이었습니다.
　제가 한국에 돌아온 것도 하나님의 음성을 듣고 믿음으로 떠난 모험적 삶입니다. 저에게도 수많은 떠남이 있었습니다. 저는 제 삶에서도 하나님의 은총이 있는 것을 경험했고 장래에도 반드시 있을 것으로 믿고 삽니다.

소명과 순종, 그리고 헌신

아브라함은 하나님의 부르심을 따라 산 사람이었습니다. 아브라함은 하나님의 명령에 따라서 한 걸음씩 움직이며 살아온 사람입니다. 여기에 아브라함의 축복의 출발이 있습니다.

그럼 아브라함에게 주신 하나님의 소명을 살펴보겠습니다. 창세기 12장 1절 말씀입니다.

"여호와께서 아브람에게 이르시되"

하나님께서 아브라함을 부르셨습니다. 그리고 그를 찾아와 만나셨습니다. 하나님께서 인간을 부르시고 찾아와 만나 말씀하시면 그 사람의 인생은 하나님을 만나기 전과는 달리 엄청난 변화를 경험하게 됩니다. 왜냐하면 하나님의 은혜가 그 사람의 삶 속에 나타나기 때문입니다.

아브라함의 이름은 본래 아브람이었습니다. 아브라함은 17장에 가서 하나님께서 새로 지어주신 이름이었습니다. '아브람'이란 이름의 원어 뜻은 '높이 들리움을 받은 아버지'(exalted father)라는 뜻입니다. '아브라함'은 '많은 사람들의 아버지'(father of multitude)라는 뜻입니다.

성경에 보면 이름이 변한 사람들이 많이 있습니다. '아브람'은 '아브라함'으로 변했고, '야곱'의 경우는 '이스라엘'로 바뀌었습니다. '사래'가 사라'로, '사울'이 '바울'로 바뀌었습니다. 이름이 바뀐 사람들은 그들의 이름이 변할 때 그들의 삶이 변합니다. 바로 새로운 삶의 출발입니다.

여호와 하나님이 나타나실 때 한 사람이 그 분을 만나면 그 사람의 삶이 바뀝니다. 새 사람이 됩니다. 새로운 피조물이 됩니다. 하나님을 만나고서 삶이 바뀌지 않을 사람은 없습니다. 아브라함은 하나님을 만난 사람입니다.

하나님을 만나보지 못한 사람의 삶은 예나 지금이나 변함이 없습니다. 그러나 교회를 통해서, 성경을 통해서, 기도를 통해서, 찬송을 통해서, 친구를 통해서, 목사를 통해서, 전도지를 통해서… 또 다른 경우를 통해서건 하나님이 여러분을 부르시는 음성을 들은 사람은 삶이 변합니다.

이 글을 읽는 여러분도 틀림없이 하나님을 만난 체험을 가지고 있을 것입니다. 여러분이 어떻게 하나님을 만나게 되었는지를 저는 알 수 없습니다.

저는 25세에 "네 죄가 사함을 받았느니라 내가 너를 영원히 사랑하느니라. 내가 너를 사랑하는 것은 너 자신의 의로움 때문이 아니다"라는 주님의 음성을 통해서 주님을 만났습니다. 주님을 만난 그 순간부터 그 분의 영원한 사랑을 깨달았고 제 삶의 모습은 180도로 달라져 버렸습니다. 이전의 삶과 같을 수 없었습니다. 하나님을 만났는데 어떻게 이전과 같은 삶이 되겠습니까?

우주를 창조하신 하나님, 세계를 지배하시는 하나님을 만난 순간, 그 삶은 이전과 같아질래야 같아질 수가 없고, 달라지지 않을래야 달라지지 않을 수가 없는 것입니다. 아브라함에게 나타나신 하나님께서 우리에게도 나타나시면 우리의 삶은 아브라함처럼 달라지지 않을 수 없고, 하나님의 놀라운 은혜를 체험하지 않을 수 없는 것입니다. 이것을 경험했기 때문에 찬송을 할 때도 '아멘,' 기도를 할 때도 '아멘'의 삶을 살게 됩니다.

하나님을 만나고, 하나님의 음성을 듣고, 하나님의 뜻을 따라 사는 삶만이 복된

삶의 비결입니다. 하나님이 우리를 부르실 때에는 우리의 삶에 어떤 엄청난 축복, 변화, 하나님의 일들을 이루기 위해서 부르시는 것입니다. 이런 만복의 근원 하나님을 만나고 변화되지 않을 사람이 어디 있겠습니까?

아브라함의 소명

이제 다시 창세기 12장 1절로 돌아가 하나님의 말씀을 살펴보겠습니다.

여호와 하나님께서 아브라함에게 최초로 나타나셔서 아브라함에게 하신 말씀은 무엇입니까? 그것은 다름아니라 "떠나라"는 명령이었습니다. 그 말씀은 우리가 하나님을 최초로 만날 때도 마찬가지입니다. "떠나라"는 말씀은 우리에게 큰 도전을 주고 있습니다.

"너는 너의 본토 친척 아비 집을 떠나 내가 네게 지시할 땅으로 가라"(창12:1).

하나님의 축복을 받은 사람은 먼저 지금까지의 삶에서 떠나야 합니다. 하나님이 보여주시는 나라를 향해 떠나야 합니다. 그 나라는 영의 나라, 진리의 나라, 영원한 나라입니다. 그 나라를 향해 떠나야 합니다.

하나님의 음성을 듣고 떠나는 사람에게는 하나님의 영원한 축복과 은총이 있습니다. 지금 우리가 살아가는 이땅은 우리가 영원히 살아갈 땅이 아니며, 이땅은 잠시 머물다가 떠날 장소요, 우리의 영원한 집은 영원한 하나님이 보여주시는 땅입니다.

그러나 "떠나라"는 말씀에 순종하기란 쉬운 일이 아닙니다. 저는 이 말씀을 대할 때마다 신앙이란 무엇인가를 생각해 봅니다.

신앙이란 하나님의 축복을 믿고 '떠나는 삶'입니다. 즉 타성적인 삶에서,

안락한 삶에서 떠나는 것입니다.

　떠나지 못할 때 신앙에는 진보가 없습니다. 성장이나 성숙이 없습니다. 마치 결혼한 남녀가 '그 부모를 떠나'지 못하고 계속해서 정서적으로 부모의 그늘 밑에 머물 때 결혼 생활 자체에 발전이 없는 것과 같습니다. 우리는 이미 창세기 강해의 첫 권인 「잃어버린 왕좌」에서 아담과 하와의 결혼을 살펴보면서 부모로부터 '떠나는 삶'에 대해 살펴본 바 있습니다.

　신앙생활도 마찬가지입니다. **하나님의 "떠나라"는 음성을 들은 사람은 순종하고 '떠나야' 합니다.**

　아브라함은 "떠나라"는 하나님의 음성을 듣고 75세에 떠났습니다. 하나님의 음성을 듣고 떠나는 때는 나이가 없습니다. 하나님이 떠나라 하시면 그때가 바로 떠나야 할 때입니다. 75세에 떠날 수도 있고, 100세에 떠날 수도 있습니다. 하나님이 떠나라고 하실 때 떠나면 개인적, 민족적, 세계적인 축복이 임합니다.

　제가 미국에서 만난 어떤 할아버지는 나이가 78세나 되신 분인데, 78세에 거듭난 그 할아버지의 말이 "나는 중국에 가서 전도하겠습니다"하는 것이었습니다. 미국에서는 노인들에게 정부에서 연금을 지불하는데, 월 몇백 불밖에 안되는 그 연금도 중국에 가면 큰 돈이라는 것입니다. 그 할아버지는 78세에 하나님의 음성을 듣고 하나님을 만나니까 중국을 복음화하겠다는 비전이 생겼던 것입니다.
　하나님의 음성을 듣고 순종하는 데는 나이가 없으며 하나님이 부르시는 그때가 바로 출발할 때입니다.

　아브라함도 75세에 소명을 받고 조카 롯을 데리고 황무지 같은 가나안 땅으로 떠났습니다. 다 늦은 인생의 황혼기였지만 하나님이 떠나라 하실 때 떠나서 하나님이 주시는 개인적인 축복과 민족적인 축복과 세계적인 축복을 받았습니다.

우리가 처음 예수님을 믿을 때도 마치 황무지로 떠나는 것과 같고, 또한 가족 중에 아무도 예수님을 믿는 사람이 없으면 마치 혼자 이방인 같고 황무지에 온 것 같습니다. 하나님은 외롭게 느껴지는 우리를 통해 가나안 땅의 이방인과 같은 가족 속에서 연단시키시려는 것입니다.

가족과 친척 중에 믿는 사람이 아무도 없다고 두려워하지 마십시오. 가나안 땅과 같이 이방인들만 있는 곳을 변화시키기 위해 하나님은 우리를 부르신 것입니다. 하나님께서 아브라함을 통해 가나안 땅을 정복하신 것처럼 "이 땅을 네게 주리라"(7절)고 우리에게 주시는 말씀을 우리는 믿어야 합니다. **나는 내 가족과 친구들에게 파송된 선교사라는 선교사적 사명감을 가져야 하며 또한 나를 내 가족을 위한 선교사로 보내셨다는 것을 믿어야 합니다.**

여러분 가운데 혼자서 외롭게 믿는 분이 있습니까? 하나님은 그 외로움 때문에 여러분을 부르셨습니다. 여러분을 통해 여러분의 가족과 친척들이 모두 예수님을 믿고 큰 민족을 이루게 하시려고 여러분을 부르신 것입니다. 이러한 큰 확신 속에서 신앙을 출발하시는 여러분이 되기를 바랍니다.

아브라함은 황무지 같은 가나안 땅을 향해 떠났습니다. 이방인들 속에서 외롭게 하나님을 믿으려, 후손을 통해 하나님을 믿는 수많은 민족의 조상이 되기 위해 이방인들 속으로 들어갔습니다.

우리도 하나님을 섬기기 위해서는 아브라함이 갈대아 우르를 떠난 것처럼 떠나야 할 것들이 있습니다. 왜냐하면 신앙이란 원래가 떠나는 삶이기 때문입니다. 그러면 우리는 도대체 무엇으로부터 떠나야 합니까?

신앙은 순종으로 떠나는 삶입니다.

첫째/ 우상숭배의 죄로부터 떠나야 합니다.

하나님을 믿지 않는 죄, 삶의 영역에서 하나님을 인정치 않는 불신앙의 죄에서 떠나야 합니다. 아브라함도 우상숭배자였습니다. 우상에게서 떠나 그리스도에게로 돌아서야 합니다. 예수를 구주와 주님으로 인정하면서도 현실적인 삶의 영역에서는 하나님을 인정하지 않는 사람들이 많이 있습니다. 즉 자기를 구원하신 구세주로는 인정하지만, 삶의 모든 영역에서 주님으로 인정하지 않는 그리스도인들이 오늘날에는 너무 많습니다.

이런 사람들은 언제나 입술로만 '주님'이라 부르는 사람들입니다. 주님보다 돈을 더 사랑하고 부를 사랑하여 입술로는 주님을 부르면서 삶 속에서는 돈을 주인으로 섬기고 있습니다. 그들의 목표는 돈이요, 그들의 사는 것도 돈이요, 그들의 머리 속에 언제나 가득 차 있는 것은 돈 생각뿐입니다. 주님이 삶을 지배하지 않고 돈이 삶을 지배합니다.

또 일을 더 사랑하는 사람들입니다. 하나님의 나라와 그의 의를 먼저 추구하지 않고 자신의 일만을 위해 삽니다. 일이 그들의 주인이 되어 버린 것입니다.

입술로는 주님을 부르면서 현실에서는 돈을 더 큰 주인으로 섬기는 사람, 일의 노예가 되어 섬기는 사람, 권력을 주인으로 섬기는 사람, 쾌락을 주인으로 섬기는 사람들이 많은데 이제는 떠나야 합니다.

둘째/ 세상으로부터 떠나야 합니다.

세상으로부터 떠난다는 말은 세속을 떠나 산 속의 기도원으로 들어가거나, 세상을 등진 채 천국만 바라보고 살라는 말이 결코 아닙니다. 그리스도인들은 세상에 살지만, 세상에 속하지 않고, 세상을 떠나 하나님과 사는 사람들입니다.

당신의 아내가 새 옷이 필요한데 당신에게 와서 돈을 달라고 하지 않고 이웃 어느 남자에게 가서 돈을 얻어다 옷을 샀다고 합시다. 당신은 얼마나 기분이 나쁘겠습니까? 당신의 아내면 당신에게 와야지 남의 남자에게 가서 자기의 필요한 것을 얻으면 되겠습니까? 당신은 이런 경우 얼마나 섭섭하겠습니까? 우리도 마찬가지입니다. 우리는 세상에 가서 우리의 필요한 것을 찾아다니는 것이 아니라 하나님께 찾아와서 구해야 합니다. 즉 세상을 떠나 하나님께 와야 합니다.

또 세상을 떠난다는 말은 '세상의 풍습'과 '세상적 가치관'으로부터 떠난다는 의미입니다. 세상사람들이 '더 높은 자리'에 오르려 할 때 '더 낮은 자리'로 내려가려 하는 삶, 세상사람들이 모두 '부리는 자'가 되려 할 때 오히려 '섬기는 자'가 되려 하는 것이 그리스도인의 삶입니다. 사도 바울도 우리에게 너희는 세상을 본받지 말라고 하시는 사도 요한의 말씀에 귀를 기울여야 합니다. 이제는 세상과 세상에 속한 것들로부터 떠나야 합니다.

셋째/ 바쁜 일들로부터 떠나야 합니다.
현대는 바쁜 시대입니다. 교통과 통신수단이 좋아지니까 짧은 시간에 더 많은 일을 하게 됩니다. '시간이 금'이란 말이 있을 정도로 바쁘게 살아가고 있습니다. 옛날에는 한양 천리라고 해서 서울을 한 번 다녀가기 위해서는 몇 달씩 걸렸지만, 오늘날은 전국이 일일생활권 속에 들어와 있는데도 우리의 조상들이 현대 우리들보다도 더 여유 있는 삶을 살았던 것 같습니다.

우리는 주님께 시간을 드려야 합니다. 요사이 '헌신'이라는 말은 '헌금'이라는 말로 바뀌어가는 것 같습니다. 심지어 구제나 선교에 있어서조차도 헌금이 헌신을 대신하고 있습니다. 물론 헌금은 헌신의 중요한 일부분입니다. 그러나 헌금이 헌신의 전부는 아닙니다.

가난한 이들에게는 헌금으로 하나님의 사랑을 전달할 수 있고 선교사들에게도 헌금은 하나님의 귀한 역사로 사용될 수 있습니다. 그러나 하나님은 부자의 많은 헌금보다도 과부의 동전 두 닢을 더욱 가치있게 여기시는 분입니다. **하나님은 마음의 중심을 보십니다.** 하나님은 우리가 드린 동전의 댕그랑거리는 소리나, 지폐의 바스락거리는 소리보다는 벙어리의 기도를 더욱 세미하게 들으시는 분입니다. 교회를 위한 **바쁜 봉사**, 수많은 일들보다 하나님 자신을 찾아와 조용히 함께 교제를 나누러 오는 것을 더욱 기뻐하시는 분입니다. 하나님께 시간을 드리십시오.

해야 할 일이 많으면 많을수록 더욱 많은 시간을 기도했던 루터나 요한 웨슬리, 모든 일을 기도로 하나님께만 간구했던 조지 뮐러를 기억해야 합니다. 하나님의 음성을 더 많이 듣고, 하나님께로 더 많이 나아갔던 그들이 바로 하나님이 기뻐하셨던 하나님의 사람들이었습니다.

시급한 일들로부터 떠나서 하나님께로 돌아가야 합니다. 바쁘면 바쁠수록, 일이 많으면 많을수록 더욱 그 일들로부터 떠나서 하나님을 찾는 시간을 가져야 합니다. 왜냐하면, 내가 평생을 바쳐 일하는 것보다 하나님이 한순간에 하시는 일이 더 많은 일을 할 수 있기 때문입니다. 내가 바쁘게 일할 것이 아니라 하나님이 바쁘게 일하시도록, 바쁜 일들로부터 떠나 하나님을 찾는 일에 더욱 바빠져야 합니다.

신앙은 떠나는 삶입니다. 갈 바를 알지 못하더라도 하나님이 떠나라 시면 떠나는 삶입니다. 그렇기 때문에 **신앙에는 도전이 있습니다. 위험이 있고 모험이 있습니다. 그러므로 신앙적인 삶은 가슴을 설레이게 하는 기대감을 갖게 합니다.**

왜냐하면 신앙생활은 알지 못하는 세계를 향해 믿음으로 뛰어들어가는 삶이기 때문입니다. 인생의 여러 모습 중에서 가장 발전적인 삶이 바로 신앙적인 삶입니다.

믿음은 계산이 아닙니다

히브리서에서는 아브라함을 '믿음의 조상'이라 부르고 있습니다(히 11:8-17). 아브라함을 '믿음의 조상'이라고 부르는 이유가 무엇입니까?

아브라함은 하나님께서 "떠나라"고 말씀하시자 어디로 가는지를 알지도 못하면서 믿음으로 떠났기 때문입니다. 이것은 1절과 3절 말씀에 잘 나타나 있습니다.

1절에 보면, 아브라함은 하나님께서 "지시할 땅"을 향해 떠났습니다. 아브라함은 하나님의 음성을 좇아 가야 할 곳이 어딘인지도 모르면서 믿음으로 갈대아 우르를 떠났던 것입니다. 히브리서 11장 8절과 9절은 아브라함의 믿음에 대해 이렇게 이야기합니다.

> "믿음으로 아브라함은 부르심을 받았을 때에 순종하여 장래 기업으로 받을 땅에 나갈새 갈 바를 알지 못하고 나갔으며 믿음으로 저가 외방에 있는 것 같이 약속하신 땅에 우거하여 동일한 약속을 유업으로 함께 받은 이삭과 야곱으로 더불어 장막에 거하였으니."

믿음은 계산과는 거리가 멉니다. **믿음은 이것 저것을 따지지 않으며 그저 믿음이요 즉각적인 순종입니다.** 사실 믿음이란 말은 순종이란 말과 같습니다.

제가 1986년에 처음으로 중국에 갔을 때, 어느 도시를 방문한 적이 있습니다. 그 도시에는 기독교인들이 조그마한 방 한 칸밖에 안되는 어느 집사님의 집에서 예배를 드리고 있었습니다. 그 때는 교회가 아니고 예배처소였는데, 모이기 시작한 지 6년만에 교인이 6명에서 100명으로 늘어났습니다. 한 칸 방에도, 조그마한 부엌에도 사람들이 앉

앉고 조그마한 마당에는 나무로 짠 긴 의자들을 놓고 앉기도 하고 서기도 하며 예배를 드렸습니다. 그런데 성도들의 3분의 2는 할머니들이었습니다. 젊은 사람들이 거의 없이 주로 할머니들이 모여 예배를 드리는데, 이 분들이 교회를 짓겠다고 얘기를 하는 것이었습니다. 그리고 눈물을 흘리며 성전을 위해 기도하고 있었습니다.

할머니들의 헌금이래봐야 '빙걸돈'이 전부였습니다. 빙걸돈이란 자식에게 받아쓰는 용돈을 말합니다. 그걸 모두 모아봐야 얼마나 되겠습니까? 그 당시 중국인들의 평균 월급이 미화 15불(한화 약 13,000원)정도였습니다. 그래서 제가 물어보았습니다.
"할머니, 그 돈으로 어떻게 교회를 지으시려고 그럽니까?"
그랬더니 할머니들께서
"우리에게는 돈은 없지만 하나님이 계십니다."라고 말씀하신 것을 지금도 저는 잊지 않고 있습니다.
"하나님, 이들은 비록 돈은 없지만 당신이 있습니다. 이들에게 믿음대로 예배드릴 처소를 허락해 주시옵소서."
기도가 끝나자 저는 여비와 선교비로 갖고 갔던 돈을 전부 그들에게 헌금하고 돌아왔습니다. 그래서 할머니들은 그 돈으로 교회를 짓기 시작했는데 지금은 그 곳에 300명이 들어가는 교회가 세워져 있습니다. 저는 나머지 모자라는 건축비를 충당하기 위해서 두 번이나 그 곳에 갔다 왔습니다. 최근 소식에 의하면 이제는 좌석이 너무 모자라서 증축이 꼭 필요하다고 합니다.
그때가 미국에서 저희 자신들도 우리 교회 건물을 크게 짓고 있던 때였습니다. 교회를 하나 짓는 것도 어려운데 그때 어떻게 중국의 교회까지 두 개를 한꺼번에 지었을까 생각해 봅니다. 그렇게 된 것은 돈이 아니라 믿음으로 지어진 것입니다.

교회는 돈으로만 운영되지 않습니다. 교회는 믿음으로 운영해야 합니다. 교회 건축도 돈으로 하는 것이 아닙니다. 은행이나 정부 청사를 지을 때는 돈으로 짓는다고 하더라도 교회는 믿음으로 짓습니다. 아무 것도 없지만 하나님께서 주실 것을 믿고 의지하며 일을 하는 것이 믿음입니다.

어떤 사람들은 믿음은 하나님의 선물이라고도 합니다. 공기도 그렇습니다. 숨을 쉬어야 삽니다. 밥도 그렇습니다. 먹어야 배가 부릅니다. 물도 그렇습니다. 마셔야 목이 축여집니다. 그저 앉아서 믿음이 나에게 오기를 기다리는 것이 아니고 내가 먼저 하나님께서 말씀하시는 것을 스스로 받아들이고 행동하는 것입니다. 그 때 믿음의 효과가 납니다.

믿음은 육신의 눈으로 보는 것이 아니라 영의 눈으로 보는 것입니다. 하나님이 보시는 비전을 바로 내가 보고 동참하는 일입니다. 믿음은 볼 수도 만질 수도 냄새 맡을 수도 없습니다. 믿음은 하나님의 비전을 내가 보고 따르는 일입니다.

먼저 비전을 본 사람이 다른 사람들에게 그 비전을 전해줘서 다른 사람들이 나와 함께 그 목표를 향하여 가게 하는 것이 신앙운동입니다. 그리고 이 길이 신앙의 지도자들, 목회자들이 가야할 길입니다.

위대한 일은 믿음에서 출발합니다

모든 위대한 일들은 믿음에서 출발합니다. 믿음 속에 하나님의 계획들이 들어있습니다. 하나님의 뜻을 확실히 보고 믿는 순간 믿음은 현실로 나타나기 시작합니다.

우리가 미국에서 교회건축을 할 때의 일입니다. 좋은 집들이 줄지어 들어서 있는 그 지역에 꼭 한 군데 큰 옥수수 밭이 하나 남아 있었습니다. 미국 도량형으로 28에이커쯤 되니까 5만 평 가까이 되는 땅이었습니다. 주변이 주택가인 이 밭에는 옥수수 그루터기만 남아 있었습니다. 물론 우리 땅이 아니었습니다.

그런데 그 옥수수 밭에 가보니까 제 눈에 교회가 보이는 것이었습니다. 옥수수 밭 위로 교회당의 정문이 보였습니다. 그래서 제가 함께 간 장로님들과 집사님들에게 "여러분, 여기 좀 보세요. 여기가 교회당의 정문입니다"라고 말하며 입구를 손으로 그렸습니다. 그들은 의아해 하는 눈치였습니다.

"아니, 목사님. 뭐가 보인다고 그러십니까?"

"여기가 바로 우리 교회가 들어설 정문자리입니다. 여기가 본당으로 들어가는 문입니다. 안 보이세요?"

교인들의 눈에는 안 보여도 제 눈에는 보였습니다. 지금 그 자리에는 94개의 방이 딸린 아름다운 교회 건물의 정문이 있습니다. 하나님께서는 제게 선명하게 보여주신 비전을 이루셨습니다.

희랍의 철학자 플라톤은 이렇게 말했습니다.

"사물에는 형상(Form)과 질료(Matter)가 있는데, 형상만이 영원하다."

컵을 예로 들면 컵은 물을 담는 고유한 형상과 컵을 구성하고 있는 유리라고 하는 물체인 질료가 있습니다. 유리라는 물체가 실체입니까, 아니면 컵이라는 개념의 형태가 실체입니까? 이 문제를 놓고 희랍 철학계에서는 많은 논란을 벌였습니다.

그때 플라톤은 형상이 실체라고 했습니다.

물체는 영원한 것이 아닙니다. 컵을 내동댕이치면 순식간에 깨어져 버리고 컵은 그 이상 더 존재하지 않습니다. 그러나 보이지는 않지만 컵이라고 하는 개념은 컵이 없어져도 그대로 영원히 있습니다. 따라서 그 개념 때문에 컵은 존재하는 것입니다.

결국 보이지 않는 컵의 형상이 보이는 컵을 만든 것입니다. 형상이 존재하기 때문에 유리컵, 종이컵, 금잔, 은잔을 만든 것입니다. 눈에 보이지 않는 형태가, 그 비전이 우리 마음에 보일 때, 즉 보이지 않는 것들의 실상인 믿음이 있을 때 그것이 결국은 실체로 나타나는 것입니다. **믿음은 바라는 것들의 실상이요 보이지 않는 것들의 증거인 것입니다** (히 12:1).

고등학교 1학년때 저는 교수가 되고 싶었습니다. 제 친구들이 제게 프로페서 김(김 교수)라는 별명을 붙여 주었습니다. 저는 때때로 장성했을 때의 제 모습을 상상해 보았습니다. 대학교 강단에 서있는 제 자신의 모습을 보며 참 잘 어울린다고 생각하곤 했습니다. 마치 요셉이 열일곱 살 때에 별들과 나무단들이 자신에게 절하는 꿈을 본 것처럼, 저는 고등학교 1학년 때 제가 교수가 된 모습을 보곤 했습니다. 결국 1972년도에 저는 미국에서 교수가 되었습니다.

6.25를 거친 가난 속에서 무슨 돈으로 미국 유학을 가고 교수가 되겠습니까? 제가 학교를 다닐 50년대에는 저의 형편으로는 유학이란 꿈도 못 꿀 형편이었습니다. 그러나 제 마음에 '나는 교수가 된다'는 믿음이 있었고 하나님께서 그 믿음을 이루어 주셨습니다. 제가 남들보다 좋은 환경을 가져서가 아닙니다. 오직 하나님께서 저를 위하여 갖고 계시는 계획을 보았고 그 분이 은혜로 성취해 주셨던 것입니다.

신앙생활에는 믿음이 가장 중요합니다. 나 자신의 능력이나 환경을 의지하기보다는 능력자 하나님에 대한 견고한 믿음을 가져야 합니다. 하나님은 우리에게 가장 좋은 것을 주시기를 원하십니다. 이것을 믿어야 합니다.

우리의 삶의 질은 우리의 믿음에 비례합니다. 한 달을 장사하든, 5년을 목회하든, 또는 10년을 살든, 나를 사랑하시는 영원한 하나님이 나로 하여금 아브라함과 같은 새 역사를 내 삶을 통하여 이루신다는 것을 믿고 한 걸음 한 걸음 나갈 때 하나님께서 다 이루십니다. 여기에 신앙의 진정한 재미와 참 맛이 느껴집니다.

제 3 장

아브라함의 복된 삶

"내가 너로 큰 민족을 이루고 네게 복을 주어 네 이름을 창대케 하리니 너는 복의 근원이 될지라 너를 축복하는 자에게는 내가 복을 내리고 너를 저주하는 자에게는 내가 저주하리니 땅의 모든 족속이 너를 인하여 복을 얻을 것이니라 하신지라 이에 아브람이 여호와의 말씀을 좇아 갔고 롯도 그와 함께 갔으며 아브람이 하란을 떠날 때 그 나이 칠십오 세였더라 아브람이 그 아내 사래와 조카 롯과 하란에서 모은 모든 소유와 얻은 사람들을 이끌고 가나안 땅으로 가려고 떠나서 마침내 가나안 땅으로 들어갔더라 아브람이 그 땅을 통과하여 세겜 땅 모레 상수리나무에 이르니 그때에 가나안 사람이 그 땅에 거하였더라 여호와께서 아브람에게 나타나 가라사대 내가 이 땅을 네 자손에게 주리라 하신지라 그가 자기에게 나타나신 여호와를 위하여 그곳에 단을 쌓고 거기서 벧엘 동편 산으로 옮겨 장막을 치니 서는 벧엘이요 동은 아이라 그가 그곳에서 여호와를 위하여 단을 쌓고 여호와의 이름을 부르더니 점점 남방으로 옮겨 갔더라"(창12:2-9).

아브라함의 복된 삶

아브라함에게 주신 하나님의 언약

창세기 12장 1절 말씀을 통해 우리는 신앙이란 '떠나는 삶'이란 것을 살펴보았습니다. 그리고 왜 아브라함을 믿음의 조상이라고 하는지도 살펴보았습니다. 이제 제3장에서는 아브라함에게 주신 하나님의 언약과, 아브라함의 복된 삶에 대해 2절과 3절 말씀을 중심으로 살펴보겠습니다. 아브라함에게 주신 하나님의 언약은 하나님의 일방적인 은총으로 주시는 축복이므로, 3장에서는 아브라함보다 하나님께 먼저 초점을 맞춰 살펴보아야 합니다.

아브라함에게 주신 하나님의 언약은 창세기 12장 1절부터 3절까지 나타나 있습니다. "여호와께서 아브람에게 이르시되 너는 너의 본토 친척 아비 집을 떠나 내가 네게 지시할 땅으로 가라"는 1절 말씀은 아브라함에게 주신 하나님의 명령이요, 소명이었습니다. 우리는 이미 하나님의 명령에 아브라함이 어떻게 반응했는지 살펴본 바 있습니다.

그러나 2절과 3절 말씀에서 하나님께서 아브라함에게 주시는 언약은 하나님께서 일방적으로 제안하신 약속입니다. '언약'(covenant)은 '약속을 체결한다'는 뜻입니다. 우리 말로 '언약'이라고 번역된 히브리 원어 '베리트'는 '계약', '동맹'이라는 뜻을 가진 단어입니다.

'베리트'는 원래 '빵을 함께 먹다'라는 뜻을 가진 히브리어 '바라'에서 유래한 단어입니다. 이것은 계약 당사자들이 협정을 체결한 후에 함께 식사를 하는 것을 암시합니다.

언약이라는 단어 '베리트'에서 우리는 열두 제자들과 식사를 함께 하시던 예수님, 오병이어로 수천 명의 무리와 함께 식사를 하셨던 예수님의 모습을 연상하게 됩니다. 예수님께서 제자들과, 또는 수많은 무리들과 식사를 함께 나누신 것은 단순히 밥 한 끼를 같이 먹은 것이 아니라, 그들과 언약에 함께 참예한 '공동체'라는 의미가 포함되어 있다는 것을 알 수 있습니다. 예수님과 함께 식사를 나눈 이 언약 공동체에, 당시 유대인들이 '버리운 자'들(untouchable)로 취급하던 사마리아인들과 창기와 세리들까지 포함되어 있었다는 것은 이 '언약'의 특징이 바로 하나님의 은혜에 있다는 것을 잘 말해 줍니다.

'베리트'를 그리스어 70인역에서는 '디아데케'로 번역하고 있는데 '디아데케'도 역시 '계약', '협정', '유언' 등을 의미하는 단어입니다.

그러나 여기서 말하는 '언약'은 단순한 협정이나 계약이 아니라 사실상 하나님의 절대적이고 일방적인 은총입니다. 예수님도 자기를 십자가에 못 박았던 바로 그들의 죄를 위해서 피흘려 돌아가셨는데, 그 결과로 예수를 믿는 자마다 구원얻을 것을 원수된 인간에게 약속하셨듯이, 아브라함의 경우도 그의 의로움 때문이 아니라, 절대주권자 하나님께서 그에게 나타나신 것은 하나님의 일방적 은총의 표현입니다.

아브라함에게 주신 하나님의 언약은 하나님의 절대적인 은총입니다. 창조가 절대적 은총이요, 범죄한 아담을 찾아오신 것도 은총이요, 가인을 보호해 주시는 것도 계속적인 하나님의 은총입니다. 우리가 예수를 믿게 된 것도 하나님의 절대적 은총에 힘입은 것입니다. 그래서 우리가 하나님의 구원에 감격하는 것입니다.

즉 우리의 부족과 연약함과 잘못을 아시면서도 우리를 선택하시고 부르시고, 또 우리를 감동하셔서 예수를 구주로 믿게 하신 것은 하나님의 무한하신 은혜와 영원하신 은총에서 온 것입니다. 우리의 구원이 절대적인 하나님의 은혜임을 깨달을 때 거기서 우리는 감격을 체험하게 됩니다.

저는 스물 다섯 살 때에 주님의 절대적인 은총을 경험하고 그 자리에서 그대로 꼬꾸라져 버린 적이 있습니다. 나 같은 인간을 무조건적으로 영원히 사랑해주시는 줄은 전에는 몰랐습니다. 그리스도의 사랑을 깨달았을 때 저의 자아는 산산조각이 나버렸습니다. 저는 그때의 그 감격을 지금도 잊을 수가 없습니다.

이것이 주님을 향한 저의 첫사랑의 발견이었습니다. 그 첫사랑을 생각할 때마다 하나님의 은혜에 감격하여 날마다 "하나님, 저를 구원해주신 은혜를 감사합니다"라고 감사를 드립니다. 깨닫던 그날을 생각하면, 그때 받은 은총이 지금도 가슴에 넘쳐나는 것을 느끼게 됩니다.

아브라함도 마찬가지였습니다. 아브라함에게 하나님의 은총이 나타났습니다. **하나님은 사랑이십니다. 무조건적으로 사랑하기로 약속하는 것은 하나님의 특징입니다.**

부부간의 사랑도 마찬가지입니다. 언제나 사랑스러워서가 아니라, 서로 약속하며 사랑하기로 작정하고 배우자를 일방적으로 사랑하는 것입니다. 무조건적으로 사랑하기로 약속하지 않으면 부부간에 지속적 사랑이 존재하기는 힘듭니다.

"하나님께서 나를 사랑하신 것처럼 나도 내 아내를 무조건 사랑하게 하옵소서." 하나님 앞에서 사랑을 약속했기 때문에, 남편이 원수처럼 보일 때도 사랑할 수가 있는 것입니다. 결혼은 결국 언약(covenant)이요, 사랑의 서약입니다. 사랑스러워서 사랑하는 것이 아니라, 사랑하기로 작정했기 때문에 사랑하는 것입니다.

한쪽의 일방적인 사랑, 이것이 바로 아브라함에 대한 하나님의 사랑이었습니다.

아브라함의 복된 삶

아브라함에게 주시는 하나님의 언약, 하나님의 축복이 본격적으로 시작되는 곳은 2절과 3절입니다.

> "내가 너로 큰 민족을 이루고 네게 복을 주어 네 이름을 창대케 하리니 너는 복의 근원이 될지라 너를 축복하는 자에게 내가 복을 내리고 너를 저주하는 자에게는 내가 저주하리니 땅의 모든 족속이 너를 인하여 복을 얻을 것이니라 하신지라."

아브라함은 하나님께서 아브라함에게 하신 말씀을 1절부터 3절까지 확실하게 들었습니다. 정확하게 한 마디 한 마디를 귀담아 들었습니다. 옛날 선지자들과 같이 아브라함도 마찬가지입니다. **영적인 힘은 어디서부터 나옵니까? 하나님의 음성을 정확하게 듣고 하나님이 원하시는 것이 무엇인지를 분명히 아는 데서 나옵니다.** 우리를 향한 하나님의 원하시는 뜻이 무엇인지 확실하게 아는 것은 대단히 중요합니다. 신앙의 위대한 힘은 여기에서 나옵니다.

신약에 보면, 사울이 다메섹 도상을 가다가 하늘에서 음성이 들렸는데 같이 가던 사람들은 아무 소리도 못 들었습니다. 그저 번개 같은 소리만 난다고 생각했을 뿐 하나님의 음성을 알아듣지 못했습니다. 그러나 사울은 글자 한 자 안 틀리고 주님의 음성을 다 들었습니다. 사울만은 하나님께서 말씀해주신 것을 그 가슴 속에 너무도 분명하게 새겨들었기 때문에 '사도 바울'의 일생이 거기서부터 전개된 것입니다.

아브라함도 마찬가지입니다. 12장 1절부터 3절까지의 말씀이 결국 아브라함의 삶의 근간을 이루었습니다. 이것은 의심할 여지없었고 너무나 분명한 하나님의 말씀입니다. 과거의 이스라엘 선지자들이 왜 위대한 선지자가 되었는가? 이들은 하나님의 음성을 들었고, 하나님이 보여주시는 환상을 보았습니다. 그들을 통하여 하나님께서 이땅 위에 나타내시고자 하는 목적이 무엇인지를 확실하게 알았습니다. 여기에 영적인 힘의 원천이 있습니다. 선지자들은 죽을 때까지 처음 하나님께서 주신 비전이 분명하게 이루어질 때까지 최선을 다했습니다.

아브라함은 12장 1절에 나타난 하나님의 명령에 순종하여 갈 곳을 알지 못하면서도 본토 아비 친척의 집을 떠났습니다. 그러나 아브라함은 1절의 명령만 본 것이 아닙니다. 아브라함은 2절과 3절에 나타난 하나님의 축복을 보았습니다. 아브라함은 하나님께서 명령만 하시는 분이 아니라 복을 주시는 분이란 것을 알고 있었습니다.

"내가 너로 큰 민족을 이루고 네게 복을 주어 네 이름을 창대케 하리니 너는 복의 근원이 될지라 너를 축복하는 자에게는 내가 복을 내리고 너를 저주하는 자에게는 내가 저주하리니 땅의 모든 족속이 너를 인하여 복을 얻을 것이니라 하신지라"(창 12:2,3).

2절과 3절에서 아브라함에게 주시는 하나님의 복을 크게 세 가지로 나누어 생각할 수 있습니다. 그것은 개인적인 축복, 민족적 축복, 세계적인 축복입니다.
먼저 개인적인 축복부터 살펴보도록 하겠습니다.

개인적인 축복

개인적인 축복이란 하나님께서 아브라함 개인에게 내려 주시는 축복과 비전을 말합니다. 2절에서 하나님은 아브라함에게 "내가… 네게 복을 주어"라고 말씀하셨습니다. 아브라함 개인에게 축복하시겠다고 약속하십니다.

하나님이 우리를 부르신 것은 축복을 주시기 위해서입니다. 저주하시기 위해서나 고생시키시기 위해서 부르시는 것이 아니라 우리에게 복된 삶을 주시기 위해서 우리를 부르십니다.

그러면 창세기 12장 2절과 3절 말씀을 중심으로 아브라함에게 주신 개인적인 축복이 어떤 말씀 속에 나타나 있는지 살펴봅시다.

첫째/ "네게 복을 주리라(I will bless thee)"는 개인적 축복입니다 (12:2).

한글 개역성경에는 "네게 복을 주어"라고 번역했지만, 흠정역 성경에는 "I will bless thee." '너를 꼭 축복하겠다'는 뜻입니다. 이것은 하나님께서 아브라함에게 복을 주시겠다는 강한 의지를 나타낸 말씀입니다.

'네게 복을 준다'는 말과 '너를 축복한다'는 말은 뜻에 있어서 차이가 있습니다. 다이아몬드 반지를 하나 주는 것과 보물상자를 통째로 주는 것과 비슷합니다. 다시 말해서 나에게 건강이나 명예의 복을 주신 것과 나 자신을 복의 근원을 만들어 주시는 것과는 차이가 있습니다. 하나님께서는 아브라함 자신을 복덩어리로 만들어 주신다고 했습니다. 당신은 다른 사람들에게 복이 되어 있습니까? 아니면 저주가 되어 있습니까? 아니면 복도 저주도 아닙니까? 당신의 아내나 남편에게 행복을 가져다 주는 존재입니까, 아니면 두통의 대상입니까?

자기가 하나님의 축복의 대상이라는 확신은 신앙생활에 있어서 대단히 중요합니다. 여러분이나 저에게도 마찬가지입니다. 하나님께서 저를 사랑하신다고 하는 음성을 저는 스물 다섯 살에 들었습니다. 그 음성을 들은 날부터 오늘까지 하나님께서는 나를 향한 하나님의 분명한 사랑에 대한 확신을 심어주었습니다. 하나님이 정말 나를 사랑하시는가, 나를 정말 축복의 대상으로 삼으셨는가에 대한 의심이 생기면 신앙생활은 힘이 없어지고 삶의 문제가 생깁니다.

아브라함이 하나님으로부터 들은 첫번째 음성은 "너를 내가 반드시 축복하리라"는 하나님의 분명한 약속이었습니다. 아브라함은 자기가 하나님의 축복의 대상이라는 것을 너무도 확실히 들어서 글로 정확하게 들은 대로 기록해 놓았습니다.

만약 하나님께서 여러분에게 아브라함과 같은 약속을 들려주신다면 여러분 자신은 어떻게 느끼시겠습니까? 틀림없이 내가 하나님의 축복의 대상이라고 하는 것을 느낄 때, 삶의 기쁨과 희망과 용기와 미래에 대한 기대감이 나타날 것입니다. 하나님이 주신 약속에 대한 확신 속에서 흔들림 없는 길을 갈 것입니다.

우리도 마찬가지입니다. 우리도 아브라함과 동일한 약속을 받았습니다. 하나님께서 무조건 영원히 사랑한다는 음성을 통해서 우리도 개인적으로 하나님을 알게 되었습니다. 살아계신 하나님이 약속하신 구원의 약속과 축복의 약속을 믿었기 때문에 여러분과 저도 크리스챤이 되었습니다.

믿음은 바라는 것들의 실상이요, 보이지 않는 것들의 증거입니다(히 11:1). 믿지 않는 자에게 하나님의 구원의 약속, 축복의 약속은 무용지물입니다. 눈에는 보이지 않지만 그것을 믿고 기대함으로써 우리가 믿고 바라는 것들이 드디어 현실화됩니다. 믿음이 없는 사람들에게는 보이는 것들조차도 현실이 되지 못합니다.

아브라함은 "내가 너를 축복하겠다"는 하나님의 음성에서 확신을 가졌습니다. 왜냐하면 하나님이 말씀하신 것이기 때문입니다. **하나님의 말씀에 대한 반응에서 하나님과 자기와의 관계가 결정됩니다. 자기 모습이 결정되고, 자기 미래가 결정되고, 자기 자신에 대한 기쁨과 만족과 즐거움이 결정됩니다.**

목회자나 교회의 지도자는 특히 하나님이 나를 어떻게 보시는가에 대한 자기 정립이 중요합니다. 목회하고 있는 교회가 아무리 작아도, 세상적으로 보기에 아무리 하잘것없어 보이는 일을 하더라도 자신에 대한 존경과 하나님 축복에 대한 확신이 있으면 그 일에는 언제나 기쁨이 생깁니다.

여러분과 제가 보람있고 힘있게 나갈 수 있는 근본은 바로 하나님 앞에서 자기 모습에 대한 확인에 있습니다. 그것이 없으면 저도 마찬가지입니다. 저도 사람이기 때문에 자기 자신에 대해서 오르락내리락 할 때가 있습니다. 하나님에 대해서 의심이 생기고, 하나님과 나와의 관계에 대해서 의심이 생기고, 하나님이 날 축복하지 않는 것처럼 여겨지면 문제가 시작됩니다.

그래서 아브라함이 받았던 첫번째 약속, 개인적인 축복의 약속이 중요합니다. "너는 나의 축복의 대상이다"는 하나님의 약속을 개인적으로 믿어야 합니다. 의심이 없어야 됩니다. 우리가 하나님의 축복의 대상이요, 사랑의 대상이라는 확신을 갖고 인생을 살아야 합니다.

위대한 사람이란 어떤 사람을 말하는 것입니까? 위대한 사람은 자기의 위대함을 선전하는 사람이 아니고 다른 사람을 위대하게 만들어 주는 사람입니다. 목회자가 할 일은 성도들에게 하나님께서 아브라함에게 주셨던 이 개인적인 축복이 우리의 것임을 믿고 희망 속에서 살도록 확신을 넣어 주는 것입니다.

개인적인 축복은 "네게 복을 주겠다"는 첫번째 약속이었습니다.

**둘째/ "네 이름을 창대케 하리라(I will make your name great)"
는 개인적 축복입니다(12:2).**

　이름이 창대케 된다는 것은 그 이름이 세상에서 존경받고 널리 알려진다는 말입니다. 사람들이 아브라함의 이름을 들으면 그를 저주하는 것이 아니고 그를 존경하고 인정하도록 하겠다는 것입니다.

　"네 이름을 크게 하겠다"는 것이 바로 하나님께서 아브라함에게 주신 두번째의 개인적인 축복이었습니다. 하나님은 이 약속을 지키셨습니다. 그래서 아브라함은 수천년의 역사를 통해서 가장 위대한 믿음의 조상으로 인류 역사 가운데 기록되고 있습니다.

　이름 가운데 가장 위대한 이름은 '예수를 믿는 기독교인' 즉, '그리스도인'이란 이름입니다. '그리스도인'은 예수 그리스도의 이름을 받아서 바로 이 '그리스도'란 이름이 우리의 이름 앞에 붙은 것입니다.

　예수는 인간으로 오셨다가 죽으시고 부활하셔서 만왕의 왕이 되셨습니다. 바로 이 예수의 이름인 그리스도가 저의 이름 앞에 붙어서 '그리스도인 김상복'이 되었습니다. 만왕의 왕이신 예수의 이름이 우리 이름 앞에 붙어서 우리의 이름도 보람있는 이름, 가치있는 이름으로 변화된 것입니다.

　예수를 믿기 때문에 "아, 그 사람은 예수를 믿는 사람이기 때문에…" "그 사람, 예수를 믿더니 사람이 달라졌어" 세상으로부터도 좋은 평가를 듣게 됩니다. 룻이 나오미를 따라 하나님을 믿게 되자 보아스가 룻을 "당신은 우리 동네에서 덕이 있는 사람"이라고 평가한 것처럼, 우리의 평가가 달라집니다. 우리의 가치가 달라집니다. 예수를 믿을 때 우리의 이름은 위대하고 아름답게 변하는 것입니다.

　제가 아는 어느 미국의 목사님은 안 믿는 사람조차도 그 목사님을 보면 존경을 했습니다. 예수를 안 믿어도 그 목사님의 이름을 들으면 누구 한 사람 그 사람에 대해서 나쁘게 평판하는 사람이 없었습니다.

그것은 하나님의 인격이 그 목사님을 통해 드러나기 때문입니다.
 당신의 이름 석자는 무엇을 상징합니까? 들으면 칭찬이 나옵니까? 아니면 저주가 나옵니까?

 제가 워싱턴 신학대학에 교수로 전근하게 되었을 때의 일입니다. 제 옆방에 동료 교수가 하나 있었는데, 제가 그 학교에 처음 가니까 제게 도서관을 소개해주고 설명도 해주었습니다. 그런데 도서관에 가니까 옛날 앨범을 꺼내서 보여주는데 학생이 여덟 명쯤 그룹을 지어서 찍은 사진이었습니다. 그 사진의 맨 뒷줄에 바짝 마른 사람이 하나 서 있었는데 그 사람이 바로 그 교수였습니다. 30여 년 전에 졸업을 했다는데 지금은 그 교수가 뚱뚱해져 못 알아볼 지경이었습니다.
 그런데 그 사람 바로 옆에 동양 사람 하나가 서있었습니다. 제가 "이 동양 사람은 누구냐?"고 물었더니 일본학생이라고 대답했습니다. 이 학생이 졸업을 했느냐고 다시 물으니까 졸업을 안하고 다른 곳으로 갔다고 합니다. 그러면서 하는 말이 "He was a liar!" 그는 거짓말장이였다는 것입니다. 30여 년 전의 일인데도 그 학생을 생각하면 거짓말장이였다는 생각이 먼저 납니다. 왜 그런지는 알 수 없으나 그 일본학생은 그 교수에게 나쁜 인상을 남겼던 것입니다.

 한국 사람들도 거짓말을 잘하는 것 같습니다. 미국 사람들에겐 거짓말이 최고의 멸시요, 모욕입니다. 만약 미국 사람에게 "You, liar!"라고 하면 그 다음엔 틀림없이 죽기살기로 덤빌 것입니다. 그것은 미국 사람들에게는 가장 큰 모욕이기 때문입니다.
 그런데 그 교수가 그 동양 학생을 보고 "He was a liar"라고 했다면 그 이하로 더 나빠질 것이 없는 것입니다. 겨우 2년을 같이 다녔지만 그 사람의 이름이 그 동안에 땅바닥에 떨어진 것입니다. 한두 번 거짓말를 했다고 해서 거짓말장이라고 하지 않았을 것입니다. 몇 번의 거짓말을 통해서 그의 인격이 드러나니까 30여 년이 지난 지금에도 "거짓말쟁이"라고 하는 것입니다.

룻기에는 이와는 정반대인 이야기가 나옵니다.

"보아스가 그에게 대답하여 가로되 네 남편이 죽은 후로 네가 시모에게 행한 모든 것과 네 부모와 고국을 떠나 전에 알지 못하던 백성에게로 온 일이 내게 분명히 들렸느니라"(룻 2:11).

보아스가 룻에게 말하기를 온 동네가 룻이 얼마나 덕스러운 여자인지 다 알고 있다고 말합니다. 이미 보아스가 룻을 만나기 이전부터 룻의 이름은 널리 알려져 있었습니다.

만약 하나님께서 나에게 나타나셔서 "내가 너의 이름을 창대케 해주고 네 이름을 크게 해주시겠다"고 하셨고, 또한 나도 그 약속을 믿고 산다고 합시다. 그렇다면 그런 확신을 갖기 이전과 이후의 삶은 달라질 수밖에 없습니다.

모든 현실은 생각에서부터 시작합니다. 모든 역사는 내가 가진 비전, 내가 가진 꿈에서부터 시작합니다. 나의 머리 속에 무엇이 있고 무슨 확신이 있는가 하는 것은 보통 중요한 것이 아닙니다.

아브라함같이 되는 것은 여러분에게나 저에게나 보통 중요한 것이 아닙니다. 내가 앞으로 어떻게 될 것인가를 근심하고 의심하는 생각이 머리 속에 가득하면 보통 문제가 아닙니다. 여러분과 제가 하나님 앞에서 아브라함에게 주신 확실한 음성을 영적으로 듣는 것은 중요합니다. 모든 것은 생각에서부터 출발하기 때문입니다. 생각에 없는 현실은 나타나지 않습니다. 꿈이 없고 비전이 없고, 아이디어가 없다면 이루어지는 것 또한 하나도 없습니다.

하나님께서 나에게 어떻게 말씀하시는가를 확실하게 듣고 믿고 살아야 합니다.

사람들이 저에게 불안한 얘기를 할 때도 있습니다. 그 때마다 저는 "걱정할 것 없습니다. 지난 과거를 보십시오. 하나님께서 50년 동안 인도하셨는데 이제 와서 버리실 일은 절대로 없습니다. 저는 돌이켜보면 하나님이 어떻게 나와 함께 하셨고, 또 어떻게 하실지를 확신하기 때문에 미래에 대해서도 확신합니다"라고 권면해 줍니다. 하나님은 아브라함이 175세까지 사는 동안 여덟 번이나 계속 나타나셔서 12장의 음성을 확인해 주셨습니다. 우리도 흔들릴 때마다 스스로 하나님 앞에서 하나님의 약속을 확인할 필요가 있습니다.

롯이 삼촌을 조금도 생각해주지 않고 요단강 평야를 다 차지했을 때 제가 아브라함이었다면 아마 낙심했을 것입니다. 좋은 땅이라고는 거기밖에 없는데 조카가 삼촌을 거들떠보지도 않고 다 자기가 가지겠다고 하니 말입니다. 그런데 그 후에 아브라함에게 나타난 하나님의 모습이 재미있습니다.

> "롯이 아브람을 떠난 후에 여호와께서 아브람에게 이르시되 너는 눈을 들어 너 있는 곳에서 동서 남북을 바라보라 보이는 땅을 내가 너와 네 자손에게 주리니 영원히 이르리라"(창 13:14-15).

롯의 생각에는 자기가 가장 좋은 땅을 다차지 했다고 생각했을 것입니다. 그러나 하나님의 생각은 달랐습니다. 하나님은 아브라함에게 다시 나타나셔서 말씀하십니다. "동서 남북 보이는 땅" 전부가 아브라함의 땅이라고 말입니다. 심지어 롯이 차지한 땅마저도 아브라함과 그 자손의 땅이라고 하나님은 아브라함에게 말씀하시는 것입니다.

가끔 우리도 현실에 낙담하여 피곤해 할 때가 있습니다. 그럴 때마다 주님께서 나에게 들려주시는 약속, 위로의 말씀을 들을 수 있어야 합니다. 하나님은 우리가 하나님과만 함께 할 수 있는 조용한 시간에 나타나 말씀하십니다.

셋째/ "너는 복의 근원이 될지라(thou shalt be a blessing)"는 개인적 축복입니다(12:2).

영어성경으로는 "네 자신이 축복이 될 것이다(You shall be a blessing)"는 뜻입니다. 우리말로 "복의 근원이 되겠다"는 말도 좋은 뜻이지만 원래는 "너 자신이 복이 된다"라는 뜻입니다. 아브라함 개인이 하나님으로부터 복을 받을 뿐만 아니라 아브라함이 다른 사람들에게 복을 주는 사람이 되는 것입니다. 하나님은 아브라함에게 주신 이 복을 여러분과 저에게도 주십니다. 하나님을 만나는 사람들은 누구나 아브라함에게 주신 그 축복을 받는 것입니다.

개인적인 이야기입니다만, 제 이름이 상복(相福)입니다. 풀이하자면 '서로간에 복이 된다'는 뜻입니다. 저는 아버님이 돌아가셨기 때문에 왜 상복(相福)이라고 지었나 물어볼 길이 없습니다. 그래서 저 나름대로 추측해보기를, 서로 간에 복이 되라고, 어디를 가든지 내가 가는 곳곳마다 사람들과 사회 속에서 복이 되라는 뜻으로 붙이신 것이라 여겨집니다. 그래서 어릴 때부터 '우리 아버지가 내가 어디를 가든지 복이 되라고 나를 이렇게 지어줬는가 보다'라고 생각하면서 사람들을 만났습니다.

저는 제 개인적인 생각으로 그렇게 여기면서 살지만, 아브라함에게는 하나님께서 직접 그렇게 말씀해 주셨습니다. 우리는 아브라함에게 들려주신 하나님의 약속의 음성을 오늘 우리 자신의 것으로 받아들여야 합니다.

심리학자들이 어떤 사람들이 행복하게 사느냐 하는 것을 연구했는데, 아브라함처럼 개인에 대한 축복을 자기 자신의 것으로 생각하면서 사는 사람들이 제일 행복하게 산다고 합니다.

요즈음 많이 쓰는 단어가 자기존중, 자존감(self-esteem)입니다. 자기 자신의 존재에 대한 존중감, 자기의 중요성을 인식하는 것입니다. 내가 나 자신의 중요성을, 나 자신의 가치를 모르는데 어떻게 내가 다른 사람을 가치있게 만들어 줄 수 있겠습니까?

하나님 음성을 통해서 아브라함이 확인한 것이 바로 이것이었습니다. 자기존중은 스스로가 잘나거나 똑똑하기 때문에 생겨나는 것이 아닙니다. 만약 자기 자신의 우월성에서 비롯된 것이라면 그것은 자기존중이 아니라 자만과 교만입니다.

참된 자기 존중은 우리 자신의 우월성에서가 아니라, 하나님께서 하나님의 형상으로 창조한 피조물이라는 점, 그리고 하나님께서 우리를 축복하시고 귀하게 여기신다는 것을 확신해야 합니다. 또한 하나님의 축복의 음성을 확인한 사람만이 남을 축복되게 할 수 있습니다. 이런 확신을 가지고 사는 우리들이 되어야 합니다.

저도 미국에서 교포들에게 이것을 많이 이야기했습니다. 왜냐하면 교포들이 흑인 사회 속에서 고생하다가 자기 존중감을 잃어버리기 쉽기 때문입니다. 이럴 때에 하나님께서 아브라함에게 들려주신 축복의 음성을 확인하는 것이 필요합니다. 하나님께서 우리를 바라보시는 눈으로 우리 자신을 볼 수 있어야 거기에서 힘이 생기고 용기가 생기기 때문입니다.

넷째/ "너는 열국의 아비가 될지라(be a father of many nations)"는 개인적 축복입니다(17:4).

세상에는 두 종류의 사람들이 있습니다. 자손과 민족을 중요시하는 사람들과, 자기 자신과 자기 가족만을 중시하는 사람들입니다. 우리의 조상들은 예로부터 자손과 민족을 중요시했습니다. 그러나 현대에 올수록 핵가족화되면서 개인과 가족만을 중요시하는 풍토가 되어 가고 있습니다.

그러나 서구에 비하면 아직도 한국은 자손과 민족을 중요시하는 편입니다. 그러므로 어느 것이 옳고 나쁘다고 판단할 수는 없습니다. 그것은 각각 장단점이 있고, 문화와 역사에 따라서 다른 문제이기 때문입니다.

아브라함의 시대에는 많은 자손은 큰 복이었습니다. 자손을 통하여 그 가문이 커지고 그 국가가 강해졌기 때문입니다. 하나님은 아브라함에게 많은 자손들을 줄 것이라는 약속을 주셨습니다. 이 축복은 창세기 13장 16절과 15장 5절, 17장 6절 등에서 반복되어 나타납니다.

자기 당대만 생각하는 사람과 자자손손 후대를 생각하는 사람은 관점이 다르고 생각도 다를 수밖에 없습니다. 하나님께서 나와 내 후손을 대대손손 축복하시고 그 후손들을 통해서 위대한 국가를 이룰 것이라는 확신을 가진 사람들은 지금 당장 아들 하나를 키우더라도 태도가 다릅니다. 자식에게도 비전을 크게 심어주고 세계를 생각하게 합니다.

사업을 하더라도 마찬가지입니다. 지금 당장의 규모에 만족하고 안주하는 사람에게는 비전이 없습니다. 비전이 없는 사람에게 발전이 있을 리 만무합니다. 그러니 그런 사람의 사업은 늘 현상유지에 급급하게 됩니다. 경제적 여유가 생기더라도 재투자나 기술개발보다는 땅투기나 여가 개발에 더 신경쓰게 됩니다.

그러나 비전을 가진 사람은 다릅니다. 사업을 하건, 목회를 하건, 공부를 하건간에 비전을 가진 사람은 하나를 보더라도 둘을 배우고 셋을 생각합니다. 당장에 눈앞의 일도 먼 장래의 일과 연관을 지어 생각합니다. 더 열심히 공부하고, 더 열심히 노하우를 축적하고, 더 열심히 노력하고, 더 열심히 기도합니다.

그리스도인이라면 누구나 하나님께서 아브라함에게 주셨던 이 비전을 바라볼 수 있어야 합니다. '열국의 아비가 될지라' 이 축복을 늘 가슴에 품어야 합니다.

다섯째/ "열왕이 네게로 좇아 나오겠다(Kings shall come out of thee)"는 축복입니다(17:6).

이것은 17장 4절에서 6절에 나타나는 축복입니다. "내가 너와 내 언약을 세우니 너는 열국의 아비가 될지라." 아브라함이 열국의 조상이 된다는 축복입니다.

6절에는 "내가 너로 심히 번성케 하리니 나라들이 네게로 좇아 일어나며 열왕이 네게로 좇아 나리라"고 하십니다. 아브라함의 후손들 중에서 참 많은 훌륭한 지도자들이 나타날 것이라는 축복입니다.

후손에 대한 유명한 예화가 있습니다. 영적 대각성기 동안 뉴잉글랜드의 위대한 복음전도자 조나단 에드워드의 후손에 관한 이야기입니다. 조나단 에드워드 목사의 후손과, 그리고 에드워드 목사와 같은 시대에 뉴욕에 있는 한 사람의 후손을 조사해서 비교한 내용이 있었습니다. 제가 그 내용을 읽어보면서 참 재미있다고 생각했습니다. 같은 시대에 살았는데 한 사람은 목사였고, 다른 사람은 죄수였습니다. 조나단 에드워드 목사의 후손 중에는 목사, 부통령, 대법원장, 국회의원, 대학교수, 신문사 편집장 등 미국 사회에서 굉장한 역할을 한 사람들이 수없이 나왔습니다. 그런데 죄수의 후손을 보니까 죄수들, 깡패들, 창녀들, 정신질환자들이 수없이 나왔습니다. 제가 이 두 후손을 대조해보고 깜짝 놀랐습니다.

한 사람이 이렇게 중요합니다. 한 명의 아브라함이, 한 명의 조나단 에드워드가 이렇게 중요한 것입니다. 그 후손의 역사가 이 한 사람에 의해서 결정되어 버립니다.

이 이야기는 바로 아브라함의 역사를 말해줍니다. 그리고 오늘, 우리들 자신의 역사를 말해줍니다. 아브라함의 역사를 보거나, 조나단 에드워드 목사의 역사를 보거나 우리 스스로가 하나님 앞에서 아브라함에게 주신 축복의 음성을 듣고 확신하면 대대로 우리 후손의 운명이 이미 우리 손에서 출발합니다. 그러므로 우리를 통하여 하나님께서 이루시고자 하는 미래, 대대손손 후손을 통해 나타날 목적을 분명히 보고 그 비전 위에 살아야 합니다.

저는 아들이 없고 딸만이 있는데 어릴 때부터 아이들을 위해서 기도할 때는 "주여, 이 아이들을 축복하여 주옵소서"라고 기도하지 않았습니다. "하나님, 이 아이들이 일생을 사는 동안에 꼭 남에게 축복되는 사람이 되게 하여 주옵소서" 하고 기도합니다. 아이들을 모아 놓고 이렇게 기도하니까 이 조그만 아이들의 가슴 속에 어려서부터 그들 스스로 사람들에게 축복이 되도록 살려고 하는 부단한 노력이 나타났습니다.

아브라함은 자손에 대한 이 축복을 확신했습니다. 아브라함은 하나님의 축복의 음성을 여러 사람과 같이 들은 것이 아니라 혼자 들었습니다. 그러나 아브라함 자신에게 너무 확실한 음성이기 때문에 이것을 확신했고 아브라함의 후손은 큰 민족을 이루었습니다. 그 중에 왕이 나왔고, 결국 아브라함의 후손 중에서 메시야도 나왔던 것입니다.

어느 젊은 목사님의 목사 안수식에 설교를 해달라고 부탁을 해와서 제가 준비를 하면서 목사님들에 대해서 통계를 내본 적이 있습니다. 이것은 미국에서 조사를 한 것입니다만, 미국에서 제일 성공한 사람의 그룹 가운데 목사의 자손들이 제일 많았습니다. 미국에 있는 2천 개의 회사 사장들 중에 목사의 자손들이 제일 많았습니다. 제가 그것을 보면서 '하나님은 참 공평하신 분이구나' 생각했습니다. 목사들이 이땅에 살면서 많은 수고를 하면서 사니까 하나님께서 그 자손들을 축복해주시는 것입니다.

제가 한국의 목사님들 중에 은퇴하신 목사님 여러 분을 만나서 물어보았습니다.

"목사님, 자녀분이 몇 분이나 되십니까? 자녀분들이 지금은 뭘 하고 있습니까?"

한국 목사님 자녀들은 어떤가 하고 제가 계속 물어보았는데 아직까지는 목사 자녀들이 잘못되었다는 이야기는 별로 들어본 적이 없습니다. 제가 물어본 것이 통계가 될 수는 없겠지만, 대체로 목회자의 자녀들이 잘되었다는 것을 확인할 수 있었습니다. 한국이나 미국이나 하나님께 헌신한 분들의 가족들은 잘 되는구나 하는 것을 느꼈습니다.

우리는 하나님이 아브라함에게 주신 개인적인 축복의 약속들이 우리에게도 이루어질 것을 믿고 살아야 합니다. 하나님은 그 약속하신 것들을 지키십니다. 하나님은 하나님의 약속을 믿는 자의 믿음을 이루십니다. 그래서 아브라함이 하나님의 축복에 대한 약속을 믿었던 것처럼 우리도 그런 믿음을 소유할 필요가 있습니다.

민족적 축복

하나님은 아브라함을 개인적으로 축복하셨을 뿐 아니라 아브라함을 통해 그 민족을 축복하셨습니다. 그것은 아브라함과 하나님과의 언약이 아브라함 개인과 하나님과의 언약만이 아니라 아브라함을 통한 아브라함의 후손들과 하나님과의 언약이기도 했기 때문입니다. 아담 한 사람을 통하여 죄가 모든 인류에게 들어왔듯이 이제는 아브라함 한 사람을 통해 하나님의 축복이 그 민족에게 이어지는 것입니다.

아브라함을 통해 주신 민족적 축복을 살펴봅시다.

첫째/ "큰 민족을 이룬다(make thee a great nation)" 는 축복입니다(12:2).

이것은 앞에서 아브라함의 개인적인 축복에서도 살펴보았던 말씀입니다. 이 말씀은 개인적인 축복이면서 동시에 민족적 축복이기도 합니다. 왜냐하면 이스라엘민족은 '큰 민족'이 될 것이기 때문입니다.

하나님은 아브라함에게 "내가 너로 큰 민족을 만들겠다"고 약속하셨습니다. 믿는 사람들은 한 사람 한 사람이 퍼져서 큰 민족을 만들고 큰 국가를 이룹니다.

제가 미국에 있을 때 미국에 사는 집사님 한 분이 저를 방문한 적이 있습니다. 제가 그 분의 삼촌을 전도한 적이 있는데, 그 삼촌이 조카를 전도했습니다. 원래는 모두 안 믿는 가족이었는데, 한 사람이 처음 믿기 시작해서 한 사람 한 사람 한 가정 한 가정씩 믿게 되어 이제는 한 두 가정을 제외하고는 온 식구가 다 예수님을 믿게 되었습니다.

그래서 제가 그 집사님을 보고 "당신은 나의 영적 손자입니다"라고 말한 적이 있습니다. 저는 삼촌 한 사람을 전도했는데 그 삼촌이 자기 조카를 전도했고, 이 영적 아들이 또 다른 사람들을 전도하여 잠깐 사이에 손자와 증손자들을 만들어내었습니다.

제가 그 집사님에게 전도훈련을 시켰더니 이 집사님은 한국사람뿐만 아니라 미국사람에게도 전도를 했습니다. 매일 점심시간마다 워싱턴 D.C.의 길복판에서 전도하여 10여년 동안 수많은 사람들이 그리스도께로 돌아오게 했습니다.

여러분 한 사람을 통하여 많은 사람들이 하나님을 믿게 되고 하나님께 부름을 받음으로 큰 민족을 이루게 됩니다. '그리스도인 김상복'처럼 '그리스도인 아무개'란 위대한 이름으로 변한 그리스도인들이 큰 민족을 이루고 위대한 하나님의 나라를 만들어가는 것입니다.

하나님은 혼자서 조용히 하나님을 믿다가 천국 가라고 우리를 부르신 것이 아닙니다. 한 사람을 통하여 그 사람이 축복받을 뿐만 아니라 큰 민족을 이루기 위하여 아브라함을 부르셨고 우리를 부르신 것입니다. 큰 민족을 이룰 축복이 아브라함에게 그리고 우리에게 있습니다.

제가 한 할아버지의 생일 파티에 갔더니 그분에게는 29명의 손자 손녀들이 있었습니다. 그리스도인이 된다는 것이 바로 이 할아버지와 같은 삶을 사는 것입니다. 한 사람을 통해 많은 영적 자손들을 만드는 것입니다. 한 사람을 통해 그 가족과 후손과 국가를 변화시키시기 위해 하나님은 우리를 부르셨습니다. **나 한 사람을 통해 내가 축복을 받고 내 가족이 축복을 받고 내 후손과 내 국가가 축복을 받는다는 믿음을 갖는 것이 바로 신앙운동이요, 하나님 나라의 운동입니다.**

아브라함 한 사람을 통해 이스라엘은 큰 민족을 이루었습니다. 만약 열방에 둘러싸인 가운데 이스라엘 민족이 숫자도 작고 힘도 약한 민족이 된다면 그것은 침략과 전쟁 등을 통하여 이스라엘 민족에게는 큰 시련이요 불행이었을 것입니다. 그러나 하나님은 이스라엘로 하여금 큰 민족을 이루셨습니다. 그리고 이 약속은 다윗과 솔로몬 왕조를 통하여 이루어졌습니다. 열방에서 이스라엘 민족에게 공물을 바치기 위해서 몰려왔습니다.

우리 민족은 일제에 의해 35년간 식민지 지배를 받았던 뼈저린 과거를 가지고 있습니다. 여기에는 많은 원인이 있겠지만 그 중의 하나는 우리 민족이 그 당시 일본에 비해 큰 민족을 이루지 못하고, 군사력과 과학기술 등 여러 면에서 힘있는 민족을 이루지 못했기 때문입니다.

그러나 큰 민족 자체가 무조건적인 하나님의 축복은 아닙니다. 왜냐하면 아무리 큰 민족을 이룰지라도 하나님이 함께 하시지 않으면 그 민족은 약한 민족이요 멸망할 수밖에 없기 때문입니다.

로마제국이 기독교를 받아들일 때는 로마제국은 전성기를 구가하고 맹렬하게 뻗어나가고 있었지만, 중세기 기독교가 타락하여 하나님이 기뻐하시지 않는 모습이 되었을 때 로마제국이 분열되고 붕괴되어버렸던 사실을 우리는 역사를 통해 배울 수 있습니다.

종교개혁을 통해 기독교가 생명력을 되찾은 독일, 프랑스 등이 하나님의 함께 하심으로 인해 급성장했고, 뒤이어 청교도정신으로 무장한 미국이 세계 역사의 중심으로 떠올랐습니다. 그러나 이제는 유럽에서도 미국에서도 사회 전반이 타락해가면서 기독교도 힘을 잃어가고 있습니다.

이제는 한국이 세계 가운데서 일어서고 있습니다. 전세계가 놀랄 만한 속도로 기독교가 부흥하고 있는 한국이 이제 영적 세계사의 중심을 향해 떠오르고 있습니다. 이러한 때에 우리 민족은 '하나님이 함께 하시면 우리도 큰 민족을 이룰 수 있다'는 비전을 가지고, 한국 민족을 향한 하나님의 계획이 무엇인지를 깨달아야 합니다.

큰 민족에 대한 축복은 13장 16절과, 15장 5절, 그리고 17장 2절과 6절에 반복해서 나타납니다. 그러나 '큰 민족'보다 더 큰 하나님의 축복은 하나님께서 아브라함과 평생을 동행했듯이 이스라엘 민족과도 영원히 함께 하신다는 것입니다. 아무리 이스라엘 민족이 '작은 민족'을 이루었더라도 하나님이 함께 하시면 언제나 이스라엘 민족은 큰 민족이었기 때문입니다.

둘째/ "보이는 땅을 내가 너와 네 자손에게 주리라"는 축복입니다 (13:15, 15:18, 17:8).

넓은 땅도 역시 하나님의 축복입니다. 기름진 땅, 천연자원이 풍부한 땅, 지정학적 요충지에 있는 땅, 넓은 땅은 국가를 부강하게 합니다. 하나님은 가장 좋은 땅을 아브라함에게 주셨습니다. 롯은 자기가 좋은 땅을 다 차지한 줄 알았으나 그것은 롯의 착각이었습니다. 하나님은 롯이 차지한 땅을 포함한 넓은 영토를 아브라함과 그 후손에게 주셨습니다.
영토에 관한 약속은 15장 18절에 구체적으로 나타나 있습니다.

"그날에 여호와께서 아브람으로 더불어 언약을 세워 가라사대 내가 이 땅을 애굽 강에서부터 그 큰 강 유브라데까지 네 자손에게 주노니."

이스라엘 민족에게 주시는 영토에 대한 약속은 17장 8절에도 다시 반복됩니다. 하나님은 그 땅을 영토로만 주신 것이 아니라 "가나안 일경으로 영원한 기업이 되게" 하셨습니다.

이 민족적인 축복이 이루어지는지 아닌지는 아브라함은 알 수 없었으나 아브라함은 그의 후손에 대한 축복이 그대로 이루어질 줄로 믿었습니다. 그 믿음을 하나님은 의롭게 여기셨습니다.

셋째/ 뭇별처럼 수많은 후손을 주시리라는 축복입니다(13:6, 15:5, 17:2,6).

수많은 후손에 대한 하나님의 약속은 아브라함에게 거듭해서 주어진 약속 중의 하나입니다. 그리고 이 약속은 아브라함의 생애와 그의 후손들을 통하여 성취되었습니다. 13장 6절에 보면 벧엘에서 아브라함과 롯의 목자들이 그 수와 소유가 너무 많아서 서로 동거할 수 없을 지경에 이르는 장면이 나옵니다.

그러나 하나님의 약속은 이에 그치지 않습니다. 15장 5절에서 하나님은 아브라함을 이끌고 밖으로 나가서 밤하늘을 가리키며 말씀하십니다.

"하늘을 우러러 뭇별을 셀 수 있나 보라. 네 자손이 이와 같으리라."

17장 2절과 6절에서도 하나님은 거듭하여 아브라함에게 "내가 내 언약을 너와 나 사이에 세워 너로 심히 번성케 하리라"고 말씀하십니다.

하나님은 약속을 지키는 신실하신 하나님이십니다. 하나님은 아브라함을 축복하셨을 뿐 아니라 그의 후손들까지도 축복하셨습니다. 하나님께서 아브라함에게 주신 언약을 어떻게 지키셨는지는 이스라엘 민족의 역사를 통하여 잘 드러나 있습니다.

세계사 가운데에서는 한때 큰 민족을 이루고 부강했던 나라들이 후대에 가서는 쇠퇴해버리는 경우를 많이 봅니다. 그 원인 중의 하나는 후손이 줄어들었기 때문입니다.

오늘날에도 이런 문제로 국가적인 고민을 하고 있는 나라들이 있습니다. 세계적인 복지국가로 소문난 스웨덴이나, 역사와 전통을 자랑하는 유럽 중의 프랑스가 대표적인 경우입니다. 이 나라들은 출산을 기피하는 사회적 풍조 때문에 날이 갈수록 국민 총인구수가 줄어드는 현상이 계속된다면 국가적인 위기를 맞게 될 것입니다.

그러므로 후손이 계속해서 이어지는 것도 하나님의 축복 안에 있습니다.

넷째/ 민족적 축복은 "내가 내 언약을 너와 네 대대의 후손 사이에 세워서 영원한 언약을 삼으신(an everlasting convenant to be a God unto thee and to thy seed after thee)" 것입니다(17:7).

하나님은 아브라함에게 축복을 약속하시면서 그 축복을 아브라함 개인에만 국한시키는 것이 아니라 이스라엘 민족에게로 확대시키셨습니다. 그런데 이제는 그 약속을 영원까지 확대하십니다.

인간은 시간과 공간의 제한을 받고 사는 존재입니다. 그러나 하나님은 무소부재 영원불변하시는 분이십니다. 그런 하나님께서 유한한 인간에게 영원한 언약을 약속하시는 것입니다. 그 영원한 언약의 내용은 하나님께서 영원히 아브라함과 그 후손의 하나님이 되겠다는 것이었습니다.

한번 상상을 해 봅시다. 아마 우리들 대부분은 2,000년까지는 살 것입니다. 어떤 분은 2,050년까지도 살지 모릅니다. 그러나 우리들은 2,100년이 오기 전에 모두 죽을 수밖에 없습니다.

그런데 만약 우리가 아브라함에게 주신 하나님의 개인적인 약속과 민족적인 약속을 각자 다 믿었다고 가정합시다. 개인적으로 믿었을 뿐 아니라 우리의 자손들에게 다 그렇게 확신을 심어주고 믿게 하고 죽었다고 합시다. 제 생각에는 그것만 해도 굉장할 것 같습니다. 개인에 대한, 민족에 대한 하나님의 뜻을 전해주고 그 신앙을 후손들에게 심어놓고 우리들이 죽는다고 하면, 그 후손들은 복될 것입니다. 곳곳마다 희망이 넘쳐나고 그들이 세상을 바꾸어놓을 수 있을 것입니다. 우리 후손들의 사고방식 속에 믿음을 형성시켜주고 삶의 태도를 설정해주는 것은 이렇게 중요합니다.

하나님은 아브라함 한 사람을 통해 이 일을 이루셨습니다. 아브라함에게 심어준 비전이 후손들에게 물려져 그 후손들이 오늘날 세계의 역사를 바꾸어놓도록 만드셨습니다. 그래서 그들의 하나님이 되신 것이며 마침내 여러분과 저의 하나님이 되셨습니다.

하나님이 아브라함에게 주신 민족적 축복 가운데 가장 큰 축복은 하나님께서 아브라함뿐만 아니라 그 후손들과도 영원한 언약을 맺으셨다는 바로 이 축복입니다.

왜냐하면 하나님의 이 언약으로 인해 이스라엘 민족은 수천 년의 역사를 통해서 하나님의 인도하심과 보호하심을 받았고, 무엇보다도 아브라함의 후손 가운데에서 성육신하신 하나님 예수 그리스도가 나셨기 때문입니다. 뿐만 아니라 여러분이나 저처럼 아브라함의 영적 후손인 그리스도인들이 오늘날 전세계에서 하나님을 찬양하고 있기 때문입니다.

세계적인 축복

지금까지 개인적인 축복과 민족적인 축복을 살펴보았습니다. 이제부터는 세계적인 축복, 보편적인 축복을 살펴보도록 하겠습니다. 세계적인 축복이란 나와 내 민족뿐만 아니라 전 세계가 복을 받게 된다는 의미입니다. 즉, 세계적인 축복은 우리가 여호와를 만나면 우리가 만민의 축복의 근원이 된다는 뜻입니다.

저는 하나님의 음성을 듣고 출발하는 한국인이 21세기에 세계인의 축복이 될 것을 믿습니다. 한국이 하나님의 은혜와 축복을 전세계에 전하는 통로가 되기 위해서는 우선 영적인 부흥이 계속되고 나라가 안정되고 경제가 부흥하고 통일이 이루어져 전세계의 축복이 되어야 합니다.

세계의 선교모임에 가보면 세계가 한국교회를 주시하고 기대하고 있음을 알 수 있습니다. 중국과 독일에 있는 젊은 목사님들이 한국에 와서 훈련을 받을 수 있도록 해달라고 한국교회에 부탁하고 있습니다. 이미 아세아연합신학대학(ACTS)를 통해 러시아, 동구라파의 목사님들이 훈련을 받고 있습니다. 영국에서도 모슬렘권 복음화를 도와달라고 한국교회에 요청하고 있습니다. 한국교회가 모든 만민의 축복이 되어가고 있습니다.

왜 한국교회가 이런 축복을 받고 있습니까? 그것은 한국교회가 하나님을 만났기 때문입니다, 옛날처럼 우상이나 미신을 섬기지 않고 오직 살아계신 하나님을 섬기기 때문입니다. 즉 1,000만 이상이나 되는 성도가 하나님의 자녀가 되었기 때문입니다.

한국교회에 하나님께서 주시는 축복은 아브라함에게 약속하신 세계적 축복에서 비롯되었습니다. 이미 수천 년 전에 하나님은 아브라함을 통해 하나님의 음성을 듣고 그 음성에 순종하는 백성들을 축복하시겠다고 약속하셨습니다. 그 축복은 아브라함을 통해서, 이스라엘 민족을 통해서 성취되었고, 이제 한국교회를 통해서 성취되고 있는 것입니다.

그러면 하나님께서 아브라함에게 약속하신 세계적인 축복을 하나하나 살펴보겠습니다. 세계적인 축복은 세 가지로 나타나고 있습니다.

첫째/ '하나님의 철저한 보호에 대한 약속' 입니다.

"너를 축복하는 자에게는 내가 복을 내리고 너를 저주하는 자에게는 내가 저주하리니(I will bless them that bless thee, and curse them that curse thee)"(12:3상).

하나님께서는 아브라함을 축복하는 사람에게는 복을 주시고 만약 아브라함을 저주하는 사람이 있다면 아마도 그에게 벌을 내림과 같이 하나님은 자기 사람을 철저히 보호하십니다.

이렇듯 하나님이 함께 하시는 사람에게는 함부로 손을 대지 못합니다. 예수 믿는 사람들은 보통사람이 아닙니다. 예수를 믿는 사람들은 모두가 특별한 인물들입니다. 또한 성자 예수님을 죽여서 그 대가로 얻어진 귀한 사람들입니다. 예수님께서 피를 흘리면서까지 사랑하신 것이 바로 우리들입니다.

하나님을 믿는 사람은 원수를 갚을 필요가 없습니다. 오히려 원수를 사랑하고 계속 선을 행해야 합니다. 그러면 그것이 우리에겐 축복이 되고 그 사람에게 원수를 갚는 일이 됩니다. 원수를 갚는 일은 하나님이 직접하십니다. 스스로 원수를 갚으려고 애를 쓰거나 원수를 갚지 못해서 분노할 필요가 없습니다. 우리는 선한 일에 쓰면서 기도하다 보면 원수를 갚을 만한 일은 하나님이 갚으시고 회개시키실 일은 하나님이 직접 회개시키십니다.

만약 누가 나를 고생을 시키면, 하나님의 특별한 목적이 있어서 보다 훌륭한 하나님의 약속된 자녀로 만들기 위한 과정이라고 생각하십시오. 아무리 고난을 당하더라도 하나님의 자녀는 절대로 망할 수가 없습니다. 이것이 아브라함의 믿음이요, 욥의 믿음입니다.

우리 믿는 사람들은 사람들을 만나서 축복된 얘기를 해야 됩니다. 저주스런 이야기나 비방하는 말을 하면 안됩니다. 우리가 누구인가를 알고 나를 통해서 하나님께서 어떠한 역사를 이루어 나가시는가에 대한 확실한 믿음을 갖고 나가야 됩니다.

창세기 12장 3절이 어떻게 세계적인 축복의 말씀인가 하는 것은, 아브라함이 하나님과 함께 하는 줄을 알고 그를 축복하는 누구나가 아브라함과 더불어 하나님의 축복을 받을 수 있기 때문입니다. 아브라함의 후손이 아니어도 좋습니다. 비록 이방인일지라도 아브라함과 함께 하시는 하나님을 알아보고 아브라함을 축복하면 그도 아브라함으로 인하여 하나님으로부터 복을 받습니다.

둘째/ '아브라함을 통한 전세계적인 축복의 약속' 입니다.

"땅의 모든 민족이 너를 인하여 복을 얻을 것이니라 하신지라(in thee shall all families of the earth be blessed)"(12:3하).

얼마나 위대한 약속, 얼마나 커다란 축복입니까? 아브라함 한 사람을 통하여 "땅의 모든 민족이" 복을 받습니다. 한 사람 속에 하나님의 계획이 숨어있습니다. 한 사람을 통해 하나님은 세계의 역사를 바꾸기도 하십니다.

첫 사람 아담의 범죄함으로 말미암아 온 인류가 타락하여 심판을 받게 되었습니다. 노아 한 사람의 선함으로 말미암아 온 인류가 멸망하는 와중에도 하나님의 사람들이 이어집니다.

아브라함 한 사람을 통해 이제 하나님은 민족을 이루고 국가를 이루어 하나님을 경배케 하는 계획을 이루어 가십니다. 그리고 아브라함을 통해 온 인류를 대속할 예수 그리스도가 오셨습니다.

저는 우리 한국 사람도 이런 축복을 받았으면 하고 희망해 봅니다. 저는 하나님께서 이 마지막 시대에 한국 백성을 위대하게 만들어서 한국 백성을 통하여 하나님께서 큰 영광을 받으시기로 작정하셨다고 믿습니다.

그 계획 속에서 여러분과 저를 불러 구원하셨습니다. 우리에겐 민족과 세계를 향하여 이 세계적인 비전과 보편적인 축복을 보여줄 의무가 있습니다. 우리가 예수님을 잘 믿을 뿐 아니라 다른 사람들을 구원시킬 책임이 있습니다.

이러한 세계를 향한 약속의 축복들을 믿어야 합니다. 날마다 신문만 보면 짜증스런 이야기가 나오고, 텔레비전 뉴스를 틀면 사건과 사고들만 나오는 이런 시대에 희망을 제시해 줄 사람들이 누구입니까? 바로 하나님을 믿는 신앙의 사람들입니다. **이 시대에 아브라함의 축복을 우리 민족의 축복으로 이끌 사람들은 우리들입니다.** 우리가 하나님의 복음을 들고 세계로 나갈 때 우리 때문에 모든 민족이 축복을 받을 것입니다.

셋째/ 아브라함으로부터 많은 국가가 탄생한다는 축복입니다.

"내가 너로 심히 번성케 하리니 나라들이 네게로 좇아 일어나며 (I will make nations of thee)"(17:6).

이 말씀을 보면서 저는 우리 이민자들을 생각해 보았습니다. 하나님께서는 20세기 말에 들어와서 한국 백성들을 미국에 백만 명, 중국에 250만 명, 일본에 70만, 러시아에 50만,, 남미에 수십만 등 전세계로 퍼뜨려 놓았습니다.

왜 하나님께서 우리 민족을 왜 이렇게 흩어놓았을까요? 저는 4,400년만에 처음으로 우리 민족을 들어 전세계에 보내셔서 한국 민족이 그곳의 백성들을 축복되게 만들기 위한 것이 아닌가 하고 생각합니다. 한국민도 이스라엘민족처럼 늘 압박과 설움을 받으면서 살던 민족입니다. 반만년 동안 고생하던 민족인데, 이제 주님 보시기에 마지막으로 세계적인 공헌을 하고, 세계의 백성을 축복하는 역할을 하시려는 게 아닌가 생각합니다.

저는 이 이야기를 한국 사람이 있는 곳마다 해왔습니다. 그 이야기를 하자 어떤 교포가 대답하기를, "아, 그러면 우리가 이 아르헨티나까지 온 목적이 이것이었나 봅니다. 저는 그저 먹고 살려고 왔는데, 하나님께 서는 세계적인 섭리를 가지고 우리를 보내셨군요"라고 했습니다. 그렇습니다. 하나님께서는 옛날에 아브라함과 아브라함의 후손을 들어 쓰셨듯이 우리가 정말 하나님께 헌신되어 있다면, 우리가 하나님의 약속에 대한 확실한 믿음을 가지고 있다면 능히 이 일을 이루실 분입니다.

하나님은 아브라함에게 약속하셨던 개인적인 축복, 민족적인 축복, 세계적인 축복을 지금도 우리들에게 주시기를 원하십니다. 우리도 아브라함과 같은 순종의 삶, 믿음의 삶을 살 때에 하나님이 약속하신 축복들을 받을 수 있습니다.
이제 우리는 하나님을 만나야 합니다. 하나님의 세미한 음성에 귀기울여야 합니다. 하나님께서 성경을 통하여, 성령을 통하여, 교회를 통하여 들려주시는 음성에 아브라함처럼 순종해야 합니다.
우리들 한 사람 한 사람은 연약하고 보잘것없는 존재이나 하나님은 이 작은 사람을 통하여 하나님의 일을 이루기를 원하십니다.

이제 하나님의 비전에 동참합시다. 한 사람을 통하여서 하나님의 구원이 온 세계에 퍼져나가고 전 세계 열방 민족들이 하나님을 찬양하고자 하는 하나님의 비전을 다른 사람이 아닌 바로 우리 손으로 이루어 나갑시다.

　우리와 우리의 후손들을 통하여 많은 위대한 일들이 이땅 위에 펼쳐질 수 있도록 우리 자신과 우리 교우들에게 도전함으로써 하나님의 위대한 일을 우리 손으로 이루어 나갑시다.

제 4 장

아브라함의 애굽행

"그 땅에 기근이 있으므로 아브람이 애굽에 우거하려 하여 그리로 내려 갔으니 이는 그 땅에 기근이 심하였음이라 그가 애굽 가까이 이를 때에 그 아내 사래더러 말하되 나 알기에 그대는 아리따운 여인이라 애굽 사람이 그대를 볼 때에 이르기를 이는 그의 아내라 하고 나를 죽이고 그대는 살리리니 원컨대 그대는 나의 누이라 하라 그리하면 내가 그대로 인하여 안전하고 내 목숨이 그대로 인하여 보존하겠노라 하니라 아브람이 애굽에 이르렀을 때에 애굽 사람들이 그 여인의 심히 아리따움을 보았고 바로의 대신들도 그를 보고 바로 앞에 칭찬하므로 그 여인을 바로의 궁으로 취하여 들인지라 이에 바로가 그를 인하여 아브람을 후대하므로 아브람이 양과 노비와 암 수 나귀와 약대를 얻었더라 여호와께서 아브람의 아내 사래의 연고로 바로와 그 집에 큰 재앙을 내리신지라 바로가 아브람을 불러서 이르되 네가 어찌하여 나를 이렇게 대접하였느냐 네가 어찌하여 그를 네 아내라고 내게 고하지 아니하였느냐 네가 어찌 그를 네 누이라 하여 나로 그를 취하여 아내를 삼게 하였느냐 네 아내가 여기 있으니 이제 데려가라 하고 바로가 사람들에게 그의 일을 명하매 그들이 그 아내와 그 모든 소유를 보내었더라"(창12:10-20).

아브라함의 애굽행

지금까지의 아브라함은 하나님의 음성에 순종하는 단순한 믿음을 가진 모습이었습니다. 그러한 아브라함에게 하나님께서는 개인적인 축복과 민족적인 축복, 세계적인 축복을 약속하셨습니다.

그러나 아브라함에게는 여러 가지 인간적인 모습이 여전히 남아 있었습니다. 위대한 믿음의 조상 아브라함도 우리와 똑같은 성정을 가진 연약한 존재였습니다. 이제 이 장에서는 아브라함의 이면에 숨겨진 연약함과 실수들을 통해서 무엇을 버려야 하고 어떤 교훈을 받아야 하는지 살펴봄과 동시에, 아브라함을 선하게 인도하시는 하나님의 손길 또한 살펴보도록 하겠습니다.

아브라함은 소명의 사람이요, 순종의 사람, 헌신의 사람이었습니다. 하나님께서 갈대아 우르를 떠나라 말씀하시자 그 음성에 순종하여 가나안 땅을 향해 떠났고, 가나안 땅에 도착하자마자 맨먼저 제단을 쌓고 하나님께 예배를 드린 사람이었습니다.

"여호와께서 아브람에게 나타나 가라사대 내가 이 땅을 네 자손에게 주리라 하신지라 그가 자기에게 나타나신 여호와를 위하여 그곳에 단을 쌓고 거기서 벧엘 동편 산으로 옮겨 장막을 치니 서는 벧엘이요, 동은 아이라 그가 그곳에서 여호와를 위하여 단을 쌓고 여호와의 이름을 부르더니"(12:7,8).

여기서 '여호와의 이름을 부른다'는 것은 하나님께 예배를 드렸다는 것을 의미합니다.

그러한 신앙의 출발을 한 아브라함은 주님을 믿고 헌신했지만 아직 신앙이 성숙하지 못했으므로 여러 가지 문제를 가지고 있었습니다. 참된 신앙이란 오랜 고난과 역경을 통해 점차적으로 성숙하는 것이지 하나님을 믿는다고 여러 금방 성숙해지는 것은 아닙니다. 즉 다시 말해서 여러가지 이물질이 섞인 금덩어리가 풀무불의 연단을 통해 정금으로 나오듯이 신앙은 역경을 통해 연단됩니다.

아브라함의 불신앙

아브라함은 세겜과 아이와 벧엘을 거친 후 기근을 만나자 하나님께서 약속하신 땅인 가나안을 버리고 자기의 생각을 좇아 갈길을 찾아 나서고 맙니다. 여기에서 문제가 생겼습니다. 아브라함이 바로에게 거짓말을 하면서 문제가 시작된 것이 아니라, 아브라함이 애굽으로 발걸음을 돌릴 때부터 이미 문제는 시작되었던 것입니다.

하나님이 부르시면 대답하고, 가라고 하시면 가고, 멈추라고 하시면 멈추는 것이 신앙입니다. 아무리 기근이 나더라도 하나님이 가라고 할 때까지 움직이지 않는 것이 신앙입니다. 조금만 어려움이 있어도 주님의 음성 없이 자기의 생각대로 움직이는 데서 문제가 비롯됩니다. 물론 우리에게 닥치는 문제가 단순하고 쉬운 문제들만 있는 것은 아닙니다. 그러나 그 문제들을 영적인 관점에서 바라보며 그 문제의 해결책이 주님의 뜻에 맞는가 아닌가 살펴보고 주님의 음성에 따라 사는 것이 신앙입니다.

그런데 아브라함이 기근을 만났을 때 그의 반응을 살펴봅시다.

"그 땅에 기근이 있으므로 아브람이 애굽에 우거하려 하여"(12:10절 상).

아브라함은 애굽으로 잠시 기근을 피하려 내려간 것이 아니라 아예 애굽에서 살 작정을 하였던 것입니다. 하나님의 뜻은 가나안에 있는데, 아브라함은 애굽땅에 뜻이 있었습니다. 여기서부터 아브라함의 생이 복잡해지고 문제가 생기기 시작했습니다. 주님의 인도하심대로 따르지 않고 자기 마음대로 가기 시작하면 복잡한 문제가 발생하기 마련입니다.

계속해서 11절을 살펴봅시다.

"나 알기에 그대는 아리따운 여인이라"(12:11절 하).

이때 아브라함의 나이가 75세였고 사라의 나이는 65세였습니다. 아브라함은 65세된 여인을 보고 아름답다고 생각했습니다. 자기 아내를 지극히 사랑하는 아브라함의 눈에는 65세의 사라가 너무나 아름답게 보였습니다. 여기에서 "나 알기에"는 '내 가슴으로 안다'는 뜻입니다.

우리는 자기 아내, 자식, 가족을 아름답게 볼 필요가 있습니다. 우리에게 주신 것을 감사하게 받아들이는 것이 행복한 삶의 기본요소이기 때문입니다. 자기에게 주어진 모습과 재능과 환경에 대해 감사하지 않고 늘 불평만 하는 사람이 행복해지는 것을 저는 아직 보지 못했습니다. **가슴 속에 가족에 대한 감사, 주어진 환경에 대한 감사가 있는 사람이 늘 행복한 법입니다.**

아브라함도 65세나 된 자기 아내를 아름답게 여기며 감사하고 행복하게 생각했습니다. 그러나 곧바로 이어지는 12절 말씀에는 아브라함의 불신앙이 나타나고 있습니다.

"애굽 사람이 그대를 볼 때에 이르기를 이는 그의 아내라 하고 나는 죽이고 그대는 살리리니"(12절).

혹시 아내 때문에 죽을지도 모른다는 상상을 하게 되자 '갈 바를 알지 못하고' 떠나온 아브라함의 믿음이 순식간에 무너지고 맙니다. 공포에는 이상한 힘이 있어서 쓸데없는 생각, 쓸데없는 상상을 만듭니다. 아무도 아브라함을 죽이겠다는 사람이 없는데, 혼자서 '내 아내가 너무 예뻐서 애굽 사람들이 나를 죽일거야'라고 상상하는 것입니다.

우리는 우리의 상상력까지도 하나님께 맡겨야 합니다. '주여, 주님이 상상하기를 원하시는 것이 무엇입니까?' 주님께 구하고 주님이 원하시는 생각을 해야 합니다.

불신앙은 아브라함과 같이 많은 어려움을 가져다줍니다. 쓸데없는 두려움과, 근심을 가져다 줍니다. "주 안에 있는 나에게…"같은 찬송가처럼 내가 주 안에 있고 주님이 내 안에 있으면 내가 어디에서 무엇을 하든지 항상 주님이 나를 돌보아주십니다. 혼자서 문제를 해결하려니까 불신앙이 생기는 것입니다.

두려움과 근심은 불신앙입니다. 만약 여러분께서 두려움과 근심이 생긴다면 그때마다 주님을 바라보십시오. 주님은 그러한 여러분에게 평화와 안식을 주실 것입니다.

아브라함은 자기 마음대로 문제를 해결하기 위해 애굽으로 떠나면서 어려움이 생기기 시작했습니다. 또다른 문제를 만나게 되었습니다. 우리의 생각과 우리의 계획은 우리의 생각대로 되지 않습니다. 엉뚱한 생각에서 엉뚱한 생각이 꼬리를 물게 됩니다. 우리에게 불안과 공포가 있을 때 오히려 주님을 찬송하면서 주님을 의뢰해야 합니다.

"원컨대 그대는 나의 누이라 하라 그리하면 내가 그대로 인하여 안전하고 내 목숨이 그대로 인하여 보존하겠노라 하니라"(13절).

우리는 이런 아브라함을 보고 믿음의 조상이라고 합니다. 이것을 보면 믿음이란 것이 하루 아침이 이루어지는 것이 아니란 것을 알게 됩니다. 어느 누구도 하루 아침에 위대한 성인이 되지는 않습니다. 아브라함도 우리와 같은 평범한 사람이었습니다. 아브라함도 때로는 불신앙의 길을 가기도 했습니다.

그러나 불신앙의 걸음을 걷기 시작하면 문제가 복잡해집니다. 죄가 또다른 죄를 낳고 문제가 꼬리를 뭅니다. 즉 범죄를 하게 되면 고생이 많은 것입니다.

13절에서 아브라함이 이야기하는 것은 임기응변에 불과한 것입니다. 그때만 모면해 보겠다는 것입니다. 믿음의 조상이라고 하는 아브라함의 이런 모습에서 우리는 위로를 받습니다. **인간은 실수와 실패를 통해 성숙합니다. 실수하거나 실패하는 것 자체가 문제는 아닙니다. 문제는 어떻게 그런 실수를 피하는가 하는 것이 아니라 그런 실수를 통해 어떻게 우리가 신앙적으로 성장해가는가 하는 것입니다.**

제가 어느날 교회에서 설문조사를 했더니 교인들 중의 94%가 거짓말을 한 적이 있다고 합니다. 여기에서 위로를 받습니다. 94%나 되는 사람들이 아브라함처럼 거짓말을 하거나 실수를 해본 사람들이기 때문입니다. 제가 걱정하는 사람들은 오히려 한 번도 거짓말한 적이 없다고 대답한 나머지 6%의 사람들입니다. 사람은 실수와 실패를 통해 하나님의 은혜를 체험하고, 하나님의 임재를 체험함으로써 성숙해지기 때문입니다.

문제가 결코 임기응변으로, 인간의 방법으로 해결될 수는 없습니다. 문제가 생기면 인간적인 방법을 생각하기에 앞서 그 문제를 십자가 밑으로 가지고 가십시오. 자기 혼자 해결하려 하지 말고 하나님과 더불어 해결하십시오.

아브라함도 큰 기근이 났을 때 먼저 그 문제를 하나님께 가져가서 기도해야 했습니다. 그래서 하나님께서 애굽으로 가라고 하시면 가고, 가지 말라고 하시면 가지 않는 것이 신앙의 태도입니다.

아브라함이 4,000년 전에 불신앙으로 애굽으로 내려갔다가 범죄했기 때문에 하갈의 아들인 이스마엘의 후손들이 지금도 이스라엘 민족을 괴롭히고 있는 것입니다. 얼마 전에도 이라크가 쿠웨이트를 침공해서 걸프전이 발생했을 때, 이라크가 쿠웨이트와는 아무런 상관도 없던 이스라엘에다 미사일을 발사하여 걸프전을 마치 아랍국들과 이스라엘간의 전쟁처럼 보이게 하려 했던 사실을 여러분은 기억하실 것입니다.

아브라함의 애굽행 때문에 이후에 아브라함의 집안에는 평안이 없습니다. 주인인 사라와 하갈이 싸우고, 이삭과 이스라엘의 자손들이 수천 년간 싸움을 하게 됩니다. 이것을 보면, "주와 함께 함께 가려네"라는 찬송가 가사처럼, 어린아이와 같이 주님의 인도하심을 따라 사는 모습이 참신앙이라는 것을 새삼 생각하게 됩니다.

이제 17절에는 아브라함이 불신앙으로 애굽에 내려간 결과가 나타납니다.

> "여호와께서 아브람의 아내 사래의 연고로 바로와 그 집에 큰 재앙을 내리신지라."

아브라함의 범죄로 바로의 집안까지 하나님은 심판하십니다. 불순종은, 자기 자신뿐만 아니라 주변의 사람들까지도 곤경에 빠뜨리는 것입니다. 그래서 바로가 아브라함에게 묻습니다.

> "바로가 아브람을 불러서 이르되 네가 어찌하여 나를 이렇게 대접하였느냐 네가 어찌하여 그를 네 아내라고 내게 고하지 아니

하였느냐 네가 어찌 그를 누이라 하여 나로 그를 취하여 아내를 삼게 하였느냐 네 아내가 여기 있으니 이제 데려가라"(창 12:18,19).

하나님의 사람이 불신자에게 거짓말을 하다가 비난을 받고 있는 것입니다. 만약 믿는 사람들끼리 거짓말 때문에 야단을 하는 것이라면 이것을 신앙적인 권면으로 받아들일텐데, 그것이 아니라 불신자에게 꾸지람을 받고 있으니 이것은 보통 수치스러운 일이 아닙니다. 하나님을 믿는 사람이 거짓말을 해서 불신자가 곤경을 겪으면 그 사람은 나중에라도 복음을 받아들이지 않습니다. 믿는 사람의 삶이 복음의 장애가 되고 만 것입니다.

요즘도 '기독교인들이 위선적이다', '믿는 사람들이 더 거짓말을 잘한다'는 말을 가끔씩 듣습니다. 그 뿌리가 아브라함에게 있습니다. 믿음의 조상 아브라함이 위기를 피하기 위해 거짓말을 자주 하다보니 그 후손들이 지금까지 거짓말을 하는 것입니다. **위기를 당했을 때 어떻게 그 위기를 극복하려는가에서 그 사람의 신앙의 태도가 드러납니다.** 아브라함은 그 위기를 거짓말로 극복하려고 했습니다. 아내를 누이라고 거짓말하고 아브라함은 바로왕으로부터 많은 재물까지 받았습니다.

"이에 바로가 그를 인하여 아브람을 후대하므로 아브람이 양과 소와 노비와 암수 나귀와 약대를 얻었더라"(창 12:16).

그러나 거짓말의 대가로 받은 노비 중의 하나인 하갈 때문에 적지 않은 고통을 아브라함은 겪게 됩니다.

아브라함은 그로부터 25년 후인 창세기 20장 11절에서 가나안 땅의 왕 아비멜렉에게 또다시 거짓말을 합니다.

"아브라함이 가로되 이곳에서는 하나님을 두려워함이 없으니 내 아내를 인하여 사람이 나를 죽일까 생각하였음이요"(창 20:11).

잘못된 생각이 한번 시작하면 거짓말은 반복됩니다. 사라가 90세가 되었을 때 아브라함은 또다시 거짓말을 하고 이번에도 역시 하나님께서 간섭하심으로 들통이 나고 맙니다. 뿐만 아니라 50년 후에는 그 아들 이삭이 똑같은 거짓말을 합니다. 부전자전입니다.

어려운 일을 당했을 때 처음 방향을 어떻게 잡는가에 따라 그 자손과 이웃의 미래가 달라집니다. 우리의 삶 속에도 아브라함과 같은 위기가 찾아올 때가 있습니다.

이런 위기를 당할 때마다 인간적인 방법을 먼저 생각했던 아브라함을 기억하십시오. 인간적인 방법으로 아브라함이 겪었던 고통을 생각하고, 무엇보다 먼저 하나님께 그 위기를 가지고 나아가 하나님의 도움을 구하는 여러분이 되시기를 원합니다.

인간적인 방법에 의지하는 아브라함

아브라함은 때로는 주님을 의지하지 못하고 인간적인 수단을 의지했습니다.

그러면 이제 아브라함이 어떻게 인간적인 방법을 따랐는지를 구체적으로 하나하나 살펴봄으로써 우리의 신앙에 교훈을 삼도록 해야 겠습니다.

첫째/ 아브라함은 아들을 얻기 위해 사라의 방법을 따라 여종 하갈에게서 이스마엘을 낳았습니다(16장).

아브라함은 하나님께서 아브라함에게 아들을 주시겠다고 약속하셨지만 이미 자신은 늙었고 사라는 경수까지 끊어졌으므로 사라에게서 아들을 낳을 가능성은 없다고 판단하고 아브라함은 하나님을 바라보는 것이 아니라 먼저 자신의 환경을 보았습니다. 사라가 그 당시의 풍습을 좇아 자신의 몸종인 하갈을 추천하자 아무런 반대 없이 사라의 방법을 좇아 하갈에게서 이스마엘을 낳았습니다.

아브라함 당시에는 여주인이 아이가 없을 경우 종이 여주인을 대신하여 아이를 갖는 관습이 있었습니다. 그렇다 하더라도 현대의 크리스챤이라면 어느 누구도 아브라함과 같은 인간적인 방법을 택하지는 않을 것입니다. 물론, 아기를 갖는 데에 무슨 의학적인 문제가 있다면 하나님께 간절히 기도하는 가운데 의학적인 수술을 받는 것은 있을 수 있습니다. 다시 말해 기도를 통해 하나님의 기적적인 인도하심을 구하는 것만큼이나, 하나님께서 허락하신 과학기술을 지혜롭게 이용하는 것도 가능하다는 것입니다.

그러나 그것이 비윤리적인 것이라면 그것은 결코 하나님의 방법이 아닙니다. 한동안 사회적인 물의를 일으켰던 대리모 같은 것은 결코 하나님이 기뻐하시지 않습니다. 그런데 아브라함은 '구약판 대리모'인 하갈에게서 아들을 낳았던 것입니다. 현대의 복음적인 성도라면 어느 누구도 대리모를 통해서 아들을 낳으려고 하지 않을 것입니다.

우리 교회에도 나이 40세에 아이를 낳은 분들이 있습니다. 유명 방송작가 모 권사님도 40세에 아기를 낳았습니다. 그런데 요즘에도 아들을 못 낳았다고 쫓겨날 뻔했다는 분들이 있습니다. 아기를 못 낳는 것이 꼭 여자 때문만은 아닌데 괜히 여자만 야단을 칩니다.

자식을 허락하시는 분은 하나님이십니다. 태가 닫혔던 한나의 태를 열어 위대한 선지자 사무엘을 낳은 것도, 경수가 끊겼던 사라의 태를 열어 이삭을 낳게 한 것도 모두 하나님이십니다. 만약 아이가 없다고 여자만 구박한다면 그것은 아브라함과 마찬가지로 인간적인 방법을 택하는 비신앙적인 행위입니다. 아이가 마치 여자에 의해서 만들어진다는 사고가 아브라함에게 하갈과 동침하게 만들었기 때문입니다.

그러므로 우리가 아브라함이 믿음 없이 인간적인 방법을 택했다고 손가락질할 수는 없습니다. 왜냐하면 요즘도 아들을 못 낳는다고 여자를 탓하는 분들이 많기 때문입니다.

만약 누군가 아브라함을 향해 손가락질을 한다고 합시다. 두려워하십시오. 하나의 손가락(검지)은 아브라함을 가리키지만 나머지 세 손가락은 나를 가리키고 있습니다. 내가 누군가를 비난할 때 오히려 나 스스로는 그 세 배로 비난을 당하고 있는 셈입니다. 아브라함의 인간적인 행위를 비난할 것이 아니라 오히려 그 행위에서 우리를 돌이켜 보고 영적 교훈을 찾아보는 것이 신앙인의 자세입니다.

둘째/ 아브라함은 자기 생명을 구하고자 자기 아내 사라에 대한 거짓말을 했습니다(12:13).

아브라함은 목숨이 위태로워지자 자기 부인을 보호하는 것이 아리라 오히려 자기 부인을 희생시키려 했습니다. 자기가 피해를 입지 않으려고 자기 아내를 희생시키겠다는 남편이 세상에 어디 있습니까? 아브라함은 이렇게 자기 생명만 생각하고 아내를 생각지 않는 치사한 남자였습니다.

위대한 아브라함에게도 신앙적인 이면에 죄성의 비참함도 함께 있었습니다. 아브라함은 비록 자기 아내가 자기의 이복누이인 것이 사실이었으니까 거짓말을 한 것은 아니라고 합리화시킬 수 있었을 것입니다. 이렇게 죄의 얼굴은 교묘합니다.

아브라함은 자신이 진실을 밝히지 않았을 때 일어날 상황을 충분히 알면서도 고의적으로 침묵했습니다. 고의적인 침묵도 때로는 무서운 거짓말이 됩니다. 만약 어떤 억울한 사람이 누명을 쓰고 잡혀들어갔는데, 불의를 보고도, 진실을 알면서도 그가 고통받도록 내버려둔다면 그것은 명백한 거짓말입니다.

크리스챤에게는 진실을 말할 의무가 있습니다. 믿는 사람에게는 진실을 밝힐 책임이 있습니다.

셋째/ 아브라함은 25년 후에 그랄 왕 아비멜렉에게 똑같은 거짓말을 또 했습니다(20:2,9).

세 살 버릇이 여든까지 간다는 속담처럼 악한 죄의 습성은 오래 갑니다. 25년 전에 애굽에서 거짓말을 한 아브라함은 게라의 왕 아비멜렉에게 똑같은 거짓말을 합니다. 그런 아브라함의 거짓말은 무서운 결과를 낳습니다. 26장 7절 말씀을 봅시다.

"그곳 사람들이 그 아내를 물으매 그가 말하기를 그는 나의 누이라 하였으니 리브가는 보기에 아리따우므로 그곳 백성이 리브가로 인하여 자기를 죽일까 하여 그는 나의 아내라 하기를 두려워함이라."

그의 아들 이삭은 부친 아브라함과 똑같은 거짓말을 합니다. 부전자전입니다. 아브라함의 거짓말을 이삭은 배웠던 것입니다..

아브라함과 이삭의 거짓말이 문제가 되는 것은 그들의 거짓말의 이면에는 하나님에 대한 불신이 깔려 있었습니다. 이들은 하나님께서 늘 그들과 함께 하시며 지켜주신다는 것을 확신하지 못하고 인간적인 방법과 생각으로 위기를 모면하려 했던 것입니다.

그럼에도 불구하고 하나님께서는 아브라함을 "나의 친구 아브라함"이라고 부르십니다. 하나님은 아브라함의 모든 허물과 실수를 덮어주셨습니다. 아브라함이 하나님을 좇아 갈대아 우르를 떠났던 그 믿음,

아들 이삭을 바치기까지 순종하려고 했던 그 믿음만을 기억하셨습니다. 우리 하나님은 그런 분이십니다. 하나님은 끝까지 믿음을 보십니다.

"하나님의 마음에 합한 자라"까지 표현했던 다윗도 간음하고 살인까지 했던 사람이었습니다. 그런데도 하나님은 다윗을 "하나님의 마음에 합한 사람"이라고 부르셨습니다.

저는 옛날에는 하나님께서 왜 아브라함과 다윗을 이렇게 부르셨는지 이해가 되지 않았습니다. 그러나 지금은 비록 실수는 많았지만 한 가지 틀림없었던 그 마음, 하나님을 사랑하려는 그 마음을 하나님은 보신 것입니다.

목회자에게 일어나기 쉬운 문제들

이것을 깨닫고 저는 많은 격려를 얻었습니다. 저도 많은 약점이 있어서, 예수를 믿기 전의 습성들이 목사가 된 이후에도 가끔씩 나타나곤 합니다. 마치 가인에게 하나님께서 "선을 행치 아니하면 죄가 문에 엎드리느니라 죄의 소원은 네게 있으나 너는 죄를 다스릴지니라" (4:7)고 하신 말씀과 같습니다.

"죄가 문에 엎드리느니라"는 말씀은 죄를 사자와 같은 짐승으로 상징을 한 것입니다. 사자가 지금 배가 고파서 문 앞에 엎드렸다가 문에서 사람이 나오면 확 덮쳐서 잡아먹으려고 하는 것과 같은 위기의 상황을 이야기하는 것입니다. 또는 뱀이 사람을 물려고 또아리를 튼 채 웅크리고 있는 것처럼, 죄를 사나운 짐승으로 상징하는 것입니다.

"죄의 소원은 네게 있으나 너는 죄를 다스릴지니라"는 말씀은 인간은 연약한 존재여서 죄를 짓고 싶은 많은 유혹을 받지만, 인간에게는 죄를 다스릴 수 있는 자기 조절력도 동시에 있다는 것을 의미입니다.

가인이 동생을 원망하는 마음이 생길 때 미리 하나님께 달려가거나 동생과 깊은 대화를 나누었더라면 자신의 섭섭함을 털어놓을 수 있었고, 또 자신이 무엇을 잘못했는지 발견할 기회도 있었을 것입니다.

죄가 문 앞에 도사리고 있을 때 우리는 미리 죄의 유혹을 떨쳐버려야 합니다. 우리 모든 사람들에게는 죄의 가능성이 있습니다. 목회자들도 예외는 아닙니다.
그럼 목회자들에게 일어나기 쉬운 몇 가지 문제들을 살펴보겠습니다.

첫째/ 성적인 문제입니다.
미국의 유명한 목사들도 몇 명이 최근 수년 동안 성적인 스캔들에 휘말리는 것이 보도된 적이 있습니다. 텔레비전 복음 전도자, 큰 선교단체의 회장 등이 창녀와 또는 비서나 교인들과 성적인 관계를 맺어오다가 발각되어 사회적으로 큰 물의를 불러일으키기도 했습니다.
한국 사회도 성적으로 문란한 사회입니다. 영화, 비디오, 광고 포스터, 스포츠 신문, 텔레비전 드라마, 통속소설 등 듣고 보고 읽는 모든 것에서 선정적인 것들을 쉽게 접할 수 있습니다.

특히나 목회자들은 자칫 잘못하면 성적인 문제에 **빠져들기** 쉽습니다. 여성들과 상담하는 경우가 훨씬 많아졌기 때문입니다. 아무런 문제가 없는데도 잘못하면 오해를 받기 쉬운 것이 목회자들의 삶입니다. 목회자들은 가능하면 여성도들과 일대일로 만나는 자리를 삼가고 심방을 가더라도 누군가를 대동하고 다니는 것이 불필요한 유혹과 오해를 없앨 수 있습니다. 지혜롭게 대처해야 합니다.
또 우리 성도 여러분들은 목회자들이 이런 문제로 시험당하지 않도록 늘 기도하고 협력해 주십시오. **죄가 문 앞에 엎드려 있을 때 목회자를 지켜주는 것은 바로 성도 여러분의 기도입니다.** 특히 목회자는 윤리적인 문제에 한 번만 말려들면 목회생명은 끝이 납니다.

둘째/ 인간관계의 문제입니다.

제가 아는 어느 한국인 목사님은 이민을 와서 목회를 했는데 제직회에서 그만 다툼 끝에 웃옷을 벗는 바람에 17년 목회를 그만두었습니다. 그후 이 목사님은 한동안 택시운전사, 식품점 등등을 전전하다가 이제 다시 목회를 시작한다고 합니다. 마음 속의 분노를 다스리지 못해서, 20년을 허송세월하고 이제 다시 목회를 시작한 것입니다.

목사도 인간이기 때문에 아브라함과 비슷합니다. 하나님께 순종하고 열정적이어서, 자기 아들을 바치겠다는 신앙까지 있지만, 우리 속에도 아브라함 같이 엄청난 범죄를 저지를 가능성이 있는 것입니다.

목회자는 특별히 사람들을 주님께로 돌아오게 하고, 성도들을 양육하는 책임을 맡은 사람이므로 인간관계에 더욱 세밀한 관심을 가져야 합니다. 무엇보다도 마음의 중심에 성도를 사랑해야 합니다. 그러면 그 사랑의 마음은 눈빛에서, 말하는 어투에서, 따뜻하게 잡아주는 손에서 전달이 됩니다.

그리고 한 사람 한 사람에게 관심을 가져 주어야 합니다. 성도들의 이름과 가정환경, 신앙의 모습 등을 파악하고 개별적인 관심을 기울여야 합니다. 만약 성도들이 너무 많다면 부목사님, 전도사님, 장로님과 권사님, 집사님에게 역할을 위임해서라도 한 사람 한 사람에게 개별적인 관심이 전해지도록 해야 합니다.

목사도 사람인데 왜 화가 나고 속이 상하는 일이 없겠습니까? 그러나 그럴 때에 먼저 하나님께 기도하고 하나님 앞에서 겸허하게 먼저 자신의 잘못을 돌아보아야 합니다. 그리고 나서 만약 잘못된 일, 바로잡아야 할 부분이 있다면 당사자에게 잘못된 부분을 지적하고 권면하되 사랑으로 해야 합니다.

예수님께서는 가장 사랑하는 제자 베드로에게조차도 "사단아 물러가라"고 호통쳤던 분입니다. 그러나 이것이 단순한 분노나 꾸짖음에 불과했다면 아마 베드로는 그 길로 영원히 예수님을 떠났을지도 모릅니다. 여러분이 만약 목사님으로부터 "사단아 물러가라"는 말을 들었다면 십중팔구 교회를 떠나거나 교회를 옮겨버릴 것입니다. 그러나 예수님이 꾸지람 뒤에는 사랑이 있었습니다. 새벽 닭이 울기 전 예수님을 세 번 부인했던 베드로와 눈이 마주친 예수님의 눈빛은 질책이나, 연민이 아니었을 것입니다.

그것은 '그래. 그래도 나는 너를 이해한다. 그래도 너를 사랑한다'는 사랑의 눈빛이었을 것입니다. 그 사랑에 베드로는 무너지고, 그 사랑에 베드로는 목숨을 버리면서 예수님의 뒤를 좇은 것입니다.

셋째/ 배우자와의 문제입니다.

다른 직업을 가진 사람은 큰 문제가 없지만, 목회자가 배우자와의 관계가 나쁘면 설교도 할 수 없고, 기도도 할 수 없습니다. 저는 사모님과 문제가 많은 목사님들을 보았습니다. 사모님들로부터 이런 문제들로 호소하는 전화를 받아보았습니다. 목회자들에게도 가정적 문제가 얼마든지 있을 수 있기 때문에 하나님의 은혜와 성령이 충만한 가운데 살지 않으면 엄청난 결과가 우리 가운데 나타날 수 있습니다.

만약 목사가 자신의 삶과는 다른 설교를 한다면 다른 사람은 다 속일 수 있어도 하나님과 사모만은 속이지 못합니다. 개인의 경건성이 없는 목사가 개인의 영성을 이야기한다면 사모가 제일 먼저 마음의 문을 닫아버립니다. 만약 주일 아침에 목사와 사모가 다투고나서 강대상에 서서 성도들에게 용서와 화평을 이야기한다면 사모가 먼저 귀를 닫아버립니다.

가정을 올바로 세우지 못하는 목사가 교회를 올바로 세울 수는 없습니다. 저는 지금까지 교회를 세우고 키우느라 모든 애를 쓰는 사이에 사모를 돌보지 않아 어려움을 겪는 목회자의 가정을 종종 보아왔습니다.

반대로, 목회자는 능력이 있고 열심도 있는데, 가정에서 뒷받침해주지 않아서, 어려움을 겪는 교회도 가끔 보아왔습니다. **가정이야말로 지상에서 가장 기본적인 교회입니다.** 각 가정에서는 가장이 목회자입니다. 목회는 목사 혼자 하는 것이 아닙니다. 사모도 목사와 동일한 목회자입니다.

그러므로 목회자가 되실 분은 목회에 비전을 가진 분을 배우자로 맞이해야 가정과 교회가 바로 섭니다. 만약 이미 결혼한 후에 목회에 대한 비전과 소명을 가지게 된 분들은 반드시 배우자의 동의를 먼저 구하십시오. 만약 배우자가 목회에 대한 헌신이 이루어지지 않았는데, 목회에 대한 소명을 받았다고 말하는 분이 있다면 그것은 완전한 소명이 아닙니다. 정말 하나님이 목회자로 부르셨는지 다시 한번 기도해 보아야 합니다. 배우자와 하나가 될 때까지 기다려야 합니다.

창세기에서도 아브라함이 저지른 단점들은 아브라함만의 문제가 아닙니다. 그것은 배우자인 사라의 책임도 있습니다.

이런 일들은 얼마든지 우리 자신의 문제로 나타날 수도 있습니다. **죄성은 인간의 의지나 노력만으로 통제가 되지 않습니다. 죄성은 하나님만이, 성령님만이, 하나님의 말씀만이 다스릴 수 있습니다. 우리가 하나님께, 성령님께, 하나님의 말씀에 순종할 때만 죄성은 다스려집니다.** 아브라함의 단점이 바로 우리들의 단점이라는 사실을 발견하면서 우리는 도전을 받습니다.

아브라함의 단점은 한두 가지가 아니었습니다. 위대한 믿음의 조상 아브라함에게도 이런 단점들이 있었는데 하물며 아브라함의 모습은 우리에게 위로와 희망을 줍니다. 우리는 어떻습니까?

성경은 추상적이고, 우리와 상관없이 멀리 있는 이야기가 아니라, 우리 피부에 와 닿는 현실적인 문제라는 것을 아브라함을 통하여 알 수 있습니다. 그래서 **우리의 신앙을 발전시키는 데는 성경보다 더 나은 책이 없는 것입니다.**

제 5 장

인생을 망친 선택

"아브람이 애굽에서 나올새 그와 그 아내와 모든 소유며 롯도 함께 하며 남방으로 올라가니 아브람에게 육축과 은금이 풍부하였더라 그가 남방에서부터 발행하여 벧엘에 이르며 벧엘과 아이 사이 전에 장막쳤던 곳에 이르니 그가 처음으로 단을 쌓은 곳이라 그가 거기서 여호와의 이름을 불렀더라 아브람의 일행 롯도 양과 소와 장막이 있으므로 그 땅이 그들의 동거함을 용납치 못하였으니 곧 그들의 소유가 많아서 동거할 수 없었음이라 그러므로 아브람의 가축의 목자와 롯의 가축의 목자가 서로 다투고 또 가나안 사람과 브리스 사람도 그 땅에 거하였는지라 아브람이 롯에게 이르되 우리는 한 골육이라 나나 너나 내 목자나 네 목자나 서로 다투게 하지 말자 네 앞에 온 땅이 있지 아니하냐 나를 떠나라 네가 좌하면 나는 우하고 네가 우하면 나는 좌하리라 이에 롯이 눈을 들어 요단 들을 바라본즉 소알까지 온 땅에 물이 넉넉하니 여호와께서 소돔과 고모라를 멸하시기 전이었는고로 여호와의 동산 같고 애굽 땅과 같았더라 그러므로 롯이 요단 온 들을 택하고 동으로 옮기니 그들이 서로 떠난지라 아브람은 가나안 땅에 거하였고 롯은 평지 성읍들에 머무르며 그 장막을 옮겨 소돔까지 이르렀더라 소돔 사람은 악하여 여호와 앞에 큰 죄인이었더라"(창 13:1-13).

인생을 망친 선택

사람이 살다보면 인생의 중요한 선택을 해야 할 일들이 있습니다. 학교나 직장, 또는 결혼 등이 그렇습니다. 이런 중요한 선택들은 인생의 방향에 중대한 영향을 미칩니다. 성공한 많은 위인들의 생애를 살펴보면 그들은 대부분 인생의 중요한 선택을 위하여 많은 것을 희생한 사람들인 것을 알 수 있습니다.

좋은 학교를 가기 위해서 수험생들은 시간을 희생해야 합니다. 놀러 가거나 쉬고 싶은 시간에 조금이라도 더 공부하려는 피나는 노력이 가고자 하는 학교에 합격할 수 있는 성적을 만들어 줍니다. 또한 어떤 유혹이 다가왔을 때 그 유혹을 과감히 떨쳐버리고 올바르고 험난한 길을 택한 사람들이 결국에는 위대한 위인으로 존경받는 경우들을 우리는 종종 볼 수 있습니다.

그러나 인생의 중요한 방향을 한번 잘못 잡아서 일생을 망치는 경우도 있습니다. 창세기에 나오는 롯의 경우가 바로 그런 경우입니다.

"아브람이 애굽에서 나올새 그와 그 아내와 모든 소유며 롯도 함께 하며 남방으로 올라가니 아브람에게 육축과 은금이 풍부하였더라"(13:1,2).

"아브람이 애굽에서" 나와서 남방으로 옮겨갔습니다. 이 때의 남방은 네겝 지방을 말합니다. 이스라엘의 남단 부근에 있는 지방입니다. 네겝에서 아브라함은 약 30년간을 거주하게 됩니다. 나중에 아브라함은 이 남부 지역에서 북쪽으로 올라갑니다. 우리는 아브라함의 행적과 지리적 배경에 대해 이미 제1장 서론에서 살펴본 바 있습니다.

아브람에게는 육축과 은금이 풍부하였습니다. 이것은 바로가 아브라함을 부유하게 해주는 데 한몫을 했습니다. 이러한 아브라함의 부유는 아브라함이 범죄한 대가로 얻어진 부정한 재물이었습니다. 그러나 아브라함은 나중에 창세기 14장에서 롯을 구한 뒤에는 소돔과 고모라왕의 제의를 받자 애굽의 경우를 생각하고 거절을 합니다.

13장에서 하나님의 사람 아브라함은 불신자 때문에, 한 재산 모은 사람이 되었습니다. 하나님의 사람은 하나님이 축복해 주셔서 부유해져야지, 안 믿는 사람이 도와주어서 부자가 됐다고 하면 문제가 생깁니다. 그 사람의 부유함을 보고 세상사람들이 하나님을 생각하고 하나님을 기대하는 것이 아니라 세상적인 방법을 생각하고 세상적인 사람을 기대하게 되기 때문입니다.

> "그가 남방에서부터 발행하여 벧엘에 이르며 벧엘과 아이 사이 전에 장막쳤던 곳에 이르니 그가 처음으로 단을 쌓은 곳이라 그가 거기서 여호와의 이름을 불렀더라"(13:3,4).

아브라함은 가는 곳마다 하나님께 예배를 드렸습니다. "여호와의 이름을 불렀다"는 것은 여호와께 예배를 드렸다는 것을 의미입니다. **가는 곳마다 찬송과 예배를 드리는 것은 신앙의 핵심입니다.** 그것은 어디에 가든 무엇을 하든 모든 것을 하나님께 의뢰하고 하나님께 감사드린다는 신앙의 표현이기 때문입니다.

> "아브람의 일행 롯도 양과 소와 장막이 있으므로 그 땅이 그들의 동거함을 용납치 못하였으니 곧 그들의 소유가 많아서 동거할 수 없었음이라 그러므로 아브람의 가축의 목자와 롯의 가축

의 목자가 서로 다투고 또 가나안 사람과 브리스 사람도 그 땅에 거하였는지라"(13:5-7).

사람이 많아지고 재산이 많아지니까 다툼이 생겨나기 시작합니다. 원래 사업 중에서도 동업이 가장 어려운 것입니다. 아브라함과 롯 사이에도 비슷했습니다.

저는 미국에서 목회를 할 때부터 교인들이 동업를 하겠다고 하면 일단 반대를 했습니다. 같이 일한다는 것이 얼마나 어려운지를 잘 알고 있기 때문입니다. 처음에는 마음이 잘 맞던 친구 사이라도 돈 문제가 생기고, 어떤 결정에서 서로 뜻이 달라지고, 일하는 스타일이 다르면 마침내는 갈등이 생기게 됩니다. 그러다가 결국은 서로 마음만 상하고 동업하기 전보다 더 사이가 나빠져서 갈라서곤 합니다.

동업을 하려면 미국사람처럼 모든 세부적인 것을 변호사의 도움을 받아 문서화해 놓아야 나중에 어려운 문제가 생겼을 때 쉽게 해결할 수 있습니다. 형제끼리, 친구끼리, 동창끼리도 처음에는 괜찮다가 나중에는 점점 어려워지고 문제가 생기게 마련입니다.

아브라함과 롯은 하란과 애굽에 있을 때는 아무런 문제가 없었습니다. 벧엘에 옮겨오고 나서도 아브라함과 롯 사이에 직접적인 갈등은 없었습니다. 그러나 좁은 땅에 아브라함의 가축들과 롯의 가축들을 모두 길러야 하다보니 목자들 사이에 마찰이 생기게 되었습니다. 그러나 아브라함은 롯과의 사이가 나빠지기 전에 현명한 판단을 내립니다.

"아브람이 롯에게 이르되 우리는 한 골육이라 나나 너나 내 목자나 네 목자나 서로 다투게 하지 말자 네 앞에 온 땅이 있지 아니하냐 나를 떠나라 네가 좌하면 나는 우하고 네가 우하면 나는 좌하리라"(13:8,9).

목자들 사이에 어려움이 생기자 아브라함은 롯에게 독립할 것을 주장하였습니다. 이것은 아브라함의 지혜로운 생각이었습니다. 미국에서도 개척시절에는 청교도들이 매사추세츠 주와 뉴잉글랜드 주 등에서 공동생산과 공동분배를 했었습니다. 그러다가 나중에 개인적으로 땅을 소유하고 독립을 하게 되자 자연히 생산이 많아지고 생활이 나아지게 되었습니다.

아브라함이 롯에게 한 제안에서 몇 가지 주목할 만한 내용들이 들어 있었습니다. 이것은 아브라함의 인격과 신앙을 잘 드러내 보여줍니다.

첫째/ 아브라함의 제안에는 양보심이 있었습니다.
아브라함은 땅을 선택할 우선권을 자기 조카인 롯에게 먼저 주었습니다.

둘째/ 아브라함의 제안에는 평화를 사랑하는 마음이 있었습니다.
싸움은 절대로 안된다는 것입니다. 아브라함의 제안은 평화적이었습니다. 현실에서는 양보하는 사람이 지는 것 같지만, 아브라함을 보면 그렇지 않다는 것을 우리는 알 수 있습니다.

셋째/ 아브라함의 제안은 독립적인 삶을 격려하는 것이었습니다.
이제 조카인 롯도 자기의 목자들을 둘 만큼 지도력과 경제력도 있으니까 이제는 아브라함에게서 독립하여 살기를 권하였던 것입니다.

롯의 선택

그런데 롯의 모습은 어떠한지 살펴봅시다.

"이에 롯이 눈을 들어 요단 들을 바라본즉 소알까지 온 땅에 물이 넉넉하니 여호와께서 소돔과 고모라를 멸하시기 전이었는 고로 여호와의 동산 같고 애굽 땅과 같았더라 그러므로 롯이 요단 온 들을 택하고 동으로 옮기니 그들이 서로 떠난지라" (13:10,11).

롯이 눈을 들어 살펴보니까 물이 넉넉하고 관개수로를 잘해 놓은 땅이 보였습니다. 그 땅은 마치 "여호와의 동산 같고 애굽 땅"과 같았습니다. 롯은 그 땅을 마치 얼마 전에 떠나온 애굽 땅과 같다고 생각했습니다. 롯은 모든 것이 풍족했던 애굽에 아직도 미련을 두고 있는 것입니다. 롯은 "여호와의 동산 같고 애굽 땅과 같"은 그 땅을 골랐습니다. 벧엘 언덕에서 가장 기름진 요단 땅 전부를 선택한 것입니다. 그것도 "요단의 온 들"을 선택했습니다.

만약 롯이 예의있는 사람 같았으면 삼촌이 먼저 양보할 때 조카가 도리어 삼촌에게 양보했을 것입니다. 그러나 롯의 결정과 롯의 삶은 이기적이었습니다. 인생의 축복이 자기 자신의 결정에 있다고 믿은 것입니다. 게다가 롯의 선택은 인생을 망치는 위험한 선택이었습니다. 삶의 은총은 나의 결정에 있는 것이 아니고 하나님의 결정에 있습니다. 롯은 이것을 몰랐습니다.

"소돔 사람은 악하여 여호와 앞에 큰 죄인이었더라"(13:13).

인생은 사람이 정하는 것 같아도 인생의 축복은 하나님이 내리시는 것입니다. 하나님을 바라보고 하나님이 무엇을 원하시는가, 하나님 앞에서 어떻게 사는 것이 옳은가를 택하는 것이 지금은 손해일 것 같지만 그렇지 않습니다.

롯은 악한 사람들이 사는 쪽을 선택하였습니다. 롯의 이기적인 선택은 자신과 자신의 가족을 망치고, 자신의 이웃을 저주에 빠뜨린 선택이 되고 말았습니다. 자신의 평생을 망치고 역사를 망친 선택이었던 것입니다.

처음에 롯은 요단 평야를 선택하고 소돔을 향해 천막을 쳤습니다. 처음부터 롯이 소돔에 살지는 않았습니다.

"그러므로 롯이 요단 온 들을 택하고 동으로 옮기니 그들이 서로 떠난지라 아브람은 가나안 땅에 거하였고 롯은 평지 성읍들에 머무르며 그 장막을 옮겨 소돔까지 이르렀더라"(13:12).

악을 향하여 방향을 잡아놓으면 처음에는 악에 물들지 않더라도 나중에는 악에 물들기 마련입니다. 처음에는 요단 평야 지대에 살던 롯은 마침내 소돔의 시민이 되어버렸습니다. 그 속에 푹 들어가 버렸습니다.

여기서 잠깐 14장 12절 말씀을 살펴보겠습니다.

"소돔에 거하는 아브람의 조카 롯도 사로잡고 그 재물까지 노략하여 갔더라."

"소돔에 거하는 아브람의 조카 롯"이라고 말씀하고 있습니다. 이미 이때는 롯이 소돔에 살고 있었던 것입니다. 결국 눈에 보기 좋은 땅 요단을 선택했던 롯은 죄악의 도시 소돔으로 발길을 옮겼고 그 결과로 재산을 다 빼앗기고 포로가 되었습니다. 오히려 처음에 손해를 본 것 같았던 아브라함이 나중에 롯을 구해냅니다. 이것을 보면 하나님의 축복은 하나님이 결정하시는 것이지 사람이 결정하는 것이 아니란 것을 잘 알 수 있습니다.

계속해서 롯의 모습을 좀더 살펴보겠습니다.

"날이 저물 때에 그 두 천사가 소돔에 이르니 마침 롯이 성문에 앉았다가 그들을 보고 일어나 영접하고 땅에 엎드리어 절하여"(19:1).

여기서 롯이 "성문에 앉았다가"라는 표현은 롯은 악의 도시 소돔의 장로가 되었다는 것을 말해줍니다. "성문에 앉았다"는 것은 할일없이 공원에 앉아있는 것을 말하는 것이 아닙니다. 성문에 앉았다는 것은 그 도시의 재판관이 되었다는 의미입니다. 삼촌이 아니면 포로 신세를 못 면했을 롯이 결국은 악의 도시 소돔에서 출세를 해서 지도자가 되었습니다.

선택의 결과

창세기 19장 9절 말씀을 살펴봅시다.

> "그들이 가로되 너는 물러나라 또 가로되 이 놈이 들어와서 우거하면서 우리의 법관이 되려 하는도다 이제 우리가 그들보다 너를 더 해하리라 하고 롯을 밀치며 가까이 나아와서 그 문을 깨치려 하는지라."

소돔인들은 동성애를 하는 사람들이었습니다(19:5). 영어로 동성애를 소도미(Sodomy)라고 부릅니다. 소돔 사람들이 보기에 잘 생긴 두 남자가 들어오자 심지어 어린아이들까지 몰려와 그들을 내놓으라고 고함을 질러대었습니다(19:11). 성적인 타락의 극치를 보여줍니다.

그러자 롯은 두 천사 대신에 두 딸을 소돔 사람들에게 내주려 했습니다(19:8). 구전전승에 의하면 롯은 소돔에서 결혼을 해서 두 딸을 낳았습니다. 악의 세계에서 결혼을 하고 딸을 낳고 길렀던 것입니다. 그러니 아버지의 말이 통하지 않는 세속적인 가정이 되어버렸습니다. 그 딸들은 아버지의 삶이 하나님의 뜻보다 인간적인 방법과 인간적인 계산이 우선되는 것을 보고 자랐습니다. 성적으로 타락한 소돔의 문화를 보며 자랐습니다.

"이르되 청하노니 내 형제들아 이런 악을 행치 말라"(19:7).

롯이 소돔 사람들에게 설교를 합니다. 그러나 "악한 짓 하지 말라"는 도덕적인 문제는 영적으로 해결해야 합니다. 사람이 거듭나야 도덕적인 문제가 해결되지, 눈 한 번 감으면 1억 원씩 굴러들어오는 세계에서 도덕성은 도덕성 회복운동만으로는 쉽게 회복되지 않습니다.

도덕은 도덕으로 치료되지 않습니다. 미국의 경우를 보면 알 수 있습니다. 청교도의 나라, 민주주의의 나라 미국도 도덕적으로 이미 타락할 대로 타락했습니다. 미국에서는 고등학생들이 임신을 하면 따로 불러 출산교육을 시킵니다. 그런데 요즘에는 워낙 10대들의 임신이 많아서 고등학생들이 임신을 부끄러워하지도 않습니다. 심지어 계속 학교를 다니면서 헐렁한 티셔츠에 "베이비→"라고 화살표까지 표시해서 임신한 것을 자랑하고 다닙니다.

미국은 마약 문제도 이미 심각한 상태입니다. 죄수들을 교도소에 넣고 교화시킨다고 해결되지 않습니다. 범죄자는 많은데 감옥이 턱없이 부족하니까 10년형을 받은 죄수도 4,5년만 살면 그냥 가석방시켜 줍니다. 죄수 한 사람에게 일 년에 몇 만 불씩을 써도 사람이 변화되지 않으나 그 죄수가 예수를 믿으면 180도로 사람이 변화됩니다. 그러므로 지금은 도덕성 회복운동보다 영적 운동이 필요한 때입니다.

계속해서 19장 8절에서도 롯이 도덕적인 설교를 합니다. 그러나 소돔인들은 듣지 않았습니다.

1960,70년대에 미국의 교회는 정치적인 문제, 경제적인 문제, 도덕적인 문제에 대해 비판을 가했습니다. 그러나 그 이후 교인들이 줄어들고 교회는 문을 닫기 시작했습니다. 교회는 정치, 경제 문제에 영향을

줄 수는 있으나 그것이 교회의 가장 중요한 이슈는 아니라는 것을 알아야 합니다. **예수 그리스도의 교회는 처음부터 끝까지 하나님을 만나게 해야 합니다. 교회는 예수를 전하고 사람들이 하나님을 만나게 해야 합니다. 가장 중요한 영적인 문제를 해결해야 합니다.**

교회는 복음을 전하는 곳, 영적으로 성장하는 곳입니다. 하나님의 말씀을 전하고 영이 성장하는 곳입니다. 그러나 도덕적, 사회적인 것이 교회의 중심이 된다면 교회는 교회의 역할을 할 수가 없어집니다.

소돔성의 성문에 앉아 재판관이 된 롯은 소돔 사람들의 여러 가지 문제들에 대한 판단을 내리고, 그리고 도덕적인 설교를 하곤 했을 것입니다. 그러나 롯은 소돔 사람들에게 여호와 하나님을 전하지 않았습니다. 그러니 이미 타락할 대로 타락한 사람들이 도덕적으로 회복될 수는 없었습니다. 오히려 죄악에 가득 찬 소돔성에서의 생활을 통해 롯은 영적 혼돈상태에 빠져버린 것입니다.

"내게 남자를 가까이 아니한 두 딸이 있노라 청컨대 내가 그들을 너희에게로 이끌어내리니 너희 눈에 좋은 대로 그들에게 행하고 이 사람들은 내 집에 들어왔은즉 이 사람들에게는 아무 짓도 하지 말라"(19:8).

롯의 이 말은 롯의 도덕적인 판단과 영적 판단에 혼란이 있음을 그대로 보여줍니다. 하나님의 사람은 철저하게 하나님 앞에 깨끗하게 살아야 합니다. 롯이 하나님 앞에서 온전치 못한 삶을 사니까 그의 영적 판단이 흐려지고 소돔 사람들로부터 외면을 당한 것입니다. 롯은 소돔의 지도자였지만 도덕적 설교에는 비웃음을 당했습니다. 편하게, 부자로 살아보려다 세속에 물들어 롯은 이제 세속의 사람으로부터 비웃음 당하는 처지가 된 것입니다.

하나님의 사람은 악과 타협하지 말고 철저하게 악과 싸워야 합니다. 그러면 세상사람들도 겉으로는 싫어하는 것 같지만 한편으로는 존경하는 마음을 갖습니다. 처음에는 악을 거절하기가 쉽지 않습니다. 그러나 세 번까지 거절하면 그 다음부터는 사람들이 아예 유혹하지도 않습니다. '저 사람은 원래 그런 사람이니까' 하고 포기하고 맙니다.

하나님의 사람은 하나님의 말씀에 따라 유혹을 처음부터 '부드럽지만 강하게' 거절해야 합니다. 롯처럼 타협해서는 안됩니다. 한 번 타협하면 다음에 또 타협하게 되고, 마침내는 타협해서는 안될 것까지도 타협하게 됩니다. 어떤 사람들은 "나는 예수 믿는다고 말하지 않더라도 행동으로 증거할 수 있다"고 말하지만, 그러나 이것은 결코 쉬운 일이 아닙니다. 유혹이 많을 때에는 처음부터 예수를 믿는 사람이란 것을 밝히고 타협하지 말아야 합니다.

"롯이 나가서 그 딸들과 정혼한 사위들에게 고하여 이르되 여호와께서 이 성을 멸하실 터이니 너희는 일어나 이곳을 떠나라 하되 그 사위들이 농담으로 여겼더라"(19:14).

롯은 심지어 자기 사위들에게조차도 인정받지 못했습니다. 오죽 사람이 신뢰를 받지 못하면 사위들이 장인의 말을 농담으로 여겼겠습니까? 결국 천사들이 롯을 이끌어낼 때까지 롯은 자기 가족 외의 한 사람도 구해내지 못했습니다. 그나마 롯의 아내는 소돔에 두고 온 것에 미련을 두다 소금기둥이 되고 말았습니다. 요단 온 들을 택하고 소돔의 지도자가 되었던, 모든 것을 다 가진 것 같았던 롯은 사위들과 아내마저 잃어버린 빈털털이가 되었습니다. 천막도 없이 자기 몸과 딸들의 목숨만 겨우 건졌습니다.

"롯이 소알에 거하기를 두려워하여 두 딸과 함께 소알에서 나와

산에 올라 거하되 그 두 딸과 함께 굴에 거하였더니"(19:30).

롯은 공포증에 걸려 소알에 거하기를 두려워하여 두 딸과 함께 동굴에서 살았습니다. 인간적인 선택으로 모든 것을 얻은 것 같았던 롯은 결국 모든 것을 잃어버렸던 것입니다.

그런데 19장 31절에서 35절에 보면, 롯의 두 딸이 롯과 동침하여 암몬과 모압을 낳았습니다. 롯의 인간적인 선택의 결과는 인륜을 저버린 타락마저 가져왔습니다. 롯의 선택은 인생을 망친 선택이었던 것입니다.

"롯의 두 딸이 아비로 말미암아 잉태하고 큰 딸은 아들을 낳아 이름을 모압이라 하였으니 오늘날 모압 족속의 조상이요 작은 딸도 아들을 낳아 이름을 벤암미라 하였으니 오늘날 암몬 족속의 조상이었더라"(19:36-38).

이것이 롯의 역사의 끝입니다. 참으로 비참한 종말입니다. 롯은 이스라엘 민족을 대대로 괴롭히는 모압과 암몬 민족의 조상이 된 것입니다. 롯의 이 비참한 종말은 바로 창세기 13장에서의 이기적이고 계산적인 선택에서 비롯된 것입니다.

이기적인 선택의 결과, 롯은 집을 잃고 아내를 잃고 동굴에 살면서 딸들과 동침하는 종말을 맞게 되었습니다. 이같은 롯의 결과는 영적인 타협에서 생겨났습니다. 처음 유혹이 올 때 그 유혹을 과감히 뿌리쳐 버려야 합니다. 지금은 손해보고 양보하더라도 주님이 원하는 삶을 살아야 합니다. 거기에만 행복이 있습니다.

롯에 대한 신약의 평가

롯을 통해 우리는 하나님의 인도하심에 따르는 것이 아니라 자기의 욕심에 이끌린 결과가 어떤 것인지를 명백하게 확인할 수 있습니다. **사람의 행복은 하나님의 손에 있습니다. 사람의 미래를 인도하시는 분은 하나님이십니다.** 그래서 누가복음 17장 32절에서 예수님은 제자들에게 들려주시는 말씀 가운데, "롯의 처를 기억하라"는 경고를 하십니다. 경고의 대상이 되었습니다.

그리고 이와는 상반된 평가로 베드로후서 2장 7절에서는 무법한 자의 음란한 행실을 인하여 고통하는 '의로운 롯'이라고 평가합니다. 롯의 일대기를 보면 도저히 의로운 롯이라는 베드로후서의 평가를 이해할 수 없습니다. 소돔성에서의 롯의 행동은 천사들을 보호하기 위해서 자기 딸을 대신 내놓은 행위를 의롭다고 말하기는 어렵습니다. 그의 평생을 살펴보면 의로운 갈등을 있었겠으나 이기적이고 실수투성이인 모습이 강합니다.

그런데도 왜 성경에서는 롯을 의롭다고 평가할까요?
모든 사람은 죄를 범하였으므로 하나님의 영광에 이를 수 없습니다(롬 3:23). 죄의 삯은 사망입니다. 그러나 그리스도 예수 안에 있는 은혜가 바로 구원입니다(롬 6:23). **우리는 죄인임에도 불구하고 그리스도 예수의 은혜로 의롭다 칭함을 받고 구원을 얻습니다.**

> "모든 사람이 죄를 범하였으매 하나님의 영광에 이르지 못하더니 그리스도 예수 안에 있는 구속으로 말미암아 하나님의 은혜로 값없이 의롭다 하심을 얻은 자 되었느니라"(롬 3:23-24).

롯이 의로운 사람이라고 평가받는 것은 롯의 의로운 행위 때문이 아니라 오직 하나님의 은혜 때문입니다.
우리도 마찬가지입니다. 우리의 의로는 인정받을 수 없습니다. **우리가 구원받는 것은 오로지 하나님의 은혜입니다.** 하나님께서 우리에게 주신 축복과 은혜가 많지만, 복 중의 복, 은혜 중의 은혜는 바로 죄인인 우리를 의롭다 여기시고 구원하신 것입니다.

하나님이 소돔성의 심판으로부터 롯을 구원하신 것은 롯이 의로운 사람이었기 때문이 아니라 전적으로 하나님의 은혜 때문입니다. **죄인임에도 불구하고 의롭다고 칭함을 받고 구원받는 것, 이것이 바로 하나님의 은혜인 것입니다.**

인생을 망친 선택을 한 롯을 보면서, 하나님 앞에서 올바르게 살고 악과 타협하지 말고 유혹을 거부하며 하나님이 원하시는 삶을 살 수 있는 강한 믿음의 사람이 되시기 바랍니다.
우리의 여러 가지 부족함에도 불구하고 우리를 끝까지 사랑하시며, 죄인된 우리를 구원하시고 의롭다 칭해 주시는 하나님의 은혜를 늘 깊이 체험하며 살아가시는 여러분이 되기를 진심으로 기도합니다.

제 6 장

약속의 하나님

"롯이 아브람을 떠난 후에 여호와께서 아브람에게 이르시되 너는 눈을 들어 너 있는 곳에서 동서 남북을 바라보라 보이는 땅을 내가 너와 네 후손에게 주리니 영원히 이르리라 내가 네 자손으로 땅의 티끌 같게 하리니 사람이 땅의 티끌을 능히 셀 수 있을진대 네 자손도 세리라 너는 일어나 그 땅을 종과 횡으로 행하여 보라 내가 그것을 네게 주리라 이에 아브람이 장막을 옮겨 헤브론에 있는 마므레 상수리 수풀에 이르러 거기서 여호와를 위하여 단을 쌓았더라"(창13:14-18).

약속의 하나님

하나님은 우리가 필요할 때 우리에게 꼭 나타나시는 분입니다. 우리가 절실히 필요할 때 은총을 주시는 분이십니다. **인생의 축복은 인간의 손에 있는 것이 아니라, 절대자 하나님에게 있습니다.** 우리는 아브라함의 생애를 통하여 그것을 발견할 수 있습니다.

"롯이 아브람을 떠난 후에 여호와께서 아브람에게 이르시되 너는 눈을 들어 너 있는 곳에서 동서 남북을 바라보라"(창 13:14).

하나님이 아브라함에게 나타나신 것은 롯이 아브라함을 떠난 직후였습니다. 롯의 분가는 아브라함에게 충격적 사건이었습니다. 더이상의 갈등이 생기기 전에 아브라함이 롯에게 독립할 것을 요구하여 지혜롭게 헤어지긴 했지만, 자식처럼 길러준 롯이 목자들끼리 싸우는 인간적 사건이 생긴 뒤 할 수 없이 헤어진 것은 아브라함에게는 대단히 섭섭한 일이었습니다.

우리도 자녀가 결혼 등으로 인한 정상적인 분가가 아니라 갈등으로 서로 섭섭하게 헤어진다면 마음이 무거웠을 것입니다. 그런데 아브라함과 롯은 인간관계의 갈등 끝에 서로 합의해서 헤어진 것입니다.

더욱이 오랜 친척이요, 자식과 같은 롯을 내보는 것은 아브라함에게는 적지 않은 마음의 충격이었을 것입니다. 롯은 자식이 없던 아브라함에게는 양자와 같은 사람이었습니다. 아마도 아브라함은 롯을 자기 유업을 이을 자로 생각했을지도 모릅니다.

저는 사람과의 관계가 얽히면 견디지를 못하는 성격입니다. 빨리 회개하고 빨리 용서하고 끝내야 합니다. 차라리 다리가 부러지는 것보다도 사람과의 관계가 나빠지는 것이 제일 어렵고 고통스럽게 느껴집니다.

저의 집에서도 지금까지 큰 갈등은 없었지만 어쩌다 마음이 상하는 일은 있었습니다. 그럴때마다 평소의 제 목소리가 '도'라면 도레미의 '미' 정도까지만 목소리가 올라가도 제 가족들 모두가 금방 눈물을 글썽거립니다. 그래서 목소리를 높이는 일도 조심스럽습니다. 저는 가족들 사이에 갈등이 있으면 한 시간을 견디기가 힘이 듭니다. 그래서 즉시 문제를 해결하고 용서를 받거나 용서를 합니다. 가정의 평화는 무엇보다도 소중한 것 중의 하나이기 때문입니다.

아브라함은 자식 같은 롯을 갈등 끝에 내보내야 했으니 무척 낙심하고 가슴이 아팠을 것입니다. 떠나는 롯을 보고 아브라함은 낙심에 빠졌습니다. 게다가 이기적인 롯이 길러준 삼촌을 전혀 생각지도 않고 기름진 요단 땅 전부를 차지하고 떠나버렸으니 오죽 섭섭했겠습니까?

유산을 남겨줄 롯마저 헤어지고나자 아브라함은 하나님만을 바라볼 수밖에 없었습니다. 하나님은 이렇게 꼭 필요할 때 아브라함에게 나타나셨습니다.

건강 때문에, 물질적인 문제 때문에, 사람과의 관계, 억울한 일 때문에 쓰라린 아픔을 가지고 있을 때 그때 조용히 귀를 기울이고 하나님께서 나타나실 것을 기다리십시오. **여러분이 꼭 하나님이 필요할 때, 하나님의 위로가 필요할 때 하나님은 나타나십니다.**

여호수아가 여리고성에 처음 다가갔을때, 12피트나 되는 높은 성이 버티고 있었습니다. 여호수아는 그 성문 앞에 가서 그 성을 보고 기가 막혔습니다. 하나님이 어떻게 이 성을 우리보고 정복하라고 하는가?

여호수아가 멍하게 서있을 때 하나님의 군대장관이 나타났습니다. "여호수아야 네가 선 땅은 거룩한 땅이니 신발을 벗으라. 내가 이 성을 네게 주리라" 약속하셨습니다. 그리고 하루에 한 번씩, 마지막날에는 일곱 번을 돌라고 하셨습니다. 우리가 낙심될 때 하나님은 찾아와 주십니다.

하나님의 방법은 우리의 생각과는 엄청나게 다릅니다. 엘리야 때도 마찬가지였습니다. 엘리야가 이세벨의 추격을 피해 도망갈 때 하나님은 친히 찾아오셔서 새들을 통해 엘리야를 격려하시고 새로운 일을 주어서 보내셨습니다.

사람의 생각으로는 불가능한 일을 이루시는 전능하신 분, 그분이 바로 우리의 하나님이십니다. 그분은 우리가 필요할 때 찾아오십니다.

눈을 들라

하나님은 꼭 필요할 때 나타나십니다. 하나님은 과거에도, 지금도, 미래에도 꼭 필요할 때 그 자녀들에게 나타나시는 분이십니다. 롯이 아브라함을 떠난 후 하나님이 아브라함에게 나타나셨습니다.

"너는 눈을 들어 너 있는 곳에서 동서 남북을 바라보라"(13:14 하).

아브라함에게 나타나셔서 하나님은 "너는 눈을 들라"고 하십니다. 롯이 어떻게 했는지 인간적인 생각을 하지 말고 하나님을 쳐다보라고 하십니다. 하나님은 우리가 낙심해서 고개를 숙이고 눈을 내려깔고 있기를 원치 않으십니다. 어려운 문제가 있을 때마다 하나님을 바라보기를 원하십니다.

인생의 문제들은 우리로 하여금 땅을 바라보게 합니다. 그러나 우리가 제대로 살려면 눈을 들어 하나님을 바라보아야 합니다. 우리를 힘들게 하는 문제들을 바라보고서는 힘을 얻을 수 없습니다. **언제든지 낙심될 때는 고개를 들어 하늘을 바라보아야 합니다. 하늘에 계신 하나님을 바라보아야 합니다.** 그러면 하늘에 계신 하나님이 나타나 우리가 무엇을 해야 할지 가르쳐 주십니다.

"네 눈을 들라 네가 있는 곳에서 동서 남북을 바라보아라" 말씀하십니다. 네 형편을 이해하지만 하나님의 세계는 인간의 생각처럼 제한적인 것이 아니라고 말씀하시는 것입니다.

우리는 인간이기 때문에 제한이 있습니다. 그러나 하나님의 세계는 인간의 세계와 달라서 제한이 없습니다. 하나님의 방법은 인간의 방법과 다릅니다. 하늘이 땅보다 높은 것처럼 하나님의 방법은 나의 방법보다 높습니다. 동서 남북 무한한 방법이 있고 무한한 능력이 있습니다. 우리는 고개를 들고 하나님이 보여주시는 동서 남북을 보아야 합니다.

롯이 자기의 땅이라고 생각하고 먼저 선택했던 요단 평야도 롯의 소유가 아니고 아브라함의 땅입니다. 아브라함이 눈을 들어 바라보니 동서 남북으로 넓은 땅이 펼쳐져 있었습니다. 하나님은 그 모두가 아브라함의 것이라 하십니다.

하나님의 방법은 인간의 방법과 다릅니다. 인간의 계산과 평가에 의해 성공한 것은 성공이 아닙니다. 하나님이 주시는 성공이 바로 참된 성공입니다.
인간의 세계에서 손해를 보고 불가능한 것 같을 때, 넓고 무한한 하나님의 세계를 바라보십시오. 우리가 상상하지 못한 세계가 가능하다는 것을 하나님은 가르쳐주십니다.

"보이는 땅을 내가 너와 네 후손에게 주리니 영원히 이르리라 내가 네 자손으로 땅의 티끌 같게 하리니 사람이 땅의 티끌을 능히 셀 수 있을진대 네 자손도 세리라"(13:15,16).

여기서 "내가"는 롯 또는 아브라함이 아니라 바로 하나님이십니다. 두 번의 "내가"는 우주의 절대 주권자가 누구인가, 어떤 분이 우리의 인생을 결정하는가를 가르쳐 줍니다. 그분 또한 하나님이십니다.

예수 믿는 사람이 어떤 때는 손해를 볼 수도 있습니다. 그러나 손해를 보았다고 억울해하지 마십시오. 하나님이 함께 하시면 그 손해가 변하여 축복이 됩니다. 하나님은 롯이 차지한 땅도 아브라함의 것이라 하셨습니다.

인간적인 계산에 가장 좋은 것을 선택했다고 생각했던 롯은 집을 잃고 아내도 잃고 동굴 속에서 두려움에 떨며 지내는 비참한 말년을 맞이했습니다. 딸과 동침하여 이스라엘의 적인 모압과 암몬의 조상이 되었습니다. 이것을 보면, 설령 당장 손해를 볼지라도 하나님을 믿고 의지하며 주님을 따라가면 넓은 세계의 하나님의 축복이 있음을 알 수 있습니다.

하나님은 아브라함에게 "네 자손이 땅의 티끌 같게" 많게 하겠다고 약속하셨습니다. 이미 자녀를 출산할 능력이 없는 아브라함에게 인간의 상상을 초월한 축복을 약속하신 것입니다.

자녀가 많은 것은 축복입니다. 어떤 분은 6명의 자식을 낳아 놓고 부끄러워하시는 것을 제가 본 적이 있습니다. 그런데, 저희 부모님은 12형제를 낳아 지금 9명이 생존해 있습니다. 형제가 많으니까 얼마나 좋은지 모릅니다.

아브라함 당시 많은 자식은 축복이었습니다. 많은 자녀는 많은 노동력을 의미했습니다. 그래서 이스라엘 시대에는 며느리를 데려오려면 그 노동력에 대한 대가를 지불하는 것이 관례였습니다.

롯처럼, 인간의 결정은 평야를 얻었다가 다 없어지지만 하나님의 축복은 인간이 생각할 수 없는 엄청난 것입니다. 인생의 축복은 하나님이 주시는 것이기 때문입니다. 하나님이 주시는 데 뺏을 자 없고, 하나님이 뺏을 때에 막을 자 없습니다.

일어나라

"너는 일어나 그 땅을 종과 횡으로 행하여 보라 내가 그것을 네게 주리라"(13:17).

아브라함은 실망하여 주저앉아 있었습니다. 그러나 하나님은 먼저 "눈을 들라" 하신 후에 아브라함에게 "일어나라" 하십니다. '어째서 인생을 인간이 결정한다고 생각하느냐? 어째서 하나님이 없는 것처럼 앉아있느냐? 어째서 네 능력만 생각하느냐? 내가 지금도 너와 함께 있지 않느냐?' 물으십니다.

여러분이 만약 오늘 여러 가지 고통과 실망 중에 주저앉아 있다면 오늘 하나님은 "일어나라" 말씀하십니다. 일어나십시오. 눈을 들어 하나님을 바라보고, 하나님이 가라고 하는 땅을 향해 일어나십시오.

아브라함이 일어나자 하나님은 아브라함의 발이 닿는 모든 땅을 아브라함에게 주겠다고 약속하십니다. 하나님은 이후에 여호수아에게도 동일한 약속을 하십니다. **어둠 속에서도 그리스도인이 대낮 같이 걸을 수 있는 것은 어둠도 하나님에겐 대낮 같기 때문입니다. 아브라함의 하나님이 바로 나의 하나님이 되시기 때문입니다.**

고개를 들고 주님을 바라보면 무엇이든 가능한 세계가 펼쳐진다는 믿음이 필요합니다. 하나님이 일어나라 하실 때 일어나면 우리가 상상치 못했던 힘과 축복을 우리에게 주실 것입니다.

"이에 아브람이 장막을 옮겨 헤브론에 있는 마므레 상수리 수풀에 이르러 거기서 여호와를 위하여 단을 쌓았더라"(13:18).

하나님을 만나 하나님의 음성을 듣고 하나님이 어떤 분인지를 알게 된 아브라함은 또다시 예배를 드립니다. 우리도 아브라함과 같이 언제든지 예배를 드리는 태도가 필요합니다. 아브라함을 믿음의 조상이 되게 한 근원은 바로 먼저 하나님께 예배드리는 삶을 산 데 있습니다.

한국과 미국을 비교할 때 한국의 장점은 한국교인들은 어디를 가든지 무엇을 하든지 먼저 예배를 드리는 것입니다. 무엇보다 먼저 예배드리고 하나님께 찬송드리는 태도는 바로 아브라함의 태도였습니다.

여러분도 언제나 예배를 드리는 태도를 잃지 않는 삶을 사시기 바랍니다. 아울러 하나님이 아브라함을 인도하신 것처럼 우리에게도 필요할 때마다 나타나시는 하나님을 믿고 우리의 삶을 용기있게 사는 여러분이 되시기를 진심으로 기도합니다.

제 7 장

엘 엘리욘의 하나님

"… 네 왕과 교전하였더라 싯딤 골짜기에는 역청 구덩이가 많은지라 소돔 왕과 고모라 왕이 달아날 때에 군사가 거기 빠지고 그 나머지는 산으로 도망하매 네 왕이 소돔과 고모라의 모든 재물과 양식을 빼앗아 가고 소돔에 거하는 아브람의 조카 롯도 사로잡고 그 재물까지 노략하여 갔더라 도망한 자가 와서 히브리 사람 아브람에게 고하니 때에 아브람이 아모리 족속 마므레의 상수리 수풀 근처에 거하였더라 마므레는 에스골의 형제요 또 아넬의 형제라 이들은 아브람과 동맹한 자더라 아브람이 그 조카의 사로잡혔음을 듣고 집에서 길리고 연습한 자 삼백 십팔인을 거느리고 단까지 쫓아가서 그 가신을 나누어 밤을 타서 그들을 쳐서 파하고 다메섹 좌편 호바까지 쫓아가서 모든 빼앗겼던 재물과 자기 조카 롯과 그 재물과 또 부녀와 인민을 다 찾아 왔더라 아브람이 그돌라오멜과 그와 함께 한 왕들을 파하고 돌아올 때에 소돔 왕이 사웨 골짜기 곧 왕곡에 나와 그를 영접하였고 살렘 왕 멜기세덱이 떡과 포도주를 가지고 나왔으니 그는 지극히 높으신 하나님의 제사장이었더라 그가 아브람에게 축복하여 가로되 천지의 주재시요 지극히 높으신 하나님이여 아브람에게 복을 주옵소서 너의 대적을 네 손에 붙이신 지극히 높으신 하나님을 찬송할지로다 하매 아브람이 그 얻은 것에서 십분 일을 멜기세덱에게 주었더라…"(창14:1-24).

엘 엘리욘의 하나님

덕을 끼치며 삽시다

창세기 14장 1절에서 16절 말씀은 북쪽에 사는 왕들의 연합군과 남쪽에 사는 왕들의 연합군이 전쟁을 치른 이야기와, 그 가운데 아브라함과 롯의 이야기를 담고 있습니다.

"당시에 시날 왕 아므라벨과 엘라살 왕 아리옥과 엘람 왕 그돌라오멜과 고임 왕 디달이 소돔 왕 베라와 고모라 왕 비르사와 아드마 왕 시납과 스보임 왕 세메벨과 벨라 곧 소알 왕과 싸우니라"(창 14:1,2).

시날 왕은 시날 평야가 있는 지역의 왕을 말합니다. 시날 평야는 바벨탑을 세웠던 바벨론 지방인데, 현재 이라크 지방입니다. 창세기 14장 1,2절은 이스라엘의 동북쪽 네 나라가 연합군을 만들어 가나안 땅으로 쳐들어와 소돔을 비롯한 다섯 나라의 연합군과 싸운 역사를 기록하고 있습니다.

여기서 우리는 '아므라벨'이라는 시날왕의 이름에 주목할 필요가 있습니다. '아므라벨'이라는 이름은 함무라비 법전으로 우리에게 널리 알려진 '함무라비' 왕의 이름과 너무나 발음이 유사합니다. 함무라비

법전은 창세기의 약 3/1 가량의 분량으로, 그 당시의 여러 가지 문화적인 배경들을 잘 설명해 주는 법전입니다.

시날은 바로 바벨론 지방을 가리키고, 아브라함은 함무라비와 동시대 사람의 사람이었던 것을 생각해볼 때, 우리는 이 아므라벨 왕이 바로 함무라비 왕을 가리키는 것이라고 추측할 수 있습니다.

그런데 함무라비 왕을 비롯한 이 북방의 네 왕의 연합군이 전쟁을 벌이기 위해 싯딤 골짜기에 모여 들었습니다.

"이들이 다 싯딤 골짜기 곧 지금 염해에 모였더라"(14:3).

'염해'는 현재의 사해를 말합니다. 사해는 소금이 너무 많아 아무런 생명체도 그 속에서 살 수가 없고 수영을 못하는 사람도 누구나 수영할 수 있는 바다입니다. 그런데 왜 북방의 4개국 왕들이 사해에 모여 전쟁을 하려는 것입니까?

"이들이 십이 년 동안 그돌라오멜을 섬기다가 제 십삼 년에 배반한지라"(14:4).

북쪽의 강한 네 나라가 남쪽을 정복해서 12년 동안 조공을 바치게 했습니다. 그런데 13년째 되던 해에 남쪽의 다섯 나라에서 조공을 못 바치겠다고 반항을 한 것입니다. 그래서 그동안 조공을 받아오던 북쪽의 동맹군들이 14년째 되는 해에 침략을 해왔습니다. 이때는 힘 있는 나라가 힘 없는 나라를 집어삼키던 약육강식의 시대였습니다.

한국이 그동안 역사적으로 많은 고생을 한 것도 한국이 힘이 약했기 때문입니다. 중국, 몽골, 일본, 소련을 비롯한 많은 나라들이 한국을 침략해 왔습니다. 한국민은 평화를 사랑하는 민족입니다.

그러나 **평화를 사랑하더라도 힘이 있어야 합니다. 힘이 있어야 평화를 지**

킬 수 있습니다. 힘이 있는 나라가 평화롭게 살려는 것과 힘이 없는 나라가 평화롭게 사는 것은 다른 의미입니다.

소련이 이데올로기 전쟁에서 미국에게 패배한 것은 미국의 레이건 대통령 때였습니다. 레이건 대통령 시절, 미국은 그동안 군비를 축소하고 양보하던 정책에서 벗어나 강력한 미국을 꿈꾸며 국력을 키워 마침내 미국의 강력한 경제력과 군사력이 소련의 이데올로기마저도 붕괴시켜버린 것입니다.

카터 대통령 시절 미국은 주한미군을 철수하는 등 군비를 축소했습니다. 미국이 일방적으로 군비를 축소한 것은 평화를 사랑하는 증거라고 주장하며 소련의 군비 축소를 유도했으나, 소련은 이런 미국의 태도에 아랑곳하지 않고 계속 군사력을 키워갔습니다. 미국의 국력이 계속 약해지자 레이건 대통령은 평화를 도모하기 위해서는 힘을 가져야 한다고 주장하고 강력한 힘을 가진 미국을 건설해나가기 시작했고 결국 미국은 힘으로 소련을 붕괴시켰습니다. 소련은 미국과 경쟁하다 쓰러진 것입니다. 그래서 힘이 있는 사람이 겸손한 것과 힘 없는 사람이 겸손한 것은 다르다는 것입니다.

사도 바울이 자기가 가진 모든 것을 오물 같이 여긴 것은 가말리엘 문하에서 수학한 당대의 석학이요, 바리새인 중의 바리새인이요, 그 당시 이스라엘 사람들이 갖지 못했던 로마의 시민권을 가진 사람이었기 때문입니다. 만약 어부였던 베드로가 바울과 같은 이야기를 했더라면 아마도 듣는 사람들은 다른 의미로 받아들일 것입니다.

믿는 사람이 열심히 공부하는 것은 하나님의 자녀이기 때문입니다. 내가 성실하게 사는 것은 나로 인해 하나님의 영광이 걸려 있기 때문입니다. 예수 믿는 사람은 무엇을 해도 성실하고 정직해야 합니다. 힘이 있어야 합니다. 누구에게나 존경받고 인정받는 사람이 온유하고 겸손한 것은 의미가 있습니다. 즉 힘에서 나오는 겸손은 힘이 있기 때문입니다.

저는 한국 역사를 읽을 때마다 '한국 민족이 다시는 옛날처럼 허약한 민족이 되지 말고 강력한 민족이 되게 하옵소서' 기도합니다. '이제는 미국이나 소련, 일본이 다시는 한국을 못살게 구는 일이 없도록 하옵소서' 기도합니다.

한국이 힘이 있어야 세계에 나아가 복음을 전할 수 있습니다. 또 세계에 복음을 전해야 세계적인 강국이 됩니다. 이제는 미, 소, 중, 일 4대 강국이 아니라 한국을 포함해서 5대 강국이 될 수 있어야 합니다. 우리의 아이들을 힘 있는 지도자로 키우기 위해 서는 힘 있는 나라를 만들어야 합니다.

경제력과 국력이 없으면 국제적인 압력에 시달리게 마련입니다. 우루과이라운드 등 세계적인 개방 압력이 있어도 이제는 우리 국민들이 막아내야 합니다. 아무리 외제 물건을 가지고 들어와도 국민들이 좋은 물건을 만들어내고 "들어와라. 우리는 안 산다"면서 막아내야 합니다. 다시는 강대국에 밀려다니는 일이 없어야 합니다. 그러기 위해서는 국민들이 깨어야 합니다.

남방의 다섯 나라도 힘이 없으니까 12년 동안 조공을 바쳤습니다. 그러다가 어느 정도 힘이 생겼다고 생각하자 조공을 바치는 것을 거부하자 북쪽의 4개국이 공격해 왔습니다. 4개국 연합군은 아멜렉 사람을 치고 단숨에 중부 지방을 장악해버린 것입니다.

> "그들이 돌이켜 엔미스밧 곧 가데스에 이르러 아말렉 족속의 온 땅과 하사손다말에 사는 아모리 족속을 친지라"(14:7).

북한과의 관계에서도 마찬가지입니다. 남한이 힘이 없으면 북한이 가볍게 봅니다. 남한이 경제적으로나 정치적으로 힘이 있으면서 북한과 대화하는 것과 힘이 없이 대화하는 것은 의미가 다릅니다.

> "소돔 왕과 고모라 왕과 아드마 왕과 스보임 왕과 벨라 곧 소알 왕이 나와서 싯딤 골짜기에서 그들과 접전하였으니 곧 그 다섯 왕이 엘람 왕 그돌라오멜과 고임 왕 디달과 시날 왕 아므라벨과 엘라살 왕 아리옥 네 왕과 교전하였더라 싯딤 골짜기에는 역청 구덩이가 많은지라 소돔 왕과 고모라 왕이 달아날 때에 군사가 거기 빠지고 그 나머지는 산으로 도망하매"(14:8-10).

이제 북방의 왕들과 남방의 왕들이 전쟁을 벌입니다. 그런데 이 전쟁에서 소돔과 고모라 왕이 패하고 맙니다. "싯딤 골짜기에는 역청 구덩이가 많은지라 소돔 왕과 고모라 왕이 달아날 때에 군사가 거기 빠지고" 말았습니다.

이것은 하나님의 은총 속에 사는 사람과 밖에 사는 사람의 차이입니다. 왜 자기 땅에서 전쟁을 벌였는데 역청에 빠집니까? 적들보다 지리에는 훨씬 더 밝은데 말입니다. 그것은 하나님이 돌보시는 사람과 돌보시지 않는 사람은 다르기 때문입니다. 소돔과 고모라가 워낙 하나님 앞에 범죄한 것이 심하니까 자기네 땅에서 벌이는 전쟁에서 자기네 함정에 자기들이 빠지고 만 것입니다.

결국 북방 왕들은 소돔과 고모라를 약탈하고 사람들을 포로로 잡아갑니다. 그런데 그 중에 누가 포함되어 있습니까?

> "네 왕이 소돔과 고모라의 모든 재물과 양식을 빼앗아 가고 소돔에 거하는 아브람의 조카 롯도 사로잡고 그 재물까지 노략하여 갔더라"(14:11,12).

롯은 가족 모두를 포로로 잡히고 재산도 빼앗기고 말았습니다. 자기 꾀가 아니라 하나님만 바라보는 사람을 하나님은 축복하십니다. 내 길을 주께 맡기고 여호와께 의뢰하면 주님이 감싸고 보호하여 주십니다.

소돔성에 살던 롯이 잡혀갔다는 소식을 아브라함이 들었습니다. 요단 온 들을 양보했던 아브라함에게는 하나님의 울타리가 쳐 있어서 감히 북방의 왕들이라도 넘보지 못했습니다.

> "아브람이 그 조카의 사로잡혔음을 듣고 집에서 길리고 연습한 자 삼백 십팔 인을 거느리고 단까지 쫓아가서"(14:14).

겸손하고 연약해 보이던 아브라함에게 삼백 십팔 인의 군인이 있었습니다. KAL기 폭파범 김현희도 겉보기에는 얌전해 보이지만 남자 두 사람쯤은 이길 수 있는 간첩 훈련을 받았었습니다. 아브라함도 얌전한 사람 같았지만 하나님이 일어나라는 시간, 위험이 닥친 시간에 일어나자 북쪽의 동맹국들이 꼼짝을 못했습니다.

믿는 사람들은 겉으로 보기에는 부드러워 보이지만 하나님이 함께 하시기 때문에 강한 힘과 용기가 있습니다. 그러므로 위험이 왔을 때는 언제든지 극복할 수 있는 힘이 있는 사람이 바로 크리스챤들입니다.

보통 때는 얌전하고 겸손하지만 시련과 도전이 있을 때는 강력한 믿음과 힘이 나옵니다. 꼭 필요할 때는 하나님의 능력이 나타납니다. 바로 하나님이 우리와 함께 하시기 때문입니다.

> "그 가신을 나누어 밤을 타서 그들을 쳐서 파하고 다메섹 좌편 호바까지 쫓아가서 모든 빼앗겼던 재물과 자기 조카 롯과 그 재물과 또 부녀와 인민을 다 찾아 왔더라"(14:15,16).

하나님께서 지혜를 주시면 적은 수의 군대로도 4개국의 연합군을 무찌를 수 있습니다. 아브라함은 하나님이 주신 지혜로 밤에 야습을 하여 승리했습니다. 가난한 것 같아도, 약한 것 같아도 부한 것이 믿는 사람들의 모습입니다.

가진 것이 물고기 두 마리와 보리떡 다섯밖에 없어도 하나님이 손 얹어 축복하시면 오천 명을 먹일 수 있습니다. 이와 같은 축복이 여러분의 것이요 저의 것입니다. 믿는 사람들은 바로 이런 축복을 받은 아브라함과 같은 사람입니다. 아브라함 한 사람으로 인해 롯도 하나님의 은혜를 입고 소돔왕도 덕을 보았습니다. 아브라함이 잘나서가 아니라 하나님이 축복하시기 때문입니다.

축복의 대상 - 엘 엘리온

창세기 14장 17절에서 20절의 말씀은 아브라함이 롯을 구해 돌아올 때의 이야기입니다. 아브라함은 집에서 훈련한 318명의 군사로 북방 네 왕의 연합군을 무찌르고 돌아오는 길에 왕들이 나와 영접하였습니다.

"아브람이 그돌라오멜과 그와 함께 한 왕들을 파하고 돌아올 때에 소돔 왕이 사웨 골짜기 곧 왕곡까지 나와 그를 영접하였고 살렘 왕 멜기세덱이 떡과 포도주를 가지고 나왔으니 그는 지극히 높으신 하나님의 제사장이었더라"(14:17,18).

여기서 '멜기세덱'이라는 왕을 주목할 필요가 있습니다. 멜기세덱은 살렘의 왕이었습니다. 살렘은 오늘날의 예루살렘 지역을 가리킵니다. 살렘이란 말은 샬롬, 즉 평화라는 뜻입니다. 다시 말해서 살렘의 왕이란 샬롬의 왕, 즉 평화의 왕이란 뜻입니다.

멜기세덱의 히브리어 '멜키제덱'은 '멜키'와 '제덱'의 합성어입니다. '멜키'는 '왕'이란 뜻입니다. 좀더 정확히 말하면 '나의 왕'이란 뜻입니다. '제덱'은 '의로움', 또는 '의'란 뜻입니다. 즉 '멜키제덱'의 뜻은 '의의 왕'이란 뜻입니다. 여호수아서 10장 1절에도 멜기세덱과 비슷한 이름을 가진 '예루살렘 왕 아도니세덱'이 나옵니다.

그러므로 살렘왕 멜기세덱은 평화의 왕, 의의 왕이란 뜻입니다.

그런데 창세기 18절은 평화의 왕, 의의 왕 멜기세덱을 가리켜 "지극히 높으신 하나님의 제사장"이라고 부르고 있습니다. 여기서 '지극히 높다'는 말은 히브리어로 '엘 엘리욘'입니다. '엘'은 하나님, '엘리욘'은 가장 높다는 뜻입니다.

하나님은 이 창세기 말씀을 통해 자신을 계시하고 계십니다. 14장 18절을 통해 하나님이 지극히 높으신 하나님, '엘 엘리욘'이심을 나타내신 것입니다.

인간에게 가장 높은 것은 왕입니다. 종교적으로 가장 높은 사람은 제사장입니다. 그러나 가장 높은 왕이요 제사장인 멜기세덱도 '엘 엘리욘'의 하나님보다는 높지 않았습니다.

인간은 아무리 높은 왕, 대통령이라고 할지라도 인간은 인간입니다. 모든 사람에게 존경을 받는 사람도 하나님께 비하면 아무것도 아닙니다. 아무리 높은 권세를 가진 왕이라고 할지라도, 모든 사람에게 존경을 받는 제사장이라고 할지라도 **오직 한 분 엘 엘리욘 하나님께 찬양과 존귀를 돌리는 것이 마땅한 일입니다. 왜냐하면 하나님만이 지극히 높으신 분이기 때문입니다.**

인간은 하나님을 믿지 않으면 소용이 없습니다. 인간은 권력을 잡아 수천만을 다스리다보면 엘 엘리욘 하나님이 계신다는 것을 망각하기 쉽습니다. 높은 지위에 올라 국회의원이 되고, 사장이 되고, 교수가 되어도 하나님이 계신 것을 알 때 인간은 겸손해져야 합니다.

지극히 높으신 하나님의 제사장, 살렘왕 멜기세덱은 아브라함을 맞이하기 위해 떡과 포도주를 가지고 나아왔습니다. 그리고 그는 아브라함에게 하나님의 축복을 기도했습니다.

멜기세덱은 신구약 성경을 통해 굉장히 신비로운 인물입니다. 멜기세덱에 대해서는 성경 66권을 통틀어 단 세 번 언급될 뿐입니다. 창세기 14장과 그리고 히브리서 7장, 시편 110편 4절에만 나옵니다.

히브리서 7장에서 저자는 멜기세덱을 예수님과 비교하고 있습니다.

> "그리로 앞서 가신 예수께서 멜기세덱의 반차를 좇아 영원한 대제사장이 되어 우리를 위하여 들어가셨느니라 이 멜기세덱은 살렘 왕이요 지극히 높으신 하나님의 제사장이라 여러 임금을 쳐서 죽이고 돌아오는 아브라함을 만나 복을 빈 자라 아브라함이 일체 십분 일을 그에게 나눠 주니라 그 이름을 번역한즉 첫째 의의 왕이요 또 살렘 왕이니 곧 평강의 왕이요 아비도 없고 어미도 없고 족보도 없고 시작한 날도 없고 생명의 끝도 없어 하나님의 아들과 방불하여 항상 제사장으로 있느니라"(히 6:20-7:3).

멜기세덱은 창세기 14장에만 잠깐 나타났다가 사라지는 인물입니다. 아담, 아브라함, 이삭 모두 언제 태어나고 무슨 일을 하고 어떻게 죽었는지를 아는데 멜기세덱만은 불쑥 너댓 줄 언급되었다가 사라집니다.

아비도 없고 어미도 없다는 것은 실제로 존재하지 않는다는 의미가 아니라 알 수가 없다는 의미요, 그만큼 신비한 인물이라는 의미입니다.

우리에게는 의의 왕이요, 평화의 왕이며, 떡과 포도주를 주신 분이 또 있습니다. 바로 예수 그리스도입니다. **예수님은 의의 왕이요, 평화의 왕이었습니다.** 예수님도 시작한 날이 없고 생명의 끝도 없습니다. 물론 예수님이 역사적으로 태어나시고 십자가에 못 박혀 돌아가신 날은 있습니다. 그러나 이것은 상징적인 의미이고, 예수님은 영원 전부터 계셨고 영원까지 계신다는 의미입니다. 그래서 히브리서 저자는 멜기세덱을 예수님의 모형으로 이야기하고 있습니다.

멜기세덱은 아브라함에게 떡과 포도주를 주었습니다. 예수님도 제자들에게 떡 주시면서 "이는 너희를 위해 주는 나의 몸이라"고 하셨고, 포도주를 주시면서 "이것은 너희를 위하여 흘리는 나의 피라"고 말씀하셨습니다. 그런데 참으로 유사하게도 이 멜기세덱은 아브라함에게 떡과 포도주를 주고 있습니다.

멜기세덱이 "하나님의 아들과 방불하여 항상 제사장으로 있느니라"는 말씀에서 '항상 제사장으로 있다'는 말은 정확하게 번역하자면 '영원한 제사장이다'라는 뜻입니다. 멜기세덱을 예수님과 비교하고 있는 것입니다.

> "너의 대적을 네 손에 붙이신 지극히 높으신 하나님을 찬송할지로다 하매 아브람이 그 얻은 것에서 십분 일을 멜기세덱에게 주었더라"(창 14:20).

> "이 사람의 어떻게 높은 것을 생각하라 조상 아브라함이 노략물 중 좋은 것으로 십분의 일을 저에게 주었느니라"(히 7:4).

멜기세덱이 나타나자 아브라함이 멜기세덱에게 십일조를 드렸습니다. 성경에서 십일조는 여기서 처음 나타납니다. 하나님의 사람 아브라함이 하나님의 제사장에게 하나님의 재물 십분의 일을 떼어 바치면서 십일조 제도가 시작되었습니다.

그 다음에는 야곱이 벧엘에서 돌베게를 베고 꿈을 꾸고 난 후 야곱이 하나님께 십일조를 드릴 것을 서원했습니다. 이때 야곱은 조건부로 서원했지만 선하신 하나님은 야곱의 소원을 그대로 이루셨습니다. 그리고나서 야곱은 십일조를 드렸습니다.

그러나 우리는 하나님을 조건부로 의뢰해서는 안됩니다. **우리가 하나님을 섬기고 찬양하는 것은 우리의 하나님이 엘 엘리온의 하나님, 가장 높으신 하나님이기 때문입니다.** 내가 건강하고 자식들이 잘 되었기 때문에 하나님을 찬양하는 것이 아닙니다. 하나님은 지극히 높으신 하나님이시라는 그 사실만으로도 우리에게 경배를 받으시기에 마땅한 분입니다. 결혼을 할 때, 병들 때나 건강할 때나 부할 때나 가난할 때나 아내와 남편으로 섬기겠다고 서약하는 것처럼, 지극히 높으신 하나님을 섬길 때도 병들 때나 건강할 때나 우리의 조건에 상관없이 하나님을 섬겨야 합니다.

이와 같은 신앙을 가지고 있으면 언제든지 하나님께 감사와 영광과 찬양을 돌릴 수 있고 우리는 하나님의 축복을 받을 수 있는 자격이 있는 것입니다. 하나님은 엘 엘리온의 하나님이시기 때문에 우리는 우리의 물질, 시간, 재능, 몸과 마음을 바치는 것입니다. 지극히 높으신 하나님이 우리의 하나님이기 때문입니다.

멜기세덱이 아브라함을 만나 축복한 축복에는 두 가지의 대상이 있습니다.

"그가 아브람에게 축복하여 가로되 천지의 주재시요 지극히 높으신 하나님이여 아브람에게 복을 주옵소서"(14:19).

'천지의 주재'란 하늘과 땅을 완전히 소유하신 하나님이란 뜻입니다. 땅과 하늘이 하나님의 것이요, 우주 만물이 하나님의 것이요, 땅과 그 위에 존재하는 모든 것이 하나님의 것이란 뜻입니다.

신앙생활을 잘 하는 사람들은 신학이 정확합니다. 다른 말로 표현하면, 신론이 정확하고 신관이 정확합니다. 자기 하나님에 대한 견해가 정확합니다.

 우리는 신론을 정확히 공부할 필요가 있습니다. 어떤 하나님이 나의 하나님인지를 알면 신앙생활에 문제가 없어집니다. 하늘과 땅과 모든 것을 소유하신 분이 우리의 하나님입니다. 저 들의 풀과 꽃들과 모든 나무의 소유주가 하나님인 것을 안다면 우리가 먹고 사는 것은 걱정할 필요가 있겠습니까? 진심으로 내 하나님이 어떤 분인지를 믿고 산다면 물질적인 것에 대해서 무엇을 염려하겠습니까?

 "저 들의 풀과 공중의 나는 새를 보라 하물며 너희일까 보냐"고 예수님은 말씀하셨고 또 예수님은 "너희는 무엇을 먹을까 무엇을 마실까 구하지 말고 먼저 하나님의 나라와 그 의를 구하라 그리하면 이 모든 것을 너희에게 더하시리라"라고 말씀하셨습니다. 인생에 대한 염려를 하지 말라고 하셨습니다.

> "그러므로 염려하여 이르기를 무엇을 먹을까 무엇을 마실까 무엇을 입을까 하지 말라 이는 다 이방인의 구하는 것이라 너희 천부께서 이 모든 것이 너희에게 있어야 할 줄을 아시느니라 너희는 먼저 그의 나라와 그의 의를 구하라 그리하면 이 모든 것을 너희에게 더하시리라"(마 6:31-33).

 천지의 주재이신 하나님, 지극히 높으신 엘 엘리온의 하나님을 믿을 때 우리 가슴에는 평화가 있습니다. 그러므로 우리는 평화의 왕이신 예수 그리스도, 의의 왕이신 예수 그리스도, 우리를 위해 자신을 제물로 드리신 예수 그리스도, 영원한 제사장 그분을 섬기며 사는 것을 우리 삶의 최고 목표로 삼아야 합니다.

 한글 개역성경에는 "천지의 주재시요 지극히 높으신 하나님 여호와여 아브라함에게 복을 주옵소서"라고 번역되어 있으나 원문의 뜻은

"천지의 주재시요 지극히 높으신 하나님께 속해 있는 아브라함은 축복을 받을지어다"라는 뜻입니다. 아브라함이 지극히 높으신 하나님께 속해 있다는 것이 본래의 뜻입니다. 한글 개역성경보다는 영문이 정확한 번역을 따르고 있습니다.

"Blessed be Abram of God Most High, Creator of heaven and earth."

"Abram of God"는 하나님에게 속한 아브라함이라는 뜻입니다. 중요한 것은 여러분과 제가 누구에게 속한 것인가 하는 점입니다. 나는 누구인가? 우리는 아브라함과 마찬가지로 지극히 높으신 하나님에게 속했다는 것을 분명히 알고 믿고 살아야 합니다.

우리는 누구에게 속했습니까? 하늘과 땅의 모든 것을 소유한 하나님께 속했습니다. 나의 소속은 하나님입니다. 하나님께 속한 아브라함은 축복을 받을 수밖에 없습니다. 내가 우주를 다스리시는, 지극히 높으신 하나님께 속한 사람인데 어떻게 고개를 떨구고 살 수 있겠습니까? 우리는 하늘과 땅을 소유한 지극히 높으신 하나님께 속한 사람입니다. 멜기세덱이 아브라함을 축복한 그 축복이 우리에게 있습니다.

멜기세덱은 먼저 아브라함을 축복하고 둘째로는 하나님을 축복했습니다.
"너의 대적을 네 손에 붙이신 지극히 높으신 하나님을 찬송할지로다 하매 아브람이 그 얻은 것에서 십분 일을 멜기세덱에게 주었더라"(14:20).

"너의 대적을 네 손에 붙이신 지극히 높으신 하나님을 찬송할지로다." 멜기세덱은 엘 엘리온의 하나님이 찬송을 받으라고 축복했습니다. 멜기세덱이 왜 하나님을 찬송합니까? 지극히 높으신 하나님은 우리의 적을 우리의 손에 붙여줄 수 있는 분이기 때문입니다.

　아브라함의 일생에 아브라함이 다른 사람과 다투는 일은 없었습니다. 아브라함은 평화로운 사람이었습니다. 조카 롯에게도 양보하고 아내 사라가 첩을 얻으라면 얻었던 사람이었습니다. 이렇게 양보심 많고 착한 아브라함이 4개국 연합군과 전쟁을 할 수 있었던 것은 지극히 높으신 하나님을 믿었기 때문입니다. 엘 엘리욘의 하나님에게는 4개국의 연합군도 문제가 없었던 것입니다.
　하나님이 싸워주셔서 아브라함은 전쟁에서 승리하고 돌아왔습니다. 이 승리는 아브라함의 승리가 아니요, 아브라함의 군대의 승리도 아니요, 지극히 높으신 엘 엘리욘 하나님의 승리였습니다. 하나님이 승리자이기 때문에 승리한 것입니다.

　우리 인생의 문제와 인생의 적을 바라볼 때 우리는 벌벌 떨 수밖에 없습니다. 그러나 하나님은 지극히 작은 돌멩이 하나로도 거인을 쓰러뜨릴 수 있는 하나님입니다. 다윗이 골리앗을 쓰러뜨린 것은 다윗이 돌팔매질을 잘한 것이 아니라 하나님이 그 돌을 잘 인도하셔서 단 한 번에 골리앗을 급소를 치게 하신 것이었습니다. 하나님은 얼마든지 우리의 적을 우리의 손에 붙일 수 있는 분이십니다.

　여러분의 적이 무엇인지 저는 알 수 없습니다. 여러분의 문제가 무엇인지 저는 알 수 없습니다. 여러분에게는 분명히 여러분을 실망시키고 낙담시키는 문제들이 있을 것입니다. 그러나 **하나님은 여러분의 모든 문제를 해결할 수 있는 하나님입니다.** 이런 하나님을 섬기는 것을 알 때, 이런 하나님이 우리의 하나님인 것을 알 때 십분의 일을 바치는 것은 당연한 것입니다. 십분의 십을 주신 분이 하나님인데 십분의 일을 드리는 것이 무엇이 문제이겠습니까?
　하나님의 사람들은 어떻게 하나님을 섬겨야 할지를 압니다. 하나님을 섬길 때 우리에게 축복이 있고 하나님은 우리를 통하여 영광을 받으십니다. 우리의 모든 것을 바쳐 지극히 높으신 하나님을 섬기는 성도 여러분들이 되시기를 진심으로 기도합니다.

누구에게 영광을

여러분은 오늘의 여러분이 되기까지 누가 여러분을 돌봐주었습니까? 아마 조상이 여러분을 잘 돌봐주신 분도 있을 것이고 또 학교에 다닐 때에 좋은 선생님을 만나서 그 선생님의 은혜 때문에 삶의 방향이 완전히 바뀐 경우도 있을 것입니다. 아니면 좋은 친구 또는 좋은 선배 때문에 삶이 바뀐 경우도 있을 것입니다.

우리가 오늘의 우리가 된 것은 누구의 덕인가 누구에게 그 마지막 영광이 돌아가야 하는가 심각하게 생각해보아야 합니다. 아마 친척이나 친구의 도움을 크게 받은 경우도 있을 것입니다.

아브라함도 어느 한 사람의 도움을 크게 받을 기회가 있었습니다, 그런데 아브라함은 그 기회를 거절합니다.

"소돔왕이 아브람에게 이르되 사람은 내게 보내고 물품은 네가 취하라"(14:21).

북쪽의 4개국 왕이 남방의 5개국을 점령하여 재물을 빼앗고 롯을 사로잡아 갔을 때 아브라함과 세 부족은 이 막강한 4개국 연합군과 전쟁을 벌이고 승리하여 롯을 구출해 데려왔습니다.

그때 소돔 왕의 말이 "당신이 아니면 모두 포로로 잡혀가고 모든 것을 다 빼앗겼을 텐데 당신이 이 모든 것을 되찾아왔으니 사람은 돌려주시고 전리품은 모두 당신이 가지십시오."라고 했습니다. 그때의 전통은 전쟁에서 이긴 사람이 전리품을 모두 가지는 것이 관례였습니다.

아브라함의 생애에 절호의 기회가 왔습니다. 평생 동안, 대대손손이 먹고 살 만한 재물이 생기게 되었습니다. 우리가 아브라함이었다면 '우리가 주님을 의지하였더니 이런 일이 다 있구나' 하고 "할렐루야!" 찬송하며 재물을 다 갖고 하나님에게 십일조를 바쳤을 것입니다. 그런데 아브라함의 선택은 달랐습니다.

> "아브람이 소돔왕에게 이르되 천지의 주재시요 지극히 높으신 하나님 여호와께 내가 손을 들어 맹세하노니 네 말이 내가 아브람으로 치부케 하였다 할까 하여 네게 속한 것은 무론 한 실이나 신들메라도 내가 취하지 아니하리라"(14:22,23).

이런 어리석은 사람이 어디 있습니까? 승낙하기만 하면 수많은 재물이 굴러들어올 텐데 신발끈 하나라도 갖지 않겠다는 것입니다. 그 이유가 무엇입니까? 만약 아브라함이 그 재물을 받는다면 세상 사람들이 말하기를, "아브라함이 대대손손 부자가 된 것은 소돔 왕 때문이다"라고 평가할 것입니다. 그러나 아브라함은 평생의 영광을 소돔 왕 한 사람에게 돌릴 수 없다는 것입니다.

온갖 어려운 역경을 거치고 주어진 환경을 최대한 활용하여서 얻은 재물에 대해 "하나님 감사합니다" 하는 것은 괜찮습니다. 그러나 소돔이 어떤 도시입니까? 아브라함은 향락과 탐욕의 도시 소돔 왕이 주는 재물은 받지 못하겠다는 것입니다. "모든 영광을 소돔 왕께!" 이것을 못하겠다는 것입니다.

여기서 우리는 아브라함의 모습을 볼 수 있습니다.

첫째/ 아브라함은 독립심이 있는 사람입니다.

남에게 의존하지 않고 또 약삭빠르게 사는 것이 아니라 떳떳하고 당당하게 주님을 바라보고 주님이 주신 은혜의 분량대로 살겠다는 자세입니다.

예수 믿는 사람도 마찬가지입니다. 하나님이 없는 것처럼, 신앙이 없는 것처럼 살지 않습니다. 남편밖에 모르고 살다가 하나님이 남편을 데려가시더라도 '나는 하나님만 의지하고 살 수 있다' 이런 마음이 필요합니다. 독립심을 가지는 것이 필요합니다. 사막 속에 홀로 있다 할지라도 사막을 파서 물을 끌어낼 수 있을 만큼 독립심을 가진 사람을 하나님이 축복하십니다.

둘째/ 아브라함은 천지의 주재이신 하나님을 믿고 의지하고 사는 사람입니다.

22절 말씀에서 아브라함은 "천지의 주재시요 지극히 높으신 하나님 여호와께 내가 손을 들어 맹세하노니"라고 말했습니다. 아브라함은 하나님이 하늘과 땅을 소유하신 분, 하늘과 땅의 주인이 되시는 분이라는 것을 알고 있었습니다. 나의 하나님은 왕 정도가 아니라 만왕의 왕이라는 것입니다.

아브라함은 소돔왕이 소유한 모든 것 심지어 그의 생명까지도 주관하신 하나님인데 사람인 소돔왕에게 영광이 돌아가는 것을 도저히 용납하지 못하겠다는 것입니다. 아브라함은 모든 것을 소유하신 하나님만 의지하고 살겠다는 것입니다. 하나님 한 분과 함께면 모든 것을 하나님께 의지하고 살 수 있다는 것입니다.

여러분 가운데는 아마 북한에서 피난오신 분들도 있을 것입니다. 저도 북한에서 피난왔습니다. 피난민들의 대부분은 아무것도 가진 것 없이 맨손으로 남한으로 내려왔습니다. 하나님은 오로지 하나님만을 의지하는 피난민들을 인도하셔서 남한에서 다들 잘 살 수 있도록 도와주셨습니다.

저도 20여 년 전 미국에 갈 때에 단 50불만을 가지고 갔습니다. 그런데 하나님이 그 위에 축복하시니 그 50불이 얼마나 많은 돈인지, 그 50불을 가지고 26년 동안을 먹고 살았습니다. 먹고 사는 정도가 아니라 자식들을 다 키우고 공부시켰습니다. 그 50불 위에 천지의 주재이신 하나님이 축사하시니까 5,000명을 먹이시던 역사가 제게 나타났습니다.

6.25때 가방 몇 개만 들고 내려온 분들도 그런 축복을 경험하셨을 줄 믿습니다. 믿음이 있는 사람들은 몇 십 년 후의 것까지 내다보면서 '천지의 주재이신 하나님을 소유한 나는 부자구나' 생각합니다.

그래서 아브라함은 "소돔 왕이여 당신의 호의는 감사하지만 나는 실 한 오라기나 신발끈 하나라도 가지지 않겠습니다" 말한 것입니다. 아브라함이 섬기는 하나님은 가장 높으신 하나님. 하나님이 부자로 만들기를 원하시면 언제든지 가능한 분이기 때문입니다. 이스라엘의 역사 가운데 두고두고 아브라함과 이스라엘 민족이 부하게 된 것은 소돔 왕 때문이라고 기록되는 것을 원치 않는 아브라함은 소돔 왕의 호의를 거절했습니다. 아브라함은 왕보다 높은 분, 지극히 높으신 하나님을 믿는 믿음으로 소돔 왕의 재물을 거절했습니다.

셋째/ 아브라함은 같은 실수를 다시 하지 않기 위해 거절한 것입니다.

인간은 누구든지 실수할 수 있습니다. 아브라함도 실수를 했습니다. 하란에서 떠나라는 말씀에 나이 70세에 오직 하나님만을 바라보고 떠났습니다. 그러나 기근이 들자 인간적인 생각과 인간적인 계산을 의지했습니다. 그래서 애굽으로 떠났다가 아름다운 아내 사라에게 아내가 아니라 동생이라고 거짓말을 시켰습니다. 그래서 바로 왕이 사라를 후궁으로 들이려 할 때 하나님께서 바로에게 나타나셔서 막으셨습니다. 그래서 바로가 아브라함을 불러 아브라함의 거짓말에 대해 꾸짖었던 적이 있었습니다.

믿는 사람이 안 믿는 사람에게 거짓말을 하는 것은 하나님의 영광을 가리는 것입니다. 자기의 능력과 자기의 지혜를 의지하려는 사람은 하나님의 영광을 나타내지 못합니다. 바로가 아브라함을 내보낼 때 바로는 아브라함에게 가축과 종들을 주어서 보냈습니다. 이후 아브라함은 바로로 인해 부자가 되었다는 평을 듣게 되었습니다.

그래서 아브라함은 바로 왕의 때를 생각하고 지극히 높으신 하나님만을 바라보기로 작정을 했습니다.

위대한 사람과 그렇지 못한 사람의 차이는 실수를 하느냐 아니냐가 아니라, 실수를 통해 교훈을 배우느냐 아니냐의 차이에 있습니다. 실수를 통해 교훈을 얻지 못하고 회개하지 못하고 변화하지 못하는 사람들은 하나님의 은혜를 받지 못합니다. 누구든지 실수를 할 수는 있습니다. 그러나 반복하는 실수에는 하나님의 은혜가 없습니다.

여러분의 삶에 실수가 있었습니까? 그러나 그 실수 때문에 낙심하지 마십시오. 그리고 첫번째는 실수로 세상에 영광을 돌렸을지라도 두번째는 천지를 창조하시고 천지의 주재가 되시는 지극히 높으신 하나님께 영광을 돌려야 합니다.

그래서 어떤 어려움, 어떤 곤경이 있어도 악착같이 하나님을 붙들며 "하나님께서 나를 부하게 하셨도다, 하나님께서 나를 건강하게 하셨도다, 하나님께서 나에게 평화를 주셨도다, 하나님께서 내 가정을 돌봐주셨도다"는 고백이 나오게 되기를 빕니다. 여러분의 삶이 "먹든지 마시든지 무엇을 하든지 하나님께서 모든 영광을 받으시옵소서"라고 고백하는 삶이 되기를 진심으로 기도합니다.

제 8 장

미래를 향한 예언

"이 후에 여호와의 말씀이 이상 중에 아브람에게 임하여 가라사대 아브람아 두려워 말라 나는 너의 방패요 너의 지극히 큰 상급이니라 아브람이 가로되 주 여호와여 무엇을 내게 주시려나이까 나는 무자하오니 나의 상속자는 이 다메섹 엘리에셀이니이다 아브람이 또 가로되 주께서 내게 씨를 아니 주셨으니 내 집에서 길리운 자가 나의 후사가 될 것이니이다 여호와의 말씀이 그에게 임하여 가라사대 그 사람은 너의 후사가 아니라 네 몸에서 날 자가 네 후사가 되리라 하시고 그를 이끌어 밖으로 나가 가라사대 하늘을 우러러 뭇별을 셀 수 있나 보라 또 그에게 이르시되 네 자손이 이와 같으리라 아브람이 여호와를 믿으니 여호와께서 이를 그의 의로 여기시고 또 그에게 이르시되 나는 이 땅을 네게 주어 업을 삼게 하려고 너를 갈대아 우르에서 이끌어낸 여호와로라 … "(창 15:1-21).

미래를 향한 예언

인정받은 믿음

여러분은 여러분의 삶 속에서 한 번만 눈을 감았더라면 큰돈을 벌 뻔한 기회가 있었습니까? 조금만 악과 타협했더라면, 보통사람들이 그러듯이 조금만 양심을 접어 두었더라면 이 세상에서 존경받고 부귀를 얻고 지위를 얻었을텐데 그러지를 못해서 후회해본 적은 없습니까? 원칙대로 살다가 오해도 받고 손해도 보고 남에게 꾸지람을 들어본 적은 없습니까? 말씀 때문에, 신앙 때문에, 양심 때문에 손해를 본 적은 없습니까?

옳게 살려고 하다가 상처를 입고 낙심한 사람이 있습니까? 예수님의 말씀에 따라 신앙대로 양심대로 살려는 사람들은 가끔 그런 손해를 보기도 합니다.

예수님은 말씀하시기를 "누구든지 이땅에서 의롭게 살려고 하는 자는 핍박을 받으리라"고 하셨습니다. 만약에 여러분이 전혀 환란 없이, 핍박 없이 살았다면 내가 예수 믿는 사람으로서 제대로 살았나 생각해 보아야 합니다.

우리는 인간이기 때문에 '내가 뭐 잘났다고 남보다 얼마나 더 예수 잘 믿는다고 이렇게까지 하고 살아야 되는가' 생각해보기도 합니다. 세상 사람들이 사는 대로 사는 거지 하면서 놓친 보물과 놓친 직장을 후회하고 살았을런지도 모릅니다.

제가 브라질에 갔을 때의 일입니다. 한 이민 교포의 자녀가 의과대학에 진학하기 위하여 시험을 보는데 시험이 마침 주일날 있었습니다. 그래서 그 학생은 부모님과 상의한 뒤 시험을 치루지 않았습니다. 그는 의과대학에 충분히 들어갈 만한 성적을 가진 학생이었습니다. 제가 브라질에 갔을 때 그 부모가 쓰린 가슴을 가지고 저를 찾아왔습니다.

"우리 집 아이가 의과 대학에 충분히 갈 성적인데 시험이 주일이라 포기하고 말았습니다. 그래서 목사님, 정말 우리가 이러려고 브라질까지 왔던가 하는 후회가 듭니다."

시험을 포기해놓고도 후회를 하고 미련을 두는 것입니다. 남처럼 하면 될 것을 예수를 잘 믿겠다고 하다가 그런 후회를 하는 것입니다. 예수를 잘 믿겠다면 우리는 가끔씩 이와 같은 손해를 보기도 하고 후회를 하기도 합니다.

아브라함도 그랬습니다. 눈을 한 번 감았으면 평생을 먹고 살 수 있는 기회를 포기했습니다. 소돔왕이 말하기를 "당신이 전쟁에서 승리해서 백성들을 구했으니 백성들은 돌려주시고 전리품으로 얻은 모든 재물은 다 당신이 가지십시오. 소돔의 모든 재물이 승리자인 당신의 것입니다"라고 말했으나 아브라함은 "아니요, 저는 받지 않겠습니다. 제가 받으면 나중에 '아브라함을 부자 만든 것은 소돔 왕이다' 라는 말을 들을 것입니다. 저는 오직 "하나님만이 영광을 받으시기 원하기 때문에 당신이 주는 것은 실 한 올 신발끈 하나도 받을 수 없습니다" 라고 말했습니다. 하나님의 영광을 위해 아브라함은 모든 재물을 포기한 것입니다.

그리고는 아브라함은 천막에 돌아와 어쩌면 후회를 했을지도 모릅니다. 빼앗는 것도 아니고 주겠다는 것을 거절할 필요까지 있었을까 후회했을 수도 있습니다. 그래서 한 재산 모아서, 요즘 식으로 이야기하면, 좀더 좋은 집도 사고, 차도 사고, 좋은 비디오 카메라도 사고 뭐도 사고 편하게 살 수 있었을 텐데 생각했을지도 모릅니다.

저한테 가끔씩 남편에 대해 하소연하는 분들이 있습니다. 조금만 융통성이 있으면 될 텐데 앞뒤가 꽉 막혀서 매번 손해만 본다고 말입니다. 그럴 때마다 저는
"그 남편 때문에 감사하십시오. 만약 그 남편이 사기나 치고 남에게 손해나 입히는 사람이었으면 좋겠습니까?"라고 물어봅니다.
아브라함이 하나님의 영광을 위해 손해를 보고 신앙의 시험에 합격하고 나니까 하나님께서 아브라함에게 나타나셨습니다.

"이 후에 여호와의 말씀이 이상 중에 아브람에게 임하여 가라사대"(15:1상).

"이 후는" 언제입니까? 14장의 마지막에서 아브라함이 큰 재산을 벌뻔했는데 신앙 때문에 포기한 후입니다. 하나님이 나타나셔서 무엇이라고 말씀하십니까?

"아브람아 두려워 말라 나는 너의 방패요 너의 지극히 큰 상급이니라"(15:1하).

여호와 하나님께서 직접 저에게 나타나셔서 친히 제 이름을 부르고 저를 만나러 오셨다면 얼마나 좋은 일이겠습니까? 저는 날마다 하나님의 음성을 듣고 날마다 하나님을 만나고 싶습니다. 7,80 평생을 사는 동안 한번만 이라도 하나님이 직접 음성을 들려주시면 우리의 인생은 변해버립니다.
하나님은 가끔씩 나타나셔서 그 자녀들의 이름을 불러주셨습니다. "아담아, 네가 어디에 있느냐?" 부르셨고, "사무엘아, 사무엘아" 부르셨습니다. 그런데 창세기 15장 1절에서도 하나님은 아브라함의 이름을 불러주십니다.

"아브람아 두려워 말라."

여러분이 손해를 보면서까지도 신앙적으로, 옳게, 의롭게, 말씀대로 순종하며 살 때 하나님께서는 여러분에게 찾아오십니다. 왜 우리가 하나님을 자주 만나지 못합니까? 우리의 삶이 하나님 앞에 올바르지 못하기 때문입니다.

"마음이 청결한 자는 복이 있나니 저희가 하나님을 볼 것임이요"(마 5:8).

우리의 마음이 청결하지 않고, 우리의 삶이 깨끗하지 않고, 말씀대로 살려는 투쟁이 없으니까 하나님을 만나지 못하는 것입니다.

하나님은 아브라함을 찾아오셔서 "두려워 말라" 하셨습니다. 나이가 백살이 가까워 오고, 의지할 자식도 없어 낙심하고 있는 아브라함에게 하나님은 찾아오신 것입니다. 롯도 자기 좋은 땅을 차지하여 떠나버리고, 아브라함의 낙이라곤 종 가운데에서 그래도 믿음직스러운 다메섹 엘리에셀뿐이라고 생각했습니다. 아브라함은 엘리에셀을 상속자로 삼겠다는 생각으로 위로를 삼고 있었습니다. 그때에 하나님은 아브라함에게 나타나셔서 말씀하셨습니다.

"아브라함아, 네가 내 앞에서 어떻게 살려고 하는지 내가 보았다. 두려워하지 말아라. 내가 너의 방패요 지극히 큰 상급이다."

하나님이 "두려워 말라"고 하시면 아무런 걱정이 없습니다. 하나님께서 책임져주시기 때문입니다. 방패는 싸움에서 적의 공격을 막아내는 도구입니다. 인생은 태어나는 그날부터 죽는 날까지 전쟁의 연속입니다. 어떤 때는 밖에서 나를 공격해옵니다. 환경이 나를 공격해오기도 하고 건강이 나를 공격하기도 합니다. 어떤 때는 가족이 나를 공격해오기도 합니다. 사랑하는 남편이, 아내가 다른 사람보다 더 큰 원수가 되기도 합니다. 막아주는 분이 있으면 괜찮습니다. 방패가 있으면 어떤 공격도 막아낼 수 있습니다.

하나님은 "나는 너의 방패라"고 말씀하십니다. 하나님의 방패가 우리를 감싸고 있을 때 우리는 괜찮습니다. 창이 피해 갑니다. 방패에 맞아도 아무런 문제가 없습니다. 사울 왕이 다윗에게 창을 던졌을 때도 창이 다윗을 피해 갔습니다. 몇 번이나 창으로 다윗을 죽이려 했으나 모두 피해 갔습니다.

하나님이 우리의 방패가 되실 때, 하나님이 나의 도움이 되실 때, 누가 감히 우리를 대적하겠습니까?

여러분도 시험을 당한 적이 있습니까? 억울한 일을 당한 적이 있습니까? 하나님이 우리를 돌보는 방패가 되십니다. 하나님은 말씀하십니다. "내가 너의 지극히 큰 상급이다." 하나님은 의롭게 살려는 사람들이 손해를 보는 일은 절대로 없다고 말씀하십니다. 하나님 자신이 보상이십니다. 그런데 그냥 보상도 아니고 그 앞에 두 개의 형용사가 붙어 있습니다. "지극히" "큰", 그 이상이 없는 큰 보상이란 것입니다.

하나님 없이 양심을 속여가며 의롭지 못하게 얻은 지위와 재산을 큰 것으로 생각하지 마십시오. 하나님보다 더 큰 상급은 없습니다. **하나님이 우리 삶의 축복의 근원이요, 생과 사의 주관자시요, 우리의 행복의 절정입니다.** 하나님 한 분만을 소유하고 있으면 우리의 인생은 아무 걱정이 없습니다. 두려워할 것, 근심할 것, 고민할 것이 없습니다. 아브라함에게 나타난 하나님은 "염려하지 말라, 내가 너의 방패요 지극히 큰 상급"이라고 말씀하십니다. 이와 같은 아브라함의 하나님이 우리의 하나님이십니다.

그러나 아브라함은 하나님께 다른 걱정거리를 말씀드립니다.

> "아브람이 가로되 주 여호와여 무엇을 내게 주시려나이까 나는 무자하오니 나의 상속자는 이 다메섹 엘리에셀이니이다"(15:2).

아브라함은 자식이 없어서 종 가운데 엘리에셀을 상속자로 삼으려 한다고 하나님께 말씀드립니다.

> "아브람이 또 가로되 주께서 내게 씨를 아니 주셨으니 내 집에서 길리운 자가 나의 후사가 될 것이니이다"(15:3).

여기서 "내 집에서 길리운 자"란 "내 집에서 태어난 자"란 뜻입니다. 아브라함이 자기 집에서 태어나 자란 종을 후사를 삼겠다고 생각한 것은 인간의 생각이었습니다. 우리는 인간이기 때문에 인간적으로 생각하고 인간적으로 계획합니다.

그러나 하나님의 생각은 인간의 생각과 다릅니다. 하나님이 아브라함과 말씀하신 것은 한밤중에 아브라함의 어두운 장막 안이었습니다. 하나님은 자식도 없고 늙은 아브라함의 걱정을 아셨습니다. 그래서 하나님은 아브라함을 밖으로 이끌어 내셨습니다.

> "여호와의 말씀이 그에게 임하여 가라사대 그 사람은 너의 후사가 아니라 네 몸에서 날 자가 네 후사가 되리라 하시고"(15:4).

우리는 가끔씩 우리가 들어있는 조그마한 천막을 우주의 전부로 생각합니다. 내가 처한 형편, 내 능력, 내 지혜가 인생의 전부인 줄로 생각합니다. 하나님은 아브라함을 그 어두운 천막에서 밖으로 이끌어 내셨습니다. "아브라함아 그 천막 안에서 어디 하늘이 보이느냐? 그 천막 안에서 별이 보이겠느냐? 그 천막 안에서 우주가 보이고 하나님이 보이겠느냐?" 하시면서 밖으로 끌고 나가셨습니다.

"그를 이끌어 밖으로 나가 가라사대 하늘을 우러러 뭇별을 셀 수 있나 보라 또 그에게 이르시되 네 자손이 이와 같으리라" (15:5).

하나님은 아브라함에게 천막보다 더 큰 우주가 있다는 것을 가르쳐 주시기를 원하셨습니다. 우주보다 더 큰 하나님이 있다는 것을 가르쳐 주시기를 원했습니다. 아브라함은 하늘을 쳐다보았습니다.
"하늘을 우러러 뭇별을 셀 수 있나 보아라"
아브라함은 도저히 셀 수 없다고 말씀드렸습니다. 그러자 하나님은 말씀하십니다.
"저 별들을 모두 내가 만든 것이다. 너는 지금 혼자이지만 네 후손은 저 별들보다도 더 많을 것이다. 걱정하지 말아라."
하나님은 천막 안에만 있지 말고 천막 밖으로 나오라고 말씀하십니다. 인간적인 방식으로 "손해보았다 덕을 보았다"하지 말고 하나님이 살아계신 것을 알라고 하십니다. 지금은 아브라함의 후손이 없는 것 같이 보여도 뭇별처럼 "네 자손이 이와 같으리라"고 말씀하십니다. 아직까지 자식은 없지만 하나님은 약속하십니다. 아브라함이 시험을 통과하자 하나님의 음성이 들리고 희망이 생겼습니다.
아브라함은 "내 손에 붙든 것은 아니지만, 내 귀로 들을 수 있는 것은 아니지만, 내 눈으로 볼 수 있는 것은 아니지만, 내 주여 믿나이다" 믿었습니다. 손해를 본 것 같지만 하나님이 돌보주시리라 믿었듯이 하나님의 약속을 믿었습니다. 그리고 그 믿음을 하나님께 인정받았습니다.

"아브람이 여호와를 믿으니 여호와께서 이를 그의 의로 여기시고"(15:6).

"믿음은 보지 못하는 것들의 증거요 바라는 것의 실상"입니다(히 11:1). 강렬한 믿음에는 강렬한 성취가 있습니다.

아브라함과 같이 의롭게 삽시다. 옳게 살려고 노력합시다. 어떤 때는 양심대로 살아지지 않습니다. 그러나 양심대로 살려고 노력하는 것이 중요합니다. 연약해서 우리가 쓰러질 때 주님께서 나의 형편을 아십니다, 나를 붙들어주십니다.

하나님의 말씀대로 살려고 노력합시다. 주님의 말씀에 순종하려고 노력합시다. 하나님의 백성들이 이렇게 노력하다가 조금 손해를 보는 것 같아도 손해보는 것이 아닙니다. 하나님이 돌봐주십니다.

브라질에서 만난 그 집사님께 저는 말씀드렸습니다.
"집사님, 조금 손해본 것 같으시지요. 그러나 손해본 것이 아닙니다. 하나님은 하나님의 말씀대로 살려는 사람을 반드시 축복해주십니다."
그 집사님이 힘을 얻었습니다.
최근에 그 집사님이 한국에 오셨을 때 여기저기 수소문을 해서 제게 전화를 하셨습니다. 제가 물었습니다.
"요즘 어떠십니까?"
"감사하지요."
"무엇이 감사하신대요?"
그래서 그 집사님은 저에게 그 아들은 어떻게 되었고 딸은 어떻게 되었고, 자세히 설명을 해주셨습니다. 제가 가만히 들어보니까 그 집사님이 그 때 저에게 이야기한 것들이 전부 그대로 이루어졌습니다. 그때는 손해본 것 같았지만 결코 손해를 보지 않았습니다.

하나님은 살아계셔서 여러분의 믿음을 아시고, 여러분의 형편을 아시고, 여러분의 방패가 되어주십니다, 여러분의 보상이 되어주십니다. 필요한 때마다 주님이 나타나주시고 더 큰 축복의 미래를 보여 주십니다. 그리고 그 보여준 미래는 반드시 현실화되어서 하나님이 살아계심을 경험하며 살 수 있습니다.

　이 은혜가 여러분의 삶의 은혜가 되시기를 바랍니다.

미래를 향한 예언

　하나님께서는 우리 시대에 우리 민족을 전세계에 퍼뜨려주셨습니다. 여기에는 하나님의 크신 목적이 있을 줄로 생각합니다.
　우리 시대에 퍼져 있는 미래에 대해 우리는 어떤 꿈을 가지고 있고 하나님은 어떤 계획을 가지고 있다고 생각하십니까? 우리 민족과 후손들, 여러분과 여러분의 가족들, 여러분의 직장과 동료들에게 하나님은 어떤 음성으로 찾아오고 계십니까? 여러분은 나와 내 민족과 내 가족과 내 동료들에 대해서 어떤 음성을 듣고 계십니까? 믿음의 조상 아브라함은 자기와 자기 후손과 자기 민족에 대한 하나님의 음성을 듣고 미래를 향한 큰 희망 속에서 살았습니다.

　어떤 사람들은 한국이 지금은 부유하지만 잘못되면 앞으로 남미와 같이 필리핀과 같이 후진국이 될 가능성이 있다고 비관적으로 미래를 내다 보기도 합니다. 또 그런가 하면 한국 사람들은 앞으로 비약적으로 발전할 가능성이 있다고 보는 사람도 있습니다. 또 현재와 같이 남북이 갈라진 속에서 내외적인 갈등을 가지고 살아갈 것이라고 보는 사람도 있습니다.
　여러분과 저는 하나님의 사람들입니다. 하나님의 사람들에겐 하나님의 음성을 들을 수 있는 귀가 있습니다. 아브라함이 들은 것과 같은 음성을 들을 수 있습니다.
　아브라함은 자기와 자기 가족과 민족에 대해 하나님의 분명한 음성을 듣고 산 사람입니다. 아브라함은 자기 후손들에 대한 고난의 시간이 있을 것이란 말씀도 들었습니다.

"해질 때에 아브람이 깊이 잠든 중에 캄캄함이 임하므로 심히 두려워하더니 여호와께서 아브람에게 이르시되 너는 정녕히 알라 네 자손이 이방에서 객이 되어 그들을 섬기겠고 그들은 사백 년 동안 네 자손을 괴롭게 하리니"(15:12,13).

하나님께서 아브라함에게 나타나셨습니다. 하나님은 하나님을 믿고 하나님을 의뢰하고 구원의 확신을 가지고 사는 하나님의 자녀들에게 시시때때로 나타나 계속해서 대화하며 사십니다. 아브라함이 그런 사람 가운데 하나입니다.

하나님은 하늘 저 높은 곳에 앉아 우리와 아무 상관없는 분이 아니라 자기의 자녀를 찾아오시며 자기의 자녀들과 대화하시는 분이십니다. 삶 속에서 주님과 만나 주님의 음성을 듣고 하나님이 보여주시는 미래 속에서 사는 것이 여러분과 저입니다. 아브라함에게 나타나신 그 하나님은 우리에게도 나타나십니다.

13절에 아브라함에게 나타나셔서 하신 첫마디가 "너는 정녕히 알라"고 하셨습니다. '정녕히'란 '확실하다'는 뜻입니다. 네가 확실히 알아야 할 것이 있다는 말씀입니다.

첫째/ 아브라함의 후손이 이방에 가서 객이 되어 사백 년을 살 것인데 그동안 아브라함의 후손들이 고생을 하게 될 것이라는 것입니다.
아브라함, 이삭, 야곱, 요셉에 이르러 요셉 시대에 요셉의 후손들이 이집트로 이주를 할텐데 이집트에서 그 후손들이 고생을 하게 될 것을 미리 말씀하시는 것입니다.

하나님께서는 자기 백성이 조금 고생할 것을 말씀하십니다. 하나님을 믿는 백성은 전혀 고생이 없고, 슬픔이 없고, 괴로움이 없는가? 그렇지 않습니다. 하나님을 믿는 사람들의 삶 속에도 시련이 있고 고난이 있습니다.

그러나 하나님과 함께 하는 사람들의 시련과 고난 속에는 미래가 있습니다. 하나님이 없는 사람들의 고난은 혼자 당하는 고난이니 얼마나 어렵고 외롭겠습니까? 그러나 여러분과 저는 하나님의 자녀들이요, 하나님이 사랑하는 사람들이기 때문에 어디서 어떤 고난을 당하더라도 하나님이 함께 하시기 때문에 미래가 있습니다.

여러분 가운데에서도 오늘 시련 속에서 사는 분들이 있을 것입니다. 성경 말씀에 보면 그 고난은 잠시 동안이요, 하나님의 음성을 들으며 사는 사람들에게는 반드시 미래가 있을 것입니다.

둘째/ 아브라함에게는 그 고난 속에서도 개인적인 성장이 있을 것이라는 하나님의 음성이 있었습니다.

"그 섬기는 나라를 내가 징치할지며 그 후에 네 자손이 큰 재물을 이끌고 나오리라"(15:14).

하나님의 백성들은 아무리 시련이 많아도, 어떤 고난을 거쳐가도 그 고난을 통해서 반드시 받는 것이 있습니다. 영적으로 더 깊어지고, 지혜가 늘어나고, 하나님이 모든 문제를 해결해주신다는 믿음이 생깁니다. 어려움과 시련을 통해서 영적인 재산이 생기고, 육체의 재산이 생기고, 지혜의 재산이 생기고, 믿음의 재산이 생깁니다. 이것이 예수 믿는 사람의 특징입니다.

하나님께서는 말씀하셨습니다. "너희가 400년 동안 고난을 당할 것이지만 400년 후에는 이 고난을 통해서 계속 개인적으로 발전하고 진전이 있을 것이다." 여러분의 삶 속에 설령 400년 그 이상 장기간 고난이 있을 것 같지만 하나님의 부르심을 입은 사람들에게는 이 모든 것이 합하여 선을 이룰 것을 믿으시기 바랍니다. 믿고 사는 사람들은 성장합니다. 믿고 사는 사람들은 발전합니다. 믿음이 있는 사람에게는 전진이 있습니다.

아브라함에게 하나님은 "네가 이것을 확실히 알라. 네 민족에게 시련이 있을 것이다. 그러나 걱정하지 말라. 그 고난을 통해서 네 민족에게 발전이 있을 것이다"라고 말씀하십니다.

우리 민족도 마찬가지입니다. 우리 민족도 4300년 동안 중국, 일본, 소련과 같은 강대국들에 둘러싸여서 많은 고통을 겪었습니다. 그러나 이 시련을 통해서 우리 민족은 연단된 민족이 된 것입니다. 오늘날 한국이 성장된 것은 오랜 고난을 통해서, 6.25의 시련을 통해서 단련되어 왔기 때문입니다.

우리는 오늘날의 아브라함입니다. 우리들도 아브라함과 같이 시련을 통하여 발전시켜 주시려는 하나님의 계획에 대해 신앙적인 고백을 해야 합니다.

셋째/ 아브라함은 언젠가는 그 고난 속에서 해방될 것을 믿었습니다.

> "너는 장수하다가 평안히 조상에게로 돌아가 장사될 것이요 네 자손은 사대 만에 이 땅으로 돌아오리니 이는 아모리 족속의 죄악이 아직 관영치 아니함이라 하시더니"(15:15,16).

아브라함은 또 하나님의 음성을 들었습니다. 아브라함의 인생은 평화 속에서 살 것이요, 이 땅에서 사는 동안 하나님께서 축복을 주시고 평화를 주실 것이라는 음성을 들었습니다. "너는 장수하다가 평안히 조상에게로 돌아갈 것이라."

우리에게는 미래에 대한 염려, 자식에 대한 염려가 있습니다. 그러나 한 가지 분명한 것은, 하나님이 나에게 주실 평화를 믿어야 합니다. 불안 속에 사는 것이 아니라 하나님께서 참된 평화로 나의 마음과 생각을 지키시고 나의 삶을 인도해주실 것을 믿어야 합니다.

여러분은 하나님께서 사랑하는 사람들입니다. 하나님이 여러분을 사랑하지 않으면 하나님이 누구인지를 보여주시지 않습니다. 여러분이 예수님을 만나고 하나님을 믿게 되었다는 사실은 하나님께서 여러분을 사랑하신다는 증거입니다. 하나님의 음성을 듣고 하나님의 메시지를 들을 수 있는 것도 하나님의 축복입니다. 하나님께서 이끌지 않으면 아무도 하나님께로 나아올 자가 없습니다.

옛날 아브라함을 부르셨던 그 음성으로 하나님은 우리들을 부르셨습니다. **하나님은 우리를 사랑하십니다.** 우리의 생애에 하나님을 알게 하시고 예수님을 믿게 하셨습니다. 하나님께서는 하나님의 자녀에게 네 평생에 하나님의 평화가 함께 하리라고 보장하십니다.

저는 제 자신 뿐만아니라 제 후손들까지도 하나님께서 인도하여 주시리라 믿습니다. 하나님께서는 하나님의 평화를 약속하셨습니다. 아브라함도 하나님께서 그의 삶에 평화를 약속하시는 음성을 들었습니다. 저도 이 음성을 믿습니다. 여러분도 여러분의 삶 속에 하나님의 평화의 삶이 있을 줄 믿으시기 바랍니다.

여러분, 우리 주변에서 비관적인 생각을 하는 사람들을 종종 볼 수 있습니다. 우리 백성이 제대로 되지 않을 것처럼 믿는 사람들이 있습니다. 그러나 이땅에는 하나님을 믿은 기독교인들이 천만이나 있습니다. 천만이나 되는 하나님의 사람들이 나와 우리의 후손과 우리의 미래를 바라볼 때 하나님께서 이 백성에게 통일을 주시며 이 백성을 축복해주실 것을 믿어야 합니다.

다른 어떤 사람이 이 나라에 대해 비관적으로 말하고 희망이 없는 것처럼 살더라도 하나님의 사람들은 하나님의 음성을 듣고 희망을 전하며 살아야 합니다. 왜냐? 우리는 하나님의 백성이기 때문입니다. 하나님을 믿는 사람들 때문에 하나님께서는 이 백성과 이 나라를 축복하십니다.

우리에게 머지 않아 통일이 올 것입니다. 우리 민족이 전 세계 곳곳에 퍼져서 예수 그리스도를 전파하며 위대한 민족으로 공헌하는 날이 올 것입니다. 아브라함이 자기 후손에 대한 소망이 생긴 것처럼, 이 놀라운 미래가 우리의 것임을 믿고, 여러분도 미래를 바라보며 소망 속에 살다가 평화 속에서 하나님께로 돌아가는 백성이 되기를 바랍니다.

넷째/ 하나님의 약속은 확실하게 약속된 축복이었습니다.

"해가 져서 어둘 때에 연기나는 풀무가 보이며 타는 횃불이 쪼갠 고기 사이로 지나더라"(15:17).

하나님께서 아브라함에게 하나님의 음성을 들려주실 때에 그냥 음성만 들려주시지 않고, 아브라함이 바친 번제 위에 나타나셔서 그 쪼갠 번제 사이로 불꽃으로 지나가셨습니다. 하나님께서는 자기 자녀들과 약속하실 때 피로 약속하십니다. 불로 약속하십니다. 하나님의 자녀들의 미래에는 소망이 있고 평화가 있고, 축복이 있다고 확인해주셨습니다. 인간의 약속은 희미하지만 하나님의 약속은 확실합니다. 하나님의 음성을 듣고 나갈 때 이 약속은 실현될 것입니다.

이스라엘 백성은 승리하는 민족이 될 것이라고 하나님은 말씀하셨습니다.

"그 날에 여호와께서 아브람으로 더불어 언약을 세워 가라사대 내가 이 땅을 애굽 강에서부터 그 큰 강 유브라데까지 네 자손에게 주노니"(15:18).

아브라함은 하나님의 평화 속에 살다가 마지막 죽을 때에도 자기 후손이 애굽에서 유브라데에 이르는 넓은 땅에 살면서 모든 민족을 다스리는 민족이 될 것이라는 소망 속에서 죽었습니다. 하나님은 이것을 확실히 믿고 살라고 아브라함에게 말씀하셨습니다.

하나님께서는 여러분과 저를 향해 이땅의 고난을 통해 발전이 있을 것이며, 그 고난에서 해방되는 날이 있을 것이며, 앞으로 우리 백성을 축복하셔서 큰 민족을 이루고 복음으로 세계에 공헌하는 확실한 약속의 음성을 들려주십니다.

이 음성이 저와, 여러분과, 여러분의 가족과, 직장과, 우리 민족을 향한 소망의 음성이 되고 우리가 이 소망 속에 살게 되기를 진심으로 기도합니다.

제 9 장

고통의 씨앗

"아브람의 아내 사래는 생산치 못하였고 그에게 한 여종이 있으니 애굽 사람이요 이름은 하갈이라 사래가 아브람에게 이르되 여호와께서 나의 생산을 허락지 아니하셨으니 원컨대 나의 여종과 동침하라 내가 혹 그로 말미암아 자녀를 얻을까 하노라 하매 아브람이 사래의 말을 들으니라 아브람의 아내 사래가 그 여종 애굽 사람 하갈을 가져 그 남편 아브람에게 첩으로 준 때는 아브람이 가나안 땅에 거한 지 십 년 후이었더라 아브람이 하갈과 동침하였더니 하갈이 잉태하매 그가 자기의 잉태함을 깨닫고 그 여주인을 멸시한지라 사래가 아브람에게 이르되 나의 받는 욕을 당신이 받아야 옳도다 내가 나의 여종을 당신의 품에 두었거늘 그가 자기의 잉태함을 깨닫고 나를 멸시하니 당신과 나 사이에 여호와께서 판단하시기를 원하노라 아브람이 사래에게 이르되 그대의 여종은 그대 수중에 있으니 그대 눈에 보기 좋은 대로 그에게 행하라 하매 사래가 하갈을 학대하였더니 하갈이 사래의 앞에서 도망하였더라…"(창 16:1-16).

고통의 씨앗

창세기 16장을 통해서 우리는 인간의 타락 가능성을 살펴보겠습니다. 인간이 타락하고 멸망하는 데는 별로 시간이 안 걸립니다. 쉽게 타락하고 쉽게 멸망하고 쉽게 하나님을 떠날 수 있습니다. 신앙을 갖게 하고 신앙을 북돋우는 데는 상당한 노력이 들지만 죄를 범하고 하나님을 떠나는 데는 별로 시간이 안 걸립니다.

"너희는 나를 누구라 하느냐"는 예수님의 질문에 "주는 그리스도시요 살아계신 하나님의 아들이니이다"(마 16:16)라는 위대한 고백을 하고도 예수님께서 이제 곧 잡히시고 십자가에 죽으실 것을 말씀하시자 베드로는 절대 그러실 수 없다고 예수님을 말리다가 예수님으로부터 "사단아 네 뒤로 물러가라"는 꾸지람을 들었습니다(마 16:23). 예수님을 그리스도로 고백하는 데는 베드로의 평생이 걸렸지만 "사탄"이라는 말을 듣는 데는 몇 십초 밖에 걸리지 않았습니다. 이것이 인간의 모습입니다.

영적으로 타락하는 데는 시간이 걸리지 않습니다. 건물을 짓는 데는 엄청난 시간이 들지만 부셔버리는 데는 폭탄 하나면 그만입니다. 장관이 되기까지는 일생이 걸렸지만 패가망신하는 데는 하루아침이면 됩니다. 불순종하는 것은 잠깐입니다. 그만큼 인간은 지극히 연약한 존재입니다.

창세기 12장에서 15장에 이르기까지 하나님께서는 아브라함에게 굉장한 약속을 하셨습니다.

"내가 너로 큰 민족을 이루고 네게 복을 주어 네 이름을 창대케 하리니 너는 복의 근원이 될지라"(창 12:1)는 약속을 하셨고 아브라함은 그것을 믿고서 본토 친척 아비 집을 떠났습니다.

13장 15절에 와서도 롯과 헤어진 후 아브라함이 낙심해있을 때 하나님은 "보이는 땅을 내가 너와 네 자손에게 주리니 영원히 이르리라"고 약속하였고 아브라함은 그것을 믿었습니다. 또 다메섹 엘리에셀이 아브라함의 후손이 되리라는 아브라함의 말에 하나님은 아브라함의 몸에서 난 자가 그 후손이 될 것이라고 말씀하셨습니다(15:3).

15장 18절에서 다시 하나님은 약속하셨습니다. "내가 이 땅을 애굽 강에서부터 그 큰 강 유브라데까지 네 자손에게 주노니."

약 십년 사이에 하나님은 네 번이나 아브라함에게 나타나셔서 음성을 들려주시고 약속하셨습니다.

그런데 16장 1절을 보십시오.

"아브람의 아내 사래는 생산치 못하였고 그에게 한 여종이 있으니 애굽 사람이요 그 이름이 하갈이라."

여러분, 이 하갈을 기억하십니까? 하갈은 아브라함이 가나안 땅에 기근이 났을 때 아브라함이 하나님을 의지하지 않고 인간의 지혜에 의지하여 애굽에 갔다가 그의 아내 사라를 여동생이라고 속이고 바로왕에게 혼이 난 뒤 노비와 재물을 얻어나올 때에 그 중에 끼어 있었습니다. 아브라함이 범죄를 하고 그 범죄의 결과로 문제의 근원을 가지고 나온 것입니다.

아브라함이 애굽으로 가지 않았다면, 애굽에 갔더라도 거짓말하고 범죄하지 않았다면 하갈이 따라왔을 리가 없습니다.

"사래가 아브람에게 이르되 여호와께서 나의 임신을 허락지 아니하셨으니 원컨대 나의 여종과 동침하시오 내가 혹 그로 말미암아 자녀를 얻기를 원하오 하매 아브람이 사래의 말을 들으니라"(16:2).

기가 막힌 이야기입니다. 참으로 인간적인 모습, 불신앙적인 모습입니다. 사라가 왜 이랬을까요?
창세기를 살펴보면, 지금까지 하나님이 네 번 말씀하신 것은 모두 아브라함과 말씀하신 것이지 사라와 직접 말씀하신 것이 아니었습니다. 아브라함은 하나님께서 말씀하신 것을 사라에게 전하고 사라를 설득시켜야 했는데 아브라함은 그렇지 못했습니다. 다시 말해서 아브라함이 영적인 리더십을 행사했더라면 이런 일이 일어나지 않았을런지도 모릅니다. "아니오. 지금까지 약속을 믿어왔는데 끝까지 믿읍시다" 했어야지요.

이것을 보면 가정에서 남자의 리더십이 얼마나 중요한가를 알 수 있습니다. 남자가 영적으로 강하지 못하니까 아내가 주님을 믿고 의지하도록 격려하지 못한 것입니다.
강렬한 영적 리더십이 남자를 통해 나타나지 않을 때 아내가 가정의 주도권을 잡게 됩니다. 여기에서 많은 문제가 일어납니다. 아담때도 그랬습니다, 아담이 자기 아내 하와에게 리드를 당하자 범죄하게 되었습니다.
사라의 경우도 마찬가지입니다. 아내가 잘못된 길로 들어설 때 아브라함은 "하나님을 믿고 인내하고 기다리자"라고 해야 할텐데 한마디도 하지 않습니다. 다시 한번 2절을 봅시다.

"아브람이 사래의 말을 들으니라."

얼마나 쉽게 아내의 말을 듣습니까? 영적인 순종과 영적인 노력은 상당한 힘이 들지만 인간적인 방법과 불순종은 아무런 힘도 들지 않습니다. 그냥 흘러가는 데로 이끌려가면 됩니다. 이것이 우리 인간의 고민입니다. 영적으로 하나님을 순종하려고 할 때는 몇 배의 결단과 헌신이 있는 반면 불순종과 타락은 아무런 노력이 필요없습니다.

그래서 우리의 신앙생활에는 좀더 노력이 필요합니다. 열정이 필요합니다. 수고가 필요합니다. 애가 탐이 있어야 합니다. 발버둥이 있어야 합니다. 주님을 전적으로 의지하고 주님의 도우심이 날마다 있기를 간구해야 합니다. 그렇지 않으면 우리도 모르는 사이에 금방 넘어집니다.

남자들은 아브라함의 모습을 보며 각성해야 합니다. 하나님이 우리 가정에 주신 책임이 남자에게 있으므로 '주여 주님께서 저를 남자로 만들어주시고 가장으로 만들어 주셨사오니 제가 가정의 책임를 감당할 수 있도록 도와 주시옵소서'라고 기도해야 합니다.

아브라함은 가정의 리더십을 발휘하는 데 실패했습니다. 사라의 인간적인 방법에 그대로 끌려들어갔습니다. 안타까운 일입니다. 3,4절에 아브라함의 인간적인 모습이 나타납니다.

> "아브람의 아내 사래가 그 여종 애굽 사람 하갈을 가져 그 남편 아브람에게 첩으로 준 때는 아브람이 가나안 땅에 거한 지 십 년 후이었더라 아브람이 하갈과 동침하였더니 하갈이 잉태하매 그가 자기의 잉태함을 깨닫고 그 여주인을 멸시한지라."

아브라함이 하란을 떠날 때 75세였으므로 10년 후인 지금은 85세입니다. 하나님께서는 아브라함이 100세가 되었을 때 이삭을 주십니다. 앞으로 15년 후의 일입니다.

하나님께서 왜 100세에야 아브라함에게 이삭을 허락하였을까요? 아마도 아브라함이 하나님의 말씀을 신뢰하지 못하고 인간적인 방법을 썼기 때문에 하나님께서 실망하시고 기다리게 하신 것이 아닌가 짐작됩니다.

사라가 하갈을 통해 아들을 낳으라고 할 때 아브라함이 "여호와 하나님께서 나에게 아들을 주신다고 약속하셨으니 우리 믿고 기다립시다"라고 사람을 설득시켰더라면 주셨을지도 모릅니다. 하나님은 그날 밤에라도 당장 이삭을 아브라함이 하나님을 믿을 때에 하나님은 그를 의로 여기시고 아브라함을 축복하셨으나 아브라함과 사라가 믿음에 실패함으로써 이삭을 얻을 기회를 놓친 것입니다. 그대신 고통의 씨앗을 잉태한 것입니다.

여기에서 아브라함의 인간적인 모습이 나타납니다. 네 번씩 믿음에 성공했으면서도 다섯 번째에 실패하고 마는 안타까운 모습을 보입니다. 우리들 자신도 아브라함의 모습과 너무나 흡사한 것을 발견하게 됩니다.

이제 손가락을 우리들 자신에게로 돌리고 스스로 반성해보아야 합니다. 우리도 아브라함처럼 믿음에 실패할 수 있습니다. 하나님의 말씀처럼 믿고 순종하면 되는데 잘 나가다가 가끔씩 삼천포로 빠지고 맙니다. 이것이 바로 우리 인간의 연약한 모습입니다.

인간적인 방법과 수단을 사용해서는 도저히 하나님을 기쁘시게 하는 삶을 살 수가 없습니다. **믿음이 없이는 하나님을 기쁘시게 할 수 없습니다.** 날마다 성령님께 의존하고 간구하는 가운데 순간마다 인간적인 방법으로 살지 않도록 해달라고 기도해야 합니다. 우리 믿음의 조상 아브라함도 인간적인 방법을 좇다가 하나님으로부터 의롭다고 인정받았던 믿음에 해를 끼쳤습니다.

4절을 봅시다.

"아브람이 하갈과 동침하였더니 하갈이 잉태하매 그가 자기의 잉태함을 깨닫고 그 여주인을 멸시한지라."

1,2절에는 사라의 인간성, 3절에는 아브라함의 인간성, 4절에는 하갈의 인간성이 드러납니다.

하갈은 종이었습니다. 그때의 종은 요즘과 달라서 완전한 주인의 소유물이었습니다. 그런데 주인인 사라는 아기가 없는데 종인 하갈이 아기를 갖게 되자 하갈은 우쭐해지고 교만해졌습니다. 아마 아브라함도 하갈을 무척 귀여워했던 것 같습니다. 그러자 하갈은 자기 주인인 사라를 멸시하기에 이르렀습니다.

인간은 너무 연약합니다. 자기의 위치를 모릅니다. 종이 자기의 위치를 알지 못하고 금방 교만해집니다. 그러니 날마다 싸움이 날 수 밖에 없는 것입니다. 아브라함과 사라의 불순종이 고통을 낳은 것입니다.

불순종은 고통의 씨앗입니다. 자기를 망치고 가족을 망치고 역사를 망칩니다. 하갈이 잉태했기 때문에 세계의 역사가 바뀌었습니다. 하갈에게서 난 자손이 오늘날의 아랍인들입니다. 아랍인들 때문에 이스라엘 민족이 얼마나 고통을 당하고 있습니까?

5절에 드디어 사라의 분노가 나타납니다.

"사래가 아브람에게 이르되 나의 받는 욕은 당신이 받아야 옳도다"(16:5상).

사라는 아브라함에게 책임을 전가하고 있습니다. 범죄를 하면 책임을 전가하게 되어 있습니다. 아담이 범죄했을 때 아담은 "당신이 나와 함께 하게 한 그 여자" 때문에 책임을 전가했습니다. 하와는 다시 뱀에게로 책임을 전가했습니다. 이것이 범죄한 인간의 모습입니다. 자기가 잘못하고도 야단맞으면 변명합니다.

"내가 나의 여종을 당신의 품에 두었거늘 그가 자기의 잉태함을 깨닫고 나를 멸시하니 당신과 나 사이에 여호와께서 판단하시기를 원하노라"(16:5하).

하갈을 택할 것인지 사라를 택할 것인지 결정을 하라는 것입니다. 하갈이 잉태한 아기도 아브라함의 아이였습니다. 그러니 아브라함이 이러지도 못하고 저러지도 못하고 고민할 수 밖에 없습니다. 인간이 인간적인 방법을 택할 때 나타나는 고통의 열매들입니다. 아브라함은 아브라함대로, 사라는 사라대로, 하갈은 하갈대로, 역사는 역사대로 고생을 합니다. 역사의 많은 문제가 여기에서 비롯되었습니다.

아브라함의 처리방법을 봅시다.

"아브람이 사래에게 이르되 그대의 여종은 그대 수중에 있으니 그대 눈에 보기 좋은 대로 그에게 행하라 하매 사래가 하갈을 학대하였더니 하갈이 사래의 앞에서 도망하였더라"(16:6).

여종 하갈을 사라 마음대로 하라고 내버려 둡니다. 화난 사람보고 마음대로 하라고 하면 어떻게 되겠습니까? 얼마나 하갈을 학대했던지 하갈이 도망을 갔습니다.

요즘도 남편들의 학대로 인해 도망가는 여자들을 가끔 볼 수 있습니다. 여자들이 웬만큼 맞아가지고는 떠나지 않는데, 떠날 정도라면 보통 맞은 것이 아닙니다.

사라는 인간을 학대하는 범죄를 저지르게 됩니다. 화가 났을 때, 속이 상할 때는 마음대로 하게 해서는 안됩니다. 화가 났을 때는 도리어 그 화를 참게 해야 합니다. 믿음에서 떠난 행동은 다른 문제를 일으키고 또다른 문제를 가져오고, 연쇄반응으로 문제를 일으킵니다.

하갈은 마침내 도망을 갑니다. 하갈만 도망간 것이 아니라 뱃속의 아기까지 도망을 간 것입니다. 하나님께 순종하고 의지하지 않으니까 이런 일이 생긴 것입니다. 주님의 지시를 따라 살면 이런 일이 없습니다.

아무리 작은 일도 자기 혼자 인간적인 방법으로 하지 않고 주님의 말씀을 따라 살면 이런 일이 없습니다. 인간적인 방법으로 살아가면 나뿐만 아니라 내 가족과 이웃과 역사를 망치게 됩니다.

인간은 잠깐만에 타락할 수 있습니다. 우리는 인간적인 방법을 의지하는 것이 아니라 주님만 믿고 의지하고 인내하면 반드시 하나님의 축복이 있습니다. 그러므로 우리는 한시도 하나님이 우리를 떠나지 않고, 우리의 마음과 생각을 주관하여 주셔서 하나님의 축복 속에 살도록 인도하여 주시기를 기도해야 합니다.

보고 계시는 하나님

인생을 살면서 말로 표현할 수 없는 고독감을 느낄 때가 종종 있습니다. 고통이 너무 심하고 외로움이 너무 심해서 발버둥치며, 분노를 어떻게 처리할 줄을 몰라서 몸부림을 치며 고생한 기억들이 있는지도 모르겠습니다.

고향을 잃고, 부모를 잃고 종으로 끌려다니면서 원치 않는 가정의 첩 신세가 되고 임신까지 했는데도 학대를 받고 도망갈 수 밖에 없던 비참한 처지에 있었던 한 여인이 있었습니다. 바로 하갈의 모습입니다.

지금까지 우리는 창세기 16장을 아브라함과 사라의 관점에서 살펴보았습니다. 이제는 하갈의 관점에서 살펴보도록 하겠습니다.

하갈의 관점에서 그녀의 모습을 바라보면 얼마나 불쌍한지 모릅니다. 하갈은 아브라함이 범죄로 인해 바로 왕으로부터 재물을 얻어올 때에 종으로 아브라함에게 넘겨졌습니다. 하갈은 처녀의 몸으로 고향을 잃었습니다. 부모와 가족들을 떠나야 했습니다.

한국 사람들은 가족과 고향을 소중하게 생각합니다. 그래서 추석이나 설날 같은 명절에는 고향과 가족을 찾아갑니다. 우리 중에는 이북을 고향으로 둔 분들도 있습니다. 가보고 싶어도 갈 수 없는 고향, 얼마나 안타깝습니까? 고향이란 단어는 참 좋은 단어입니다.

하갈은 고향도 잃고 가족도 잃고 끌려다니는 노예가 되었습니다. 이제는 자유도 없고, 자기 나름의 인생도 없습니다. 왜 이렇게 학대 받고 비인간적인 대우를 받아야 하는지 알 수 없습니다. 임신까지 한 몸으로 학대를 견딜 수 없어 도망을 가게 되었습니다. 아무도 자기의 고통을 알아주지 않고 이해해주지 않습니다.

우리가 하갈은 아니지만 우리도 하갈처럼 남에게 인정을 받지 못할 때가 있습니다. 아무도 나를 알아주지 않고, 아내에게, 남편에게, 자식들에게도 인정을 받지 못하고 천대를 받을 때도 있습니다. 또 직장이나 사회에서, 동료들간에 친척들간에 인정받지 못하고 억울한 일을 당할 때도 있습니다. 삶이 너무 피곤하고 힘이 들어서 어떤 때는 도망을 가거나 죽어버리고 싶을 때도 있습니다.

다윗도 아무도 없는 사막으로 도망가 숨어버리고 싶다고 시편에서 부르짖은 적이 있습니다. 인생이 무의미하게 여기고 모든 것이 실패한 것 같은 때도 있습니다. 하갈의 삶 뿐만 아니라 우리의 삶 가운데에도 그런 때가 있습니다.

하갈은 자기 고향을 향해 도망을 갔습니다. 16장 7절을 봅시다.

"여호와의 사자가 광야의 샘 곁 곧 술 길 샘물에서 그를 만나."

여기서 '술 길'이라는 것은 '슈르(Shur)'라고 하는 광야입니다. 가나안 땅에서 서남쪽으로 애굽을 향해 가는 도중에 있습니다. 하갈은 이 인생의 역경 속에서 하나님을 알지도 못하고, 자기 가족도 없이, 아기까지 임신을 하고서 어디로 갈까 고민을 하다가 부모와 고향이 있는 애굽으로 돌아가려고 도망을 하는 중입니다.

가나안에서 애굽까지는 엄청난 거리입니다. 게다가 그것은 사막길입니다. 죽어도 집에 가서 하갈은 도망하다가 지쳐 슈르라는 광야의 오아시스에 쓰러져 목을 축였습니다. 이 사막길에서 하갈은 죽을지도 몰랐습니다. 그러나 하갈은 더이상 학대를 받기보다는 고향으로 가다가 죽는 것이 낫다고 생각하고 도망을 가는 중인 것입니다.

여러분들을 이런 배반과 고통과 멸시를 당하지 않기를 바랍니다. 그러나 인생을 사는 가운데 우리는, 건강 때문에 자식들 때문에, '이 우주에는 나 혼자 밖에 없구나' 하고 오해와 분노와 실망 속에서 지내는 삶이 가끔 있습니다.

그러나 여기서 우리가 기억할 것은 아브라함의 하나님, 사라의 하나님은 고난 속에 천대받는 하갈의 하나님이기도 하다는 것입니다. 하갈의 하나님은 방황하고 있는 자를 찾아오시는 하나님이십니다. 우리가 하나님을 찾듯이, 하나님 역시 우리를 찾아오시는 하나님이십니다. 여러분이 어디 있든지 혼자서 외로워하고 혼자서 방황할 때도 찾아오시는 하나님입니다. "술 길 샘물 곁에서 그를 만나" 주시는 하나님입니다. 여기서 하갈을 우리말로는 '만났다'고 되어 있지만 영어로는 "The Angel of the LORD found Hagar"로 하갈을 '찾아오셨다'고 번역되어 있습니다.

하나님은 우리가 방황할 때 결코 혼자 내버려 두시지 않습니다. 인생의 고난과 역경을 당하는 사람들에게 친히 찾아오시는 하나님입니다. 눈을 들어 우리의 삶 가운데 찾아오시는 하나님, 하갈의 하나님을 만나야 합니다.

"가로되 사래의 여종 하갈이 네가 어디서 왔으며 어디로 가느냐 그가 가로되 나는 나의 여주인 사래를 피하여 도망하나이다"(16:8).

하갈은 사라를 피하고 있었습니다. 우리에게도 도망가고 싶은 사람들, 도망가고 싶은 환경들이 있을 수 있습니다. 그러나 도망을 감으로써 인생을 해결할 수 없습니다.

"여호와의 사자가 그에게 이르되 네 여주인에게로 돌아가서 그 수하에 복종하라"(16:9).

때때로 인생이 어려울 때 우리는 도망가고 싶습니다. 예를 들어 입학시험이 어렵다든지 사업이 힘겹다든지 아니면 시어머니와의 관계가 힘들때는 도망가고 싶고 잊어버리고 싶습니다. 그러나 하나님이 축복하시는 사람들은 도피하는 사람들이 아니고 정면으로 부딪치는 사람들입니다. 내가 맡은 책임, 내 삶, 내 직장과 내 가정 속에서 우리는 도피만 할 것이 아니라 하나님의 도움을 받아 정면으로 돌파해야 합니다. 전진해야 합니다.

믿는 사람의 길은 전진 밖에 없습니다. 후퇴의 길도 없고 피하는 길도 없습니다. 피하고 도피한다고 해결될 수 있는 것은 아무 것도 없습니다. 어려운 환경이지만 하나님은 우리에게 "돌아가서 그 수하에 복종하라" 말씀하십니다. 그래서 그 환경과 싸워서 이기라고 말씀하십니다. 이러한 하나님의 음성을 듣고 자기의 직장으로, 가정으로, 자기가 책임맡은 곳으로 돌아가 자기의 최선을 다하는 사람들에게 하나님의 은혜가 있습니다.

고등학교 2학년, 3학년처럼 입시를 준비하는 사람들은 얼마나 힘이 들겠습니까? 이렇게 힘든 고비에 있는 사람들은 명심해야 할 것이 있습니다. 인생은 머리가 좋은 사람들이 성공하는 것이 아니라 어려운 환경 속에서도 10년, 20년 노력하고 공부하는 사람들이 성공을 하게 된다는 사실입니다. 대학에 입학했다고 인생에 성공하는 것도 아니요, 한번 대학에 떨어졌다고 인생에 실패하는 것도 아닙니다. 견딜 수 없는 일들을 감당하면서 하나님을 바라보며 한 장 한 장의 벽돌을 쌓듯 인생을 건설해야 합니다.

어느날 제가 가르치는 학교의 학생 한 사람이 저를 찾아왔습니다.
"목사님, 마음이 잡히지 않아서 공부가 안됩니다. 제가 미래에 무엇을 하며 살아야 할지도 모르겠고, 장차 어떻게 살아야 할지도 모르겠습니다."
그래서 제가 대답했습니다.
"장래에 대해서 걱정하지 말고 오늘 해야 할 과제부터 해오십시오."
오늘 과제하는 것이, 오늘 한 장의 벽돌이 나중에 큰 집을 이룰 것입니다. 오늘 당장 해야 할 과제를 준비하지도 않으면서 미래만 걱정한다는 것은 참으로 어리석은 행동입니다.

하나님은 찾아오시는 하나님만이 아니라 우리의 신음과 고통을 들으시는 분입니다.

"여호와의 사자가 또 그에게 이르되 내가 네 자손으로 크게 번성하여 그 수가 많아 셀 수 없게 하리라"(16:10).

아브라함에게 주셨던 것과 똑같은 축복을 하갈에게도 주셨습니다. 우리 하나님은 아브라함의 하나님만이 아니요, 이삭의 하나님만이 아니요, 야곱의 하나님만이 아니요 하갈의 하나님입니다. **우리 하나님은 고통 속에 신음하는 사람들, 멸시를 당하는 사람들, 천대를 받는 사람들, 실패한 자들의 하나님이십니다. 고통에서, 실패에서 일으켜주시는 하나님입니다.**

"여호와의 사자가 또 그에게 이르되 네가 잉태하였은즉 아들을 낳으리니 그 이름을 이스마엘이라 하라 이는 여호와께서 네 고통을 들으셨음이라"(16:11).

'이스마엘'이란 말은 '하나님이 들으신다' '들으시는 하나님'이란 뜻입니다. 우리는 이스마엘에 대해서 좋지 않은 면들을 많이 생각하지만 그러나 그의 이름에서 고통 속에서 신음하는 하갈의 음성을 들으시는 하나님을 기억해야 합니다. 우리가 어려울 때에, 학대받을 때에, 실패했을 그 순간에 하갈을 찾아오신 그 하나님을 생각하시기 바랍니다.

아무도 모르는 눈물, 아무도 모르는 한숨의 소리를 우리의 하나님은 들으십니다. 우리를 찾아오시는 하나님은 우리의 고통의 소리를 들으시고 우리의 뼈 속에 사무친 한을 들으십니다.

희망이 없다고 생각하지 마십시오. 도피함으로 인생을 해결하려고 생각하지 마십시오. 우리의 음성을 들으시는 하나님이 계십니다. 하나님께서는 미래를 보여주시고, 앞을 내다보게 하시고, 삶의 의미를 주시고, 미래의 축복을 약속하십니다.

그뿐 아니라 **하갈의 하나님은 우리를 감찰하시는 하나님입니다.** 13절을 봅시다.

"하갈이 자기에게 이르신 여호와의 이름을 감찰하시는 하나님이라 하였으니 이는 내가 어떻게 여기서 나를 감찰하시는 하나님을 뵈었는고 함이라."

'감찰하시는 하나님'을 정확하게 번역하면 '나를 바라보시는 하나님'이란 뜻입니다. 하갈은 홀로 고통을 당하고 홀로 있는 것 같았지만 하나님은 하갈의 삶을 일일이 바라보고 계시는 하나님이었다는 하갈의 믿음이 그 고백 속에 있습니다.

여러분은 여러분의 형편과 처지를 아무도 모른다고 생각하십니까? 내 남편은, 내 아내는 나를 이해하지 못한다고 생각하십니까? 아무도 내 고통을 보지 못한다고 생각하십니까? 하갈의 하나님은 지금 이 시간도 우리의 하나님이십니다.

하나님은 우리의 형편을 아십니다. 나의 아내는 알지 못해도, 남편은 알지 못해도, 친구는 알지 못해도 하나님은 우리의 모습을 구석구석 보시며 감찰하고 계십니다. 이런 하나님을 바라보시기 바랍니다. 그분의 음성을 들으시기 바랍니다. 그 하나님을 만나시기 바랍니다.

하갈의 하나님은 친히 만나뵐 수 있는 하나님입니다. 13절 후반절을 봅시다.

"이는 내가 어떻게 여기서 나를 감찰하시는 하나님을 뵈었는고 함이라."

하갈은 "광야의 샘물 곁에서 어떻게 하나님을 만나게 되었는가?" 하고 말하고 있습니다. 아브라함의 하나님, 하갈의 하나님, 우리의 하나님은 사막의 샘물 곁에서, 우리가 홀로 있는 골방 등 어디에 있든지 우리를 찾아오시는 하나님입니다. 이 순간에도 하나님은 우리에게 음성을 들려주시고 친히 찾아오셔서 우리를 일대일로 인격적으로 만나기를 원하십니다.

하갈을 사랑하시는 그 하나님은 여러분이 이 글을 읽고 있는 이 시간에도 여러분을 사랑하십니다. 이런 하나님을 하갈이 만났을 때 하갈에게는 새로운 삶이 전개되었습니다. 새로운 힘이 생겼습니다.

하갈이 만났던 이 하나님을 우리가 만나면 우리도 우리가 떠나려고 했던 그 곳으로 다시 돌아가 하나님이 들려주시는 그 음성을 듣고 미래를 향하여 다시 출발할 수 있습니다.

마지막으로 14절을 봅시다.

"그러므로 그 샘을 브엘라해로이라 불렀으며 그것이 가데스와 베렛 사이에 있더라."

'브엘라해로이'란 뜻은 '살아계셔서 보고 계시는 하나님의 샘물'이란 뜻입니다. 하나님은 살아계셔서 위로의 눈길로, 희망의 눈길로 우리를 바라보고 계시는 하나님의 샘물이란 것입니다. 그 샘물에서 우리는 시원한 영적인 생명수를 마실 수가 있습니다.

이 샘물로 오십시오. 여러분을 찾고 계시는 하나님을 만나십시오 여러분에게 들려주시는 그 음성을 들으십시오. 보고 계시는 그분의 눈길과 마주치십시오. 이 샘물에서 만날 수 있는 하나님의 얼굴을 바라보십시오.

하갈의 하나님은 우리의 하나님이시요, 우리의 미래를 인도하시는 하나님이십니다. 그 하나님을 만나시기 바랍니다.

제 10 장

엘 샤다이 하나님

"아브람의 구십 구 세 때에 여호와께서 아브람에게 나타나서 그에게 이르시되 나는 전능한 하나님이라 너는 내 앞에서 행하여 완전하라 내가 네 언약을 나와 너 사이에 세워 너로 심히 번성케 하리라 하시니 아브람이 엎드린대 하나님이 또 그에게 일러 가라사대 내가 너와 내 언약을 세우니 너는 열국의 아비가 될지라 이제 후로는 네 이름을 아브람이라 하지 아니하고 아브라함이라 하리니 이는 내가 너로 열국의 아비가 되게 함이니라 내가 너로 심히 번성케 하리니 나라들이 네게로 좇아 일어나며 열왕이 네게로 좇아 나리라 내가 내 언약을 나와 너와 네 대대 후손의 사이에 세워서 영원한 언약을 삼고 너와 네 후손의 하나님이 되리라 내가 너와 네 후손에게 너의 우거하는 이 땅 곧 가나안 일경을 주어 영원한 기업이 되게 하고 나는 그들의 하나님이 되리라"(창 17:1-8).

엘 샤다이 하나님

우리는 가끔씩 자기 자신에 대해서 실망할 때가 있습니다. 나의 모습을 보고 실망하고, 내가 저질러놓은 일들을 보고 실망하고, 뿐만아니라 내가 낳아놓은 자식들을 보고 실망을 할 때도 있습니다.

바로 이런 심정이 창세기 17장에 나타난 아브라함의 심정입니다.

16장에서의 아브라함의 모습은 실망스러운 모습이었습니다. 한 가정의 가장으로서 신앙적인 판단을 내리지 않고 그는 사라의 잔꾀에 말려들어 여종 하갈을 통해서 약속의 자식이 아닌 엉뚱한 이스마엘을 낳았습니다. 이 아들은 '사나운 들나귀 같은' 아들이었습니다.

이제 이 아들을 낳은 지 13년이 지났습니다. 이스마엘을 낳았을 때 아브라함은 팔십육 세였는데, 17장 1절에 보면 어느새 세월이 흘러 이스마엘이 13세가 되었습니다.

아브라함은 13년 동안의 자기 생애를 돌이켜보며 '내 생애가 왜 이렇게 되었는가?' 생각하고 있었습니다. 수십년 전 갈대아 우르에서 처음 여호와 하나님을 만났을 때 가나안 땅과 약속의 자식을 주겠다는 하나님의 음성을 듣고 믿음으로 출발한 내 인생이 이제 와서 약속의 아들은 낳지도 못하고 13년 동안 말 안 듣는 사나운 아들을 볼 때마다 자기의 실수를 생각했을 것입니다.

여러분과 저 자신도 마찬가지로, 우리는 우리 자신에 대해서 실망할 때가 있습니다. 우리의 약점 때문에, 우리의 부족함 때문에, 자식 때문에 고통을 느끼며 눈물을 흘리며 실망 속에 빠질 때가 있습니다.

13년 동안 하나님은 한번도 아브라함에게 나타나지 않았습니다. 아브라함은 '이제는 하나님께서 나를 버리셨나' 보다 생각했을지도 모릅니다.
이렇게 나의 부족과 실수 때문에, 나의 유한성 때문에 좌절과 낙담과 실망이 나타날 수 있습니다. 여러분 가운데에도 여러분 자신이나 가족 때문에, 환경 때문에 쓰라린 가슴을 가지고 있는 분도 있을 것입니다. 그러나 하나님은 믿는 자녀들이 하나님을 의식하고 잊지 않는 그 순간에도 바라보고 계시며 인도해 주십니다.

우리의 하나님은 나의 부족에도 불구하고, 나의 실수에도 불구하고, 나의 범죄에도 불구하고 내가 필요한 때 언제나 나타나 주셔서 우리를 새롭게 해 주십니다. 그래서 우리에게 용기를 주시고, 희망을 주시며, 미래를 보여주시고, 축복을 보여주시며, 우리에게 영원한 기업과 영원한 축복이 있다는 것을 새롭게 해주십니다.
혹시 여러분 가운데 자기 자신에 대한 쓰라림과 환경에 대한 실망을 가지고 계신 분이 계시면 아브라함에게 나타나주신 그 하나님께서 여러분의 삶 가운데에서도 나타나 주시기를 바랍니다.

> "아브람의 구십 구 세 때에 여호와께서 아브람에게 나타나서 그에게 이르시되 나는 전능한 하나님이라 너는 내 앞에서 행하여 완전하라"(17:1).

하나님께서 아브라함에게 마지막으로 나타나신 것이 앞서 말한 바와 같이 벌써 13년 전이었습니다. 그 하나님이 이제 나타나 말씀하십니다. "그에게 이르시되 나는 전능한 하나님이라."
우리가 연약할 때, 우리에게 약점이 있을 때, 우리의 실수로 우리가 좌절하고 고통을 느낄 때 우리에게는 들어야 할 음성이 있습니다. 나는 비록 부족하여도 내가 믿는 하나님은 전능하신 하나님이십니다.

17장 1절의 '전능하신 하나님'은 히브리어로 '엘 샤다이(El Shaddai)'입니다. '엘'은 '하나님'이란 뜻이고, '샤다이'는 '전능자, 모든 것을 할 수 있는 분'이란 뜻입니다.

하나님이 창세기 17장을 통하여 우리에게 들려주시고자 하는 것은 하나님은 전능하신 하나님이란 것입니다. 하나님은 우리와 같이 연약한 분이 아닙니다. 하나님은 실수하시는 분이 아닙니다. 우리가 경배하며 찬양하는 하나님은 '엘 샤다이'의 하나님입니다.

이 하나님 때문에 우리가 연약할 때에도, 우리가 실수하여 절망을 느낄 때에도 우리에게는 희망이 있고 우리에게는 가능성이 있는 것입니다. '엘 샤다이'의 하나님은 모든 것을 할 수 있고 모든 것을 이룰 수 있고, 우리의 부족에도 불구하고 축복하실 수 있는 하나님입니다.

여러분과 저는 우리의 부족한 모습 앞에서 살 것이 아니라, 나에게 실망을 주는 내 가족 앞에 살 것이 아니라, 그 환경에서 눈을 떼어서 전능자 하나님에게로 돌려서 그분 앞에서 살아야 합니다.

"너는 내 앞에서 행하여 완전하라."

하나님 앞에서 성숙하게 살아야 한다는 음성을 들었습니다. 다른 것을 보고 살 것이 아니라, 환경이나 여건을 보고 살 것이 아니라, 자기 자신이나 다른 사람들을 보고 살 것이 아니라 '하나님 앞에서' 살라고 하십니다. 왜냐하면 엘 샤다이 하나님 앞에는 희망이 있기 때문입니다. **하나님에게는 능력이 있고, 미래가 있고, 축복이 있습니다.** 그래서 우리는 현실을 보고 살 것이 아니라 우리의 희망인 하나님을 보고 살아야 합니다.

어떤 때는 인간을 바라보면 의롭게 살고 싶지 않고 싸우고 싶고 저주하고 싶어집니다. 환경과 여건을 바라볼 때는 우리의 마음 속에 불평이 납니다. 그러나 엘 샤다이 하나님을 바라보면 하나님은 나의 약점에도 불구하고 그 약점을 들어서 영광을 가져올 수 있는 분이심을 믿고 사시기 바랍니다. 그 하나님 앞에서 사시는 여러분이 되시기 바랍니다.

엘 샤다이 하나님이 아브라함에게 나타나셔서 약속해주십니다.

> "너는 내 앞에서 행하여 완전하라 내가 네 언약을 나와 너 사이에 세워 너로 심히 번성케 하리라"(17:2).

하나님은 아브라함과 그의 후손을 축복하겠다고 말씀하십니다. 그러나 아브라함이 99세가 되도록 아직도 약속의 자식이 없었습니다. 겨우 자의로 이스마엘 하나를 낳았습니다. 이때 이스마엘의 나이가 열세 살이었습니다.

열세 살이란 나이가 재미있습니다. 열한두 살까지는 아이들이 착합니다. 그런데 열세 살부터 보통 고집이 세지고 말을 잘 듣지 않습니다. 사춘기가 시작되어 감정의 기복이 심하고 자기의 주장과 가치관이 형성되기 시작하는 때입니다. 그래서 열세 살 정도부터 시작해서 스무 살 정도 가치관이 형성될 때까지 부모는 자식 때문에 마음을 졸이고 고민을 하게 됩니다. 10대의 아이들은 이스마엘처럼 어느 정도 문제아 같은 면을 가지게 마련입니다. 감성이 예민해지고 자기 주관이 생겨야 할 나이에 아무런 문제를 일으키지 않는 아이라면 그 아이가 오히려 문제아일 수도 있습니다.

우리는 우리의 자식을 보면서 실망할 수도 있고, 부모로서의 나의 모습을 보면서 실망할 수도 있고, 우리의 여건을 보고 실망할 수도 있습니다. 그러나 엘 샤다이 하나님, 모든 것을 변하여 선을 이룰 수 있는 능력자 하나님이 계심을 아시기 바랍니다. 여기에 우리의 희망이 있습니다. 당장은 희망이 없는 것 같아도, 당장은 어려운 것 같아도 아브라함처럼 "내가 네 자손을 축복하리라"는 하나님의 음성을 듣고 또 그것을 믿으며 살아야 합니다.

어떤 때 우리의 자녀를 보면 위험천만할 때도 있습니다. 저는 아들을 길러보지 않아서 모르겠습니다만, 딸도 위험천만합니다. 10대의 딸을 둔 부모에게는 때때로 견딜 수 없는 근심과 고통이 있습니다. 그러나 우리가 명심해야 할 것은 나를 사랑하시고 영원히 나를 인도하시는 엘 샤다이 하나님이 나의 하나님이요, 내 자식의 하나님이요, 내 후손의 하나님이란 사실을 믿는 것입니다.

때때로 하나님은 보이지 않고 느껴지지 않을 수도 있습니다. 그러나 우리는 눈 앞에 있는 이스마엘을 보고 사는 것이 아니라 오직 하나님만 믿고 살 때에 우리 후손에게도 하나님의 축복이 있다는 것을 여러분은 믿으시기를 바랍니다. 환경이 좋지 않을지라도, 내가 부족하더라도, 우리의 아이들에게 어떤 문제가 있더라도, '나는 엘 샤다이의 하나님, 전능하신 하나님을 믿습니다. 3,4대 뿐만이 아니라 하나님을 경외하는 자에게 수천 대의 후손을 축복하실 줄을 믿습니다' 이런 믿음으로 우리의 환경을 바라보고, 우리 자신을 바라보고, 자식들을 바라보아야 합니다.

제가 바로 며칠 전 어느 중학생의 이야기를 들었습니다. 그 중학생이 반항을 시작했습니다. 그렇게 착한 아이였던 그 아이가 왜 반항적이 되었는지를 알아보았더니 선생님이 그 아이를 보고 "너는 나쁜 놈이다"라고 했다는 것입니다. 장난을 조금 쳤다고 해서 선생님이 던진 그 한 마디가 아이에게는 충격이 되었던 것입니다. 그때부터 반항이 시작되었습니다. '내가 얼마나 나쁜 아이인가를 보여주겠다'는 것입니다.

여러분, 우리는 절대로 우리의 자녀들을 그렇게 보아서는 안됩니다.

아무리 나쁜 아이라도 '네가 지금은 조금 반항을 하고, 지금은 조금 문제를 일으켜도, 하나님이 네 하나님이 되시는데 너는 절대로 그렇게 될 수 없다. 하나님께서 후손들 3,4대뿐만 아니라 수천 대까지 축복하시겠다고 했으니 하나님은 너를 축복하고 말 것이다' 이렇게 생각해야 합니다.

여러분의 자녀가 대학에 떨어질 수도 있습니다. 그러나 내 자식이 대학에 못 갈지라도 하나님은 다른 방법으로 이 아이를 들어 쓰실 것입니다.

아브라함이 들은 음성이 그것이었습니다.

"나는 전능자 하나님(엘 샤다이)이라 너는 내 앞에서 행하여 완전하라."

하나님은 전능하신 하나님 앞에서 우리가 온전하게 살라고 하십니다. 우리는 어려움 속에서도 하나님 앞에서 하나님을 의지하고 의롭게 살아야 합니다. 그뿐 아니라 아브라함은 자기의 후손이 큰 민족을 이루리라는 축복을 받았습니다.

"내가 너와 내 언약을 세우니 너는 열국의 아비가 될지라" (17:4).

아브라함이 많은 나라의 조상이 될 것이라고 하셨습니다. 아브라함은 13년 전 사라의 말을 듣고 이스마엘을 낳았습니다. 아브라함에게는 망나니 같은 아들 이스마엘에 대한 소망이 없었습니다. 그러나 하나님께서는 아브라함의 의로움 때문이 아니라 하나님의 언약 때문에 아브라함이 많은 민족의 조상이 될 것이라고 말씀하여 주셨습니다.

여러분은 여러분 자신을 어떻게 보십니까? 여러분은 여러분 자신에 대한 만족감을 가지고 있습니까? 여러분은 자신에 대한 희망, 자신에 대한 가치와 긍지를 인정하고 삽니까? 아니면 그저 자식들 몇 키우고 7,80까지 살다 죽는 게 인생의 전부라고 생각하십니까?

아닙니다. 여러분은 엘 샤다이 하나님을 믿고 그분과 언약을 맺고 사는 사람입니다. 여러분 자신이 이땅에서 하나님의 음성을 듣고 엘 샤다이의 하나님을 만났기 때문에 아브라함과 같은 위대한 믿음의 조상이 될 것을 여러분은 믿으시기 바랍니다. 여러분이 예수 그리스도를 믿고 의지하는 그 순간부터 여러분과 여러분 자손들이 엘 샤다이 하나님으로부터 축복을 받으며 살게 됩니다.

나는 실수도 하고, 부족하고, 나는 잘못을 저지를 수 밖에 없는 인간이지만 그러나 나를 긍휼히 보시고 나에게 새롭게 약속하시는 하나님께서 "너는 위대한 민족의 조상이 되리라" 말씀하시는 음성을 들으시기 바랍니다. 그리고 '나는 부족하지만, 엘 샤다이의 하나님이여, 나에게 은혜를 주옵소서' 라고 기도하십시오.

우리는 할 수 없는 일을 하나님은 하실 수 있습니다. 우리는 무능하지만 하나님은 능력이 있으십니다. 이 엘 샤다이 하나님이 바로 나의 하나님이요 여러분의 하나님이십니다.

아브라함은 또 자기를 새롭게 해주시겠다는 하나님의 음성을 들었습니다.

>"이제 후로는 네 이름을 아브람이라 하지 아니하고 아브라함이라 하리니 이는 내가 너로 열국의 아비가 되게 함이니라"(17:5).

'아브람'은 '존경받는 아버지, 높이 들리움을 받은 아버지'라는 뜻입니다. '아브라함'은 '많은 나라의 조상(father of many nations)'이라는 뜻입니다.

성경에는 하나님께서 사람들의 이름을 새롭게 지어주신 경우가 가끔 있습니다. 아브람은 아브라함이 됐고, 사래는 사라가 됐고, 야곱은 이스라엘이 되었습니다. 게바는 베드로가 되었고, 사울은 바울이 되었습니다. 이름이 바뀔 때마다 새 사람으로 변화되었습니다. 새로운 삶이 전개되었습니다. 새로운 역사가 나타났습니다.

여러분 중의 어떤 분은 처음부터 예수님을 믿는 분이 아니었을 것입니다. 그러나 "영접하는 자 곧 그 이름을 믿는 자에게는 하나님의 자녀가 되는 특권을 주셨으니"라는 말씀처럼 여러분이 하나님의 자녀가 되었을 때 여러분은 이미 새 사람이 되었습니다.

또, 믿는 사람으로 살아오긴 했지만 하나님 앞에 헌신하지 않고, 하나님을 전적으로 신뢰하지 않고 내 마음대로 내 방법대로 살다가 엘 샤다이의 하나님을 만나는 그 날, 여러분의 삶에 변화가 나타납니다. 무엇이든지 하실 수 있는 하나님, 무엇이든지 변화시킬 수 있는 하나님 그분을 만나는 그 순간부터 새롭게 삶이 변화됩니다. **우리 믿는 사람에게는 언제나 새로운 삶이 있습니다.**

지금까지 여러분이 여러분의 죄성에 따라 육적으로 살고, 세상적으로 살고, 내 마음대로 살아온 삶 때문에 여러분의 인생이 피곤했다면 지금 주님 앞으로 나아가십시오. 나아가 주님의 음성을 듣고 엘 샤다이 하나님을 만나 새롭게 변화되는 놀라운 축복의 삶을 사십시오.

"하나님이여, 지금까지 내가 '아브람'처럼 살았는데 엘 샤다이 하나님이여, 나를 변화시켜 주셔서 '아브라함'과 같이 새로운 사람으로 만들어 주시고 새로운 삶을 살게 하여 주옵소서. 모든 것을 새롭게 살 수 있도록 미래를 바라볼 수 있는 사람으로 만들어 주옵소서. 능력자 하나님을 체험하며 살게 하여 주옵소서"라고 기도하십시오. 하나님은 여러분에게 새로운 삶을 주실 수 있는 전능하신 분입니다.

아브라함은 또 다른 음성을 들었습니다. 아브라함의 후손 중에서 많은 훌륭한 지도자들이 나오리라는 하나님의 음성을 들었습니다.

"내가 너로 심히 번성케 하리니 나라들이 네게로 좇아 일어나며 열왕이 네게로 좇아 나리라"(17:6).

하나님이 들어서 쓰실 위대한 왕들이 아브라함의 후손 가운데 나타나리라는 음성을 아브라함은 들었습니다.

우리의 미래는 모든 것을 변화시킬 수 있는 가능성과 권능을 가진 하나님께 있습니다. 하나님은 힘이 있는 하나님입니다. 약한 자들을 들어서 강한 자들을 부끄럽게 만들 수 있는 하나님입니다. 그렇기 때문에 우리는 우리와 우리의 자손들을 생각할 때 아브라함이 엘 샤다이 하나님의 음성을 들은 것처럼 우리의 귀에도 하나님의 음성을 들을 수 있어야 합니다.

엘 샤다이 하나님이 우리의 하나님이시기 때문에 하나님은 반드시 우리와 우리의 후손들을 축복하십니다. 그러므로 우리가 우리 자손들을 바라보는 눈부터 바꾸어야 합니다. 또한 그러나 우리가 바라보는 눈은 현실이 아니고 미래입니다. 지금의 현실은 어두워도 하나님은 그 현실을 넘어서서 아브라함과 같이 우리의 후손들을 통하여 위대한 지도자들을 일으켜주실 것을 믿고 사시기 바랍니다.

우리가 자식들을 바라볼 때도 자식들의 현실만을 바라볼 것이 아니라 장래를 바라보고 가능성을 바라보아야 합니다. 엘 샤다이의 하나님은 우리의 자식들을 변화시킬 수 있는 권능을 가지고 계시다는 것을 믿고 살아야 합니다. 주님의 약속의 음성을 들으면서 자식들에 대한 원대한 비전을 가지고 사시기 바랍니다.

마지막으로 아브라함은 하나님이 자기의 영원한 기업이라는 약속을 들었습니다. 아브라함은 자기 자신이나, 조상이나, 자식이나, 재물이 아니라 엘 샤다이 하나님이 자신의 영원한 기업이라는 음성을 듣고 믿었습니다.

> "내가 내 언약을 나와 너와 네 대대 후손의 사이에 세워서 영원한 언약을 삼고 너와 네 후손의 하나님이 되리라 내가 너와 네 후손에게 너의 우거하는 이 땅 곧 가나안 일경을 주어 영원한 기업이 되게 하고 나는 그들의 하나님이 되리라"(17:7,8).

영원한 기업이요, 영원한 언약이신 하나님이 아브라함과 그 후손의 하나님이 되어주시겠다고 약속하셨습니다.

하나님의 은혜는 무엇과 같습니까? 하나님의 은혜는 파도와 같습니다. 파도는 내가 원하든 원치 않든 간에 계속해서 밀려옵니다. 하나님의 은혜가 이와 같습니다. 내가 순종하나 불순종하나, 내가 실패하나 성공하나, 내가 선하나 악하나 하나님의 영원한 은혜는 끝없이 끝없이 몰려옵니다.

우리가 의식하지 못할 때에도, 우리가 실망하거나 절망하는 순간에도 하나님의 엄청난 은혜는 우리에게 밀려옵니다. 하나님의 백성은 망할 수 없습니다. 우리는 우리 때문에 축복을 받는 것이 아니라 능력의 하나님, 자비의 하나님, 사랑의 하나님, 언약의 하나님이신 그분이 바로 우리를 축복하시는 것입니다.

우리 자신이나, 자식 때문에 절망하는 일이 있을지라도 이제 고개를 들어 하나님을 바라보십시오. 엘 샤다이의 하나님을 만나십시오. 그분의 음성을 들으십시오. 전능하신 하나님이 우리의 하나님이시기 때문에 우리에게는 희망이 있습니다. 그런 하나님을 만나는 여러분이 되시기를 진심으로 기도합니다.

제 11 장

마음의 할례

"하나님이 또 아브라함에게 이르시되 그런즉 너는 내 언약을 지키고 네 후손도 대대로 지키라 너희 중 남자는 다 할례를 받으라 이것이 나와 너희와 너희 후손 사이에 지킬 언약이니라 너희는 양피를 베어라 이것이 나와 너희 사이의 언약의 표징이니라 대대로 남자는 집에서 난 자나 혹 너희 자손이 아니요 이방 사람에게서 돈으로 산 자를 무론하고 난 지 팔 일 만에 할례를 받을 것이라 너희 집에서 난 자든지 너희 돈으로 산 자든지 할례를 받아야 하리니 이에 내 언약이 너희 살에 있어 영원한 언약이 되려니와 할례를 받지 아니한 자는 백성 중에서 끊어지리니 그가 내 언약을 배반하였음이라"(창 17:9-14).

마음의 할례

할례와 유아세례

한연구에 의하면 미국 여성들의 질병 가운데 25퍼센트가 자궁암이라고 합니다. 그 외에도 8퍼센트가 자궁과 관련된 질병이라고 합니다. 그러니까 통계적으로 보면, 여성 질병의 약 30여 퍼센트 정도가 자궁과 관계된 질병이라고 합니다.

그런데 이러한 여성들의 질병이 쉽게 없어질 수 있는 가능성도 있습니다. 그것은 현대의 과학이 발견한 방법이 아니라 수천 년 전 하나님께서 아브라함에게 주신 증표 가운데 있습니다. 그것은 하나님께서 아브라함과 하나님과의 언약의 증거로 남자들이 할례를 행하라는 것입니다.

미국의 병원 가운데 뉴욕에 있는 마운트 사이나이 병원은 아주 유명한 병원입니다. 그 병원의 와인버그 박사는 오랫동안 그 병원에 입원한 환자들을 대상으로 자궁암에 대한 연구를 했습니다. 그런데 이상하게도 그 연구 결과에 따르면, 유대인의 여성 가운데 자궁암에 걸린 사람은 거의 없었다고 합니다. 다른 여성들은 자궁암이 많은데 유대 여성에게만은 자궁암이 거의 나타나지 않는다는 사실을 발견한 와인버그 박사는 그 연구를 미국의 의학잡지에 발표했습니다.

그 발표 이후에 케플란이란 의학박사가 뉴욕의 밸비 병원에서 똑같은 조사를 해보았습니다. 그랬더니 똑같은 결과가 나왔다고 합니다.
　미국의 유명한 병원 가운데 하나로 메어 클리닉이란 병원이 있습니다. 이 병원에서도 568명의 자궁암 환자들을 조사해보니까 그 가운데 유대 여성은 한 사람도 없었다고 합니다. 메어 클리틱의 환자 중 유대 여성의 비율이 7%인데, 그 중에서 자궁암 환자는 한 사람도 없었습니다.
　또 보스톤에서는 86,214명을 대상으로 같은 조사를 해보았는데, 유대인과 비유대인의 자궁계통 질병의 빈도수는 비유대인이 유대인에 비해 8배나 많았다고 합니다. 또 미국의 산부인과 학회 협회지의 발표에 따르면, 유대인들과 인도에 사는 모슬렘 사람들만 현저하게 자궁암 발생비율이 낮았다고 합니다.

　이것을 보면, 확실히 유대 여성들이 비유대 여성들에 비해서 자궁계통의 질병의 발생 비율이 현저히 낮다는 것을 알 수 있습니다. 그래서 이것을 어떻게 설명할 것인가에 대해서 많은 의사들이 연구를 했습니다. 그래서 그 이유를 유대인들과 모슬렘인들은 유아 때에 할례(포경수술)를 한다는 것에서 발견했습니다.
　또, 피지 제도의 여자들도 자궁암이 거의 없는데, 피지에서는 어릴 때에 법적으로 모든 남자아이들이 포경수술을 받도록 되어 있다고 합니다.

　이런 통계를 보면, 남자아이들이 어릴 때 포경수술을 받도록 하면 자궁에 관련된 질병이 현저하게 낮아진다는 것을 알 수 있습니다. 그것은 남자가 포경수술을 하면 박테리아를 비롯해서 각종 병균을 제거함으로써 자궁에 관련된 질병을 일으키는 원인을 제거하기 때문입니다.
　자궁암에 걸릴 가능성이 높아지는 것은 스매그나라는 박테리아 때문입니다. 보통 때는 괜찮은데, 여성들이 산후에 성관계를 가졌을 때

이 스매그나 박테리아가 자궁에 침투해서 자궁암이나 자궁계통의 질병을 일으킬 가능성이 높아진다고 합니다. 이런 사실들은 20세기 중반에 들어와서 밝혀진 사실들입니다.

그런데 벌써 4,000년 전에 하나님께서는 아브라함에게 자손대대로 할례를 행하라고 말씀하셨습니다. 성경에서 할례는 깨끗하지 못한 것을 제거하는 행위로서 하나님과의 언약의 표시가 되었습니다.

그러면 언제 할례를 행하는 것이 좋은가?
미국의 American Medical Association Journal에 남자가 포경수술을 하는 것이 자궁계통의 질병을 예방하는 것이 좋다는 발표가 나가자, 1940년에 어느 의사가 이 잡지에 언제 포경수술을 하는 것이 좋은가에 대해 자신의 연구결과를 기고하였습니다. 그 연구에 따르면 포경수술을 하는 데 가장 좋은 날은 사내아이가 태어난 지 8일째 되는 날이라고 합니다.

왜냐 하면, 아이가 태어난 지 이틀에서 닷새 사이에는 피가 잘 응고를 하지 않아서 만약 이때 수술을 하면 피를 너무 많이 흘려 위험하다고 합니다. 우리의 피 속에는 피를 멎게 하는 두 가지 요소가 있는데 이때에 수술을 하게 되면 출혈이 너무 많아서 뇌와 장에 충격을 줄 수 있고, 심하면 쇼크로 사망할 수도 있다고 합니다.

피가 응고되기 위해서는 비타민K와 프로트롬빈이라는 두 가지 요소가 있어야 하는데, 비타민K는 출생 후 닷새에서 이레 사이에 가장 많이 생긴다고 합니다. 이것은 M.L. 홀트라는 사람과 러스트 매킨토시라는 사람이 연구해서 발표한 것입니다.

프로트롬빈이란 것은 인간의 몸 속에 100%가 있어야 하는데, 7일을 지나 8일째가 되면 이 프로트롬빈이 100%가 넘는 110%가 인간의 몸 속에 있게 된다고 합니다. 그러므로 피가 가장 잘 응고될 수 있는 시기는 태어난 지 8일째라는 것입니다. 8일이 지나면 이 프로트롬빈은 100%로 낮아져 보통 피에 있게 되는 정도가 된다고 합니다. 그래서 8일째에 수술을 받게 되면 피가 가장 잘 응고되는 것입니다.
  이것은 20세기의 과학이 밝혀낸 것들로서 미국의 의학협회지에 발표된 것을 인용하여 말씀드린 것입니다.

  그러나 현대의학은 성경보다 4,000년이나 늦었습니다. 보통 늦은 것이 아니라 4,000년이나 늦었습니다. 현대적인 의학정보도 무슨 의학잡지가 있는 것도 아닌데, 하나님께서는 이미 아브라함과 언약을 맺어서 태어난 지 8일째에 할례를 행하라고 말씀하셨습니다. 그래서 지금도 유대아이들은 태어난 지 8일째에 할례를 행합니다. 이 결과로 유대 여성들이 다른 나라, 다른 민족에 비해 자궁계통의 질병이 훨씬 적은 것입니다.

    "너희 중 남자는 다 할례를 받으라 이것이 나와 너희와 너희 후손 사이에 지킬 언약이니라"(17:10).

  이것이 하나님께서 유대인에게 주신 언약입니다. 유대인 남자는 누구를 막론하고 태어난 지 팔일만에 할례를 행하라는 것입니다.
  갓난아기가 할례가 무엇인지를 알지는 못하지만 그 어린아이에게도 영원한 하나님의 백성이 되었다는 표시로 할례를 하는 것과 같이 장로교회를 비롯한 기독교회에서 유아세례를 베푸는 이유도 마찬가지입니다.

세례와 구원

  할례 자체가 하나님의 백성을 만드는 것은 아닙니다. 그것은 육체적인 증거에 불과합니다. 유아세례가 그 아이를 구원하는 것이 아닙니다. 성인들의 세례도 마찬가지입니다. 세례 자체가 우리를 구원하는 것이 아닙니다.

제가 아는 사람 중에는 세 번 세례를 받은 사람이 있습니다. 어떻게 세 번이나 세례를 받았느냐 하면, 그 사람은 믿는 집안에서 태어났기 때문에 유아세례를 받았다고 합니다. 그런데 그 사람이 연세대학교를 다닐 때, 어느날 백낙준 박사가 "자네, 세례를 받았나?" 하고 물었다고 합니다. 그래서 그 사람은 "어릴 때 유아세례를 받았는데, 그때는 뭐가 뭔지도 모르고 받았고, 성인이 되고 나서는 세례를 받지 않았습니다"라고 대답했더니 백낙준 박사가 "어릴 때 신앙이 뭔지도 모르고 유아세례를 받았다가 이제 신앙이 생겼으면 다시 세례를 받으라"고 해서 다시 세례를 받았답니다. 그때 물을 뿌려서 주는 전통적인 장로교식 세례를 받았습니다.

그런데 이분이 나중에 미국으로 이민을 가게 되었습니다. 이 분은 본래 장로교인인데 미국에는 침례교회가 대부분인데다 마침 근처에 큰 침례교회가 있어서 침례교회에 다니기 시작했습니다. 어느날 그 침례교회의 목사님이 침례를 받았느냐고 물었습니다. 그래서 어릴 때 유아세례와 성인이 되고 나서 물을 뿌리는 세례를 받았다고 대답했습니다. 그랬더니 목사님이 물에 완전히 들어갔다 나오는 침례를 받아야지 유아세례나 물을 뿌리는 세례는 안된다고 해서, 온 식구가 다 물에 들어갔다가 나오는 침례를 받았다고 합니다.

이 이야기를 하면서 이 분이 제게 물었습니다.
"목사님, 저는 세 번이나 세례를 받았습니다. 이만하면 됐죠?"
제가 대답했습니다.
"아닙니다. 한 번 더 받아야 합니다."
"목사님, 다른 사람은 한 번밖에 안 받는 세례를 저는 세 번이나 받았는데 또 세례를 받아야 한다는 말씀입니까?"

제가 가만히 보니까 이 분은 세례를 세 번이나 받았고 교회도 열심히 다니시는 분이지만, 그 영혼이 세례를 받지 않았습니다. '다른 사람은 한 번 받는 세례를 나는 세 번이나 받았으니까 이만하면 되었다' 하고 생각하고 있었습니다. 이 분은 예수님을 믿는 것이 아니라 자기가 받은 세 번의 세례를 믿었던 것입니다. 복음이 뭔지도 모르고 세례만 받았던 것입니다.

그래서 제가 복음을 전해주었습니다. 그랬더니 그분 말씀이 "지금까지 제가 교회는 오래 다녔지만, 또 세례도 세 번이나 받았지만, 저는 복음이 구원과 관계가 있다는 것은 몰랐습니다"라는 것이었습니다.

세례를 백 번을 받더라도 구원받을 수는 없습니다. 다시 말하지만 **세례가 우리를 구원하는 것은 아닙니다. 세례는 구원받은 표시입니다.** 하나님의 구원의 약속에 대한 믿음으로 그 표시로 우리가 세례를 받는 것입니다. 유아세례도, 할례도 마찬가지입니다.

"너희는 양피를 베어라 이것이 나와 너희 사이의 언약의 표징이니라"(창17:11).

영원한 생명의 약속을 받은 사람의 가정에 자식이 생기면 그 자식이 바로 하나님의 언약의 자손이요, 우리 집안에 하나님의 구원의 약속이 있다는 믿음으로 유아세례를 주는 것입니다. 갓난아이는 여호와를 알지 못하고, 기도도 하지 못하고 아무 것도 할 수 없습니다. 갓난아이에게는 믿음이 없습니다. 그러나 그 부모가 믿는 사람으로서, '나는 이 자식이 영원한 언약의 자손임을 믿습니다' 라는 신앙고백으로 유아세례를 주는 것입니다.

"주 예수를 믿으라 그리하면 너와 네 집이 구원을 얻으리라"고 사도 바울은 사도행전에서 말씀하고 있습니다. 여기서 말하는 집은 아파

트나 건물이 아닙니다. 여기서 말하는 집은 가정, 가족을 말합니다. 믿으면 그 가정과 그 가족들이 구원을 얻는다는 것입니다.

저의 가정은 부모님 양가 모두 예수님을 믿은 지 5대가 넘었습니다. 1800년대부터 예수를 믿기 시작해서 5대만에 제가 목사가 되었습니다. 저의 외조모님은 어렸을 때부터 20리를 걸어서 교회를 다니셨습니다. 지금 20리는 별것 아니지만 옛날에는 걸어서 다닐 수 밖에 없어서 20리를 가자면 두 시간이 걸렸습니다. 그러니까 왕복 40리 네 시간을 걸어다니셨던 것입니다.

그때 저의 외조부모님과 친조부모님이 모두 예수님을 믿었기 때문에 저의 집안에는 예수 믿는 식구들이 엄청나게 많았습니다. 그러다보니 대충 믿고 신앙이 희미한 식구들이 있었습니다. 그래도 집안 식구들이 모여 예배를 드리면 찬송가 정도는 얼마든지 따라서 부르기도 하고, 기도할 때는 꼼짝못하고 같이 기도를 하기도 했습니다. 그러면서 자기들이 신앙이 없는 것이 미안해서 쭈뼛쭈뼛하기도 했습니다. 그러다가 저를 만나거나 목사님을 만나게 되면 "내가 요즘 바빠서…"라며 변명을 하기도 했습니다. 나중에 저의 집안이 모두 예수를 믿는 집안이 되었습니다.

제가 미국에서 한국으로 돌아올 때 미국에 거주하는 온 집안 식구들이 모두 모였습니다. 모두 20여 명이 친척들이 모여서 "우리 가족 성가대를 한 번 하자"고 했습니다. 원래 저의 집안에 성악가를 비롯해서 음악을 잘하는 사람들이 많이 있습니다. 옛날부터 대대로 찬송가를 부르던 집안이라 집안에 음악가들이 많습니다. 옛날에 노래도 제대로 없던 시절부터 찬송가를 늘 불러오던 집안이라 음악을 잘합니다.

제 어머니도 지금 아흔이 가까우신데 아직도 "내 주여 뜻대로" "내 평생 소원이 늘 찬송하면서" 같은 찬송을 음정 하나 안 틀리고 잘 하십니다. 수십 년 동안 예배를 제대로 드리지 못한 분이, 제가 북한을 방문했을 때 어머니를 뵙고 찬송가를 불러드렸더니 얼마나 찬송가를 잘하시는지 모릅니다.

이것은 우리 집안이 우리에게 복을 주시고 우리 집안과 후손들 수천대에 이르기까지 복을 주신다고 하는 하나님의 약속을 믿었기 때문입니다. 아이들에게 유아세례를 줄 때는 "하나님이여, 저희는 이 아이가 언젠가는 하나님을 믿고 구주와 주님으로 고백하는 날이 올 것을 믿습니다"는 믿음으로 아이들에게 유아세례를 줍니다.

저도 제 딸아이들에게 "너희가 어릴 때 나는 하나님께서 나와 내 집안에 대대로 구원의 은총을 주실 것을 믿고 너희에게 유아세례를 주었다"고 이야기해주곤 합니다. 그랬더니 어느날 제 큰딸이 "아빠, 제가 유아세례를 받은 것은 좋고 감사한 일이지만 저는 제가 뭘했는지 전혀 기억이 없어요. 그래서 저는 제 신앙고백에 따라서 다시 세례를 받고 싶어요"라고 했습니다. 저는 "그럴 필요는 없지만, 네가 네 스스로 신앙고백에 따라 세례를 받고 싶다면 그렇게 하자"고 했습니다. 그래서 저는 제 딸아이에게 세례문답을 하고 다시 세례를 주었습니다.

저는 이와 비슷한 경험을 여러 번 했습니다. 어떤 분은 가톨릭교회에서 세례를 받았는데, 저를 만나 복음을 듣고 거듭나게 되었습니다. 이분들이 결혼을 하게 되어 저를 찾아왔습니다.

"목사님, 우리는 가톨릭교회에 다니는 동안에 구원이 무엇인지, 예수 그리스도가 누군지 몰랐습니다. 그래서 그때 받은 세례는 제게 별 의미가 없습니다. 그러니 목사님, 저희가 결혼예배 드릴 때 혼인서약 전에 저희에게 세례를 다시 해 주십시오."

그래서 제가 그들의 결혼예배 중간에 세례문답을 하고 세례를 주었습니다. 지금은 이분들이 첫아이를 낳고 행복하게 살고 있는데 쌍둥이를 낳았다고 합니다.

세례 자체가 구원을 주는 것이 아니기 때문에 세례 받을 때 그 의미를 알았나 몰랐나 크게 중요하지 않습니다. 구원의 의미를 모르고 세례를 받았더라도 이제 구원의 의미를 알게 되었다면, 그때의 세례가 비록 그 의미를 잘 모르고 받은 것이었다고 할지라도 지금은 그 의미를 알고 있으므로 그때의 세례가 지금의 믿음의 표현이라고 믿어도 상관이 없습니다. 세례가 우리를 구원하는 것은 아니기 때문입니다.

세례는 우리의 구원에 대한 하나님의 영원한 약속을 믿는 것이란 우리의 신앙에 대한 가시적인 표현입니다. 그래서 우리가 어린아이들에게 유아세례를 드리는 것입니다.

침례교회에서는 유아세례를 주지 않고 대신 유아헌신예배를 드립니다. 그리고 대부분의 다른 교파들은 유아세례를 드립니다. 유아헌신예배도 유아세례도 나름대로의 의미가 있습니다.

계속해서 창세기 말씀을 보겠습니다.

"대대로 남자는 집에서 난 자나 혹 너희 자손이 아니요 이방 사람에게서 돈으로 산 자를 무론하고 난지 팔일만에 할례를 받을 것이라 너희 집에서 난 자든지 너희 돈으로 산 자든지 할례를 받아야 하리니 이에 내 언약이 너희 살에 있어 영원한 서약이 되리라"(17:12,13).

하나님의 자녀들은 누구든지 다 할례를 받아야 한다고 말씀하십니다. 이때 남자만 할례를 받아야 한다고 한 것은 남자를 대표적으로, 상징적으로 말씀하신 것입니다. 오늘날은 남자나 여자나, 어린아이나 노인이나 누구나 다 세례를 받습니다.

이 할례의 뜻은 더러운 것을 제거함으로써 깨끗하게 되었다는 증표요, 하나님의 자녀가 되었다는 표시입니다. 그러나 육체적인 할례만으로 만족해서는 안됩니다. 세례를 받았다고 만족해서는 안됩니다. 세례 자체가 중요한 것이 아니라 세례가 주는 의미가 중요하기 때문입니다.

마음의 할례

사도 바울도 말하기를 육체적인 할례가 사람을 구원하는 것이 아니라, **참 하나님의 백성은 표면적인 할례도 받고 마음의 할례를 받은 사람**이라고 말했습니다. 마음의 악이 제거되고 가슴 속의 죄가 영원히 없어진 사람들입니다.

어떻게 가슴 속의 죄를 없앱니까? 우리 스스로는 없앨 수 없습니다. 우리의 죄와 더러움이 없어지는 것은 우리의 영원한 구주인 예수 그리스도께서 십자가에 흘린 피로 없앨 수 있습니다. 물이 아니라 보혈의 피로 세례를 받았을 때 그 피가 우리의 마음에 할례를 베풀어줍니다. 우리 마음의 악을 제거시킴으로 영원히 하나님의 자녀가 되었다는 증표를 주십니다.

그러므로 육체적인 할례나 육체적인 세례가 중요한 것이 아닙니다. 물론 육체적인 할례는 여성들의 자궁암이나 자궁질병을 없애는 데 많은 도움을 줌과 같이 육체적인 도움은 되지만 영적인 도움은 되지 못합니다. **영적인 구원은 우리의 영혼, 우리의 속사람이 그리스도의 피로 씻음을 받을 때, 즉 마음의 할례를 받을 때 옵니다.** 그때에 비로소 우리는 영원한 하나님의 자녀로, 하나님 나라의 시민으로 살 수가 있습니다.

누구든지 할례를 받아야 합니다. 그래서 아브라함도 할례를 받았습니다. 창세기 17장 24절에 보면 아브라함은 99세에 할례를 받았고 25절에 보면 이스마엘은 13세에 할례를 받았습니다. 그리고 이삭은 나중에 난 지 8일만에 할례를 받았습니다. 이렇게 노인도 청소년도 갓난아이도 할례를 받았습니다.

이것은 무엇을 말하고 있습니까? 그것은 우리의 마음 속에 있는 죄성은 할아버지도, 청소년도, 심지어 갓난아이까지도 용서받아야 한다는 것을 말합니다. 우리의 죄 때문에 십자가에 피흘려 돌아가신 예수 그리스도의 은총을 받아들여야 한다는 것을 의미합니다. **예수 그리스도의 피로 할례를 받아 거듭나야 합니다.** 단번에 거듭날 뿐만 아니라 날마다 우리의 마음 속에 더러움을 제거함으로써 계속해서 거듭나야 합니다. 그때에 우리에게 영적인 암이 없습니다. 그때에 건강함이 있습니다.

골로새서 2장 11절을 살펴봅시다.

"또 그 안에서 너희가 손으로 받지 아니한 할례를 받았으니 곧 육적 몸을 벗는 것이요 그리스도의 할례니라."

여기서 '그'는 예수 그리스도입니다. 우리가 받은 할례는 육으로 받은 할례가 아니라 영으로 받은 할례라고 말씀하고 있습니다. '육적 몸'이란 무엇입니까? 죄의 성품을 말합니다. 그러므로 육적 몸을 벗는 것은 우리가 우리 속에 있는 죄의 성품을 조금씩 조금씩 내어버리는 것을 말합니다.

그러면 육적 몸의 내용은 무엇입니까? 골로새서 3장 5절을 봅시다.

"그러므로 땅에 있는 지체를 죽이라 곧 음란과 부정과 사욕과 악한 정욕과 탐심이니 탐심은 우상숭배니라."

음란과 부정과 악한 정욕과 탐심이 바로 육적인 몸의 특징입니다. 탐심은 이기적인 생각을 말합니다. 이런 것들을 없애야 육체적인 질병이 없습니다.

계속해서 8절을 보겠습니다.

"이제 너희가 이 모든 것을 벗어버리라 곧 분과 악의와 훼방과 너희 입의 부끄러운 말이라."

'분'은 화를 내는 것입니다. 우리 말로는 분을 한 가지로 표현하고 있지만 원래는 두 가지의 의미가 있습니다. 하나는 영어로 'anger'로 표현되는 '분'입니다. 분은 화가 나서 그것이 밖으로까지 표현되어서 폭발하는 것을 말합니다. 또 하나는 영어로 'wrath'라고 표현되는 '노'입니다. 이것은 화가 나긴 나는데 밖으로 표현하지는 못하고 속으로 부글부글 끓는 상태를 말합니다.

'악의'는 무엇이든지 좋지 않게 생각하는 부정적인 생각을 말합니다. 누구를 만나든지, 또는 무엇이든지 부정적으로 보는 것이고 짜증스럽고 기분나쁘게 생각하는 것입니다. '훼방'은 듣기 싫은 말, 기분 나쁜 말, 욕설 등을 말합니다. 기분나쁜 말을 하면 듣는 사람 뿐만 아니라 하는 사람도 기분이 나빠집니다.

맥밀란이란 미국의 의사가 미국의 저명한 정신과 잡지에 글을 쓴 것을 보면, 우리의 질병의 대부분이 분과 악의와 훼방 같은 부정적인 생각에서 생긴다고 합니다. 정신적인 것이 육체적인 질병에까지 영향을 주는 것입니다. 다시 말해서 부정적이고 나쁜 생각을 하는 사람들이 긍정적이고 즐겁게 사는 사람들보다 훨씬 육체적인 질병이 많다고 합니다.

그래서 평화를 소유하고 사는 것이 얼마나 중요한지 모릅니다. 그러므로 하나님의 평화가 우리의 마음과 생각을 지배하고 사는 일은 대단히 중요합니다.

그러나 우리가 이땅에서 얼마나 오래 살지는 아무도 모릅니다. 저의 형님도 얼마 전에 주무시다가 돌아가셨습니다. 형수님이 밤에 깨어서 형님의 숨소리가 이상하다 싶어서 살펴보았더니 이미 돌아가셨다고 합니다.

하루를 살아도 긍정적으로 즐겁게 살아야 합니다. 인생은 부정적으로 짜증스럽게 살기엔 너무 짧습니다. 모든 것을 좋지 않게 생각하고 좋지 않게 말하고 좋지 않게 살면 자기도 질병이 들어 일찍 죽을 뿐만 아니라 다른 사람들까지도 기분나쁘게 만듭니다. 그렇게 살아서는 안됩니다.

이제 여러분은 결심을 하셔야 합니다. "나는 하나님 앞에서 행복하게 살리라. 나는 비록 부족하여 짜증스럽게 살 수도 있고, 분노할 수도 있고, 부정적으로 살 수 있지만 '하나님이여, 나를 도와주소서'라고 날마다 주님께 간구하며 행복하게 살리라."

저는 이미 이렇게 살기로 작정을 했습니다. 나는 능력이 없지만 하나님께 구해서, 하루를 살더라도 긍정적으로 살고 기분좋게 살고 행복하게 살다가 죽을 작정입니다. 여러분도 이런 결심을 하시기 바랍니다.

마음의 할례를 받으라

환경과 여건이 나를 불행하게 만들 수 없습니다. 여러분을 불행하게 만들 수 있는 것은 한 가지 밖에 없습니다. 그것은 바로 여러분 자신입니다. 만약 여러분이 오늘 불행하다면 그것은 틀림없이 여러분 자신 때문입니다. 여러분 자신이 부정적으로 생각하고 살아가기 때문입니다.

사람이기 때문에 늘 좋게, 긍정적으로 생각할 수는 없지만, 그러나 만일 여러분이 좋지 않게 생각하고 좋지 않게 말하고 좋치 않게 산다면 여러분만 불행할 뿐입니다.

하나님께서는 우리의 죄성을 뒤집으라고 말씀하십니다. 마음의 할례를 받으라고 말씀하십니다. 마음의 죄성과 더러움을 제거하라고 말씀하십니다. 우리가 마음의 죄성을 제거하고 마음의 할례를 받을 때 여러분은 하나님의 자녀로서 하나님 나라의 시민으로서 예수님이 우리에게 약속하시는 풍성한 삶을 살 수 있습니다.

여러분을 불행하게 할 수 있는 것은 여러분 자신 밖에 없습니다. 아무리 환경이 나를 불행하게 하려 해도 내가 긍정적으로 해석하면 나는 불행해질 수 없습니다. 여러분의 마음에 분과 악의와 훼방을 제거하십시오. 이런 것들은 나 자신 뿐만 아니라 다른 사람까지 기분나쁘게 만들고 불행하게 만듭니다. 우리에게는 다른 사람까지 불행하게 만들 권한이 없습니다.

여러분의 가슴 속에 이런 것들을 제거하면 평화롭게 살 수 있으며 또 하나님의 백성답게 살 수 있습니다.

마음의 할례를 받으십시오. 나의 영원한 죄를 예수 그리스도의 피로 단번에 할례받고, 그리고 날마다 내 속에 있는 "음란과 부정과 악한 정욕과 탐심", 그리고 "분과 악의와 훼방과 부끄러운 말"을 버리고 그리스도의 할례를 받으십시오.

이런 것들을 버릴 때 여러분과 저는 육체적, 정신적, 심리적, 그리고 영적으로 건강할 것입니다. 사는 것이 재미있을 것입니다.

이런 은혜가 우리에게 날마다 있어서 '아 인생은 살 만하다'고 생각할 수 있어야 하겠습니다. 어둡게 생각하는 사람은 밝게 생각해야 합니다. 비판하고 싶을 때 '하나님이여 나에게 축복할 수 있는 입을 주옵소서'라고 기도할 수 있어야 합니다.

날마다 여러분의 삶이 마음의 할례를 통해서 일생 동안 주님이 주시기를 원하시는 은총의 삶을 살게 되기를 진심으로 기도합니다.

제 12 장

웃게 하시는 하나님

"하나님이 또 아브라함에게 이르시되 네 아내 사래는 이름을 사래라 하지 말고 그 이름을 사라라 하라 내가 그에게 복을 주어 그로 네게 아들을 낳아주게 하며 내가 그에게 복을 주어 그로 열국의 어미가 되게 하리니 민족의 열왕이 그에게서 나오리라 아브라함이 엎드리어 웃으며 심중에 이르기를 백 세된 사람이 어찌 자식을 낳을까 사라는 구십 세니 어찌 생산하리요 하고 아브라함이 이에 하나님께 고하되 이스마엘이나 하나님 앞에 살기를 원하나이다 하나님이 가라사대 아니라 네 아내 사라가 정녕 네게 아들을 낳으리니 너는 그 이름을 이삭이라 하라 내가 그와 내 언약을 세우리니 그의 후손에게 영원한 언약이 되리라 이스마엘에게 이르러는 내가 네 말을 들었나니 내가 그에게 복을 주어 생육이 중다하여 그로 크게 번성케 할지라 그가 열 두 방백을 낳으리니 내가 그로 큰 나라가 되게 하려니와 내 언약은 명년 이 기한에 사라가 네게 낳을 이삭과 세우리라 하나님이 아브라함과 말씀을 마치고 그를 떠나 올라가셨더라 …"(창 17:15-27).

웃게 하시는 하나님

사람이 웃게 되는 이유는 많이 있습니다. 일부러 우스운 이야기를 해서 웃기도 하고 너무 놀라워서 웃는가 하면, 어떤 때는 어처구니가 없어서 웃기도 합니다.

하나님도 우리를 웃게 하실 때가 있습니다. 하나님은 하늘과 땅을 창조하시고 인간과 동물들을 지으신 높고 근엄하신 창조주이시고 천지를 주재하시는 절대자이시면서 이 우주에서 가장 높으신 통치자이십니다. 모든 것을 일일이 다 감찰하시고 구속하시는 우리의 주인이시요, 거룩하신 하나님이십니다. 그런데 그런 하나님께서도 우리를 웃기실 때가 있습니다.

> "하나님이 또 아브라함에게 이르시되 네 아내 사래는 이름을 사래라 하지 말고 그 이름을 사라라 하라 내가 그에게 복을 주어 그로 네게 아들을 낳아주게 하며 내가 그에게 복을 주어 그로 열국의 어미가 되게 하리니 민족의 열왕이 그에게서 나오리라 아브라함이 엎드리어 웃으며 심중에 이르기를 백 세된 사람이 어찌 자식을 낳을까 사라는 구십 세니 어찌 생산하리요 하고" (17:15-17).

15절을 보십시오. 하나님은 사래의 이름을 사라로 바꾸시겠다고 합니다. 사래라는 이름을 사라로 고친 의미는 그의 삶을 다시 시작하게 하시겠다는 것입니다. 구십 세가 되는 사라에게 새 삶을 주겠으니 이제 인생을 다시 시작하라는 말씀입니다.

사래라는 이름은 '나의 공주'이라는 뜻입니다. 그녀가 너무 아름답고 사랑스러워서 붙인 이름일 것입니다. 실제로 아브라함은 자신의 아내가 너무 아름다워서 바로 왕에게 빼앗길까봐 누이라고 거짓말을 시킨 일이 있을 만큼 사라의 얼굴은 아름다웠습니다. 사라는 아브라함과 결혼한 이래로 항상 '나의 공주'라는 이름으로 불리웠기 때문에 더욱 아름다웠을 것입니다.

이름의 의미

사람은 다른 사람이 불러 주는 이름에 따라 달라지게 됩니다. 다시 말해 서로가 서로를 아름다운 이름으로 불러주면 더욱 아름다운 사람으로 변하고, 상대방이 아름다워질수록 그 이름을 자주 부르게 되는 것입니다. 그래서 사라는 나이가 들어서도 변치 않는 아름다움을 간직하게 되었을 것이라고 생각할 수 있습니다. 그래서 이름을 짓는 일은 아주 중요한 것입니다.

하나님께서는 사래의 이름을 사라로 바꾸셨습니다. 한 사람의 공주로만 살던 사람을 '열국의 어머니'로 만들기를 원하셨습니다. 그래서 먼저 사라에게 아들을 주기로 결정하시고 축복하신 것입니다.

아브라함은 이미 여러 번 하나님으로부터 축복을 받은 일이 있었지만 사라는 한 번도 하나님과 단독으로 만나서 대화를 하거나 축복을 받은 일이 없었습니다. 아마 사라에게는 하나님께서 아브라함의 의로 여기셨던 믿음이 없었던 것 같습니다. 하나님께서 하신 약속을 믿지 않고 자신의 지혜와 판단을 더 신뢰하는 사람이었기 때문에 하나님께서 그를 직접적으로 축복하시지 않으신 것입니다. 하나님께서 '아브라함과 사라의 믿음'을 의로 여기셨다는 말이 없는 것을 미루어 짐작할 수 있습니다.

사라는 하나님의 약속을 믿지 못하고 자신의 여종을 남편에게 주어서 아들을 낳게 하고는, 또 그 임신한 여자를 질투하고 못살게 굴어 결국 도망가게 만들기도 했습니다.

어떻게 보면 사라는 하나님의 축복을 받을 자격이 없는 사람이었는지도 모릅니다. 그러나 하나님께서는 그 자격 여부와 관계없이 일방적으로 사라를 사랑하셨습니다. 하나님이 사라에게 주신 축복은 엄청난 것입니다. 아들을 주실 뿐만 아니라 그 아들을 통해서 열국의 어미를 만들어 주겠다고 하시는 것입니다.

그것은 사라가 보기에는 불가능한 약속이었습니다. 믿음의 눈으로만 가능한 약속이었습니다. 어떻게 구십 살의 할머니가 아들을 낳으며 그 아들에게서 민족의 열왕이 나오는 것이 가능할 것이라고 믿을 수 있겠습니까? 그러나 우리가 인간의 눈으로 볼 때 이것은 도저히 불가능해 보이지만 하나님을 믿는 사람은 하나님께서 하실 수 있다고 믿는 믿음이 있어야만 합니다.

웃게 하시는 하나님

17절을 보면 아브라함이 엎드려서 웃습니다. 하나님께서 아브라함을 웃기신 것입니다. 아브라함은 웃으면서 속으로 말하기를 '백 세가 된 내가 어떻게 아들을 낳겠는가' 하고 생각합니다.

> "아브라함이 엎드리어 웃으며 심중에 이르기를 백 세 된 사람이 어찌 자식을 낳을까 사라는 구십 세니 어찌 생산하리요 하고" (17:17).

아브라함으로서는 정당한 생각이었을 것입니다. 자기가 백 세고 부인이 구십 세인데 어떻게 아들을 낳는 것이 가능하다고 생각하겠습니까? 그래서 그는 18절에서, 이스마엘이나 하나님 앞에서 살기를 원한다고 말합니다.

> "아브라함이 이에 하나님께 고하되 이스마엘이나 하나님 앞에 살기를 원하나이다"(17:18).

아무리 믿음의 조상인 아브라함이지만 그도 인간인지라 아주 평범하고 인간적인 생각을 한 것입니다. 그러나 우리의 하나님은 우리의 상식을 능가하는 하나님인 것입니다. 우리의 인간적인 조건을 뛰어넘고 합리적인 생각을 뛰어넘어서 역사하시는 분이십니다.

신앙적인 삶이라는 것은 초인간적이요, 초자연적인 삶을 사는 것을 말합니다. 그래서 하나님을 철저히 믿는 사람들은 비합리적인 경험을 하게 되고 기적적인 경험을 하게 됩니다. 그런 경험 중에는 아브라함처럼 웃음을 웃게 만드는 경험도 있는 것입니다.

우리가 고통 중에서 벗어나지 못하고 헤매다닐 때에도 우리에게는 하나님의 축복과 은혜가 함께 하고 있으며, 하나님께서 보이시는 희망이 있습니다. 모든 것을 가능하게 하시는 하나님이 우리가 믿는 하나님이며, 거룩하고 근엄한 분이시지만 또한 우리를 웃게 하시는 분도 우리가 믿는 하나님이기 때문입니다.

인간은 시간, 공간, 그리고 자연 법칙의 제한 속에 갇혀 있지만 하나님은 그 모든 법칙과 시공을 초월하시는 분이신 것입니다. 그의 손 안에 기적이 달려 있는 것입니다. 우리의 삶이 그 분의 초자연적인 손길을 경험하는 삶, 인간의 합리적 이성을 뛰어넘는 삶이 되어야 합니다.

아브라함이 이 때만 그렇게 합리적인 생각을 한 것은 아닙니다. 그 이전에 하나님께서 나타나셔서 하늘의 별을 세어 보라고 하시고 그

별만큼 자손을 주겠다고 하셨을 때가 있었는데 그 때도 아브라함은 하나님에게 비합리적인 제안이라고 말합니다. 그리고 자기에게 있던 똑똑하고 충직한 종을 자신의 후계자로 삼겠다고 말합니다.

"아브람이 가로되 주 여호와여 무엇을 내게 주시려나이까 나는 무자하오니 나의 상속자는 이 다메섹 엘리에셀이니이다"(15:2).

하나님의 방법과 인간의 방법

그 당시의 아브라함으로서는 상당히 합리적인 제안이었습니다. 그러나 하나님께서는 그 종이 하나님께서 정하신 사람이 아니라고 말씀하시면서 아브라함을 통해서 직접 약속의 아들을 주시겠다고 하셨습니다. 그 말을 아브라함은 믿음으로 받아들이지 못했던 것 같습니다. 나중에 그는 아내인 사라의 말을 듣고 인간적인 방법으로 여종의 몸에서 아들을 낳게 됩니다.

그러나 하나님의 방법은 아무리 나이가 많아도 아브라함과 사라의 몸을 통해서 아들을 주시기를 원하셨습니다. 그로 인해서 사람들이 웃는다 할지라도 하나님은 하나님의 계획이 있는 것입니다. 하나님의 능력은 우리의 능력과 같지 않습니다. 하나님의 생각은 우리의 생각과 같지 않습니다. 하나님의 논리는 우리의 논리와 같지 않으며 하나님의 법칙은 우리의 법칙과 같지 않습니다. 현실의 영역과 불가능의 영역을 뛰어넘어서 역사하시는 능력이 우리가 믿는 하나님의 능력인 것입니다.

그리고 하나님께서 아브라함에게 계속해서 말씀하시기를, 네가 아들을 낳으면 그 이름을 이삭이라고 지으라고 하십니다.

"하나님이 가라사대 아니라 네 아내 사라가 정녕 네게 아들을 낳으리니 너는 그 이름을 이삭이라 하라 내가 그와 내 언약을 세우리니 그의 후손에게 영원한 언약이 되리라"(17:19).

이삭이라는 말의 뜻이 '웃음'이라는 뜻입니다. 하나님께서는 계속해서 아브라함을 웃기시는 것입니다. 그러나 아브라함은 비록 웃었지만 하나님의 이 언약은 1년 후에 이삭이 출생함으로써 지켜졌고 이후 수천년의 이스라엘 역사를 통해 성취되었습니다.

> "내 언약은 명년 이 기한에 사라가 네게 낳을 이삭과 세우리라 하나님이 아브라함과 말씀을 마치고 그를 떠나 올라가셨더라"(17:21,22).

지금까지 하나님은 점진적인 계시를 통해 아브라함에게 하나님의 언약과 하나님의 비전을 보이셨습니다. 그러나 때때로 아브라함은 하나님의 계획보다는 자신의 인간적인 계획이 앞서서 바로 왕에게 거짓말을 하기도 하고, 하갈에게서 언약의 자식이 아닌 이스마엘을 낳은 등 많은 시행착오를 거듭했습니다.

그러나 이제 하나님은 아주 구체적이고도 명확한 기한이 있는 언약을 아브라함에게 주셨습니다. 앞으로 1년 안에 사라를 통해서 아들을 얻을 것이며 그 아들의 이름을 이삭이라고 짓도록 구체적인 이름까지 주셨습니다.

아브라함은 이스마엘이 태어나기 전에 이미 이스마엘의 이름을 먼저 지어주셨던 하나님을 기억했습니다. 그리고 하나님의 약속이 이루어질 것을 믿었습니다. 그래서 아브라함은 하나님께서 아브라함에게 요구하신 언약의 징표로 모든 남자들에게 할례를 행하였습니다.

> "이에 아브라함이 하나님이 자기에게 말씀하신 대로 이 날에 그 아들 이스마엘과 집에서 생장한 모든 자와 돈으로 산 모든 자 곧 아브라함의 집 사람 중 모든 남자를 데려다가 그 양피를 베

었더니 아브라함이 그 양피를 벤 때는 구십구 세이었고 그 아들 이스마엘이 그 양피를 벤 때는 십삼 세이었더라 당일에 아브라함과 그 아들 이스마엘이 할례를 받았고 그 집의 모든 남자 곧 집에서 생장한 자와 돈으로 이방 사람에게서 사온 자가 다 그와 함께 할례를 받았더라"(17:23-27).

일년 후 이삭이 태어났습니다(21:1-3). 하나님이 약속하신 지 25년 만에 드디어 아브라함은 언약의 자손인 이삭을 얻었습니다.

아브라함은 이삭을 볼 때마다 웃음을 주신 하나님을 기억했습니다. 하나님은 아브라함이 그 자손과 함께 하나님을 기억하며 웃을 것을 미리 예견하시고 그 아들의 이름을 '웃음'이라고 지으신 것입니다.

처음에 아브라함의 웃음은 하나님의 언약을 믿지 못하는 데서 오는 웃음이었지만 하나님께서는 그 웃음이 변하여 기쁨의 웃음이 되게 하셨습니다. 하나님은 아브라함뿐만이 아니라 이삭의 주변에서 이삭을 보는 모든 사람들에게 웃음을 주셨습니다.

하나님을 믿는 사람은 물론이고 믿지 않는 사람들에게까지도 웃음을 주시는 분이 바로 하나님이십니다. 하나님을 믿는 그 순간부터 우리는 웃음을 웃을 수 있게 됩니다.

날마다 우리를 향하여 웃으시는 하나님, 우리를 웃게 하시는 하나님을 바라봅시다. 주님 안에 진정한 행복과 삶의 가치와 그리고 웃음이 있다는 것을 여러분들이 잊지 않도록 기도합니다.

제 13 장

불가능은 없다

"… 그들이 아브라함에게 이르되 네 아내 사라가 어디 있느냐 대답하되 장막에 있나이다 그가 가라사대 기한이 이를 때에 내가 정녕 네게로 돌아오리니 네 아내 사라에게 아들이 있으리라 하시니 사라가 그 뒤 장막 문에서 들었더라 아브라함과 사라가 나이 많아 늙었고 사라의 경수는 끊어졌는지라 사라가 속으로 웃고 이르되 내가 노쇠하였고 내 주인도 늙었으니 내게 어찌 낙이 있으리요 여호와께서 아브라함에게 이르시되 사라가 왜 웃으며 이르기를 내가 늙었거늘 어떻게 아들을 낳으리요 하느냐 여호와께 능치 못한 일이 있겠느냐 기한이 이를 때에 내가 네게로 돌아오리니 사라에게 아들이 있으리라 사라가 두려워서 승인치 아니하여 내가 웃지 아니하였나이다 가라사대 아니라 네가 웃었느니라-"(창 18:1-15).

불가능은 없다

손대접의 축복

같은 인생을 살면서도 어떤 사람은 자기에게 주어진 인생에 대해 적극적으로 최선을 다하며 살고, 또 어떤 사람은 소극적으로 살기도 합니다. 그런데 **적극적으로 열정을 가지고 사는 사람들에게는 하나님의 큰 축복이 있습니다. 하나님은 하나님의 자녀들이 인생을 적극적으로 살기를 원하십니다.**

어떤 사람이 하루 종일 일을 하고 너무 피곤해서 빨리 집에 가서 쉬기를 원했습니다. 그의 집은 강가에 있었는데 집 근처에 이르자 강가에 많은 사람들이 몰려 있었습니다. 가까이 다가가서 무슨 일인지를 물었더니 한 어린 아이가 강물에 빠졌는데 아무도 구할 사람이 없다는 것이었습니다.

그 이야기를 들은 그 사람은 즉시 옷을 벗고 강물로 뛰어들어가서 힘들게 아이를 찾아 올라와 강둑에 눕혀 얼굴을 보니 그 아이가 바로 자기의 아이였습니다. 이 사람은 그 아이가 자기 아이라는 생각 때문에 구한 것이 아니고, 물에 빠진 사람을 구할 생각은 하지 않고 구경만 하고 있는 사람이 되어서는 안된다는 생각에 일단 물 속에 뛰어들었던 것입니다. 그저 남의 생명을 위한 열정적인 마음을 가지고 물 속으로 들어갔던 것인데 그 아이가 바로 자기의 아이였던 것입니다.

자신의 인생에 열정을 가지고 무슨 일이든지 적극적으로 하는 사람들에게는 바로 이런 축복이 있습니다.

아브라함의 모습 속에서도 자기 자신의 생에 대한 열정이 있었습니다. 18장 1,2절을 보십시오.

> "여호와께서 마므레 상수리 수풀 근처에서 아브라함에게 나타나시니라 오정 즈음에 그가 장막 문에 앉았다가 눈을 들어 본즉 사람 셋이 맞은 편에 섰는지라 그가 그들을 보자 곧 장막 문에서 달려나가 영접하며 몸을 땅에 굽혀."

아브라함은 사람을 만났을 때 반갑고 정중하게 맞았습니다. 사람은 자기에게 주어진 일에 열정을 갖는 것도 중요하지만 사람에게 친절하고 정중한 태도를 갖는 것이 무엇보다 중요합니다. 아브라함에게는 이러한 친절함이 있었습니다. 아브라함은 손님 대접하기를 좋아했습니다.

1절의 시간을 보면 오정이라고 되어있는데, 원문에 보면 이때 시각의 햇빛이 가장 뜨겁게 내리쬐는 한낮입니다. 이 무더운 한낮에 아브라함이 나무 그늘에서 쉬고 있을 때 전혀 낯선 나그네 세 사람이 그의 앞에 나타났습니다.

지금 우리 동네에 낯선 사람이 나타났다면 우리는 그 사람을 어떻게 대했을 것 같습니까? 현대는 사람을, 특히 잘 알지 못하는 사람을 귀찮아하는 시대입니다. 대문 밖 한 발짝만 나가도 사람에 둘러싸여 살아야 하기 때문에 가능하면 사람이 없는 곳을 찾아서 쉬려고 합니다. 그래서 조금이라도 서울을 벗어난 교외에서 살고 싶은 마음에 많이들 교외로 빠져나가기도 합니다.

선진국에서도 도심에서 살려고 하는 사람들은 거의 없습니다. 가능하면 시내를 벗어난 주택가에서 살려고 하기 때문에 주택가들은 차로 한참을 가야 나타납니다.

그런데 하나님께서는 이런 현대의 생활 속에서 우리가 살게 하셨습니다. 그렇다고 하나님께서 우리에게 이렇게 현대적인 생활과 의식 속에 휩쓸려서 살라고 하신 것은 아닙니다. 우리는 오직 변하지 아니하시는 하나님의 진리를 따라 사람을 바라보고 세상을 바라보아야 합니다.

아브라함은 그 사람들을 보자마자 그 자리에서 벌떡 일어났습니다. 그리고 장막 문으로 달려나가 반갑게 맞아 주었습니다. 아브라함은 사람이 우주보다 귀하고 중요한 존재라는 사실을 알고 그 사람들을 대했습니다.

저에게는 많은 조카들이 있습니다. 제 형제들이 많기 때문에 사촌들까지 하면 세기가 벅찰 정도입니다. 그런데 그렇게 많은 조카들 중에도 특별히 좋아하는 조카는 멀리서부터 삼촌을 부르며 뛰어와서 반기는 아이들입니다. 어떤 아이들은 삼촌을 보고도 그저 꾸벅 인사만 하든가, 아니면 그저 얼굴을 보는 것으로 인사를 하는 아이들에게는 상대적으로 정이 가지 않습니다. 같은 조카인데도 사람에 대한 반응이 다른 것입니다. 사람은 누구나 자신을 반기고 만난 것을 기뻐하는 사람을 좋아하게 되어 있습니다.

이렇게 사람을 반가워하고 즐겁게 맞이하는 사람이 아브라함이었습니다. 성격적으로 조금 내성적이어서 사람을 만나고 싶지 않고 그저 조용히 혼자만 있기를 좋아하는 사람도 있는데 이런 사람들은 성격과 관계없이 하나님께 사람들을 좋아하고 반겨 맞을 수 있도록 해달라고 기도해야 합니다. 사람을 사랑하지 않으면 하나님의 일을 할 수가 없기 때문입니다.

아브라함은 사람을 보자 달려나가서 꾸벅 절을 합니다. 구십 구 세가 된 노인이 자기 동네에 온 사람들에게 먼저 나가서 절을 하는 것입니다.

3절에서 5절 말씀을 보십시오.

> "가로되 내 주여 내가 주께 은혜를 입었사오니 원컨대 종을 떠나 지나가지 마옵시고 물을 조금 가져오게 하사 당신들의 발을 씻으시고 나무 아래서 쉬소서 내가 떡을 조금 가져 오리니 당신들의 마음을 쾌활케 하신 후에 지나가소서 당신들이 종에게 오셨음이니이다 그들이 가로되 네 말대로 그리하라."

아브라함은 그 사람들을 극진히 대접을 합니다. 너무 덥고 피곤할 테니까 물을 가져올테니 발을 씻고 나무 그늘 아래서 좀 쉬라고 권하고 또 그리고 먹을 것을 가져다 드릴 테니 드시고 마음을 즐겁게 하신 다음에 가시라고 부탁합니다. 이렇게 아브라함은 사람을 대하는 데 열정이 있었습니다.

사람은 누구나 자신을 좋아하는 사람을 좋아합니다. 자신을 만나면 반가워하고 언제든지 웃는 낯으로 대하는 사람은 또 만나고 싶어지는 것입니다. 그와 반대로 싫은 사람은 사람을 보아도 본척만척하고 자기와 상관없다는 태도를 보이는 사람입니다. 그런데 사람의 관계는 자기에게서 시작하는 것입니다. 자기가 사람을 좋아하면 사람들도 자신을 좋아하게 되어 있습니다. "심는 대로 거둔다"는 말은 인간관계에도 해당하는 말인 것입니다. 즉 모든 것이 자신의 생각에 달린 것입니다.

제가 여러 사람을 대하다 보면, 어떤 사람은 그 사람의 말만 나와도 얼굴을 돌리고 싫어하는 사람이 있습니다. 그런 사람들은 어디를 가든지 누구를 만나든지 좋지 않은 평을 합니다. 그런 사람들의 공통점은 다른 사람들을 기분 나쁘게 만들거나 무시하거나 불편하게 만든다는 것입니다.
　그와 반대로 이름만 들어도 사람들이 좋아하는 사람이 있습니다. 가는 곳마다 그 사람을 좋게 말하고 함께 있는 것을 즐거워합니다. 그런 사람의 인생은 시간이 지날수록 점점 잘 되고 풍성해집니다. 그런 사람들은 사람을 아주 반갑게 맞아주고 진심으로 대하기 때문에 누구나 좋아하는 것입니다. 그런 사람들은 하나님께서 아브라함을 축복하신 것처럼 반드시 축복하십니다.

사소한 섬김에 축복이 있다

　그럼 여기서 과연 하나님이 우리에게 주신 참된 축복이 무엇인지를 알아야겠습니다. 아무리 큰 집을 가진 사람도 잠을 잘 때는 한 평의 공간도 차지하지 못합니다. 아무리 권력이 있어도 하루에 세 끼 이상은 먹지 않습니다. 사람이 할 수 있는 일은 한계가 있습니다. 그 사람이 아무리 커도 한꺼번에 여러 가지를 할 수는 없습니다. 따라서 물질이 많다고 해서 반드시 축복을 받았다고 할 수는 없는 것입니다. 그를 아는 사람들이 모두 그를 좋아하고 따르고 그 사람과 있기를 즐겨하는 사람이 축복받은 사람인 것입니다.
　6-7절을 읽어보면 아브라함이 사람을 대접하기 위해서 수고하는 모습을 볼 수 있습니다.

> "아브라함이 급히 장막에 들어가 사라에게 이르되 급히 고운 가루 세 스아를 가져다 반죽하여 떡을 만들라 하고 아브라함이 또 짐승 떼에게 달려가서 기름지고 좋은 송아지를 취하여 하인에게 주니 그가 급히 요리한지라."

　'급히'라는 말과 '달려간다'는 말이 반복해서 계속 나옵니다. 그는 자기의 손님들을 대접하기 위해서 자기 몸을 아끼지 않고 생각하며 분주하게 움직이고 있습니다. 어떻게 하면 손님들을 잘 대접할 것인가 만 그리고 그렇게 열심히 움직이는 모습을 지켜본 세 손님들은 어떤 생각을 했겠습니까?

옛날 미국에 윌리엄 멕켄리라는 대통령이 있었는데 이 분이 다른 나라에 보낼 대사를 고르고 있던 중 마침 두 사람이 추천되어 올라왔습니다. 그런데 그 두 사람은 모든 면에서 비슷한 경력과 실력을 갖고 있었습니다. 그래서 윌리엄 대통령은 이 두 사람을 놓고 고민을 하다가 어떤 기억이 하나 떠오르는 것이 있었습니다.

그가 젊어서 하원의원을 할 때인데 한 번은 출근하면서 전철을 탈 때 어떤 할머니 한 분이 짐을 가지고 탔습니다. 그런데 그가 아는 두 사람이 같이 타고 있다가 그 할머니를 보자 한 사람은 얼른 신문으로 얼굴을 가리고 읽는 척을 하고, 다른 한 사람은 그 할머니를 보자마자 얼른 일어나서 할머니에게 자리를 양보하는 것이었습니다. 바로 그 때의 두 사람이 지금 대사의 물망에 오른 두 사람이라는 것을 기억하게 된 것입니다.

그래서 대사를 임명하는 데 결정적으로 이 사실을 적용해서 그 때 할머니에게 자리를 양보한 사람을 대사로 선택했다고 합니다. 우리의 인생은 누가 보든 보지 않든 자신의 삶에 최선을 다하면서 다른 사람을 잘 대하는 것에 삶의 성패가 달려 있습니다.

아브라함은 자기 자신을 낮추고 상대방을 최대한으로 높이는 자세를 취합니다. 아브라함은 그 나그네들에게 자신을 종이라고 하면서까지 대접하는 데 소홀함이 없었습니다.

어느 동네에 실수를 해서 감옥에 갔다온 사람이 있었다고 합니다. 그런데 그 동네의 동장이 갓 출옥한 그를 만나자마자 아주 반가운 얼굴로 그를 맞이하면서 앞으로는 잘살 수 있을 것이라고 격려해 주었습니다. 그 후 얼마의 시간이 흘러서 그는 아주 훌륭한 사람이 되었습니다. 그리고 지난 날을 회고하면서 하는 말이 그 때 그 동장이 자기에게 좋은 낯으로 격려의 말을 하지 않았더라면 아마 자신은 이렇게 되지 못했을 것이라고 말했습니다.

길거리에서 우연히 만나서 해준 한 마디가 한 사람의 인생을 획기적으로 전환시킨 것입니다. 우리의 친절과 열정도 다른 사람들의 인생에 커다란 변화를 줄 수 있는 놀라운 위력이 있습니다. 그리고 우리 자신에게도 반드시 하나님의 축복이 나타납니다.

8절을 봅시다.

"아브라함이 뻐터와 우유와 하인이 요리한 송아지를 가져다가 그들 앞에 진설하고 나무 아래 모셔 서매 그들이 먹으니라."

아브라함이 차린 음식은 급하게 차려서 간단한 것처럼 보이지만, 사실은 그 당시에 빨리 차린 음식으로는 아주 잘 차린 것이었습니다. 그리고 아브라함은 음식을 종에게 들려보내지 않고 자기가 직접 들고 들어와서 대접했습니다. 그리고 손님들이 먹는 동안에는 그 자리에 그대로 서서 대기하고 있었습니다. 손님에게 할 수 있는 최대한의 예의를 다하는 모습인 것입니다. 사람을 성심껏 대접하고 손님을 귀히 여기는 아브라함의 성품이 아주 잘 나타나는 장면입니다.

하나님은 이런 사람을 축복하십니다. 나중에 알고 보니 이 사람들이 바로 여호와께서 두 천사들과 함께 인간의 모습으로 오신 것이었습니다. 그 이전까지 하나님께서 아브라함에게 나타날 때에는 음성으로나 환상 중에 나타나셨었는데 지금은 직접 사람의 모습으로 나타나신 것입니다.

손대접에 힘썼던 아브라함은 하나님을 직접 만나는 축복을 받은 것입니다.

우리는 아브라함처럼, 열정을 가지고 하나님께서 주신 우리의 인생을 살아야 합니다. 사람들을 친절과 진심으로 대하고 항상 사람을 대하는 것을 즐거워해야 합니다. 그래서 우리가 이 땅에서 사는 동안에 주위의 많은 사람들로부터 사랑과 존경을 받으며 살아가는 우리의 삶이 되기를 바라며 아울러 이런 우리의 삶이 다른 사람에게도 영향을 주는 삶이 되기를 원합니다.

불가능은 없다

9절부터 15절 사이의 말씀은 하나님과 사라 사이의 이야기가 나오는데 여기에서 사라에게 보여주신 모습은 이제까지 하나님께서 아브라함에게 보이셨던 모습과는 다릅니다.

9-10절의 하나님은 언제나처럼 불가능한 것을 가능하게 만들어 주시는 분으로 나타납니다. 아브라함이 차려준 음식을 다 먹은 손님들은 아브라함의 아내가 어디에 있는지를 묻고 기한이 되면 사라에게 아들이 있을 것이라고 아브라함에게 말하고 있을 때 장막 문 뒤에 있던 사라가 그 이야기를 들었습니다.

> "그들이 아브라함에게 이르되 네 아내 사라가 어디 있느냐 대답하되 장막에 있나이다 그가 가라사대 기한이 이를 때에 내가 정녕 네게로 돌아오리니 네 아내 사라에게 아들이 있으리라 하시니 사라가 그 뒤 장막 문에서 들었더라."

사람은 자기 이야기를 하는 것에는 언제나 신경을 곤두세우고 듣습니다. 아무리 다른 소리가 커도 자기에 대한 이야기는 분별해서 듣고, 아무리 작은 활자라도 자신의 이야기는 크게 부각됩니다.

손님들의 이야기를 듣던 사라는 이미 경수가 끊겨서 아이를 가질 수 없는 여인이었는데 아들을 낳을 것이라고 하니 얼마나 기가 막혔겠습니까? 그래서 속으로 웃음을 짓습니다. 도저히 안되는 일이 일어날 것이라고 하니 웃지 않을 수 없었던 것입니다.

> "아브라함과 사라가 나이 많아 늙었고 사라의 경수는 끊어졌는지라 사라가 속으로 웃고 이르되 내가 노쇠하였고 내 주인도 늙었으니 내게 어찌 낙이 있으리요"(18:11,12).

제가 아는 분 중에 한 분은 남편의 나이가 오십이 넘고 아내의 나이가 사십이 넘었는데 아이를 갖게 되었습니다. 그 부부는 너무 놀라워서 처음에는 어쩔 줄을 몰라하다가 낙태를 하기로 결정을 하고 걱정이 되어서 저에게 전화를 했습니다. 그 아내는 평소에 허리도 좋지 않은 사람이고 남편도 이제 은퇴할 때가 다 된 사람이어서 도저히 키울 수가 없다는 것이었습니다.

그러나 저는 그 아이는 하나님께서 특별히 주신 아이이기 때문에 꼭 낳아야 한다고 말했습니다. 다른 사람들도 도저히 아이를 낳을 수 없는 나이에 아이를 가졌으니 이는 하나님의 특별하신 은총이므로 낙태할 생각을 하지 말라고 만류했습니다.

그래서 그 부부는 아이를 낳았고 지금은 그 아이 때문에 사는 즐거움이 있다고 말할 정도로 아주 행복하게 살고 있습니다. 뿐만 아니라, 아내의 허리까지 다 나아서 아주 건강하게 살고 있습니다. 이 얼마나 큰 하나님의 축복입니까?

사라는 이미 경수가 끝났기 때문에 신체 조건이 출산을 할 수 없는 상태였고 아브라함도 많이 늙어서 임신을 한다는 것이 불가능한 상태였습니다. 그리고 설사 두 사람의 신체 기능이 기적적으로 다시 회복된다고 해도 다시 임신이 된다는 보장은 없는 것입니다. 게다가 임신의 가능성만 문제가 되는 것이 아니라 아이를 낳아도 꼭 아들이어야 했습니다.

12절에서 이미 인생의 낙이 끊겼다는 것은 즉 두 사람의 부부생활이 오래 전에 중단된 것을 의미합니다. 그런데 아들을 낳을 것이라니 사라가 웃을 수밖에 없는 것입니다. 이렇게 불가능한 일이 일어나는 것은 매일 있는 일은 아닙니다. 이것은 하나님 때문에 일어나는 것이고 일생에 한두 번 있을 수 있는 일입니다. 우리에게도 하나님께서 한 번쯤은 그 기회를 주실 것입니다.

이미 우리 중에는 하나님의 기적적인 사건을 경험한 사람들도 많이 있을 것입니다. 도저히 일어날 가능성이 없었던 일이 어찌된 셈인지 가능하게 되어서 우리를 깜짝 놀라게 하고 하나님의 능력을 체험하게 된 사람들이 있습니다. 그런데 이런 현상은 우리의 믿음 때문에 생기는 것은 아닙니다. 아브라함과 사라도 이 말씀을 믿음으로 받아들이고 처음부터 믿었던 사람은 아니었습니다. 그러나 하나님께서 하시고자 하는 일은 그런 불신에도 불구하고 일어납니다. 그것이 바로 피할 수 없는 하나님의 계획이기 때문입니다.

마리아도 하나님의 계획에 놀란 사람입니다. 누가복음 1장 34절에 보면 남자를 모르는 처녀인 자신에게 하나님의 천사가 나타나 잉태할 것이라는 소리를 하자, 그는 그런 일이 어떻게 일어날 수 있겠느냐면서 의아해 합니다.

"마리아가 천사에게 말하되 나는 사내를 알지 못하니 어찌 이 일이 있으리이까"(눅 1:34).

마리아의 생각으로는 불가능한 일이었던 것입니다. 그러나 천사는 그 일이 하나님의 영으로 될 것이라고 말합니다.

"천사가 대답하여 가로되 성령이 네게 임하시고 지극히 높으신 이의 능력이 너를 덮으시리니 이러므로 나실 바 거룩한 자는 하나님의 아들이라 일컬으리라"(눅 1:35).

하나님의 영은 인간의 상식을 넘어서 역사하는 분이신 것입니다. 그래서 동정녀를 통해 메시아를 탄생시켜 인류를 구원하게 만드는 놀라운 하나님의 역사가 일어난 것입니다.

산헤드린의 회원 중의 하나였던 니고데모도 하나님의 역사하심에 의심을 품은 사람이었습니다. 낮에 예수님이 기적을 베푸시는 것을 보고 밤에 몰래 찾아와 천국 가는 방법을 묻는 니고데모에게 예수님은 사람이 거듭나지 않으면 하늘나라에 갈 수 없다고 말합니다. 그러자 니고데모는 어떻게 늙은 사람이 다시 어머니 뱃속에 들어갔다가 나올 수 있느냐고 묻습니다. 예수님은 거듭남이 육체의 거듭남이 아니라 영적인 거듭남이라고 설명하면서 이것이 바로 하나님이 하시는 일이라고 말씀하십니다.

이것이 바로 기독교의 기적의 역사인 것입니다. 사람의 생각으로는 어떻게 그런 일이 있을 수 있을까 의심하지만 하나님께서는 우리의 생각을 뛰어넘으셔서 일하시므로 우리에게 영원한 생명을 주실 수 있는 것입니다.

저는 사라가 얌전하게 입을 가리고 웃었다고 생각하지 않습니다. 평소 그의 태도나 성품을 보면 아주 활달하고 외향적인 사람이기 때문에 웃음도 큰 소리로 웃었을 것입니다. 그 소리를 밖에 있던 여호와께서 들으셨습니다. 그리고 사라에게 왜 웃느냐고 물으십니다.

"여호와께서 아브라함에게 이르시되 사라가 왜 웃으며 이르기를 내가 늙었거늘 어떻게 아들을 낳으리요 하느냐"(18:13).

하나님은 우리가 어디서 무슨 일을 하든지 알고 계십니다. 우리가 어이가 없어서 웃든지 너무 고통스러운 절망에 싸여서 울든지 하나님은 우리의 소리를 들으십니다. 천막 뒤에 있거나 지하실에 있거나 기도실에 있거나 하나님은 우리의 소리를 들으십니다.

그리고 이 웃음소리를 들은 여호와께서는 14절에서 말씀하십니다.

"여호와께 능치 못한 일이 있겠느냐 기한이 이를 때에 내가 네게로 돌아오리니 사라에게 아들이 있으리라."

여호와께는 능치 못한 일이 없습니다. 하나님께서는 천지를 창조하시고 하늘과 땅과 그 안에 있는 모든 것을 주관하시는 전능하신 분입니다. **인간인 우리에게는 불가능이 있어도 하나님께 불가능은 없습니다.**

자신의 임신을 불가능하다고 믿었던 사라에게 하나님은 말씀하셨습니다. "여호와께 능치 못한 일이 있겠느냐?" 우리는 이 말씀을 늘 기억해야 합니다.

저는 교회를 지으면서 하나님의 놀라우신 능력을 경험했습니다. 미국에서 벧엘교회를 지을 때의 일입니다. 교회를 지으려고 하는데 은행에서 대부를 해 주지 않았습니다. 처음부터 돈 문제에 부딪히니까 모두들 교회 짓는 일이 어려울 것이라고 생각했습니다. 그러나 우리에게는 불가능이 있어도 하나님께 능치 못한 일은 없습니다.

그래서 믿음으로 막상 교회당 건물을 짓기 시작하니까, 나중에는 여러 은행에서 고객을 유치하느라고 서로 돈을 빌려 주겠다고 경쟁이 붙었고 덕분에 우리가 상상도 할 수 없었던 아주 싼 이자로 돈을 빌려서 교회를 지었습니다.

그리고 그 뒤에도 놀라운 일들이 계속 되었습니다. 교회를 짓고 있는 도중이라 우리는 건축헌금을 모두 한 은행에 예금해 두었는데 그 은행이 문을 닫게 되었다는 보도가 나왔습니다. 깜짝 놀라서 은행으로 갔더니 벌써 돈을 찾으려는 사람들로 줄이 길다랗게 늘어서서 들어갈 수가 없었습니다.

그런데 이상하게도 교회로 그 은행 지점장의 전화가 왔습니다. 무슨 생각에서였는지 건축헌금을 먼저 찾게 해 줄 테니 옆문을 통해서 지금 은행으로 들어오라는 것이었습니다. 그래서 급하게 은행장을 만나서 헌금을 찾을 수 있었고 그 후에 은행은 완전히 문을 닫아서 다른 사람들은 예금한 돈을 찾을 수 없게 되었습니다. 한 발만 늦었어도 교회를 짓지 못할 뻔 했던 것입니다.

그 뿐이 아닙니다. 건물을 다 짓고 났는데 그동안에 비가 오지 않아서 지붕이 새는지 안 새는지를 알 수가 없었습니다. 인부들은 고무호스로 물 한 번 뿌려 보고는 이상이 없다고 했지만 믿을 수가 없어서 저와 건축위원장이 모여서 함께 비를 내려 달라고 기도했습니다. 그랬더니 당장 다음 날 비가 내리고 여기저기 새는 곳이 발견되어서 한꺼번에 수리를 할 수 있었습니다.

그 다음에는 또 이른 봄이었는데도 눈이 오기를 기도해서 눈이 녹을 때 세는 곳까지 실험을 해서 고칠 수 있었습니다.

다른 사람들은 교회를 지으면서 고생을 가장 많이 한다고 하는데 저희는 아주 재미있게 하나님의 은혜를 체험하면서 교회를 지을 수 있었습니다. 여호와 하나님은 엘로힘의 하나님, 능력자 하나님이십니다. 지극히 높으시며 거룩하시고 모든 것을 통치하시는 천지의 주재자이십니다. 그래서 그 분을 믿는 우리에게 희망이 있는 것입니다.

그런데 15절에서 사라는 두려워서 자신이 웃은 사실을 부인합니다. 겁이 난 사라는 순간적으로 하나님 앞에서 거짓말을 한 것입니다.

"사라가 두려워서 승인치 아니하여 내가 웃지 아니하였나이다 가라사대 아니라 네가 웃었느니라."

우리도 순간적으로 거짓말을 할 때가 있습니다. 의도하지 않았는데도 너무 당황하면 자신도 모르게 거짓말이 불쑥 나오는 것입니다. 사람은 그 거짓말로 속일 수 있고 어떻게 얼버무려서 그 순간을 넘길 수 있습니다.

그러나 하나님은 사람에게 속지 않으십니다. 하나님은 우리의 소리를 직접 들으실 뿐만 아니라 왜 그런 소리를 하는지까지도 아시기 때문입니다.

우리는 작은 일일지라도 하나님 앞에서 숨기려고 해서는 안되고 숨길 수도 없습니다. 하나님은 모든 것을 분명하게 아시고 계신다는 사실을 잊어서는 안됩니다. 기독교는 인간적인 합리성에 의해서 지속되는 종교가 아니고 하나님의 기적과 섭리에 의해서 지속되는 종교이기 때문에, 인간의 생각으로 하나님을 판단하고 이해하려는 어리석음을 범해서는 안된다는 것이 사라의 웃음으로부터 우리가 배울 수 있는 교훈입니다.

그러므로 **우리는 어떤 불가능한 것이 우리를 가로막을 때 무엇보다 먼저 전능하신 하나님께 모든 것을 의뢰하는 믿음을 키워야 하겠습니다.** 비록 우리는 연약하고 미약하지만 우리의 하나님은 지극히 높으신 하나님이시요, 불가능한 것이 없는 전능하신 하나님이시기 때문에 하나님께 구하고 하나님께서 역사하실 것을 기대하고 바라보는 믿음이 있어야겠습니다.

아브라함도 믿음이 없어서 여호와의 말씀에 웃음을 지었었고, 사라도 여호와의 약속을 믿지 못해 웃었다가 하나님으로부터 지적을 받자 거짓말로 얼버무리려 하다가 꾸지람을 들었습니다.

우리는 인간적인 생각과 인간적인 상식이 앞서는 연약한 존재이기 때문에 늘 실수를 하나 결코 그런 실수를 회피하거나 하나님께 거짓말하는 사람들이 되어서는 안됩니다.

우리의 하나님은 불가능을 가능하게 하시는 하나님, 회개한 자녀의 모든 허물을 깨끗하게 하시는 하나님이시라는 것을 여러분은 잊지 마시기를 바랍니다.

제 14 장

신임받는 아브라함

"그 사람들이 거기서 일어나서 소돔으로 향하고 아브라함은 그들을 전송하러 함께 나가니라 여호와께서 가라사대 나의 하려는 것을 아브라함에게 숨기겠느냐 아브라함은 강대한 나라가 되고 천하 만민은 그를 인하여 복을 받게 될 것이 아니냐 내가 그로 그 자식과 권속에게 명하여 여호와의 도를 지켜 의와 공도를 행하게 하려고 그를 택하였나니 이는 나 여호와가 아브라함에게 대하여 말한 일을 이루려 함이니라 여호와께서 또 가라사대 소돔과 고모라에 대한 부르짖음이 크고 그 죄악이 심히 중하니 내가 이제 내려가서 그 모든 행한 것이 과연 내게 들린 부르짖음과 같은지 그렇지 않은지 내가 보고 알려 하노라 그 사람들이 거기서 떠나 소돔으로 향하여 가고 아브라함은 여호와 앞에 그대로 섰더니 가까이 나아가 가로되 주께서 의인을 악인과 함께 멸하려 하시나이까 그 성중에 의인 오십이 있을지라도 주께서 그 곳을 멸하시고 그 의인 오십을 위하여 용서치 아니하시리이까 주께서 이같이 하사 의인을 악인과 함께 죽이심은 불가하오며 의인과 악인을 균등히 하심도 불가하나이다…"(창 18:16-33).

신임받는 아브라함

마지막까지 최선을 다하라

아브라함은 하나님의 신임을 많이 받은 사람이었습니다. 이 신임은 아브라함에 대한 하나님의 일방적인 신임이었습니다. 바로 왕에게 거짓말을 하고, 이스마엘을 낳는 등 아브라함은 많은 실수와 허물을 지닌 사람이었는데도 불구하고 하나님은 이런 아브라함을 성숙한 신앙과 성숙한 인격의 사람으로 다듬어가셨습니다.

손님 대접하기에 힘썼던 아브라함은 손님들이 떠날 때에도 끝까지 최선을 다해 대접합니다.

"그 사람들이 거기서 일어나서 소돔으로 향하고 아브라함은 그들을 전송하러 함께 나가니라"(18:16).

아브라함은 그 사람들이 일어나 나가자 자신도 함께 그들을 전송하기 위해서 일어나 멀리까지 배웅을 합니다. 이러한 태도는 동양적인 미덕인 것 같습니다. 서양 사람들은 문간에 서서 안녕하면 그만입니다. 그러나 아브라함은 사람을 맞을 때부터 극진히 맞았고 보낼 때에도 예의를 다 갖추어서 끝까지 극진한 대접을 합니다. 마지막까지 섬기려 하는 이런 아브라함의 모습을 보고 하나님께서는 그를 끝까지 신임하신 것입니다.

신약에도 이런 모습을 가진 사람이 있습니다. 스데반은 예수님의 부활 소식과 복음의 말씀을 전하다가 유대인들에게 돌을 맞아 죽는 그 순간까지도 하나님께 충성을 다했습니다. 예수님처럼 자신을 돌로 치는 사람들을 위해서 기도하고 마지막 호흡을 하는 순간까지도 하나님을 찬양합니다. 그래서 영안(靈眼)이 열리고 하늘에서 예수님이 서 계신 것을 보면서 죽음을 기쁘게 맞이했습니다.

우리는 어떻습니까? 우리도 최후의 순간까지 하나님의 영광을 위해 살 때에 하나님께서 우리를 맞아 주실 준비를 하고 있다는 것을 확신하고 있습니까? 이런 자세와 결단을 가지고 끝까지 충성하며 사는 사람을 하나님께서는 축복하십니다.

열 처녀의 비유를 보십시오. 열 처녀가 모두 신랑을 기다리고 있었지만 신랑을 맞을 수 있었던 사람은 모든 것을 충분히 준비해서 자리를 떠나지 않고 기다린 지혜로운 다섯 처녀뿐이었습니다. 나머지 다섯 처녀는 기름을 준비하려고 마지막에 자리를 뜨는 바람에 문이 잠겨 버리고 아무리 울며 애걸을 해도 신랑을 맞을 수 없게 되어 버렸습니다.

마지막 순간까지 하나님 앞에 있는 것이 중요합니다. 과거에 아무리 잘 했어도 그것이 현재와 미래를 보장할 수 없는 것입니다. 사람과 사람 사이에도 마지막의 관계가 중요합니다. 그것이 그 사람의 인상을 지배하기 때문입니다. 마지막에 본 모습이 나의 마음을 상하게 하는 것이었으면 그 사람을 생각할 때에 가슴 아픈 기억으로 떠오릅니다. 동료들도 그렇고 형제간에도 그렇고 부부 사이에도 마찬가지입니다. 언제 어느 때 올지 모르는 마지막을 위해서 우리는 항상 성실하게 살아야 합니다.

이렇게 끝까지 하나님을 섬기는 아브라함의 모습을 본 하나님께서는 자신의 마음 속에 있는 말까지 숨기지 아니하시고 말씀해 주셨습니다.
17절 말씀을 보겠습니다.

"여호와께서 가라사대 나의 하려는 것을 아브라함에게 숨기겠느냐."

하나님께서는 친숙한 아브라함에게 하나님의 심중에 있던 계획을 말씀하십니다. 하나님의 말씀을 들을 수 있으려면 우리도 하나님과 친해야 합니다. 일주일에 한 번 하나님을 찾는 것 가지고는 친숙한 관계를 유지할 수 없습니다. 어쩌다 교회에 한주일이라도 빠지면 그나마 보름에 한 번 정도만 하나님을 찾습니다. 어떻게 하나님의 음성을 듣는 영광을 누릴 수 있겠습니까? 더구나 그런 사람에게 하나님의 비밀한 계획을 어떻게 가르쳐 주시겠습니까? 그래서 하나님의 뜻을 알고 싶고 그 분의 말씀을 듣고 싶다면 하나님과 친밀한 관계를 날마다 유지해야 합니다.

하나님과 동행하는 사람

하나님께서 자신의 친구라고 한 사람이 두 명 있었습니다. 그 첫번째 사람이 아브라함이고 두번째 사람이 모세입니다. 모세는 시내 산에 올라가서 하나님과 사십 일 동안 있었는데, 하나님과 대면하여 말할 때에는 친구처럼 얼굴과 얼굴을 대면하여 말했다고 했습니다.

우리도 하나님을 매일 대면하면 하나님과 친구처럼 될 수 있습니다. 일주일에 한 번 교회에서만 만나는 것이 아니라 직장에서나 집에서나 길을 갈 때에도 함께 거닐면 하나님께서는 하나님의 놀라운 계획을 여러분에게 이야기하시게 될 것입니다.

"아브라함은 강대한 나라가 되고 천하 만민은 그를 인하여 복을 받게 될 것이 아니냐"(18:18).

아브라함은 하나님께서 택하여 세우신 분입니다. 그 이유는 하나님께서 그의 믿음을 의로 여기셨기 때문입니다.
그러므로 우리는 하나님의 축복을 구하기에 앞서 먼저 하나님을 구해야 합니다. 즉 하나님을 구하는 것이 하나님의 축복을 구하는 것보다 낫습니다. 왜냐하면 하나님께 모든 것이 있기 때문입니다.

참으로 복된 사람은 자기 자신만 하나님의 은총을 받는 사람이 아니라 그 복을 다른 사람과 나누는 사람입니다. 많이 받는 것이 축복이 아니라 많이 나누는 것이 축복입니다. 좋은 자리에 앉아서 권력을 잡았거나 돈을 많이 벌었지만 그것 때문에 망한 사람들이 얼마나 많이 있습니까? 오히려 좋은 자리에 있지 않았으면 괜찮았을 사람이 그 자리에 앉는 바람에 잘못되는 경우가 너무 많습니다. 그러나 작은 것을 받아도 그것이 하나님의 축복인 줄 알고 감사하고 나누어 쓰려고 하는 사람은 하나님의 더 큰 축복을 받을 것입니다.

정말 축복을 받은 사람은 주는 사람입니다. 그런 사람이 복의 근원이 되는 것입니다. 우리의 기도는 우리만 복을 받아서 잘 사는 것이 아니라 우리의 복으로 인하여 다른 사람들까지도 복을 누릴 수 있게 해 달라는것 이어야 합니다. 돈도 버는 것보다 쓰는 것이 중요하듯이, 하나님의 축복 역시 받아서 어떻게 쓰느냐 하는 것이 더 중요합니다.
구약 성경의 개념에서 축복은 본인 한 사람에서 그치는 것이 아니었습니다. 인구 증가와 축복이 연결되고 있습니다. 그 이유는 단순히 사람을 늘리는 것이 중요해서 그런 것은 아닙니다. 믿음을 가진 사람들의 자녀가 늘어나는 것은 곧 하나님의 자녀들이 늘어나는 것이고,

하나님의 자녀들이 늘어나는 것은 하나님의 나라가 확장되는 것을 의미합니다.

우리가 우리 주변의 사람들에게 복음을 전해서 교회를 확장하는 것도 이와 같은 원리인 것입니다. 우리의 영적인 생활을 아무런 발전 없이 겨우 연명하는 것에서 그친다면 하나님 나라의 확장에 아무런 영향력도 미치지 못하게 되는 것입니다.

우리는 하나님을 섬기는 일에 마음을 다하여 끝까지 충성할 결단을 갖는다면 우리는 하나님과 대화할 수 있는 친구 같은 사이가 될 것입니다. 그러면 우리는 하나님께 신임을 얻는 사람이 되고 하나님의 신임을 입으면 나 한 사람뿐만 아니라 다른 사람들에게도 은혜를 끼치는 사람으로 변화하는 것입니다.

"내가 그로 그 자식과 권속에게 명하여 여호와의 도를 지켜 의와 공도를 행하게 하려고 그를 택하였나니 이는 나 여호와가 아브라함에게 대하여 말한 일을 이루려 함이니라"(18:19).

많은 사람 중에 아브라함이 선택된 것은 하나님께서 아브라함을 잘 알았기 때문입니다. 영어 성경의 번역 중에는 '선택했다'는 말을 '알았다'는 말로 번역하는 예가 많이 있습니다. 하나님과 아브라함의 사이는 이미 잘 아는 친구 사이였던 것입니다. 그와 하나님께서 친숙한 사이였기 때문에 하나님은 아브라함을 누구보다 잘 알고 있었던 것입니다. 이름만으로도 친숙함을 느낄 수 있을 만큼 가깝고 다정한 사이였던 것입니다.

하나님이 잘 '아는' 사람 아브라함은 그의 가족들과 그에게 속한 사람들의 영적인 삶을 책임지는 사람이었습니다. 그는 영적인 면에서 가장의 역할을 충실히 행할 수 있는 사람이었던 것입니다.

우리의 가정에서도 같은 일이 일어나야 합니다. 가정의 가장인 사람은 자신의 영적 문제뿐만 아니라 그 가족의 영적인 문제에 책임을 지는 사람이어야 합니다. 음식을 먹이고 옷을 입히고 잠자리를 주는 것만으로 자기의 할 일이 끝났다고 믿는다면 그것은 적어도 하나님을 믿는 사람의 태도는 아닙니다. 가족들에게 하나님의 도와 의를 가르치겠다는 마음이 없으면 진정한 의미에서 가장이라고 할 수 없습니다.

소돔과 고모라가 같이 패역한 사람이 살던 시대에도 아브라함 같은 사람이 있었다는 것은, 지금 우리가 살고 있는 시대에도 아브라함과 같은 삶을 살아야 한다는 것을 말해 주는 것입니다.

각 가정에서 아브라함과 같은 믿음의 사람들이 자신의 가족과 이 민족을 위하여 기도하고 그 믿음대로 행한다면 이 나라는 소돔과 고모라 같은 상황 속에서도 하나님께서 구원하시는 나라가 될 것입니다. 아브라함의 믿음과 그의 기도는 자기 가족을 구하는 것에서 그치지 않고 나라를 구하고 민족을 구하며 세계를 구하는 것입니다.

아브라함처럼 자기 자신뿐만 아니라 가족을 구하고 민족을 구하며 세계를 구하는 기도를 할 줄 아는 저와 여러분이 되어야겠습니다.

소수의 힘

세계 역사는 소수에 의해서 창조되고 움직여집니다. 사람들은 소수의 힘과 가치를 작게 평가하는 경향이 있습니다. 그러나 한 사람이 갖는 힘이란 대단히 중요한 것입니다. 하나님께서 소돔을 향해 가시면서 아브라함에게 머지 않아 소돔과 고모라를 심판하시겠다고 말씀하셨습니다.

"여호와께서 또 가라사대 소돔과 고모라에 대한 부르짖음이 크고 그 죄악이 심히 중하니 내가 이제 내려가서 그 모든 행한 것이 과연 내게 들린 부르짖음과 같은지 그렇지 않은지 내가 보고 알려 하노라"(18:20,21).

그러자 아브라함은 하나님과의 협상을 제의했습니다. 소돔은 아브라함이 자신의 목숨을 내걸고 전투를 하여 조카 롯과 그 도시시민들을 구해낸 적이 있는 성이었습니다. 그 이야기는 창세기 14장에 나오는데 이미 앞에서 살펴본 바 있습니다.

그런데 여호와께서는 그 도시의 악 때문에 그 도시를 멸망시키겠다고 말씀하시는 것입니다. 그러자 아브라함은 이번에는 하나님과의 담판을 통해서 소돔을 구하려고 시도합니다.

아브라함은 공의로우신 하나님을 믿는 사람이었습니다. 하나님은 부당한 일을 하지 않으시는 분으로 믿었기 때문에 아브라함은 하나님께 말씀을 드립니다.

"그 사람들이 거기서 떠나 소돔으로 향하여 가고 아브라함은 여호와 앞에 그대로 섰더니 가까이 나아가 가로되 주께서 의인을 악인과 함께 멸하려 하시나이까"(18:22,23).

아브라함의 말은 설사 악인이 있다 하더라도 의인으로 인하여 그 악인을 구해 주셔야지 악인 때문에 의인을 죽게 할 수는 없다는 것이었습니다. 하나님의 공의에 호소하는 아브라함의 요구는 정당한 것이었습니다. 그래서 하나님께서는 그의 말을 들어주기로 합니다.

"그 성중에 의인 오십이 있을지라도 주께서 그곳을 멸하시고 그 의인 오십을 위하여 용서치 아니하시리이까 주께서 이같이 하사 의인을 악인과 함께 죽이심은 불가하오며 의인과 악인을 균등히 하심도 불가하나이다 세상을 심판하시는 이가 공의를 행하실 것이 아니니이까 여호와께서 가라사대 내가 만일 소돔 성에서 의인 오십을 찾으면 그들을 위하여 온 지경을 용서하리라"(18:24-26).

하나님께서 세상을 심판하시는 분이지만 악한 사람 때문에 억울한 의인을 만드는 분이 아니라는 것을 믿고 하나님 앞에 공의에 대한 강력한 이의를 제기한 것입니다. 아브라함의 믿음대로 하나님은 공의로운 분이셨으므로 아브라함의 이의 제기를 받아들이기로 하십니다.

사람은 자신이 잘못을 하고 상대방의 이야기가 옳다는 것을 알면서도 자신의 잘못을 시인하기 싫어합니다.
사이가 나빠진 두 사람의 이야기를 들어보면 두 사람 모두 상대방이 잘못했다고 말합니다. 자신의 잘못은 극소화하고 상대방의 잘못은 극대화해서 도저히 용서할 수 없는 것이 되어 버립니다. 상대방은 그 문제 때문에 가슴에 멍이 들었는데 자기는 그것이 아무것도 아닌 것처럼 말합니다. 여기에서 문제가 일어나고 갈등과 미움이 생기는 것입니다.
그러나 하나님은 아브라함의 공정한 이야기를 듣고는 자신의 생각을 쾌히 바꾸시고 아브라함으로 하여금 증명할 수 있는 기회를 주었습니다. 모든 권위를 가진 분이셨지만 공의를 실행하는 데에 누구보다 하나님께서 먼저 모범을 보이시고 자신의 생각과 결정을 바꾸신 것입니다.

하나님의 공의는 "심는 대로 거둔다"는 말씀 속에 잘 나타납니다. 언뜻 보기에는 불공평한 것 같이 보이지만 하나님께서 하시는 일은 언제나 공의로운 판단에 의한 것입니다. "심는 대로 거둔다"는 이 생각은 기독교의 진리일 뿐만 아니라 다른 종교도 마찬가지의 교리를 가지고 있습니다.
인도의 힌두교는 같은 뜻을 가진 '카르마'란 말이 있고 불교에서도

'인과응보'라는 말이 있습니다. 이런 것을 보면 이것은 동서양을 막론한 만고의 진리라고 할 수 있습니다.

우리에게 하나님의 공의를 믿는 믿음이 있으면 잠시 불공평한 일이 일어난다 하더라고 결국에 가서는 하나님의 공의가 나타나 불의한 형편을 바로잡을 것입니다. 사람은 때로는 진실을 알지 못한 채 다른 사람을 비난하고 미워할 수 있지만 중심을 보시고 진실을 보시는 하나님은 절대로 불의한 판결을 내리실 분이 아니신 것입니다. 우리가 믿는 하나님에 대한 믿음 중에는 하나님의 공의를 믿는 믿음이 반드시 포함되어 있어야 합니다. 그래야만 아브라함처럼 하나님 앞에서 공의를 논할 수 있게 되는 것입니다.

지금까지의 삶을 살면서 하나님의 공의를 믿지 못하게 하는 일을 많이 겪은 사람들도 있을 것입니다. 그래서 가슴을 치면서 하나님을 원망하고 사람들을 원망하는 분들도 많이 있을 것입니다. 그러나 그런 분들은 위로받을 것입니다. 하나님은 공의의 하나님이십니다. 절대로 불의한 것에 상한 심령이 상처받은 채로 머물지 않도록 치료하시고 위로하실 것을 믿으셔야 합니다. 믿는 사람에게 하나님은 그 믿음의 증거를 보이실 것입니다.

아브라함은 하나님의 공의뿐만이 아니라 소수의 힘을 믿은 사람이었습니다. 의로운 소수가 전체를 구할 수 있다고 굳게 믿었습니다. 24절을 보면 아브라함은 하나님께서 의인 오십 명만 있어도 절대로 멸망시키지 아니하실 것을 믿고 있었습니다.

> "그 성중에 의인 오십이 있을지라도 주께서 그곳을 멸하시고 그 의인 오십을 위하여 용서치 아니하시리이까."

우리 나라 사람들 중에는 이 나라가 너무 악해서 곧 망하게 될 것이라고 말하는 사람들이 있습니다. 그러나 저는 그렇게 생각하지 않습니다. 이 나라가 하나님 앞에 의로워서가 아니고 적어도 이 나라 안에는 의로운 사람 오십이 있을 것이라고 믿기 때문입니다. 그리고 그 사람들의 간절한 기도 때문에 우리 나라가 지탱되는 것입니다. 많은 사람이 있어서 이 세계가 움직이는 것이 아니라 적은 숫자의 의인들 때문에 이 나라와 이 세계가 움직이는 것입니다.

이 땅에는 악한 일과 불의한 일이 많이 있지만 그것을 물리치는 것은 바로 하나님 앞에서 눈물로 기도하는 소수 의인들의 기도입니다. 의인들의 기도가 있는 한 하나님께서는 이 땅에 소돔과 고모라 같은 징벌은 내리지 않으실 것입니다. 그리고 우리는 그 의인 오십 중에 들 수 있도록 늘 기도해야 하는 것입니다.

이러한 기도가 곳곳에서 끊기지 않는 한 우리나라는 하나님의 보호하심 아래 있을 수 있다는 것을 믿어야 합니다. 지금 이 땅의 모습이 너무 악하고 패역해서 기독교인들의 역할이 전혀 없는 것처럼 느껴질 수도 있고, 실제로 들어내 놓고 그렇게 말하는 사람도 있습니다. 그러나 그건 틀린 생각입니다. 그나마 기독교인들이 이만큼이라도 있으니까 이 정도의 모습을 유지하고 있는 것입니다. 만일 그렇지 않았다면 지금 이 나라가 어떻게 되어 있을지 짐작하기도 어려울 것입니다. 그런 만큼 우리 한 사람의 역할이 중요한 것입니다. 한 사람 한 사람이 모여서 오십 명이 되는 것이고 그 오십 명이 나라를 구하는 사람들이 되는 것입니다.

하나님과 협상을 하려는 아브라함의 노력은 그 협상이 성사될 때까지 포기하지 않고 계속됩니다. 이러한 아브라함의 모습을 가장 먼저 본받아야 될 사람들이 우리나라 국회의원들인 것 같습니다. 국민들의 대표라고 칭하는 오늘날 국회의원 모습은 어떻습니까? 나라의 일보다는 자신들의 명예와 부를 유지시키기 위해 서로 헐뜯고 비난하니 이

나라에 무슨 정치 발전이 있을 수 있겠습니까? 지도자들의 그런 모습이 텔레비전을 통해서 전국에 중계가 될 때마다 우리 국민들이나 학생들이 또 무엇을 배우겠습니까? 그저 헐뜯고 싸우는 것 외에는 아무 것도 배울 것이 없습니다.

타협을 시작했으면 합의점을 찾아야 하고 그 합의점은 나에게 유리한 것으로만 이루려 해서는 안됩니다. 타협은 서로 조금씩 양보해서 서로에게 꼭 필요한 것을 얻어내는 것입니다.

하나님과 아브라함은 서로 조금씩 양보하면서 사람을 살리기 위한 타협을 진행시킵니다. 아브라함은 오십에서 다섯씩을 감해 나가기 시작합니다. 사십오에서, 사십, 그리고 다시 십인을 감한 삼십 인을, 그리고 다시 이십 인을 제안합니다.

그런데 이 때 아브라함의 표현이 아주 겸손합니다. 27절의 표현을 보면 자신을 티끌이라고 말합니다.

"아브라함이 말씀하여 가로되 티끌과 같은 나라도 감히 주께 고하나이다."

하나님과 친구처럼 대화할 수 있는 아브라함이었지만 그는 하나님 앞에서 자신을 먼지 같은 존재로 여기고 자세를 낮추어 말합니다. 그러나 그것으로 그친 것이 아닙니다. 그는 겸손과 더불어 용기를 가진 사람이었습니다. 하나님 앞이었지만 자신이 해야 할 이야기는 다 하는 사람이었습니다. '감히'라는 말을 써서 하나님께 과감하게 구할 것을 구합니다. 겸손과 용기를 함께 갖추어 하나님 앞에 나간 것입니다.

우리의 구함도 이와 같아야 합니다. 예수님께서 십자가에 죽으심으로 성소의 휘장이 갈라졌고 이로 인하여 우리는 사제를 거치지 않고 직접 하나님 앞에 나갈 수 있게 되었습니다.

우리는 이 기회를 잘 사용할 줄 알아야 합니다. 우리는 누구나 제사장의 신분을 가지고 하나님 앞에 직접 나아갈 수 있게 되었으며, 하나님 앞에 나아갈 때에는 겸손과 용기를 가지고 나아가 구할 것을 구할 수 있게 된 것입니다. 이 기회를 어떻게 이용할 것인가는 우리 손에 달린 것입니다.

아브라함과 하나님의 협상은 최종적으로 열 명까지 내려갑니다. 우리 하나님은 의인 십인만 있으면 그것을 선으로 여기고 소돔과 고모라를 멸망에서 구하겠다고 말씀하시는 것입니다.

> "아브라함이 또 가로되 주는 노하지 마옵소서 내가 이번만 더 말씀하리이다 거기서 십인을 찾으시면 어찌 하시려나이까 가라사대 내가 십인을 인하여도 멸하지 아니하리라 여호와께서 아브라함과 말씀을 마치시고 즉시 가시니 아브라함이 자기 곳으로 돌아갔더라"(18:32,33).

이것이 바로 하나님의 은혜로운 성품입니다. 우리 모두가 범죄함으로 하나님의 의에 이르지 못하였으나 하나님은 그의 아들을 이 땅에 보내사 그의 보혈로 인하여 우리가 값없이 은혜로 의롭다 하심을 얻을 수 있도록 만드신 것입니다. 그래서 '하나님의 자녀'라는 말을 듣게 된 사람들이 바로 우리입니다. 나를 보면 도저히 하나님의 자녀라고 할 수 없지만 하나님께서 흠 없으신 예수님으로 인하여 우리를 의롭다고 인정하신 것입니다.

한 도시에 의인 열 명만 있어도 그 도시를 멸망에서 구할 수 있을 만큼 의인은 중요한 것입니다. 숫자가 문제가 되는 것이 아닙니다. 소수라도 의인이 있으면 그들로 인해서 한 도시가 사망에서 생명으로 옮겨지는 것입니다.

소돔과 고모라가 죄인의 수가 많아서 망한 것이 아니라 의인 열 명이 없어서, 소수의 의인이 없어서 망한 것입니다. 악한 사람은 아무리 많아도 생명을 구할 수 없습니다. 열쇠는 사람의 다수에 있는 것이 아니라 소수의 의인에게 있기 때문입니다.

모든 것이 같은 원리로 움직이고 있습니다. 교회도 그렇고 직장도 그렇고 많은 사람들이 있어서 움직이는 것이 아니라 소수의 열정을 가진 사람들에 의해 움직이는 것입니다. 소수의 사람들이 다수를 움직이기 위해서는 많은 힘이 들고 어려움이 있지만 그들로 인하여 결국 열매를 맺게 되는 것입니다.

그래서 선한 일을 하는 사람들은 낙심하지 말아야 합니다. 하나님은 소수의 사람들을 보시고 선하게 여기사 그 일을 이루시는 분이십니다.

우리는 하나님이 도우시는 소수의 선한 사람이 되도록 기도해야 합니다. 잘못된 길을 가는 다수의 사람 속에 섞여서 멸망의 길을 가지 않도록 기도해야 합니다. 그래서 나 하나로 인하여 가족이 구원을 받고, 교회가 화합하고, 사회가 구속함을 입을 수 있도록 하기 위해서 우리는 쉬지 않고 간구하고 깨어 있어야 합니다.

마틴 루터 한 사람 때문에 기독교는 물론 세계 역사가 변했고, 요한 웨슬리 한 사람 때문에 영국이 변했습니다. 우리가 자신에게 낙심하지 않고 소수의 의인으로 남기 원한다면 우리 한 사람으로 인하여 이 사회, 이 나라가 하나님 앞에서 구원의 은총을 입을 수 있게 되는 것입니다.

이 말씀으로 인하여 우리는 우리 삶에 대한 새로운 도전을 받아야 합니다. 외롭고 힘이 들어도 혼자서라도 의와 진리를 위하여 하나님의 길을 따르겠다는 결단을 해야 하는 것입니다. 많은 사람을 거느리지 못했다 할지라도 바로 이런 사람이 지도자요, 하나님께서 들어 쓰시는 사람임을 소돔과 고모라의 멸망과 하나님께 간구하는 아브라함의 모습을 통해서 배우고 실천해야 하는 것입니다.

제 15 장

멸망의 위기

"날이 저물 때에 그 두 천사가 소돔에 이르니 마침 롯이 소돔 성문에 앉았다가 그들을 보고 일어나 영접하고 땅에 엎드리어 절하여 가로되 내 주여 돌이켜 종의 집으로 들어와 발을 씻고 주무시고 일찍이 일어나 갈 길을 가소서 그들이 가로되 아니라 우리가 거리에서 경야하리라 롯이 간청하매 그제야 돌이켜서 그 집으로 들어오는지라 롯이 그들을 위하여 식탁을 베풀고 무교병을 구우니 그들이 먹으니라 그들의 눕기 전에 그 성 사람 곧 소돔 백성들이 무론 노소하고 사방에서 다 모여 그 집을 에워싸고 롯을 부르고 그에게 이르되 이 저녁에 네게 온 사람이 어디 있느냐 이끌어내라 우리가 그들을 상관하리라 롯이 문밖의 무리에게로 나가서 뒤로 문을 닫고 이르되 청하노니 내 형제들아 이런 악을 행치 말라 내게 남자를 가까이 아니한 두 딸이 있노라 청컨대 내가 그들을 너희에게로 이끌어내리니 너희 눈에 좋은 대로 그들에게 행하고 이 사람들은 내 집에 들어왔은즉 이 사람들에게는 아무 짓도 하지 말라 그들이 가로되 너는 물러나라 또 가로되 이 놈이 들어와서 우거하면서 우리의 법관이 되려 하는도다 이제 우리가 그들보다 너를 더 해하리라 하고 롯을 밀치며 가까이 나아가서 그 문을 깨치려 하는지라 …"(창 19:1-38).

멸망의 위기

인간의 타락한 본성

요즘 우리 사회에는 여러 가지 사회 문제가 많이 일어나고 있습니다. 과학이 발달하고 생활 조건이 과거보다 훨씬 향상되어서 살기가 좋아졌다고 하는 가운데에서도 범죄는 날로 흉악해지고 지능적이 되어 갑니다. 아무 일도 아닌 일을 가지고 칼을 휘두르고 싸움을 하려 들고, 작은 일에 흥분해서 사람을 해치는 일들이 일어나고 있습니다.

많이 배우고 못 배우고에 상관없이, 자신의 지위 고하에 상관없이 범죄를 저지르는 사람들이 늘고 있습니다. 탈세를 하고 뇌물을 받고 권력을 미끼로 돈을 요구하고 하는 사람들은 살기가 어려워서 그러는 것이 아닙니다. 배움이 모자라서 그런 것도 아닙니다. 그것은 인간의 타락한 본성과 욕망 때문입니다.

19세기 말 20세기 초에는 이 세계가 점점 발달해서 아주 멋진 세상, 과학이 지배하는 문명의 세계가 올 것이라고 얼마나 흥분했습니까? 그러면서 모두가 그 과학 문명을 향유하면서 살게 될 것이라고 이상을 꿈꾸고 살았습니다.

그러나 실제는 어떻습니까? 과학이 발달한 것은 사실이고 풍요를 누리며 사는 것도 사실이지만 세상은 우리가 생각하는 것만큼 아름다운 곳이 아닙니다. 인간이 꿈꾸던 유토피아는 아직 오지 않았고 사람들은 자꾸 메말라 가고 있습니다. 과학의 발달만큼 인간의 타락도 점점 그 도를 더해가고 있는 것입니다.

물질 문명이 인간을 구할 수 없다는 것을 알았습니다. 교육도 인간을 변화시킬 수 없습니다. 인간을 지능화시키고 편하게 사는 방법을 가르치기는 하지만 인류를 선한 길로 인도하는 것은 아닙니다.

오늘날의 타락은 하나님께서 심판하셨던 도시, 소돔과 고모라를 연상하게 합니다. 소돔과 고모라는 그 당시에 아주 발달하고 아주 풍족했던 도시였습니다. 홍수 때문에 인류가 망하고 하나님의 선택으로 남은 사람들에 의해 다시 세상을 이루고 살았지만 그들도 타락하여 하나님의 진노를 사게 된 것입니다.

그럼 이 도시를 멸망하게 한 원인이 무엇인지를 알아보기로 하겠습니다. 이 도시는 모든 계층이 다 부패했습니다. 천사들이 롯의 집에 들어와서 자려고 누웠는데 그 도시에 있는 사람들이 모두 몰려왔습니다.

4절을 보십시오.

> "그들의 눕기 전에 그 성 사람 곧 소돔 백성들이 무론 노소하고 사방에서 다 모여 그 집을 에워싸고."

무론 노소하고 모여들었다는 것은 어린 아이나 어른이나 할 것 없이 모두 타락했다는 것을 말합니다. 밖에서 찾아온 손님을 폭행하려고 사람이 모여들었다는 것은 끔찍한 현실을 잘 말해 줍니다. 손님이 오면 잘 대접을 해서 좋은 인상을 가질 수 있도록 만들어야지 어떻게 여럿이 모여서 폭행할 생각을 한다는 것은 그들의 도덕적 타락이 어떠했는지 잘 말해 주는 것입니다.

그나마 그들에게 물들지 않은 롯이 그 땅에 남아 있어서 천사들을 숨길 수 있었던 것입니다. 롯은 그의 삼촌을 본받아 천사들을 맞아들이고 발을 씻을 물을 주고 잠자리를 주었습니다. 그것은 그가 아브라함의 조카였기 때문에 그동안 보고 배운 것이 있어서 할 수 있었던 일입니다.

저도 여러 집을 방문하다 보면 다시 오고 싶은 집이 있는가 하면 다시는 오고 싶지 않은 집이 있습니다. 집이 찾아온 손님 대접하는 것을 즐거움으로 하는 사람들의 집에는 자주 가고 싶습니다. 온 가족이 합심해서 집안을 정돈하고 음식을 준비하고 손님이 오셨을 때 진정한 마음에서 우러나는 웃음으로 대하는 것을 보면 그 집에 들어서는 순간부터 얼마나 마음이 즐거워지는지 모릅니다.

그런가 하면 어떤 집은 손님이 온다는 말을 들은 그 순간부터 싸움이 시작됩니다. 그래서 준비도 제대로 안되고, 오는 사람도 아주 불편한 마음으로 있다가 일어나게 만듭니다.

사람은 기쁘게 맞이해야 합니다. 어른들이 사람들을 즐겁게 맞으면 아이들도 사람을 즐겁게 맞이합니다. 그러나 어른들이 손님을 불편하게 하면 아이들도 손님이 불편하고 싫다는 생각을 하게 되는 것이고, 그 아이들이 자라면 자기 부모들과 똑같은 사람들이 되는 것입니다. 아이들은 말로 가르치지 않아도 부모를 보고 그대로 배우는 것입니다. 우리의 가정은 어떤지 생각해 보아야 합니다.

저의 이모님은 음식을 아주 잘하십니다. 그래서 친척들이 그 집에 가기를 참 좋아합니다. 거기다가 사람이 찾아오는 것을 아주 좋아해서 누가 오든지 아주 반갑게 맞으시고 기뻐하십니다.

어느 집은 오라고 해도 가기 싫은 친척 집이 있습니다. 공연히 망설여지고 선뜻 그 집을 찾기가 어려워서 차일피일하다가 못 가는 수도 있습니다. 그 이유는 집 주인이 사람을 반기지 않기 때문입니다. 그러니 그 집이 번성하고 잘 될 리가 없는 것입니다.

소돔과 고모라는 손님을 접대할 사람으로 보는 것이 아니라 폭행할 대상으로 보았다는 것으로 그 타락의 정도를 알 수 있고, 그것이 어린 아이에게까지 미쳤다는 것을 보고 그 정도가 얼마나 심했는지 알 수 있습니다.

노아시대였던 8장 21절을 보아도 어린 아이 때부터 마음이 악하다고 말합니다. 이것은 멸망의 큰 징조인 것입니다. 아이들의 악은 그의 부모들의 행동으로부터 옵니다. 아이들은 어른들의 거울인 것입니다.

요즘은 특히 영상 산업이 안방으로 들어와서 아이들이 손쉽게 폭력물을 보고 흉내내서 무서운 일을 저지릅니다. 그것이 누구에 의해 만들어진 것입니까? 다 손쉽게 돈 벌려는 어른들에 의해서 만들어진 것입니다. 어른들의 욕심이 앞으로의 사회까지 망치는 것입니다.

5절을 보면 모여든 사람들이 그 사람을 상관하겠다고 말합니다.

> "롯을 부르고 그에게 이르되 이 저녁에 네게 온 사람이 어디 있느냐 이끌어내라 우리가 그들을 상관하리라."

여기서 '상관하리라'는 말은 무슨 뜻입니까? 그것은 성적인 행위를 말하는 것입니다. 소돔과 고모라는 남자와 여자 사이의 성적인 타락은 물론 동성애까지 있었다는 것을 말합니다.

윤리적 도덕적 타락은 필연적으로 성적 타락을 몰고 옵니다. 우리 사회도 지금 이 문제가 심각하지 않습니까? 쾌락과 육체의 욕정을 다스리지 못하고 그것에 이끌려 다니는 것입니다. 이런 윤리적 타락은 윤리적 강의로 바로잡을 수가 없습니다.

그런데 6절과 7절을 보면 롯은 사람들에게 윤리적인 강의를 합니다.

> "롯이 문밖의 무리에게로 나가서 뒤로 문을 닫고 이르되 청하노

니 내 형제들아 이런 악을 행치 말라."

그러나 그들은 이미 롯의 말을 들을 사람들이 아니었습니다. 윤리적인 문제는 영적으로 해석해야 하는 것입니다. 하나님의 능력으로 새로 거듭나지 않으면 한 번 윤리적으로 타락한 사람이 다시 새 사람으로 돌아오기는 너무 어렵습니다.

그래서 이런 때일수록 우리 믿는 사람의 역할이 무엇보다 중요한 것입니다. 우리가 전하는 복음으로 말미암아 거룩하신 하나님의 능력으로 말미암아 우리 사회의 윤리가 변화되고 새로운 가치관이 서야 하는 것입니다. 믿는 사람만이 이 나라의 윤리적인 문제, 도덕적인 문제, 사회적인 문제를 모두 해결할 수 있습니다. 이것이 우리의 역할이고 하나님께서 우리에게 주신 사명입니다.

우리가 복음을 전하는 것이 이 사회를 살리는 길입니다. 남녀노소를 무론하고 타락한 시대를 해결할 수 있는 방법은 하나님입니다.

세상을 살리는 길

나의 유익을 위해서 수단과 방법을 가리지 않는 사람들, 도덕적 기준도 없이 자신의 쾌락을 위해서 무슨 일이든지 할 수 있는 사람들, 순간적인 욕구를 위해 영원한 가치를 헌신짝처럼 버리는 사람들에게 사회를 맡길 수는 없습니다. 하나님께서 주신 이 땅을 아름답게 지키고 가꾸기 위해서는 우리의 힘이 절대적으로 필요한 것입니다.

하나님의 말씀인 복음이 아니면 이 사회는 회복될 수 없습니다. 우리가 자각하고 실천하는 정도에 따라서 이 세상은 충분히 변화될 수 있는 것입니다. 우리 자신을 먼저 말씀으로 무장하고, 그 말씀을 사람들에게 가르치고, 그들이 변화되도록 해야 합니다. 우리들 한 사람 한 사람이 자기 있는 자리에서 하나님의 가르침을 따라 움직이고 실천하면 직장이 변화되고 사회가 변화되고 나라가 변화될 것입니다.

9절을 보십시오.

"그들이 가로되 너는 물러나라 또 가로되 이 놈이 들어와서 우거하면서 우리의 법관이 되려 하는도다 이제 우리가 그들보다 너를 더 해하리라 하고 롯을 밀치며 가까이 나아와서 그 문을 깨치려 하는지라."

그들은 도덕심을 상실했을 뿐 아니라 인간을 경시하는 풍조에 물들어 있습니다. 수십 년을 같이 산 사람인데도 그들이 하는 일을 말리니까 욕을 하고 오히려 해하겠다고 위협을 합니다. 인간에 대한 신의가 없고 인간을 경외하는 마음이 없는 것입니다. 이웃도 없고 사촌도 없고 그저 자신의 욕망을 채우려는 생각밖에는 아무 관심도 없는 것입니다.

이 문제 역시 우리가 해결할 수밖에 없습니다. **이 시대의 희망은 그리스도인입니다.** 사람이 하나님의 형상으로 지어졌다는 것을 믿는 사람만이 어떠한 경우에도 인간에 대한 경외심을 잃지 않는 것입니다. 우리가 바로 부패한 세상의 소금이자 어두운 세상의 빛인 것입니다. 우리의 삶이 바로 이 나라를 지속하게 하는 힘이 되고 버팀목이 되어야 합니다. 하나님께서 우리의 모습을 보시고 이 땅을 긍휼히 여길 수 있도록 해야겠습니다.

소돔과 고모라가 멸망한 것은 의인 열이 없어서 멸망한 것입니다. 우리가 이 시대의 의인이 되어야 합니다. 아직도 세상에 희망을 가질 수 있게 하는 존재들이 되어야 하는 것입니다.

그들은 또 폭력으로 모든 것을 해결하려고 합니다. 이웃인 롯이 그들을 막는다고 밀치고 문까지 깨려고 하니 얼마나 폭력적인 사람들입니까?

비단 물리적인 힘만 폭력이 아닙니다. 돈의 폭력, 권력의 폭력도 폭력입니다. 우리 사회는 이런 유무형의 폭력들이 난무하고 있습니다. 폭력으로 해결되는 것은 하나도 없습니다. 금방은 뭔가 정리가 되는 것처럼 보이지만 곧 다시 터집니다. 그것이 해결책이 될 수 없는 것입니다.

우리의 풍조 가운데 폭력으로 일을 해결하려고 하는 것은 고쳐져야 합니다. 가정에서 작은 일도 참지 못하고 손찌검을 하거나 발길질을 하는 것은 고쳐져야 할 것 중의 하나입니다. 시대가 어려울수록 폭력으로 일을 해결하려고 하는 사람들이 많이 생깁니다. 이성과 상식으로 해결되지 않는다고 생각하기 때문에 힘을 동원해서 해결하려고 하는 것입니다. 시민의 권리를 존중해 주지 않으면서 어떻게 민주주의를 말할 수 있으며, 쇠파이프와 화염병을 가지고 어떻게 정의를 부르짖을 수 있습니까? 목적이 정당하면 수단도 정당해야 합니다.

맞고 자란 사람이 커서는 남을 때립니다. 자기가 맞고 자랐기 때문에 다른 사람 때리는 것을 보통으로 생각합니다. 군대에서도 그렇고 가정에서도 그렇고 자기가 당한 대로 자기 아래 사람에게 돌려주려는 심리가 있는 것입니다. 그래서는 이 나라를 바로잡을 수가 없습니다. 자신은 그렇게 컸어도 자신의 후배들에게는 그것을 물려주지 말아야 지만 나라가 발전하고 후세가 번영할 수 있는 것입니다. 우리가 겪은 것을 좋고 나쁜 것 없이 답습해서는 점점 후퇴할 수밖에 없는 것입니다.

우리는 우리가 이 땅의 희망이라는 사실을 잊지 말아야 합니다. 우리 믿는 사람의 삶의 태도가 어떠한가에 따라서 이 나라의 운명이 달려 있다는 사명감으로 우리 하나님의 말씀을 상고하고 그대로 행동하면서 살아야 하겠습니다.

아름답지 못한 최후

한 사람의 삶의 모습은 살아갈 때의 모습도 중요하지만 그 사람이 어떤 최후를 맞느냐 하는 것이 더 중요합니다. 마지막이 잘못되면 그 때까지의 모든 수고가 끝이 나기 때문입니다.

롯의 마지막 생애를 보면 여러 가지 깨닫게 하는 것이 있습니다. 그는 아브라함과 달리 하나님의 뜻보다는 자신의 뜻에 따라, 자신의 계산에 따라, 자신의 판단에 따라 산 사람이었습니다. 자신에게 이익이 되겠다 싶은 것을 따라다니면서 편안하게 살려고 했기 때문에 땅을 선택할 때도 비옥하고 번성한 곳을 택한 사람이었습니다. 그러나 그의 최후가 그렇게 생각만큼 편안하지는 않았습니다. 롯의 최후는 우리가 성경을 이야기하면서 가장 설명하기 어렵고 부끄러운 것 중의 하나입니다.

롯은 소돔 땅에 살면서 자기의 이웃에게 신임을 얻지 못했습니다. 뿐만 아니라 자신의 사위들에게까지도 신뢰를 얻지 못했습니다. 자기 아내도 세상을 경고하는 표본으로 불행한 삶을 마쳤고, 종국에는 자신의 딸들이 저지른 일 때문에 대대로 수치를 당하고 후손들에게 어려움을 주는 사람이 되고 말았습니다. 우리는 롯의 삶을 살펴보고 하나님께서 우리에게 내리시는 경고를 들어야 하겠습니다.

롯는 이웃에게 설득력을 갖지 못하는 삶을 살았습니다. 그렇기 때문에 천사가 그의 집에 묵었을 때에 폭행을 하려고 찾아온 사람들을 설득하지 못했던 것입니다. 말로 설득해서 안되니까 자신의 두 딸까지 그 사람들에게 내어주겠다는 말까지 했습니다. 차마 아버지로서 할 수 없는 이야기였는데 그 이야기를 듣고도 사람들은 물러나지 않았고, 오히려 누가 너를 우리의 재판관으로 삼았느냐고 힐책만 당했습니다. 아무도 그를 존경하거나 그의 삶을 인정하지 않았다는 증거입니다.

옛날 아브라함과 같이 살면서 재산이 늘자 롯의 목동과 아브라함의 목동들이 싸움을 하게 되고 그로 인해서 서로가 헤어지게 되었을 때의 그의 행동을 기억해 보십시오. 삼촌인 아브라함은 땅을 먼저 선택할 수 있는 기회를 롯에게 주었습니다. 자기는 롯이 차지한 반대편 어떤 곳이든 갈테니 먼저 선택하라고 한 것입니다. 그랬더니 롯은 자신을 키워주고 그런 재산을 얻을 수 있도록 돌보아준 삼촌을 생각해서 양보할 생각은 조금도 하지 않고 자신이 좋은 땅을 차지해야겠다는 일념으로 땅을 먼저 선택했습니다. 요단 강변의 물이 많고 풀이 많은 땅을 얼른 골라서 떠났던 것입니다.

롯은 어른을 생각하거나 은혜에 감사하는 사람이 못 되는 사람이었습니다. 부모를 공경하라는 것은 하나님의 약속하신 축복을 얻을 수 있는 십계명 중 사람 사이에서 지켜야 할 첫 계명입니다. 롯에게 있어서 아브라함은 부모나 마찬가지인 사람이었습니다. 일찍 부모를 여의고 삼촌의 보살핌을 받고 자란 사람이었음에도 불구하고 어른의 은혜를 생각할 줄 모르는 사람이었던 것입니다.

우리는 우리의 부모님과 어른들에게 어떤 마음가짐을 가지고 있는지 살펴보아야 합니다. 어른을 존경하고 사랑할 줄 모르는 사람이 잘될 수가 없고, 그 가정이 잘될 리가 없고, 그 사회가 잘될 수가 없습니다. 어른을 먼저 생각하고 공경하는 사람이 되어야만 하나님의 축복을 받을 자격이 있습니다. 이것이 약속있는 첫계명이기 때문입니다.

롯은 자기 가족들과 양떼들을 이끌고 가서 천막을 쳤는데 그 방향이 소돔을 향해 있었습니다. 그곳은 사람들을 멸망의 길로 인도하고 유혹하는 타락한 땅인데도 그 곳을 향해서 천막을 쳤던 것입니다.

처음의 생각은 소돔으로 들어갈 생각까지는 없었는지 모릅니다. 그런데 그 쪽을 바라보면서 계속 생활하다 보니까 어느새 마음이 그 곳으로 향했던 것입니다.
 악은 모양이라도 버려야 합니다. 죽기까지 피흘리고 싸워야 합니다. 악의 모양이 보기에 매력이 있다고 해서 그 모양대로 행하면 아담과 하와처럼, 롯과 그 아내처럼 자신은 물론이고 가족과 그 후손까지도 해를 입게 되는 것입니다.
 우리는 어떻습니까? 악과 투쟁하면서 살고 있습니까, 아니면 악을 향하여 문을 열어 놓고 그 속에 들어갈 태세로 살고 있습니까?

 사람들이 잘못 생각하고 있는 것 중의 하나는 '낭만'이라는 말의 의미입니다. 특히 젊은 날에는 술을 마시고 싸우고 반항을 하고 기존의 것에서 벗어나야 낭만적인 생활이라고 생각하는 태도는 바꾸어야 합니다. 그것은 아름답고 좋은 시간들을 낭비하는 것입니다. 젊은 날에 해야 할 일이 얼마나 많은데 그 시간들을 소모적인 일들로 흘려보낸다는 말입니까?
 이 나라의 젊은이들이 어떤 시간을 보내느냐에 우리의 미래가 달려 있다는 것을 일찍 깨달아야 합니다. 쓸데없는 일에 호기를 부리고 객기를 부리는 것은 낭만이 아니라 낭비입니다. 젊었을 때부터 여호와를 섬기고, 의를 생각하고, 열심히 진리를 연구하고, 가난한 사람들을 돕는 삶을 살아야 합니다. 그래야 우리 나라에 희망이 있는 것입니다.

 롯은 하나님을 아는 사람이었는데도 진리를 따라 살지 못했습니다. 이것은 우리 교인들이 하나님을 알면서도 하나님의 말씀대로 살지 않는 것과 똑같습니다. 우리가 하나님의 말씀을 잘 알고 있으면서도 악을 향해서 문을 열어 놓고 있는 것과 마찬가지입니다. 우리가 하나님을 믿는 것은 골방에서만, 교회에서만 믿는 것이 아닙니다.
 하나님의 사자들인 우리는 세상을 향해 당당하게 서야 합니다. 두려울 것이 없는 사람들인 우리가 왜 세상 사람들을 따라가려 하고, 우리의 믿음대로 살지 못하는지 알 수가 없습니다. 세상의 눈으로 보기에는 아브라함의 선택이 어리석어 보이지만 아브라함이 승리한 것처럼, 믿음이 없는 사람들의 생각과 판단에 우리의 생각을 맞추려 해서는 안됩니다. 결국은 하나님의 섭리가 승리할 것이기 때문입니다. 축복의 열쇠는 나의 선택이나 세상의 선택에 있는 것이 아니라 하나님께 있기 때문입니다.

롯의 삶이 설득력을 잃었기 때문에 롯의 말도 설득력을 잃습니다. 14절을 보면 소돔과 고모라를 멸하겠다는 천사의 말을 들은 롯이 자기 딸과 정혼한 사위들에게 이 사실을 말하고 피하게 하려 하지만 그 사위들은 롯의 말을 농담으로 여깁니다.

"롯이 나가서 그 딸들과 정혼한 사위들에게 고하여 이르되 여호와께서 이 성을 멸하실 터이니 너희는 일어나 떠나라 하되 그 사위들이 농담으로 여겼더라."

'농담'으로 여겼다는 말은 비웃었다는 말입니다. 평소에 롯이 어떤 대접을 받았는지 알 수 있는 구절입니다. 그가 자기 삶을 진지하게 살지 않았다는 것이 판명되는 것입니다.

유대 전설에 보면 롯이 소돔의 여자와 결혼했다는 말이 나옵니다. 그 말은 롯도 그 도시의 문화에 젖어 있었다는 것을 말해 주는 것입니다. 그리고 그의 두 딸들 역시 그 도시의 문화 속에서 자라났으니 보고 배운 것이 온전할 리가 없습니다. 롯이 하나님 앞에 바로 서지 않으니까 그의 전가족이 하나님 앞에 바로 설 수 없게 된 것입니다. 아버지의 영적인 삶과 그에 따른 삶이 잘못되면 다른 사람에게 미치는 영향은 지대한 것입니다.

우리의 가정은 어떻습니까? 우리의 가정에서의 아버지의 역할은 어떤 것입니까? 그 집안의 가장이 어떤 결정을 하고 어떤 삶을 사느냐에 그 집안 사람들의 삶까지도 판이하게 달라지는 것입니다.

롯의 가족이 주는 경고를 우리는 잊지 말아야 합니다. 아브라함과 같은 삶을 사느냐 롯과 같은 삶을 사느냐 하는 것은 가장의 결정에 달린 것입니다. 그리고 그 결정은 자기 때에서 그치는 것이 아니라 수천 대의 후손에 이르기까지 영향을 미치는 것입니다.

롯은 천사의 도움으로 겨우 구원을 받았습니다. 15,16절을 보십시오.

> "동틀 때에 천사가 재촉하여 가로되 일어나 여기 있는 네 아내와 두 딸을 이끌라 이 성의 죄악 중에 함께 멸망할까 하노라 그러나 롯이 지체하매 그 사람들이 롯의 손과 그 아내의 손과 두 딸의 손을 잡아 인도하여 성 밖에 두니 여호와께서 그에게 인자를 더하심이었더라."

지체하지 말고 빨리 나가라고 하는 말을 듣고도 가장인 롯은 머뭇거리며 지체합니다. 자신이 그동안 이루어 놓은 것들과 그 도시에서의 삶에 미련을 버리지 못하고 있는 것입니다.

이 세상은 어차피 우리의 땅이 아닙니다. 우리가 지금 생각에 아깝다고 생각하는 것들은 하늘나라에 가면 다 없어질 것들입니다. **세상에 있는 것 중에 우리의 영혼보다 귀한 것은 아무것도 없습니다.** 이 세상에서 귀하다고 여기는 것들이 나를 구원해 줄 것이라고 생각하면 큰 오산입니다. 성경에도 말했듯이 육체에서 거두는 것들은 모두 안개와 같고 이슬과 같은 것입니다. 그런데 롯은 그것이 아까워서 죽을 자리에서 피하지 못하고 우물쭈물하고 있는 것입니다.

생명은 하나님 안에 있습니다. 영원한 진리는 예수 안에 있습니다. 우리를 구원해 주는 것은 하나님이신 예수 그리스도입니다.

혹시 우리 가운데에도 하나님의 음성을 듣고 있으면서도 썩어질 것들이 아까워서 그 자리에 그대로 있는 사람은 없습니까? 이제 자리를 떨고 일어나야 합니다. 하나님의 음성을 듣는 그 순간 모든 것을 버리고 하나님의 말씀을 따라 일어나야 구원을 받을 수 있는 것입니다. 그렇지 않으면 소돔과 함께 망할 수밖에 없습니다.

16절 후반을 보면 지체하고 있는 롯과 그의 가족의 손을 천사들이 이끌어서 밖으로 데려다 주었습니다. 하나님께서 끝까지 은혜를 베푸신 것입니다.

계속해서 17절에서 19절 말씀을 보십시오.

"그 사람들이 그들을 밖으로 이끌어낸 후에 이르되 도망하여 생명을 보존하라 돌아보거나 들에 머무르거나 하지 말고 산으로 도망하여 멸망함을 면하라 롯이 그들에게 이르되 내 주여 그리 마옵소서 종이 주께 은혜를 얻었고 주께서 큰 인자를 내게 베푸사 내 생명을 구원하시오나 내가 도망하여 산까지 갈 수 없나이다 두렵건대 재앙을 만나 죽을까 하나이다."

롯은 두려워서 자기들끼리 도망하지 못하겠다고 말합니다. 그리고 자신이 구원을 입은 것은 자신의 공로가 아니라 하나님의 은혜라는 것을 고백합니다. 롯 자신도 그 구원의 이유가 자신에게 있지 않다는 것을 잘 알고 있었던 것입니다.

롯에게는 또 마지막까지 조카를 위해서 기도하는 삼촌 아브라함이 있었습니다. 아브라함이 의인 한 사람은 구할 수 있도록 하나님께 간구하였기 때문에 롯이 재난을 피할 수 있었던 것입니다.

우리도 마찬가지입니다. 우리의 공로 때문이 아니라 하나님의 은혜와 우리를 위하여 기도하는 주변 사람들의 기도가 우리를 살리고 있는 것입니다. 어머니의 기도, 목사님의 기도, 구역장의 기도가 우리를 하나님의 은혜 가운데에 계속 있을 수 있도록 하는 힘이 되는 것입니다.

26절을 보십시오.

"롯의 아내는 뒤를 돌아본고로 소금기둥이 되었더라."

롯의 아내는 결국 소금기둥이 되고 맙니다. 하나님께서 뒤에 남은 것에 미련을 갖지 말고 속히 뛰어가라고, 뒤돌아보지 말라고 그렇게 타일렀는데도 롯의 아내는 두고 온 것들에 미련을 버리지 못했습니다. 자신이 살던 호화롭던 생활과 장신구들과 애지중지하던 것들이 못내 아까워서 뒤돌아보지 않을 수가 없었던 것입니다. 그래서 어리석게도 소금기둥이 되고만 것입니다.

우리는 롯의 아내와 같이 되지 않을 것이라고 장담할 수 있습니까? 우리는 절대로 뒤돌아보지 않고 미련을 갖지 않을 것이라고 할 수 있습니까? 롯의 아내 이야기는 우리의 삶에 도전을 주는 하나의 본보기입니다.

롯은 그 화려하던 생활이 불 속에 다 타버리고 말년을 산 위의 굴 속에서 보냅니다. 거기다가 두 딸은 아버지에게 술을 먹이고 아버지와 동침해서 아이를 갖습니다. 이들이 그런 생각을 한 것은 소돔에서 도덕적 영적으로 타락한 문화에 물들었기 때문입니다. 따라서 소돔성으로 들어가서 그 곳 생활에 젖도록 만든 아버지 롯의 책임이 큽니다. 이 두 딸들은 각자 아버지와 동침해서 아들을 하나씩 낳습니다.

"롯의 두 딸이 아비로 말미암아 잉태하고 큰 딸은 아들을 낳아 이름을 모압이라 하였으니 오늘날 모압 족속의 조상이요 작은 딸도 아들을 낳아 이름을 벤암미라 하였으니 오늘날 암몬 족속의 조상이었더라"(19:36-38).

여기서 말하는 모압은 요단 지방입니다. 작은 딸도 아들을 낳았고 그 아들이 암몬 족속의 조상이 됩니다. 그리고 이스라엘의 역사 가운데서 이들은 끊임없이 싸움을 걸고 괴롭히는 족속으로 등장합니다. 4000년이 지난 오늘까지도 그 관계는 회복되지 않고 있습니다. 롯과 그의 딸들이 갈등과 악의 씨앗을 잉태하고 거둔 열매입니다.

세속에 타협하면서 악과 함께 벗하고 산 결과가 바로 이것이었습니다. 겉보기에는 그리고 처음에는 잘 사는 것 같았던 롯의 일생은 또다른 악의 씨를 이 세상에 남겨 놓고 끝을 맺은 것입니다.

우리의 삶이 롯과 아브라함의 선택 가운데 어떤 것을 택하여 살 것인가는 우리에게 달려 있습니다. 하나님께서는 우리에게 복을 주시고 구원을 주시고자 하시지만 우리가 세상의 것들에 미련을 가지고 악의 자리에서 떠나지 않는 한, 계속 뒤돌아보며 미련을 버리지 않는 한, 우리의 삶과 최후의 모습은 롯을 따라갈 수밖에 없다는 것을 알아야 합니다.

우리 앞에도 롯과 아브라함에게 놓였던 것과 같은 수많은 선택의 기회가 있습니다. 그 선택의 기회에서 우리는 롯처럼 인간적인 생각과 욕심을 앞세워 부귀와 명예와 권력의 땅을 차지할 수도 있습니다. 또한 모든 것을 주님께 의뢰하고 양보하고 주님께 맡김으로써 당장은 손해보고 당장은 억울한 것 같지만 결국에는 하나님을 소유하고 하나님이 주시는 모든 축복을 소유하는 선택을 할 수도 있습니다.

그런 선택의 기회가 우리에게 다가올 때 아브라함과 롯을 기억하십시오. 그들의 선택과 그 선택이 가져온 결과를 생각하십시오.

무엇보다 중요한 것은, **인간의 모든 축복, 인생의 모든 결말은 우리의 주님이신 하나님께 있다**는 것을 기억하십시오. 우리가 원하는 모든 것들을 주신 이는 하나님이시요, 우리가 가지고 있는 모든 것들은 거두어 가실이도 오직 하나님 한 분이라는 것을 잊지 마시기 바랍니다.

제 16 장

진실을 잃지 말자

"아브라함이 거기서 남방으로 이사하여 가데스와 술 사이 그랄에 우거하여 그 아내 사라를 자기 누이라 하였으므로 그랄 왕 아비멜렉이 보내어 사라를 취하였더니 그 밤에 하나님이 아비멜렉에게 현몽하시고 그에게 이르시되 네가 취한 이 여인을 인하여 네가 죽으리니 그가 남의 아내임이니라 아비멜렉이 그 여인을 가까이 아니한고로 그가 대답하되 주여 주께서 의로운 백성도 멸하시나이까 그는 나더러 이는 내 누이라고 하지 아니하였나이까 그 여인도 그는 내 오라비라 하였사오니 나는 온전한 마음과 깨끗한 손으로 이렇게 하였나이다 하나님이 또 꿈에 그에게 이르시되 네가 온전한 마음으로 이렇게 한 줄을 내가 알았으므로 너를 막아 내게 범죄하지 않게 하였나니 여인에게 가까이 못하게 함이 이 까닭이니라 이제 그 사람의 아내를 돌려보내라 그는 선지자라 그가 너를 위하여 기도하리니 네가 살려니와 네가 돌려 보내지 않으면 너와 네게 속한 자가 다 정녕 죽을 줄 알지라 아비멜렉이 그 아침에 일찍이 일어나 모든 신복을 불러 그 일을 말하여 들리매 그 사람들이 심히 두려워하였더라 …"(창 20:1-18).

진실을 잃지 말자

보호의 손길

하나님은 자기 백성들이 위기에 처했을 때 보호하시는 분입니다. 우리에게 오는 위기는 자기 자신의 잘못 때문에 오는 것도 있고 다른 요인에 의해서 오는 수도 있습니다. 위기를 맞을 때에 그 사람이 하나님의 자녀인지 아닌지는 절대적으로 중요합니다. 그 사람이 하나님의 자녀일 때 하나님은 그 사람의 인생에 대한 책임을 지십니다. 우리가 하나님을 선택한 것이 아니라 하나님께서 선택하셔서 당신의 자녀를 만드셨기 때문입니다.

20장에서 하나님은 아브라함이 당한 고난 가운데서도 끝까지 그를 지켜주시는 모습을 보여주십니다. 1절을 보면 아브라함이 남방의 그랄로 이사한 이야기가 시작됩니다.

얼마 전에 소돔과 고모라라는 두 번성했던 도시가 불바다가 되어 없어지고 조카 롯은 딸들과 동침하여 아들들을 낳는 와중에도 아브라함의 삶은 계속되고 있습니다.

"아브라함이 거기서 남방으로 이사하여 가데스와 술 사이 그랄에 우거하여"(20:1).

아무리 우리에게 어려운 일이 닥쳐와도 우리의 삶이 계속되는 것처럼 아브라함도 자신의 인생을 계속하여 살고 있었던 것입니다. 어떤 사람들은 자신에게 재난이 다가오면 그것을 참아내지 못하고 주저앉아 버리고 맙니다. 그 사이 인생의 중요한 시간들은 눈물과 한숨과 원망 속에 물처럼 흘러가 버리고 아무것도 하지 못하는 허송세월을 보내는 것입니다.

인생은 정지하는 시간 없이 계속됩니다. 가능한 한 아픔의 시간을 짧게 하는 훈련을 해서 방황하는 시간을 줄이고 다시 일어나서 다시 시작해야 합니다.

2절을 보면 아브라함의 반복되는 실수를 발견할 수 있습니다.

> "그 아내 사라를 자기 누이라 하였으므로 그랄 왕 아비멜렉이 보내어 사라를 취하였더니."

그 땅에는 아비멜렉이라는 왕이 통치를 하고 있었는데 아브라함은 그 왕이 두려워서 자신의 아내인 사라를 자기의 누이라고 속입니다. 전에도 한 번 그런 일이 있어서 하나님의 진노를 산 적이 있는데 또 다시 같은 범죄를 저지르는 것입니다. 인간의 약점은 고치기가 참 어려운 것이라서 결국 믿음의 조상 아브라함도 어쩔 수 없이 같은 잘못을 저지르고 맙니다.

누구에게나 이러한 약점이 있습니다. 고치려고 노력도 많이 합니다만 잘 고쳐지지 않아서 눈물로 기도하게 하는 일도 있습니다. 다른 사람의 문제보다 저 자신의 문제 때문에 저는 눈물을 흘리면서 기도한 적이 많이 있습니다. 저는 다른 사람 때문에 원망하면서 기도하거나 불행하다고 생각하지는 않습니다. 다른 사람으로부터 오는 고난은 얼마든지 기도로 그리고 말씀으로 극복할 수 있습니다. 그러나 저 자신의 약점으로부터 오는 실망과 괴로움을 극복하기는 참 힘이 듭니다.

아브라함은 아내인 사라 때문에 자신이 피해를 당할까봐 겁을 냅니다. 그래서 자기의 누이라고 속이고 아비멜렉이 사라를 데리러 오자 그대로 보냅니다. 이것을 보면 에베소서 2장 8,9절의 말씀이 실감이 납니다.

"너희가 그 은혜를 인하여 믿음으로 말미암아 구원을 얻었나니 이것이 너희에게서 난 것이 아니요 하나님의 선물이라 행위에서 난 것이 아니니 이는 누구든지 자랑치 못하게 함이니라."

믿음의 조상조차도 이렇게 실수를 반복하고 하나님 앞에 범죄하는데 하물며 우리가 어떻게 우리의 능력으로 하나님의 구원을 얻을 수 있겠습니까? **구원은 하나님의 선물로, 하나님의 은혜로서밖에는 얻을 수 없는 것입니다. 하나님께서는 우리의 거듭되는 허물에도 불구하고 우리를 보호하시고 용서하시고 함께 하시는 것입니다.**

그러나 한 사람의 약점은 그 사람 하나의 문제로 끝나지 않습니다. 자식에게도 그 약점이 나타나서 범죄케 합니다. 나중에 보면 아브라함의 아들인 이삭도 자신의 아내를 누이라고 속이고 왕에게 내어 줍니다.

부모의 여러 가지 괴로움 중에 가장 큰 괴로움은 자기 자식 속에서 자신과 똑같은 약점을 발견할 때입니다. 저도 제 아이들 속에서 저의 약점을 발견할 때가 가장 섬뜩하고 화가 나고 어쩔 줄을 모르게 됩니다. 자신이 제일 싫어하는 자기의 약점을 사랑하는 자기 아이들 사이에서 발견하게 되는 것 이상 부모를 당황하게 하고 화나게 하는 일은 없습니다. 그것이 자신에게 온 것이기 때문에 어떻게 하소연을 할 데도 없으니 더욱 견딜 수가 없는 것입니다. 나쁜 점은 가르치지 않아도 잘 배웁니다. 우리 자신이 고치지 않으면 우리의 자녀들도 고치지 않습니다.

이제 3절을 봅시다.

> "그 밤에 하나님이 아비멜렉에게 현몽하시고 그에게 이르시되 네가 취한 이 여인을 인하여 네가 죽으리니 그가 남의 아내임이 니라."

하나님은 아브라함의 실수에도 불구하고 단 한 가지의 이유 때문에 그를 돌보십니다. 하나님께서 그를 선택하시고 사랑하셨기 때문입니다.

하나님은 아비멜렉의 꿈 속에 나타나십니다. 하나님이 나타나셔서 말씀하시는 꿈은 의식이 깨어 있을 때 보는 것, 듣는 것처럼 선명합니다. 하나님이 사무엘에게 나타나실 때에도 사무엘을 부르시는 하나님의 목소리가 너무 확실해서 사무엘은 자기의 스승인 엘리가 부르는 소리인 줄 알았을 정도였습니다.

하나님이 아비멜렉에게 말씀하시기를, 남의 아내를 취하였기 때문에 죽을 것이라고 말합니다. 아비멜렉이 기겁을 하고 사라를 아브라함에게 돌려줍니다.

경고성 꿈을 꾸게 되면 오히려 신앙이 돈독해질 수도 있습니다. 어떤 분은 꿈 속에서 자기 남편이 죽는 것을 보고는 그 꿈이 깨어나는 순간부터 남편을 하늘처럼 받들게 된 경우도 있었습니다. 늘 옆에 있을 것이라고 생각했다가 그 사람이 이 세상에 없는 꿈을 꾸자 정신이 번쩍 나서 자기의 남편을 다시 생각하게 된 것입니다. 이런 꿈은 우리의 경각심을 불러일으키는 좋은 역할도 합니다.

하나님은 아비멜렉의 꿈에 나타나서 그가 간음죄를 범할 위험성을 경고해 주신 것입니다. 간음은 사형에 해당하는 죄입니다. 성경에도 간음하다 잡힌 사람은 돌로 쳐 죽여서 돌무덤을 만들게 되어 있습니다. 그만큼 간음이 큰 죄였던 것입니다. 더구나 하나님께서 선택한 가정은 더 말할 것도 없습니다. 간음은 살인을 하는 것과 똑같이 사형이라는 무서운 형벌이 있는 죄입니다.

　인간의 욕정은 부채질하지 않아도 불어나는 걷잡을 수 없는 엄청난 힘입니다. 그런데 현대 사회는 곳곳에서 인간의 성적 욕망을 부추기는 것들로 쌓여 있습니다. 거리마다 골목마다, 심지어는 가정에도 성적 욕망을 부추기는 여러 가지 것들이 침투해 들어옵니다. 책이 그렇고 텔레비전이 그렇고 비디오와 영화가 그렇고 향락 문화가 그렇습니다.

　간음의 상처는 부부 사이에 가장 아픔을 주는 사건이고 시간이 지나도 그 때의 고통이 잘 치유되지 않습니다. 자신에게는 수치와 죄의식이 되는 것이라서 잊을 수가 없고, 상대방에게는 있던 신뢰를 상실했기 때문에 무슨 말을 해도 믿을 수가 없게 됩니다. 이 얼마나 불행한 일입니까?

　간음이라는 죄는 가장 성스러운 사회 단위인 가정을 파괴하는 무서운 범죄인 것입니다. 성령님의 초월적인 역사가 아니면 배우자의 간음을 마음 깊은 곳으로부터 용서하기는 거의 불가능합니다. 인간의 노력과 결심으로는 한계에 부딪히는 부분이기 때문입니다. 한 번 깨어진 신뢰를 회복하기 위해서는 처음보다 몇 배의 성실함이 따라야 하고 많은 수고와 시간을 들이지 않으면 안됩니다.

　혹시 우리 중에 그런 사람이 있다면 옛날의 관계를 회복하기 위해서 해야 할 노력이 얼마나 힘이 드는 것인지를 자신이 지은 죄에 비추어 깨닫고 인내를 가지고 꾸준히 실천하면서 하나님의 은혜를 구하도록 해야 할 것입니다.

　그러나 하나님은 사라를 그대로 아비멜렉에게 두지 않으시고 다시 아브라함에게 돌려보내십니다. 아브라함의 반복되는 약점에도 불구하고 아브라함에게 주신 인자와 사랑을 거두지 아니하시고 끊임없는 보살핌의 손길을 더하시는 것입니다. 아비멜렉은 하나님의 두려운 경고를 듣고 하나님의 자비를 구합니다.

4-6절을 보면 아비멜렉이 아브라함의 말을 믿고서 사라를 취했다는 것이 밝혀지고 하나님께서도 그의 온전한 마음을 보시고 아비멜렉을 용서하시는 장면이 나옵니다.

> "아비멜렉이 그 여인을 가까이 아니한고로 그가 대답하되 주여 주께서 의로운 백성도 멸하시나이까 그는 나더러 이는 내 누이라고 하지 아니하였나이까 그 여인도 그는 내 오라비라 하였사오니 나는 온전한 마음과 깨끗한 손으로 이렇게 하였나이다 하나님이 또 꿈에 그에게 이르시되 네가 온전한 마음으로 이렇게 한 줄을 내가 알았으므로 너를 막아 내게 범죄하지 않게 하였나니 여인에게 가까이 못하게 함이 이 까닭이니라."

아브라함의 거짓말 때문에 아비멜렉이 죽을 뻔했습니다. 우리는 여기서 한 사람의 거짓말이 다른 사람을 죽일 수도 있다는 것을 알아야 합니다. 거짓은 그것을 말한 사람의 문제로 끝나는 것이 아니라 더욱 큰 문제를 불러일으키는 불씨가 되는 것입니다. 아무리 작은 것이라도 거짓은 거짓이고 악은 악입니다. 그래서 악은 어떤 모양으로도 버려야 합니다.

그러므로 우리는 우리의 의식이나 무의식을 불문하고 어떤 모양으로도 거짓을 말하거나 행하지 않도록 조심해야 합니다. 특히 간음의 문제는 살인에 버금가는 심각한 범죄이므로 항상 자신의 마음을 다스리도록 해야 할 것입니다. 처음에는 장난처럼 가볍게 생각할 수도 있지만 그 죄가 남기는 상처는 무엇으로도 보상할 수 없는 큰 것이기 때문입니다.

진실을 잃지 말자

거짓의 조상인 마귀가 지배하는 사회에는 거짓이 있습니다. 세상에 타락한 사람들과 범죄가 들끓고 있기 때문에, 거짓말을 하기도 하고, 우리의 자녀들을 범죄로부터 보호하기 위해서 때때로 어린 아이들에게 거짓말을 시키기도 합니다.

그리고 말하는 가운데 과장이 섞일 때도 있습니다. 어떤 나쁜 뜻이 있어서가 아니라 강조하거나 흥분하게 되면 자기도 모르는 사이에 표현에 과장이 섞이게 됩니다. 한두 번 정도 한 일을 맨날 그런다고 하고, 조금 큰 걸 가지고 어마어마하게 크다고 말하거나, 확신할 수 없는 일을 가지고 순간적으로 '절대'라는 말을 하기도 합니다. 이런 과장은 큰 죄라고 할 수는 없지만 엄밀히 말하면 거짓말을 하는 죄입니다.

아브라함도 거짓말을 했습니다. 자기 아내인 사라는 아브라함이 말한 대로 자신의 아내이자 이복 누이동생이기도 합니다. 아브라함은 진실의 반쯤은 이야기하고 그 다음에 더 중요한 진실, 사라가 자기의 누이동생이기도 하지만 지금은 자기 아내라는 말은 안한 것입니다. 진실을 밝히지 않고 숨겨 놓은 것입니다.

그러나 진실은 숨긴다고 숨겨지는 것이 아닙니다. 감추어진 것은 드러나기 마련인 것입니다. 완벽하게 속였다고 생각하고 안심하고 있을 때 숨겨진 진실은 그 본모습을 드러냅니다.

진실하게 말하고 진실하게 사는 것은 학교의 훈련으로 되는 것이 아닙니다. 가정에서 태어나면서부터 훈련을 받아야 되는 품성입니다. 어느 날 갑자기 교육을 받았다고 해서 사람의 품성이 한꺼번에 바뀌는 것은 아니기 때문입니다.

말하는 것은 습관입니다. 처음에 거짓말을 했을 때에는 가슴이 두근거리고 어찌할 바를 모르다가도 두 번, 세 번 반복되다 보면 그 다음부터는 아무렇지도 않게 됩니다. 말을 과장하는 것도 반복되는 습관에 의해서 본래보다 부풀려서 말하게 되는 것입니다.

인간은 나약하기 때문에 인간의 노력으로만 되는 일이 아닙니다. 자신의 몸을 생각하고, 편리를 생각하고, 이기적인 것을 찾는 마음 때문에 우리는 의도적이거나 혹은 비의도적으로 거짓말을 하고 진실을 감추게 되는 것입니다.

그래서 우리는 성령님의 도우심을 늘 기도하는 부단한 노력을 게을리하지 말아야 합니다. "내가 곧 길이요 진리요 생명"이라고 하신 예수님을 믿는 우리는 진리를 대표하기 때문에 진실이 우리의 특징이라야 합니다.

믿는 사람이 진실하지 못하면 하나님의 책망뿐 아니라 안 믿는 사람의 원망을 듣게 됩니다.

9절을 살펴봅시다.

> "아비멜렉이 아브라함을 불러서 그에게 이르되 네가 어찌하여 우리에게 이리 하느냐 내가 무슨 죄를 네게 범하였관대 네가 나와 내 나라를 큰 죄에 빠질 뻔하게 하였느냐 네가 합당치 않은 일을 내게 행하였도다 하고."

꿈 속에서 하나님의 경고를 들은 아비멜렉은 아브라함을 원망합니다. 내가 네게 무엇을 잘못하였기에 나와 내 나라로 범죄하게 하느냐고 호통을 칩니다.

같은 거짓말이라도, 믿는 사람이 하는 것과 안 믿는 사람이 하는 것은 다릅니다. 안 믿는 사람들은 자신은 그렇지 않아도 믿는 사람들에게 진실과 사랑을 기대하고 요구합니다. 그래서 믿는 사람들의 거짓말이 드러나면 다른 사람의 거짓말보다 더 크게 문제를 삼고 비난을 하는가 하면, 믿는 사람들 전체가 거짓말을 한 것처럼 매도하기도 합니다. 아비멜렉의 자리에서 보면 아브라함의 거짓 때문에 자신은 물론이고 자신의 나라까지도 망할 뻔 하였기 때문에 아브라함에게 내리는 이런 질책은 당연한 것입니다.

우리의 행동은 언제 누가 보아도 당위성이 있는 것이어야 합니다. 하나님을 두려워하는 행동은 어느 한 쪽에 편향되어서는 안됩니다. 이런 편향된 행동은 사람을 두려워하는 마음 때문에 생기는 것입니다. 공의로우신 하나님을 섬기는 사람은 세상의 권력을 가진 사람보다 하나님을 두려워하는 사람이 되어야 합니다. 인간의 양심은 인간의 이기심에 굴복하고도 합리화할 수 있는 것이어서 양심에 선악의 판단을 맡겨서는 안됩니다. 마음은 원이지만 인간의 의지는 약해서 육신의 소욕을 따라서 살게 되어 있는 것입니다.

선한 왕 아비멜렉

아비멜렉은 하나님을 모르는 사람이었지만 선한 마음을 가진 사람이었습니다. 자신이 아브라함의 거짓말 때문에 하나님께 징벌을 받아서 죽을 뻔 하였지만 아브라함에게 변명을 할 기회를 줍니다. 10절을 보십시오.

"아비멜렉이 또 아브라함에게 이르되 네가 무슨 의견으로 이렇게 하였느냐."

아비멜렉은 왕이었지만 다른 사람들을 권력과 힘으로 다스리는 사람이 아니라 합리적인 대화로 다스릴 줄 아는 사람이었습니다. 우리는 아비멜렉에게서 이 점을 배워야 합니다.

무엇보다도 우리에게 손해를 입히고 해를 끼친 사람을 대할 때, 아비멜렉이 한 행동을 기억해야 할 것입니다. 겉으로 드러난 현상만을 가지고 혼자서 결론을 내리고 다음 행동을 결정해서 실행해 버리면 자기에게 입힌 손해보다 엄청난 손해를 상대방과 다른 사람에게 입힐 수 있습니다. 게다가 만일 나중에 그것이 오해였다는 것이 밝혀질 경우에는 수습할 길이 없습니다. 나쁜 일일수록 왜 그런 행동을 하게 되었는지 설명을 다 듣고 판단해야 합니다.

제가 한 번은 저희 형님께 싫은 소리를 한 적이 있었습니다. 내 생각으로는 더 좋은 방법이 있는것 같은데 형님께서 다른 방법으로 처리를 하시기에 한 말씀 드렸더니, 형님께서 "네가 그런 말을 하기 전에 나에게 먼저 왜 그렇게 하셨느냐고 묻는 것이 순서가 아니냐?"고 하셨습니다.

그리고 왜 그렇게 처리를 한 것인지를 차분하게 설명해 주시는데 그 말씀을 듣고 보니까 제가 너무 단순하게 생각했다는 것을 알게 되었고 형님께 사과를 했습니다.

인간 사회의 문제는 대부분 이렇게 서로를 오해하거나 어떤 문제에 대해서 설명하지 않는 데서 발생합니다. 문제를 해결하는 방법은 내가 혼자서 결론을 내리고 행동하는 것이 아니라 그 문제의 실마리를 찾아 대화로 푸는 것입니다. 아비멜렉이 바로 이런 해결책을 제시한 사람입니다.

"아브라함이 가로되 이곳에서는 하나님을 두려워함이 없으니 내 아내를 인하여 사람이 나를 죽일까 생각하였음이요"(20:11).

아브라함의 대답을 보면 아브라함이 미리 두려워하고 있었다는 것이 판명됩니다. 있을지 없을지 모르는 위험을 가정해 놓고 자기 혼자서 해결책을 찾은 것입니다.

우리가 우리 마음대로 가정해서 그것을 정해 놓으면 쉽게 풀릴 일도 엉키게 되어 있습니다. 실제로 부딪치면 아주 쉽게 해결될 수 있는데도 억지로 나쁜 가정을 해서 스스로를 괴롭히는 것입니다. 나쁜 가정을 근거로 행동하다 보면 해결하려고 하는 일마다 어렵고 힘든 것으로 변하게 되기 때문입니다.

아브라함은 믿음이 없는 사람들은 얼마든지 악을 행할 수 있다고 가정한 것입니다. 어느 면에서 그 말은 사실입니다.

제가 사성장군 한 분을 만나서 들은 이야기가 있습니다. 요즘은 군대에서도 교회에 다니는 것이 진급하는 데 도움이 된다고 합니다. 그리고 이 분은 자신이 새로운 부대에서 새로운 부하를 만나게 되면 그 사람이 교회를 다니는가를 확인하고 만일 다니지 않는다면 꼭 교회에 다니도록 전도한다고 합니다. 자신을 돕는 첫번째 방법은 교회에 다니는 것이라고 생각하기 때문에 부하를 잘 설득해서 신자를 만든다는 것입니다.

그 장군의 생각도 맞습니다. 그 부하가 하나님을 두려워하지 않으면 무슨 생각을 할지 모르기 때문에 가능하면 믿는 사람과 함께 일하고 싶은 것입니다. 그러나 그런 생각을 모든 사람에게 적용시켜서는 안되는 것입니다. 믿지 않는 사람 가운데도 바르게 살려고 노력하는 사람들이 얼마든지 있고, 정직한 사람도 많이 있습니다. 그런데 아브라함은 한 쪽으로 치우친 생각만 한 것입니다.

아브라함의 변명을 들은 아비멜렉은 그의 변명을 납득하고 많은 재산과 함께 땅도 떼어줍니다.

> "아비멜렉이 양과 소와 노비를 취하여 아브라함에게 주고 그 아내 사라도 그에게 돌려보내고 아브라함에게 이르되 내 땅이 네 앞에 있느니 너 보기에 좋은 대로 거하라 하고 사라에게 이르되 내가 은 천 개를 네 오라비에게 주어서 그것으로 너와 함께한 여러 사람 앞에서 네 수치를 풀게 하였노니 네 일이 다 선히 해결되었느니라"(20:14-16).

그리고 이에 대한 보답으로 아브라함은 아비멜렉의 아내와 그의 여종을 위해 기도함으로 닫혔던 태를 열어 줍니다. 하나님께서 아비멜렉이 사라를 취한 연고로 그 집의 모든 태를 닫으셨던 것입니다.

> "아브라함이 하나님께 기도하매 하나님이 아비멜렉과 그 아내와 여종을 치료하사 생산케 하셨으니 여호와께서 이왕에 아브라함의 아내 사라의 연고로 아비멜렉의 모든 태를 닫히셨음이더라" (20:17,18).

하나님의 징벌이 얼마나 무서운지 모르고 지은 죄 때문에 아비멜렉의 집은 그 대에서 후손이 끊어지고 멸망할 뻔 한 것입니다. 아브라함의 기도로 그 재앙은 걷혔지만 결코 아브라함의 능력으로 고쳐진 것이 아니라는 사실을 알아야 합니다.

하나님의 진실하시고 신실하심이 아브라함을 통하여 능력을 행하셨다는 사실에서 우리는 우리의 진실함이 하나님의 진실하심을 닮을 수 있도록 배워야 할 것입니다.

아브라함의 거듭된 실수를 해결해나가시는 하나님의 모습을 통해, 어떤 어려운 환난 속에서도 진실을 잃지 않고 언제나 신실하신 하나님을 배우고 하나님을 의뢰하시는 여러분들이 되시기를 진심으로 기도합니다.

제 17 장

웃음의 순간, 절망의 순간

"여호와께서 그 말씀대로 사라를 권고하셨고 여호와께서 그 말씀대로 사라에게 행하셨으므로 사라가 잉태하고 하나님의 말씀하신 기한에 미쳐 늙은 아브라함에게 아들을 낳으니 아브라함이 그 낳은 아들 곧 사라가 자기에게 낳은 아들을 이름하여 이삭이라 하였고 그 아들 이삭이 난 지 팔 일만에 그가 하나님의 명대로 할례를 행하였더라 아브라함이 그 아들 이삭을 낳을 때에 백 세라 사라가 가로되 하나님이 나로 웃게 하시니 듣는 자가 다 나와 함께 웃으리로다 또 가로되 사라가 자식들을 젖먹이겠다고 누가 아브라함에게 말하였으리요 마는 아브라함 노경에 내가 아들을 낳았도다 하니라 아이가 자라매 젖을 떼고 이삭의 젖을 떼는 날에 아브라함이 대연을 배설하였더라 사라가 본즉 아브라함의 아들 애굽 여인 하갈의 소생이 이삭을 희롱하는지라 그가 아브라함에게 이르되 이 여종과 그 아들을 내어쫓으라 이 종의 아들은 내 아들 이삭과 함께 기업을 얻지 못하리라 하매 아브라함이 그 아들을 위하여 그 일이 깊이 근심이 되었더니…"(창 21:1-21)

웃음의 순간, 절망의 순간

약속을 지키시는 하나님

사람은 약속을 지키지 않거나 또 부득이하게 못 지키는 수가 있습니다. 그러나 하나님은 한 번 하신 약속은 시간이 좀 걸리더라도 꼭 지키시는 분입니다. 21장 1,2절 말씀을 보면 계속해서 반복되는 단어가 있습니다.

> "여호와께서 그 말씀대로 사라를 권고하셨고 여호와께서 그 말씀대로 사라에게 행하셨으므로 사라가 잉태하고 하나님의 말씀하신 기한에 미쳐 늙은 아브라함에게 아들을 낳으니."

바로 '말씀대로' 라는 단어가 3번이나 반복되는 것입니다. 하나님께서는 한 번 하신 약속은 꼭 지키시는 분이라는 것을 강조하려고 이 말을 반복하는 것입니다.
우리가 믿는 하나님은 신실하시고 약속을 잊지 아니하시는 분입니다. 사람의 눈으로 볼 때는 전혀 지켜질 가능성이 없는 것처럼 보임에도 불구하고 하나님께서는 약속을 지키시는 것입니다. 하나님이 전에 말씀하셨던 그대로 한 치의 틀림도 없이 지키시는 분입니다.

1절에서 하나님께서 사라를 '권고하셨다' 는 말이 나오는데, 이 말을 영어로 번역하면 '기록하셨다'는 뜻입니다. 하나님께서 자신이 하신 말씀을 기록하셨다가 기억하셔서 그대로 실행한다는 말입니다.

하나님께서는 사라의 일만 기록해 두신 것이 아닙니다. 하나님을 믿는 우리들 한 사람 한 사람의 일들을 모두 기록해 두셨습니다. 우리 삶의 작은 부분까지 기록하시고 그 기록하신 것을 다 기억하셔서 때가 되면 행하시는 것입니다.

우리의 믿음이 연약하여서 하나님을 신뢰하지 못하고 가슴을 졸이고 의심하는 것이지 하나님은 결코 한 번한 약속을 어기시지 않습니다. 즉, 문제는 우리의 믿음이지 하나님의 약속이 아닙니다.

하나님께서는 백 살인 아브라함과 구십 살인 사라에게 아들을 주신다는 약속을 이행하시는 것입니다. 사라는 그 말씀을 믿기 어려워했지만 하나님께서 이루시고자 하는 일에 불가능이란 없습니다.

우리가 성경을 읽을 때에는 하나님이 주시는 약속이 어떤 것인지를 주의깊게 찾아 보고 그 약속을 우리의 것으로 만들어야 합니다. 성경 속의 말씀이 그 당시의 사람들에게만 주어진 것이라고 생각해서는 안 됩니다. 그 말씀은 곧 지금 우리에게 하는 말인 것입니다. 우리가 그 말씀을 믿고 하나님이 약속을 지킬 것이라고 생각하면 하나님은 우리에게 그 약속을 성취시킬 것입니다.

하나님께서 약속하신 것 중에 하나가 우리의 죄를 용서하신다는 것입니다. 우리가 '하나님 앞에 모든 것을 고하면 우리의 죄를 동에서 서가 먼 것처럼 우리의 죄를 옮기시고 기억하지 않겠다'고 하시는데도 우리의 의심 많은 마음이 그것을 믿지 못하고 늘 어두움 가운데 싸여 있는 것입니다.

또 '너희 죄가 주홍 같이 붉을지라도 눈같이 희게 해 주시겠다'고 하는데도 그것을 믿지 못하고 하나님께서 잊으시겠다고 하시는 죄를 내가 잊지 못해서 괴로워합니다.

그러나 하나님께서는 잊으시겠다고 하면 잊으십니다. 제가 너무 쉽게 말하는 것이 아닙니다. 하나님께서 그렇게 하시겠다고 하셨기 때문에 자신있게 말하는 것입니다. 하나님께서 용서하지 않으셔서 괴로운 것이 아니라 다 용서해 주신 것을 내가 또 다시 범죄를 저지르는 것이 괴로운 것입니다.

하나님께서는 우리가 무거운 짐을 홀로 지고 가다가 쓰러지는 것을 원하지 않으십니다. 우리의 짐을 하나님 앞에 내려 놓고 우리는 하나님만을 의지하면서 나가기를 원하는 것입니다. "여호와를 앙망하는 자는 언제나 새 힘을 얻으며 독수리의 날개침 같이 강건하게 하신다"고 말씀하셨습니다.

그런데 그 약속을 믿지 못하고 근심과 걱정에 휩싸여서 산다면 그 책임은 단연코 우리에게 있는 것입니다. 믿는 사람은 믿고 신앙으로 고백하는 것 외에는 방법이 없습니다.

우리 주님께서 하늘로 올라가신 그대로 이 땅에 재림하실 것이라는 말을 믿어야 합니다. 주님이 오시면 우리가 하나님 나라에서 영원히 살 것이라는 것을 믿어야 합니다. 세상의 마지막 날에 오는 승리와 영화로움이 주님과 함께 하는 우리에게 주어질 것을 우리의 신앙으로 고백해야 합니다.

"수고하고 무거운 짐진 자들아 다 내게로 오라 내가 쉬게 하리라." 이것이 우리 주님의 말씀입니다. 주님에게 맡겨야 할 짐을 우리가 지고 무거워하기 때문에 하나님께서 보장하신 축복을 받지 못하는 것입니다.

"아브라함이 그 낳은 아들 곧 사라가 자기에게 낳은 아들을 이름하여 이삭이라 하였고 그 아들 이삭이 난 지 팔일 만에 그가 하나님의 명대로 할례를 행하였더라 아브라함이 그 아들 이삭을 낳을 때에 백 세라 사라가 가로되 하나님이 나로 웃게 하시니 듣는 자가 다 나와 함께 웃으리로다"(21:3-6).

주님께 모든 것을 맡겨야 우리에게 우리의 이삭이 태어날 수 있습니다. 이삭의 이름은 '웃음'을 뜻합니다. 하나님께 모든 것을 맡겨야 우리의 삶에 웃음이 피어나는 것입니다. 한 사람이 웃으면 그 사람 주위에 있는 다른 사람에게도 웃음이 전파됩니다. 이삭으로 인해서 그의 부모는 물론 그 이름을 듣는 모든 사람들이 웃는 것과 같습니다.

하나님의 약속 위에 굳게 서서 믿고 사는 사람들에게는 웃음이 있습니다. 그 웃음은 아름다운 전파력을 가져 사방으로 퍼져나가는 웃음인 것입니다.

절망은 없다

우리는 모두 각각 다른 배경을 가지고 있는 사람들입니다. 그러나 어떤 길을 걷든지 모든 사람들이 같이 겪는 일이 있는데 그것은 바로 절망입니다. 절망이라는 것은 우리가 선택하는 것도 아니고 원하는 것도 아니지만 인생을 살다 보면 피할 수 없는 하나의 과정처럼 우리에게 다가옵니다.

어쩌면 지금 이 순간에도 어찌할 수 없는 절망감에 빠져 있는 사람도 있을 것입니다. 인간 관계에 있어서도 어떤 사람과는 도저히 어쩔 수 없다고 생각 때문에 절망감에 빠져 있을 수도 있습니다. 그러나 여기 하나님의 인자와 은혜가 있습니다. 절망적인 상태에 빠져 있는 사람의 기도를 들으시는 하나님의 사랑이 있는 것입니다.

9절에서 10절 말씀을 보겠습니다.

"사라가 본즉 아브라함의 아들 애굽 여인 하갈의 소생이 이삭을 희롱하는지라 그가 아브라함에게 이르되 이 여종과 그 아들을 내어쫓으라 이 종의 아들은 내 아들 이삭과 함께 기업을 얻지 못하리라 하매."

하갈은 애굽의 여인으로 종의 신분이었지만 자신이 선택한 것은 아니었습니다. 아브라함의 집에 끌려와서 종이 되었고 주인의 아내인 사라 때문에 주인의 첩이 되어 아들까지 낳아 주었습니다. 자신에게 주어진 상황에 이끌려서 어쩔 수 없이 그렇게 된 것입니다.

우리도 마찬가지의 상황이 있을 것입니다. 우리가 지금 처해 있는 것들이 가문이든지 배경이든지 학벌이든지 직장이든지, 우리의 선택에 의해서라기보다 주어진 조건에 의해서 결정된 것일 수 있습니다. 그러나 거기에는 최소한 우리의 선택에 의해서 노력에 의해서 결정될 수 있는 것들도 있습니다. 우리가 미리 포기하지 않으면, 항상 상황이 나를 지배하도록 내버려 두지 않는다면 선택의 폭이 그만큼 넓어질 수 있는 것입니다.

하갈과 이스마엘은 자신의 선택에 의해서가 아니라 자신의 의지와는 상관없는 조건으로 인해 슬픈 운명을 가지게 된 사람들이었습니다. 이스마엘의 처지에서 보면 자신의 운명이나 자기 어머니의 운영에 대해 불만과 원망을 가질 수 있습니다. 어쩌다가 종으로 팔려와서 주인의 첩이 되었고 아들을 낳았지만 서자의 설움을 벗을 수 없도록 만들었다고 생각하면 누구에게 그 책임을 물어야 할지 모르겠고, 그 아버지 아브라함을 보아도 아내인 사라의 의견에 이끌려 아들인 자신을 그대로 방치하고 있다고 생각하면 원망하는 마음이 드는 것이 당연합니다. 그런데다가 사라에게서 아들 이삭이 태어나자 자신의 위치는 더욱 보잘 것이 없이 하락하고 말았습니다.

이스마엘은 그 동안의 불만과 원망이 쌓여서 점점 불량한 아이가 되었을 것입니다. 그 젊고 혈기 넘치는 가슴 속에는 분노와 반항하는 마음으로만 가득하고 자신에 대한 차별 때문에 선한 판단력을 잃을 정도가 되었습니다. 그래서 부모를 비롯해서 모든 사람의 귀여움을 독차지하고 있는 어린 이복동생을 괴롭혔습니다.

그런 일이 반복되다 보니까 다른 사람들에게 들키게 되었고 급기야는 사라까지 알게 된 것입니다. 이유야 어떠했든 죄는 드러나기 마련이고 그에 해당하는 벌을 받기 마련인 것입니다. 우리의 죄도 아무리 숨기려고 해도 그대로 드러나게 되어 있는 것처럼 이스마엘도 자신의 죄를 숨길 수 없었습니다.

하나님의 불꽃 같은 눈길을 피할 수 있는 방법은 아무 것도 없다는 것을 알아야 합니다. 그걸 알지 못하고 자신의 죄를 숨기려고 애쓰는 것처럼 어리석은 일은 없습니다. 범죄하지 않으려고 최선을 다하는 것이 옳으나 우리의 연약함 때문에 어쩔 수 없이 넘어졌을 때에는 하나님 앞에 모든 것을 숨김 없이 내어 놓고 용서를 구해야 합니다.

10절에서 14절을 보면 사라가 이스마엘 모자를 쫓아내라고 하는 말을 듣고 아브라함은 근심하다가 결국은 두 모자를 광야로 보내게 됩니다.

> "아브라함이 그 아들을 위하여 그 일이 깊이 근심이 되었더니 하나님이 아브라함에게 이르시되 네 아이나 네 여종을 위하여 근심치 말고 사라가 네게 이른 말을 다 들으라 이삭에게서 나는 자라야 네 씨라 칭할 것임이니라 그러나 여종의 아들도 네 씨니 내가 그로 한 민족을 이루게 하리라 하신지라 아브라함이 아침에 일찍이 일어나 떡과 물 한 가죽부대를 취하여 하갈의 어깨에 메워주고 그 자식을 이끌고 가게 하매 하갈이 나가서 브엘세바 들에서 방황하더니."

그들은 브엘세바 쪽으로 쫓겨나 방황하다가 가죽부대의 물이 떨어져서 죽을 경지에 이르게 됩니다. 하갈은 아브라함의 아이를 갖게 되면서 한때 자기의 주인인 사라를 업신여기고 방자하게 굴다가 예전에도 광야로 쫓겨간 경험이 있는 여자였습니다. 자신의 처지를 잘 알지 못하고 교만하였다가 당한 일이었지만 하나님은 그의 간구하는 소리를 듣고 구원해 주셨습니다. 그리고 또 다시 쫓겨나 광야에서 죽게 된 두 모자를 돌보시는 은혜를 내리십니다. 인간에게는 버림을 받았지만 하나님은 그들을 버리지 아니하신 것입니다.

13절을 보십시오. 하나님은 아브라함에게 그 여종의 씨로 한 민족을 이루시겠다고 약속하십니다. 자신의 연약함으로 인해서 가슴 아픈 가족사를 갖게 된 아브라함의 고통을 하나님께서는 돌아보시고 새로운 약속을 주신 것입니다.

인간의 나약함으로 인하여 생기는 범죄함에 대해서 우리는 말 못할 고민과 고통 속에 빠지고, 하나님께 용서를 구하지 못할 정도로 두려움을 느낍니다. 그러나 하나님은 우리의 사정과 형편을 살피사 우리를 끝까지 돌보시고 함께 해 주십니다. 그래서 지금까지 죄인이었으며 앞으로도 죄인일 수밖에 없는 우리들에게 희망이 있는 것입니다.

15절을 보면 기아선상에서 죽어가고 있는 두 사람의 절박한 상황이 드러납니다. 16절을 보면 고통이 극에 달한 하갈은 하나님 앞에 통곡하며 부르짖습니다.

"가죽부대의 물이 다한지라 그 자식을 떨기나무 아래 두며 가로되 자식의 죽는 것을 차마 보지 못하겠다 하고 살 한 바탕쯤 가서 마주앉아 바라보며 방성대곡하니."

자신의 주인이자 남편인 아브라함에게 버림을 받았다는 것은 이 세상에서 살아갈 희망과 가치를 잃은 것과 같습니다. 인간으로서 가장 비참한 상태에 처했으며 살아갈 아무런 근거나 기반까지 박탈당한 것입니다.

이 장면을 생각하면 저는 6.25전쟁이 생각납니다. 피난을 내려오면서 먹을 것이 없어서 고생했던 기억이 생생하게 떠오르는 것입니다. 어린 나이에 너무 힘이 드니까 형님에게 저를 그냥 내버려 두고 떠나라고까지 말한 나는, 하나님의 도우심으로 그 어려움을 극복하고 지금까지 무사하게 살고 있기 때문에 하갈의 그 고통을 알 수 있는 것입니다. 더구나 자식을 사랑하는 어머니의 모성은 어떤 정신력보다 강해서 무슨 일이든지 극복할 힘을 갖는 것입니다.

굶주림에 허덕이고 있는 자식을 보다 못한 하갈은 아들을 떨어뜨려 두고 혼자 멀찌감치 가서 통곡합니다. 하갈은 그렇게 극한 상황에서도 자기 자식 앞에서 약함을 보이지 않으려고 자식이 보지 못하는 곳으로 간 것입니다. 어머니의 약한 모습을 보고 아이가 절망하거나 두려워서 삶의 소망을 포기하게 될까봐 하갈은 죽게 된 그 순간까지 강하고 포기하지 아니하는 어머니의 모습을 보이는 것입니다. 주인의 천대와 멸시를 받아가면서 키운 자식인데 이제 다 키운 자식을 그대로 죽게 할 수는 없는 일이었습니다.

어머니가 자식을 위하여 애통하면 그 어머니에게 복이 있습니다. 자식 앞에서는 할 수 없는 일이지만 하나님 앞에서는 마음껏 감정대로 애통해할 수 있는 것이 우리 믿는 사람들의 축복 중에 하나입니다. 그리고 하나님께서 그런 사람들을 긍휼히 여기시고 은혜를 주시겠다고 말씀하셨습니다.

17절을 보십시오.

"하나님이 그 아이의 소리를 들으시므로 하나님의 사자가 하늘에서부터 하갈을 불러 가라사대 하갈아 무슨 일이냐 두려워 말라 하나님이 저기 있는 아이의 소리를 들으셨나니."

하나님께서 그 아이의 소리를 들으셨습니다. 갈증과 배고픔으로 울부짖는 아이의 소리를 하나님께서 모른 척하시지 아니하신 것입니다.
예레미야 33장 3절에도 말씀하셨습니다. "크게 부르짖으면 그 음성을 하나님께서 들으시고 응답하시겠다"고 친히 말씀하시지 않았습니까?

18절을 보면 하나님의 사자가 하갈에게 나타나서 하나님께서 아이의 목소리를 들으셨으니 걱정하지 말라고 하시면서 하갈을 일으키십니다. 절망 중에 있던 하갈과 이스마엘이 구원을 얻게 된 것입니다. 죽음의 공포와 두려움에서 일으킴을 받은 것입니다.

"일어나 아이를 일으켜 네 손으로 붙들라 그로 큰 민족을 이루게 하리라 하신지라."

지금 만일 절망 중에 있는 사람이 있다면 하나님께서 그 목소리를 들으셨으니 이제 절망의 구렁텅이에서 일어나 걸으라는 희망의 말씀을 들어야 합니다. 하나님의 음성을 들을 때, 절망의 상태에 있는 다른 사람까지 붙들어 일으킬 수 있는 힘이 우리에게 있는 것입니다. 하갈이 아들 이스마엘을 일으켜 세운 것처럼 함께 지치고 절망해서 쓰러져 있는 사람들에게 손을 내밀어 일으킬 수 있는 힘을 하나님께서 우리에게 주십니다.

"하나님이 하갈의 눈을 밝히시매 샘물을 보고 가서 가죽부대에 물을 채워다가 그 아이에게 마시웠더라"(21:19).

하나님께서는 또 하갈의 눈을 밝히셨습니다. 그래서 우물을 발견하고 물을 떠다가 아들에게 먹이고, 그로 하여금 큰 민족을 이루겠다는 언약까지도 얻게 됩니다.

절망의 순간이 순식간에 희망의 순간으로 바뀐 것입니다. 우리에게 생긴 문제도 방법이 없어서 해결하지 못하는 것이 아니라 바로 옆에 해결책을 두고도 눈이 어두워서 찾지 못하는 것입니다. 우리가 하늘을 향해서 부르짖을 때에 비로소 눈이 떠지고, 눈을 떠서 보면 그 때까지 보이지 않던 그 해결책이 바로 가까이에 있다는 것을 알게 됩니다.

우리가 절망의 잔을 들고 그 잔에 생명수를 채워주시기를 간구하면, 하나님께서는 우리에게 영원히 목마르지 아니하는 생명수를 채워 주실 것입니다. 우리의 눈으로 보면 아무런 희망이 없는 상태인데도 불구하고 하나님께서는 삶의 길을 열어 주십니다.

믿는 사람들에게는 절망의 시간이 있을 수 없습니다. 하나님이 함께 하시면, 절망하는 그 순간이 바로 희망을 얻는 순간이 된다는 것을 여러분은 잊지 마시기 바랍니다.

제 18 장

화해는 필요하다

"때에 아비멜렉과 그 군대장관 비골이 아브라함에게 말하여 가로되 네가 무슨 일을 하든지 하나님이 너와 함께 계시도다 그런즉 너는 나와 내 아들과 내 손자에게 거짓되이 행치 않기를 이제 여기서 하나님을 가리켜 내게 맹세하라 내가 네게 후대한 대로 너도 나와 너의 머무는 이 땅에 행할 것이니라 아브라함이 가로되 내가 맹세하리라 하고 아비멜렉의 종들이 아브라함의 우물을 늑탈한 일에 대하여 아브라함이 아비멜렉을 책망하매 아비멜렉이 가로되 누가 그리하였는지 내가 알지 못하노라 너도 내게 고하지 아니하였고 나도 듣지 못하였더니 오늘에야 들었노라 아브라함이 양과 소를 취하여 아비멜렉에게 주고 두 사람이 언약을 세우니라 아브라함이 일곱 암양 새끼를 따로 놓으니 아비멜렉이 아브라함에게 이르되 이 일곱 암양 새끼를 따로 놓음은 어찜이뇨 아브라함이 가로되 너는 내 손에서 이 암양 새끼 일곱을 받아 내가 이 우물 판 증거를 삼으라 하고 두 사람이 거기서 서로 맹세하였으므로 그곳을 브엘세바라 이름하였더라 ⋯ "(창 21:22-34).

화해는 필요하다

사람의 축복

인간의 삶 가운데 하나님의 축복을 받는다는 것을 알 수 있는 증거가 여러 가지 있는데 그 중에 하나가 바로 사람의 축복입니다. 사람과 사람이 평화롭게 그리고 화해로운 가운데 산다는 것만큼 복된 것이 없습니다.

주변 사람들을 살펴보면, 하나님의 축복 속에 사는 사람들은 인간관계가 좋습니다. 그 사람 가까이에 있는 사람들이 그 사람을 좋아합니다. 어떤 잘못된 일이 있더라도 그 사람의 일은 잘 풀립니다. 사람의 총애를 입기 때문입니다. 하나님의 총애를 입는 사람은 사람으로부터도 총애를 받는 것입니다.

예수님도 자라나면서 그랬다고 말씀하고 있습니다. "그 지혜와 그 키가 자라가며 하나님과 사람으로부터 더 사랑을 받으셨다"(눅 2:52)고 성경은 말합니다. 그래서 사람의 총애는 사람의 축복의 증거 가운데 하나입니다.

요셉의 생애를 보아도 사람들이 그를 참 좋아합니다. 어디를 가더라도 그는 사랑을 받습니다. 다윗을 생각해 봐도 그렇습니다. 다윗을 보면 적이 많음에도 불구하고 다윗은 그들과도 언제나 잘 지냅니다. 그래서 결국은 그 원수가 자기 사람이 되는 사람의 축복, 인간 관계의 축복을 받은 것입니다.

다니엘이나 느헤미야를 보십시오. 그들은 남의 나라에 포로로 잡혀 가서 살면서도 그 나라 왕의 총애를 받고 그 나라 사람들의 인정을 받습니다. 그러므로 어느 나라 어느 국가에서 사느냐가 문제가 아니고, 어떤 사람들과 섞여 사느냐가 문제가 아니라, 하나님의 은혜가 있으면 그 사람은 늘 사람의 축복을 받습니다.

그 반대의 경우에는 대인 관계가 불안합니다. 주변 사람들이 그를 좋아하지 않고, 만나기를 꺼려합니다. 만나면 불편하기 때문에 가능하면 멀리하려고 합니다.

그러나 하나님의 축복을 받는 사람은 다른 사람들이 그와 함께 있기를 좋아합니다. 선이 그를 통해서 나타나기 때문입니다. 다른 사람들이 우리와 함께 있는 것을 좋아하는 이유는 우리 자신에게 매력이 있기 때문이 아니라 우리를 통해서 예수 그리스도가 비쳐 보이기 때문입니다. 그것이 아브라함의 삶이었습니다.

창세기 21장 22절 말씀을 봅시다.

> "때에 아비멜렉과 그 군대장관 비골이 아브라함에게 말하여 가로되 네가 무슨 일을 하든지 하나님이 너와 함께 계시도다."

이것은 하나님의 종이 아브라함을 보고 한 이야기가 아니라 불신자 아비멜렉과 군대 장관 비골이라는 사람이 아브라함에게 한 이야기입니다. 즉 아브라함의 적들이 아브라함에게 하는 이야기입니다. 이방 사람이 유대 사람을 보고, 믿지 않는 사람이 믿는 사람을 오랫동안 관찰하고 난 뒤에 '저 사람은 하나님이 함께 하시는구나' 하고 결론을 내린 것입니다. 그 사람이 무엇을 하든지 잘 되고, 축복받는 것이 눈에 보이니까 이방 사람인데도 저 사람은 하나님의 축복을 받는 사람이라는 것을 느끼게 되는 것입니다.

아브라함의 일생

아브라함의 일생을 살펴보면 이방 사람들이 왜 그런 생각을 하게 되었는지 알 수 있습니다.

첫째/ 아브라함은 백 살에 아들을 낳았고 웃을 수 있게 되었습니다.

그의 아내 사라는 구십 세였습니다. 고령의 노부부가 첫아들을 낳은 것입니다. 지금도 한 가정의 자식은 참 소중하지만 그 때의 자식의 의미는 하나님의 축복의 척도이자 기준이었습니다. 그것도 그 가문의 후손을 이을 수 있는 아들을 낳은 것입니다.

우리들이 아비멜렉이었다면 어떤 생각을 했을 것 같습니까? 그런데 그 아들의 이름은 이삭이었습니다. 이삭은 무슨 뜻입니까? 바로 '웃음' 이라는 뜻입니다. 이삭 때문에 아브라함의 집에는 노년에 웃음꽃이 피게 되었고, 그 이야기를 들은 이웃 사람들도 모두 웃게 되었습니다. 90세 된 할머니가 손자도 아니고 아들을 보아서 젖을 먹인다고 생각해 보십시오. 그것은 바로 아브라함에게 하나님이 함께 하신다는 사실이 온 지역에 나타났다는 것을 의미합니다.

둘째/ 이삭이 태어나기 전에 있었던 집안 문제가 해결되었습니다.

사라가 아이를 낳지 못해 하갈을 통해서 이스마엘이 생기는 복잡한 가정사가 있었는데, 그것이 이삭의 태어남으로 인해서 17년만에 해결된 것입니다. 그 가정에 큰 평화가 온 것입니다.

인생의 기쁨 가운데 가장 큰 것 하나가 가정의 기쁨입니다. 세상에 자기 가족으로 인한 기쁨보다 더 큰 기쁨이 어디 있습니까? 남편과 아내로 인한 기쁨, 아들과 딸로 인한 기쁨을 어디에 비할 수 있겠습니까? 특별히 손자와 손녀로 인한 기쁨은 더 크다고 합니다. 노년의 기쁨이기 때문에 더 기쁜 것인지도 모릅니다.

아브라함이 이삭을 낳았을 때가 백세, 그리고 하갈과 이스마엘의 문제가 정리된 것이 백십칠 세였습니다. 나이가 들고 연륜이 생길수록 문제가 차츰 풀려나가고 일이 잘 되어가는 것이 눈에 보입니다. 그것뿐만이 아닙니다.

셋째/ 오래 전 잃어버렸던 우물을 찾는 사건이 발생합니다.

한번 생각해 봅시다. 한 번 잃어버렸던 우물을 다시 찾는다는 것이 무슨 말이겠습니까? 이스라엘의 광야를 가보신 분들은 요단강 남쪽인 사해 쪽에는 물 한 방울 날 데가 없다는 것을 보셨을 것입니다. 사막인데 그 곳에서 우물 하나 발견한다는 것은 기적적일 만큼 대단한 사건입니다. 우물을 발견하는 것은 삶의 근거지를 얻는 것입니다.

우리의 인생도 사막과 같지 않습니까? 여러분들이 예수 그리스도라는 영원한 우물을 보았다는 것은, 항상 맑은 물이 솟아나는 샘물을 찾았다는 것은 우리 인생에 있어서 참으로 귀중한 발견이 아닐 수 없습니다. 아브라함이 사막의 한 가운데에서 물을 얻을 수 있었던 것처럼 우리도 마르지 않는 샘을 갖게 된 것입니다.

예수 그리스도께서 "나에게로 오는 자는 결코 목마르지 않을 것이요, 또 굶주리지 않을 것이다. 내가 그에게 영원한 생명수가 되리라"라고 말씀하신 것과 같이 우리들은 광야 같은 목마른 세상에서 우물을 발견한 사람들입니다. 이 샘의 물을 마시는 자마다 다시는 목이 갈하지 않게 되는 것입니다. 이토록 귀한 의미가 있는 샘물이 그 당시에는 바로 사막에서 찾는 샘물이었습니다.

그렇게 귀한 샘물을 아브라함은 아비멜렉에게 **빼앗겼던** 적이 있었습니다. 그런데 아비멜렉이 가만히 보니까 아브라함이 보통 사람이 아니라는 것을 알게 된 것입니다. 그의 하는 일마다 하나님이 함께 하시지 않으면 도저히 일어날 수 없는 이들이 일어나는 것입니다. 그래서 아비멜렉은 아브라함과 화해할 생각을 하게 된 것입니다.

우리는 과연 어떤 평가를 받는 사람들입니까? 안 믿는 사람이 보아도 하나님이 함께 하시는 축복받은 사람으로 인정해 줍니까? 그렇지 않다면 우리는 하나님의 사람이라고 말하기가 부끄러운 것입니다.

아브라함은 이방 사람들도 인정하는 하나님의 사람이었습니다. 그래서 아비멜렉은 아브라함에게 와서 평화조약을 맺고 화해할 것을 요청합니다.

"그런즉 너는 나와 내 아들과 내 손자에게 거짓되이 행치 않기를 이제 여기서 하나님을 가리켜 내게 맹세하라 내가 네게 후대한 대로 너도 나와 너의 머무는 이 땅에 행할 것이니라"(21:23).

사실 아브라함 쪽에서는 그렇게 선뜻 평화조약을 맺고 싶지 않을 수도 있습니다. 자신들의 목숨과도 같은 우물을 빼앗아 간 사람들과 무슨 평화조약을 맺고 싶겠습니까? 자기에게 득이 되는 사람은커녕 지금까지 해만 끼친 사람과 아무런 보상도 없이 화해하기란 쉽지 않은 것입니다. 더구나 사람은 70%가 물로 이루어져 있어서 물과 생명은 아주 직접적인 관계를 가진 것입니다. 그렇듯 물이 귀한 사막에서는 물이 가지는 비중이 더욱 클 수밖에 없습니다.

그런데 24절을 보십시오.

"아브라함이 가로되 내가 맹세하리라 하고."

아브라함은 너무나도 쉽게 맹세를 합니다. 저였다면 말이 나온 김에 이것 저것 좀 따지고 합의가 되면 맹세를 했을 텐데, 아브라함은 말이 나오자마자 명쾌하게 맹세를 합니다.

그래서 아브라함은 축복받은 사람입니다. 그는 자신의 원수를 금방 용서하는 사람이었습니다. 그와 같이 **대인 관계에 너그러운 사람이 바로**

하나님의 축복을 받는 사람의 특징입니다.

성경에 아브라함 같은 사람으로 대인 관계에 탁월했던 사람이 또한 사람이 있는데, 바로 다윗이었습니다. 다윗은 특히 자신을 못살게 구는 원수들을 끝까지 용서하고 사랑해서 자기 편을 만드는 사람이었습니다. 악에게 지지 않고 반드시 선으로 악을 갚는 사람이었습니다. 그래서 그는 더욱 큰 하나님의 은총을 입었고 유대의 왕이 된 것입니다.

인간 관계에서 나를 사랑하는 사람만 사랑해서는 결코 성공하지 못합니다. 인간 사회에서 성공하는 사람들은 자신에게 손해를 끼치는 사람들, 자신에게 악하게 한 사람들을 어떻게 대하느냐 하는 것으로 판가름 납니다. 선으로 어떻게 악을 정복하는가, 이것을 잘하는 사람들이 축복되게 사는 것입니다. 이렇게 사는 삶이 예수 믿는 사람들의 삶입니다. 조건 없이 그 자리에서 사람을 용서해 줄 수 있는 사람이 바로 하나님의 사람인 것입니다.

서로 화해하라

그 다음 25절을 보십시오.

"아비멜렉의 종들이 아브라함의 우물을 늑탈한 일에 대하여 아브라함이 아비멜렉을 책망하매."

아브라함은 화해를 하고나서 빼앗긴 우물 이야기를 합니다. 우리 한국 사람들은 자기의 가슴을 아프게 한 사람이 "미안합니다"라고 말하면, "뭐 어떻게 하겠습니까? 다 잊어버립시다" 하고 넘어갑니다. 그런데 사실은 용서하면서 넘어가는 것이 아니라 그냥 덮어 놓는 것입니다.

우리 나라 사람들의 인간 관계의 어려움이 거기 있습니다. 낫지도 않은 상처를 그냥 덮어 놓는 것입니다. 시어머니와 아내 사이에도 그렇고 남편과 아내 사이에도 그냥 덮어 놓는 것입니다. 목사님과 장로님 사이에도 집사님과 집사님 사이에도 그저 꾹 참고 덮어 놓습니다. 그래서 일을 더욱 어렵게 만듭니다.

예수님께서도 말씀하시기를 "너희 형제 가운데 다툰 사람들이 있으면 당장 가서 화해하라"고 말씀하십니다. 그 말은 당장 가서 싸우라는 이야기가 아닙니다. 선은 어떻고 후는 어떻고 하는 설명을 자세히 해서 오해를 풀어야 합니다. 그래야 인간관계가 원만해지고 오래 가는 것입니다.

아브라함과 아비멜렉도 마찬가지였습니다. 아비멜렉은 자신의 부하들이 아브라함의 우물을 빼앗았다는 것을 전혀 모르고 있었습니다. 그러면서 말하기를 "나는 전혀 알지 못하는 일이다. 그리고 당신도 나에게 한 번도 그런 이야기를 하지 않았지 않느냐?" 그리고는 "그것 때문에 내게 오랫 동안 원한을 품어 왔을텐데 왜 가만히 있었느냐?" 말합니다.

"아비멜렉이 가로되 누가 그리하였는지 내가 알지 못하노라 너도 내게 고하지 아니하였고 나도 듣지 못하였더니 오늘에야 들었노라"(21:26).

그것은 불필요하게 나쁜 관계를 유지한 것인데 왜 그랬느냐는 것입니다. 아브라함은 아비멜렉에게 불편하고 속이 상한 상태로 있었겠지만 아비멜렉은 아무것도 모르고 있었던 것입니다. 그러니 아브라함 혼자 속을 앓고 있었으니 얼마나 억울한 일입니까?

우리에게 마음 상한 일이 있으면 그것을 솔직하게 털어 놓고 이야기를 해야 합니다. 털어 놓고 풀지 않으면 그 감정이 가슴 한 구석에 쌓여서 한이 됩니다. 서로 마음을 터 놓고 이야기를 하다보면 그 동안 그 사람에 대해 모르고 있었던 것들을 알게 되기도 하고, 자신도 모르는 사이에 상대방에게 상처를 준 사실도 알게 됩니다.

그래서 아브라함과 아비멜렉도 서로 화해를 하게 되었던 것입니다. 서로 허심탄회하게 이야기를 하고 화해를 해야 다음 일도 잘 풀립니다. 인간 사회는 복잡하기 때문에 서로 이야기를 해야만 풀립니다. 자신이 잘못하지 않았어도 아비멜렉의 경우처럼 자기 부하들이 잘못해서 오해가 생기는 수도 있습니다.

아비멜렉은 아브라함의 이야기를 듣고 자기 부하들의 잘못을 쾌히 사과했습니다. 이것이 사람을 다스리는 위치에 있는 사람의 태도입니다. 아무리 마음이 넓은 사람이라도 말을 하지 않으면 그 사람이 화가 나 있는지, 아직도 내게 원망하는 마음을 품고 있는지 알 수가 없습니다.

믿는 사람일수록 더욱 다른 사람과 잘 지내야 하고 화해하기에 힘써야 합니다. 조그만 오해도 남아 있지 않도록 서로에게 솔직하고 관대해져야 합니다. 그래야 아브라함이 우물을 다시 찾은 것처럼 지난 날의 잘못된 일도 다시 바르게 되돌릴 수 있는 것입니다.

이렇게 아브라함은 나이가 들수록 연륜이 깊어지고 하는 일마다 잘 되는 복을 누렸습니다. 세상을 살아가면서 그것이 얼마나 큰 복인지 알게 될 것입니다. 나이가 들수록 일이 안되고, 하는 일마다 꼬이고, 시간이 갈수록 사는 것이 어렵다고 생각해 보십시오. 만년을 행복하게 보내는 것이 얼마나 큰 하나님의 축복이겠습니까?

이것이 하나님이 함께 하는 사람의 복인 것입니다. 그것이 다른 사람의 눈에도 보여야 합니다. 나만 혼자 속으로 느끼는 것이 아니라 믿지 않는 사람들이 보기에도 하나님이 그와 함께 하신다는 사실을 인정할 정도가 되어야 하는 것입니다.

아브라함이 그랬듯이 우리들에게도 하나님의 놀라우신 은혜와 축복이 누가 보기에도 분명히 나타날 수 있기를 진심으로 기도합니다.

제 19 장

여호와이레

"… 이삭이 그 아비 아브라함에게 말하여 가로되 내 아버지여 하니 그가 가로되 내 아들아 내가 여기 있노라 이삭이 가로되 불과 나무는 있거니와 번제할 어린 양은 어디 있나이까 아브라함이 가로되 아들아 번제할 어린 양은 하나님이 자기를 위하여 친히 준비하시리라 하고 두 사람이 함께 나아가서 하나님이 그에게 지시하신 곳에 이른지라 이에 아브라함이 그곳에 단을 쌓고 나무를 벌여 놓고 그 아들 이삭을 결박하여 단 나무 위에 놓고 손을 내밀어 칼을 잡고 그 아들을 잡으려 하더니 여호와의 사자가 하늘에서부터 그를 불러 가라사대 아브라함아 아브라함아 하시는지라 아브라함이 가로되 내가 여기 있나이다 하매 사자가 가라사대 그 아이에게 네 손을 대지 말라 아무 일도 그에게 하지 말라 네가 네 아들 네 독생자라도 내게 아끼지 아니하였으니 내가 이제야 네가 하나님을 경외하는 줄을 아노라 아브라함이 눈을 들어 살펴본즉 한 수양이 뒤에 있는데 뿔이 수풀에 걸렸는지라 아브라함이 가서 그 수양을 가져다가 아들을 대신하여 번제로 드렸더라 아브라함이 그 땅 이름을 여호와이레라 하였으므로 오늘까지 사람들이 이르기를 여호와의 산에서 준비되리라 하더라 …"(창 22:1-24).

여호와이레

믿음의 시험은 축복이다

믿음의 가장 중요한 골자는 순종이므로 믿음과 순종은 동일하다고 볼 수 있습니다. **순종이 없는 믿음은 가짜 믿음입니다.** 이렇게 믿음이 있는지 없는지의 여부는 시험을 통해서 나타납니다.

하나님께서는 우리의 믿음을 시험하고 합격할 수 있는 기회를 주십니다. 그 믿음의 시험에서 합격되면 하나님께서는 그 다음 단계에서 축복을 주십니다. 그래서 믿음의 시험은 우리가 합격할 때까지 옵니다.

처음의 시험에 합격하지 못하면 그 다음 시험이 오는데 그 다음의 시험은 처음보다 어려울 수밖에 없습니다. 당연히 시간을 오래 끌수록 고통이 길어지고 눈물 골짜기가 깊어지고 방황하는 기간이 길어집니다.

따라서 우리는 어떤 시험이 올 때에 속히 합격하도록 해야 합니다. 하나님께 얼마나 많은 시험을 받느냐 하는 것은 전적으로 우리 자신에게 달린 것입니다. 시험을 잘 극복하는 사람들은 빠른 속도로 삶의 기쁨과 즐거움을 맛볼 수 있으며, 그렇지 못하면 지속적인 시험 때문에 고통의 시간이 길어지고 삶의 피곤을 느낄 것입니다.

이 믿음의 시험은 삶의 중심이 나인지 아니면 하나님인지를 확인하는 것입니다. **믿음의 중심은 하나님이요 절대자입니다.** 하나님이 내 삶의 중심이기는 한데 그것을 이용해서 마치 하나님이 나를 위해서 존재하는 것처럼, 내 마음에 맞게 내 기분에 맞게 나를 행복하게 해주고, 내가 성공하도록 내가 좋은 위치에 있도록 하는 분이라고 생각한다면 이런 사람의 시험은 오래 가고 길게 고생해야 할 것입니다.

그러나 일찌감치 믿음의 주체는 하나님이요, 그 분이 절대적인 분이요, 그 분 때문에 내가 존재한다는 사실을 인정하고, 나를 완전히 그 분에게 의탁하고, 모든 영광을 하나님께만 돌리면, 그 시험에 합격하는 것입니다.

이제 창세기 22장에 나타난 아브라함과 이삭의 이야기를 통해서 순종의 믿음을 알아봅시다.

먼저 22장 1절을 살펴보겠습니다.

"그 일 후에 하나님이 아브라함을 시험하시려고 그를 부르시되 아브라함아 하시니 그가 가로되 내가 여기 있나이다."

'그 일 후에'란 아브라함이 아비멜렉과의 평화조약을 맺은 후를 말하는 것입니다. 단지 평화조약 맺은 일만을 의미하는 것은 아닙니다. 그 전에 있었던 여러 가지 좋은 일, 축복받은 일들을 말합니다. 그것을 하나씩 살펴보도록 하겠습니다.

첫째/ 이삭의 탄생입니다.

아들이 없는 집에 그것도 백 살이 넘은 아버지와 구십 세가 된 어머니 사이에서 아이가 태어난 것입니다. 그것이 얼마나 기쁜 일인지 그 집에서는 웃음이 그치지 않았고, 그 주변에서 이야기를 듣는 사람들도 웃었습니다. '이삭'이라는 이름이 '웃는다'는 뜻이니 이름조차 얼마나 기쁩니까?

둘째/ 이스마엘과 하갈의 문제가 해결됐습니다.
그 문제는 오래된 두통거리였고 집안에 오래도록 분란을 일으키는 문제였습니다. 부인들끼리 싸우고 자식들끼리 싸우고 집안이 한시도 편할 날이 없었습니다. 그 때문에 아브라함은 늘 사라에게 눌려 살아야 했고 마음이 늘 무거운 채로 지내야 했습니다. 그런데 이 문제가 해결된 것입니다.

함께 모이는 교회도 중요하지만 가정에서 이루어지는 교회도 중요합니다. 이 둘은 '어느 것이 어느 것보다 더 중요하다', 라고 생각할 수 없습니다. 둘 다 우열을 가릴 수 없을 정도로 중요한 것이기 때문입니다.
 모든 교회는 가정에서 출발합니다. 가정은 하나님께서 세우신 최초의 교회입니다. 가정교회에서 가장이 가정을 인도하고 온 식구들이 평화롭게 사는 것처럼 좋은 일이 없습니다.
 그러나 가정교회가 불안하면 다른 일들이 아무 소용이 없습니다. 밖에서 아무리 성공하고 일이 잘되어도 가정의 평화가 없으면 마음에 기쁨이 있을 수 없는 것입니다. 가정이라는 성 안에 하나님의 평화가 있어야 최상의 기쁨을 누릴 수 있게 되는 만큼 가정은 중요한 의미를 갖습니다.

셋째/ 아브라함은 이웃인 아비멜렉과의 관계가 회복이 되어서 대부분의 일들이 다 해결이 되었습니다.
 가정이 안고 있었던 문제, 이웃과의 문제도 해결되고 또다시 여러 사람에게 인정을 받은 후에 하나님께서는 아브라함을 시험하신 것입니다. 하나님의 시험에 대해서 우리가 보장할 수 있는 것은 그것이 우리 자신을 위해 온다는 사실입니다. 모든 것이 잘되어 가는 것 같을 때, 가족은 모두 건강하고 아이들은 시험에 척척 붙고 사업은 하는 것마다 잘되고 아무 걱정이 없다고 할 때, 하나님께서 그대로 두시지 않습니다. 더 큰 축복을 위해서, 우리가 더 비상할 수 있도록 하기 위한 시험을 주십니다.

이러한 시험의 시기는 조금도 이상한 것이 아닙니다. 학년이 올라가고 상급학교에 진학할 때마다 시험을 치르는 것은 당연한 순서이고 아주 자연스러운 현상입니다. 그래서 우리의 시험은 계속됩니다. 우리의 믿음이 더욱 북돋아지고 성장해서 완성될 때까지 하나님의 시험은 오는 것입니다. 한번의 시험으로 끝났다고 생각해서는 안됩니다. 그러므로 시험이 끝났는데 또 시험이 온다고 해서 놀랄 것도 없습니다. 그리고 모든 일들이 순풍에 돛을 단 것처럼 잘 나갈 때에 '이제 시험의 시간이 왔구나' 하고 생각해야 합니다.

'이 일 후에'는 '아주 좋은 일들만 전개된 후'입니다. 즉, '그런 좋은 일 후에'라는 말로 바꾸어 생각할 수 있습니다. 이 말은 이제 그 다음 단계에 올라갈 때가 되었다는 의미입니다. 하나님은 이때에 우리의 믿음에 대한 시험을 하십니다. 하나님의 아들에게 주는 이 시험은 꼭 합격을 하기 위한 시험인 것입니다.

믿음에 대한 시험은 발전을 위한 시험입니다. 이 시험에는 후퇴나 퇴보가 없습니다. 첫번째에 합격하지 않으면 계속해서 합격할 때까지 시험을 보기 때문에 시간이 늦어질 수는 있지만 뒤로 후퇴하지는 않습니다.

그러면 하나님께서 어떤 사람을 시험하시겠습니까? 하나님의 시험은 아무에게나 오지 않습니다. 22장 1절을 다시 보십시오.

하나님께서 아브라함을 부르십니다. 아브라함은 하나님과 좋은 관계에 있는 사람입니다. "아브라함아" 하고 부르시면 "예" 하고 대답할 수 있는 아주 가까운 사이인 것입니다.

서로 부를 수 있고 대답할 수 있고, 서로 호응할 수 있는 사이가 되어야 합격을 위한 시험을 치를 수 있는 자격이 생깁니다. 그렇지 않은 사람을 굳이 더 성숙한 믿음과 축복의 단계로 끌어올릴 필요가 없는 것입니다. 하나님과 별로 가깝지 않은 사람들, 하나님이 별로 인정하고 싶지 않은 사람들은 시험할 필요가 없습니다. 왜냐하면 하나님의 시험이 진급시키기 위한 것, 보다 나은 삶을 위한 것이기 때문에 하나님의 시험에는 자격이 필요한 것입니다.

　하나님이 우리를 친구로 즐겁게 생각하시고 이제 아주 가까워져서 다음 단계로 올라가야겠구나 하고 생각할 때, 하나님께서 "아브라함아" 하고 부르셨던 것처럼 우리의 이름을 부르실 것입니다.
　그 때가 되면 하나님께서는 어떤 방법으로든지 우리의 주의를 끌 것입니다. 그 때에 우리가 아브라함처럼 "예 제가 여기에 있습니다" 하고 대답할 수 있을 정도가 되어야 하나님의 시험을 받을 수 있는 정도가 된 것입니다.
　그렇지 않으면 우리는 하나님의 시험을 받지 못합니다. 만약 우리에게 믿음에 대한 시험이 잘 오지 않으면 우리는 좀 더 빨리 하나님과 친해져야 합니다. 하나님이 오랫동안 자신을 가만 두고 계신다고 느껴진다면 우리는 다시 생각해야 합니다.

　저도 그런 때가 있었습니다. 아브라함처럼 가정에서나 교회에서의 모든 일들이 잘 되고 걱정이 없는 날들이 계속되어서 제가 사람들에게 이런 이야기까지 했습니다. '어떻게 이렇게 모든 일들이 잘 될 수가 있는가? 가정에도 아무 걱정이 없고 세 딸들도 잘 자라고 목회를 하고 있는 교회도 너무나 잘되고, 가르치고 있는 학교도 잘 되어가고 운영하고 있는 방송국도 재정이 남아 돌아갈 정도로 잘되니 내가 이렇게 행복할 수가 있는가?' 너무나 오랫동안 일이 잘되고 행복해서 그것이 참 이상할 정도였습니다. 그랬는데 바로 그 때 하나님께서 한국으로 부르셨습니다.

하나님께서 그 때 제 이름을 부르신 것입니다. 그 상태로 마냥 내버려 두면 해이해질 우려가 있기 때문에 다음 시험의 단계를 넘기 위해서 저를 부르신 것입니다.

제가 미국의 교회를 떠나면서 교인들에게 이렇게 편지를 썼습니다.
"예수님과 함께 변화산에 올라간 베드로, 야고보, 요한이 예수님이 변화하셔서 모세와 엘리야와 함께 계신 것을 보고, '주님 여기가 좋사오니 우리가 여기다 초막 셋을 짓고 여기서 삽시다' 하고 말했습니다. 천막에 너무 오래 살면 나태해지고 자기가 잘나서 잘 되는 줄 알고 하나님의 은총을 잊어버리게 됩니다. 그래서 예수님께서는 산 위의 편안한 곳에 그냥 있자고 하는 제자들의 권유를 뿌리치시고 산 아래로 내려오셨습니다. 그러니 저도 예수님을 따라서 산 위의 편안한 생활을 버리고, 믿음의 시험이 기다리고 있는 산 아래로 내려와야 할 때입니다"라는 내용의 편지를 써서 성도들을 이해시킨 다음에 한국으로 왔습니다.

믿음의 시험은 곧 축복입니다. 아브라함에게 주신 시험의 내용은 이삭을 바치라는 것입니다. 그러면서 이삭이 갖는 의미를 설명합니다.

2절을 보십시오.

"여호와께서 가라사대 네 아들 네 사랑하는 독자 이삭을 데리고 모리아 땅으로 가서 내가 네게 지시하는 한 산 거기서 그를 번제로 드리라."

여기서 '네 아들'이라고 했습니다만은 원래 본문에는 '네 유일한 아들, 하나밖에 없는 아들'이라고 말합니다. 그리고 거기다가 '네가 사랑하는 아들'을 바치라는 것입니다.

모든 아이들은 부모에게 사랑스럽고 귀합니다. 저는 아이들이 셋인데도 그렇게 귀하고 사랑스러운데, 아브라함은 백 세의 나이에 얻은 외동 아들이니 얼마나 더 끔찍하게 귀여운 아들이었겠습니까?

성경을 잘 따져보니까 2절에서 "여호와께서"라고 말씀하셨을 때의 이삭의 나이가 열다섯 살 정도 된 것 같습니다. 22장을 계속 살펴보면 이삭을 바치러 갈 때에 불을 지필 나뭇단을 이삭의 등에 지워서 가는데, 나뭇짐을 지고 산에 오를 정도가 되려면 그 정도 나이는 되어야 합니다.

그러니 십오 년을 지내는 동안 얼마나 재미가 있고 정이 들었겠습니까? 더구나 이삭이 세 살 되던 해부터는 이스마엘의 문제까지 해결되었으니, 그 다음의 시간들은 모든 것이 아들과 함께 기쁘게 지내기 위해서 살았을 것입니다. 그런데 그런 아들을 바치라는 것입니다. 즉 이것이 바로 믿음의 시험인 것입니다.

하나님께서 무엇보다 귀한 아들을 아브라함에게 주었더니 아브라함은 그 아들에 빠져서 정작 기억해야 할 아들을 주신 하나님은 잊어버린 것입니다.

네게 가장 소중한 것을 바치라

우리들의 삶 속에 하나님이 주신 축복은 무엇입니까? 그것이 아내입니까, 남편입니까, 좋은 지위를 주셨습니까, 막강한 권세를 주셨습니까, 쓰고도 남을 부를 주셨습니까? 우리에게 주신 하나님의 은혜를 즐거워하고 그 혜택을 받으면서 그것을 주신 분은 누구신지 잊고 있지 않습니까? 축복을 향유하기는 하면서도 그것이 어디서부터 온 것인지는 전혀 생각하지 않고 있지는 않으십니까?

우리는 우리가 가진 것들이 우리의 힘으로 된 것이 아니라 하나님의 은혜로 된 것이라는 사실을 잊고 살기 쉽습니다. 그분을 경배하고 그분께 감사하고 모든 영광을 돌려야 한다는 것을 잊고 삽니다. 우리에게 축복하시는 하나님의 소중함을 잊어버리는 것입니다.

어느 분은 이렇게 말씀하십니다. "가정에 어려움이 오니까 하나님 앞에 무릎이 꿇어진다"는 것입니다. 저도 그 말에 동의합니다. 모든 일이 잘 되어가면 그것이 너무 재미있어서 하나님 생각을 할 겨를이 별로 없습니다.

마찬가지로 아브라함도 십여 년 동안 좋은 일만 일어나다 보니까 자기 삶에 도취가 되어서, 이삭에게 도취되어서 이삭을 주신 분이 누군지 자기 삶의 중심이 어떤 분인지 잊어버리고 있었습니다. 만일 그를 그대로 가만히 내버려 두면 하나님이 생각하신 대로 믿음의 조상이 되기 어려울 정도였습니다. 이 아브라함의 가정을 통해서 이 세상의 모든 가정이 축복받을 수 있도록 해야겠는데 자식 때문에 하나님이고 삶의 중심이고 다 잊어버릴 지경에 이른 것입니다.

그래서 하나님은 아브라함을 부르십니다. 그리고 그가 사랑하는 유일한 아들 이삭을 바치라고 말씀하십니다. 왜냐하면 그 아들에 대한 사랑 때문에 하나님을 잊어버리고 믿음의 주체를 잊어버렸기 때문입니다.

우리도 이 세상의 것들을 좋아하고 세상 것에 몰두하고 우리가 왜 존재하는지 그 목적을 잊어버리게 되면 하나님께서 부르실 것입니다. 그리고 우리가 가장 사랑하는 것을 바치라고 하실 수 있습니다. 아브라함에게 이삭을 바치라고 한 것처럼 우리에게도 이삭과 같은 존재를 바치라고 할 것입니다. 그것도 그냥 바치는 것이 아닙니다. 번제로 드리라고 하십니다.

번제가 무엇입니까? 어느 한 부분이 아니라 전체를 완전히 태워서 바치는 것입니다.

우리에게도 이삭처럼 끝까지 붙들고 싶은 것이 있습니다. 어떠한 일이 있어도 놓칠 수 없다고 생각하는 것이 있습니다. 그것이 명예일 수도 있고 자식일 수도 있고 건강일 수도 있습니다. 하나님은 우리가 그렇게 소중하게 여기는 것을 바치라고 하십니다. 이것이 믿음의 시험입니다. **믿음에는 하나님이 가장 소중하기 때문에 하나님 외에는 어떤 것이라도 바칠 수 있어야 하는 것입니다.**

예수님께서는 이렇게 말씀하셨습니다. "너희가 나보다 네 아내나 부모나 형제나 그 무엇을 더 사랑하면 나의 제자가 될 자격이 없다." 예수님께서는 우리에게 '너는 나를 사랑하느냐? 네가 정말로 내 놓고 싶지 않은 것, 정말 소중한 것을 나를 위해서 내 놓을 수 있느냐?'고 물으십니다.

우리가 아브라함을 믿음의 조상이라고 합니다만 그것은 바로 이 부분 때문인 것입니다. 이 부분이 바로 아브라함의 믿음의 클라이막스인 것입니다. 여기에서 그의 믿음의 진면목이 나타난 것입니다. 이것은 쉬운 일이 아닙니다. 사람은 누구나 이기적이기 때문에 자신의 것을 잃어버리는 문제에 관대할 수가 없습니다. 아무리 작은 것이라도 자기 것을 내놓기란 쉬운 일이 아닙니다. 그런데 하물며 자신이 가장 아끼는 것을 내놓으라니 그것이 어찌 마음만 먹는다고 가능한 것이겠습니까?

우리가 가장 아끼는 것은 다른 사람이 보기에는 하찮은 것일 수도 있습니다. 유대에서 화목제물을 바칠 때는 꼭 요구되는 부분이 있는데 동물의 신장 두 개와 그 주변의 지방을 바치게 되어 있습니다. 우리가 생각하듯이 갈비나 안심을 바치는 것이 아닙니다. 유대인만이 특별하게 좋아하는 부위를 바치는 것입니다. 우리에게는 그것이 아주 하찮아 보이지만 유대인에게는 가장 중요한 부위이기 때문에 하나님께서는 그 부위를 요구하시는 것입니다.

내가 특별히 좋아하는 것, 나만 갖고 싶은 것, 이런 것들이 하나님과 우리 사이에 끼어서 둘 사이를 방해합니다. 그것만 보면 즐겁고, 그것만 먹으면 즐겁고, 그것을 가지고 있으면 기쁨이 생기는 그것이 사실은 하나님과 우리 사이에 놓인 가장 큰 방해물인 것입니다.

우리에게도 그런 것들이 있습니다. 담배라든가 커피라든가 텔레비전이라든가 하는 것이 가장 큰 방해물이 될 수도 있습니다. 만약에 예배가 있는 시간에 텔레비전에서 너무나 재미있는 프로그램을 한다면 예배 시간을 빠지고 텔레비전에 앞에 앉아 있는 사람이 있습니다. 다른 사람이 보기에는 텔레비전을 보려고 예배에 빠진다는 것이 도저히 이해되지 않을 수도 있으나, 텔레비전을 좋아하는 사람에게는 그것이 바로 가장 큰 걸림돌이 되는 것입니다.

커피를 아주 좋아하는 사람도 있습니다. 만약에 그 사람에게 커피를 금하라고 한다면 그것은 일종의 고문과도 같은 것입니다. 담배의 경우도 마찬가지입니다. 그것이 죄다, 아니다 하는 것이 문제가 아니라 하나님께서는 도저히 내 놓을 수 없다고 생각하는 것, 가장 소중하게 생각하는 것을 내 놓으라고 하십니다. "차라리 돈으로 얼마는 내놓을 수 있는데 이것만은 안됩니다" 하는 바로 그것이 문제입니다.

나의 이삭은 무엇인가?

누구에게나 도저히 양보하지 못할 부분이 있는 것입니다. 지금 우리에게 종이를 한 장씩 나누어 주고 지금 나에게 있어서 이삭은 무엇인가를 써 보라고 한다면 무엇이든지 한 가지씩은 다 있을 것입니다.

그런데 그것을 내놓고 "주님, 주님이 이것보다 더 중요합니다"라고 고백할때 비로소 우리의 신앙은 성장하는 것입니다. 하나님보다 더 귀중하게 생각하는 것이 있고, 그것을 붙들고 놓지 않으면은 우리의 신앙은 더이상 커 나갈 수 없는 것입니다.
　그런데 아브라함은 자신에게 가장 귀한 것을 바치러 나갔습니다. 3절을 보십시오.

　　　"아브라함이 아침 일찍이 나귀에 안장을 지우고 두 사환과 그 아들 이삭을 데리고 번제로 쓸 나무를 쪼개어 가지고 떠나 하나님의 자기에게 지시하는 곳으로 가더니."

　아브라함은 명령이 떨어질 때에 지체하지 않았습니다. 그는 아침 일찍 일어나 출발했습니다. 그는 시간을 늦추지 않았습니다. 그는 지체하지 않고 일어나 성실하게 준비했습니다. 장작을 준비하고 이삭을 깨워서 사흘이나 걸리는 하나님이 지시하는 땅으로 가는 것입니다. 브엘세바에서 모리아 산까지 가는 것입니다. 모리아산은 예루살렘에 있습니다. 그 먼 길을 가서 데리고 온 하인들에게 말합니다.
　5절을 보십시오.

　　　"이에 아브라함이 사환에게 이르되 너희는 나귀와 함께 여기서 기다리라 내가 아이와 함께 저기 가서 경배하고 너희에게로 돌아오리라 하고."

　그는 하인들에게 하나님을 경배하러 가겠다고 말합니다. 예배는 가장 귀한 분에게 가장 귀한 것을 드리는 것입니다.
　우리는 흔히 말하기를 교회에 '예배 보러 간다'고 말합니다. 예배에 참석해서 목사의 설교를 들으면서 앉아 있다가 은혜받고 오는 것이라고 생각합니다. 물론 그 말이 틀린 것은 아닙니다. 그러나 예배는 나 자신을, 내 마음을, 내 몸을, 내 전체를 헌신해서 드리는 것입니다. **예배는 보는 것이 아니라 드리는 것입니다.** 예배를 드리고 돌아오겠다는 말은 아브라함의 삶에 가장 중요한 분이 있다는 말입니다. 이 세상의 그 무엇보다 중요하고 귀중한 것이 있다는 것입니다.

    우리가 드릴 수 있는 것 중에 제일 중요한 것은 무엇입니까? 지금 하나님께서 가장 귀중한 것을 드리라고 한다면 무엇을 드릴 수 있습니까? 그것은 자기 자신입니다. 우리 전체를 드리는 것입니다. 그래서 **주 앞에 올 때마다 우리를 헌신해야 합니다.** 매일 주님께 기도할 때마다 우리를 주님께 바쳐야 합니다. '나를 제물로 받아 주옵소서. 내 삶 전체를 향기로운 예물로 받아주옵소서' 라는 기도를 할 수 있어야 합니다.
    하나님을 나의 도구로 나의 즐거움과 축복을 위해서 이용하는 것이 아니라, 하나님께서 나를 쓰실 수 있도록 기뻐하시는 제물로 드리는 것입니다.

    믿는 사람들이 하는 말 가운데 위험한 말이 있습니다. "예수 믿고 복받으라"는 말입니다. 복은 결과지 목적이 아닙니다. 복 받기 위해서 예수 믿는 것은 아닙니다. 예수님은 우리의 절대적인 믿음의 대상인 분이기 때문에 믿는 것입니다.
    우리의 목적은 바로 예수 그리스도 자체입니다. "너는 여호와를 바라라"는 말씀은 있지만, "여호와의 축복을 바라라"는 말씀은 없습니다. 축복은 우리가 예수 그리스도를 믿어서 자연히 흘러넘치는 것입니다.
    우리가 하나님을 믿는 것은 그 분이 우리를 축복하시기 때문이어서는 안됩니다. 하나님이 우리에게 무엇인가를 해 주시기 때문이 아닙니다. 하나님이 나의 중심이기 때문에 우리가 하나님을 섬기는 것입니다.

    하나님께서 우리에게 무언가를 해 주시기 때문에 우리가 하나님을 섬긴다면 장애자들은 어떻게 하나님을 섬길 수 있겠습니까? 우리 교회의 교인 중에 장애자 한 분이 계신데 그분이 쓰신 글을 보면 정말 놀랍습니다. 어떻게 그런 장애를 가진 분이 이렇게 하나님을 찬양하는 글을 쓸 수 있는지 정말 놀랍습니다. 그 사람 속에 깊이 새겨져 있는 신앙은 건강한 사람들을 부끄럽게 만드는 아주 신실한 것입니다. 축복이 우리 신앙의 중심이 될 수는 없는 것입니다.

이제 순종의 아들 이삭의 모습을 봅시다. 이삭이 아브라함에게 번제 드릴 양이 어디에 있느냐고 묻습니다.

"이삭이 그 아비 아브라함에게 말하여 가로되 내 아버지여 하니 그가 가로되 내 아들아 내가 여기 있노라 이삭이 가로되 불과 나무는 있거니와 번제할 어린 양은 어디 있나이까."

그 이야기를 듣는 아브라함의 가슴이 얼마나 아팠겠습니까? 그런데도 아브라함은 침착성을 잃지 않고 대답합니다. "하나님께서 다 알아서 준비하실 것이다." 참 지혜로운 사람입니다. 순종에도 하나님의 지혜가 필요한 것입니다.

계속해서 9,10절을 살펴봅시다.

"하나님이 지시하신 곳에 이른지라 이에 아브라함이 그곳에 단을 쌓고 나무를 벌여 놓고 그 아들 이삭을 결박하여 단 나무 위에 놓고 손을 내밀어 칼을 잡고 그 아들을 잡으려 하더니."

아브라함은 그렇게 극한 상황에서도 하나님의 약속을 믿었습니다. 너희의 자손으로 하늘의 별과 같이 바다의 모래와 같이 하시겠다는 약속을 믿은 것입니다. 이삭을 죽일지라도 다시 그를 살릴 것을 믿은 것입니다.

사실 이삭은 죽은 것이나 다름없었습니다. 그래서 이삭을 부활의 모형이라고 합니다. 우리를 위하여 돌아가셨다가 다시 살아나신 예수님의 모형이 된 것입니다. 믿음은 이와 같은 것입니다. 죽은 자도 살릴 수 있다고 믿는 믿음, 바로 그것입니다.

여기서 아브라함은 하나님의 시험에 최종적으로 합격했습니다. 내가 원하지 않고, 내가 희생해야 하고, 손해를 봐야 하는 일일지라도 주님의 뜻에 모든 것을 맡기고 순종하면 주님께서 그 모습을 보고 그를 사랑하셔서 더 큰 것으로 채워 주십니다. 도저히 내 놓을 수 없다고 생각되는 것이 있다면 우리는 그것을 위해서 기도해야 합니다.

이삭 때문에 하나님과 투쟁하지 말고, 하나님을 위해서 이삭을 사랑하는 마음과 투쟁해야 합니다. '하나님 나의 이삭을 받으소서' 라는 결단이 생겨야 합니다. 하나님의 시험에 합격하는 사람만이 더 큰 하나님의 축복을 얻을 수 있을 뿐 아니라, 하나님께서 인정하시는 진정한 믿음의 아들이 될 수 있기 때문입니다.

네 독자를 바쳐라

순종의 길은 험하고 외로운 길입니다. 아브라함이 자식을 바치기 위해서 모리아 산으로 올라가는 심정을 생각해 보십시오. 아무리 아브라함이지만 얼마나 착잡했겠습니까? 아브라함은 그 이야기를 아내인 사라에게도 이야기하지 못했습니다.

믿음의 길은 아무도 이해할 수 없는 외로운 가시밭길입니다. 순종의 길은 고통스러운 눈물 골짜기입니다. 그러나 그 열매는 달콤합니다. 그 이야기가 바로 아브라함의 이야기인 것입니다.

하나님께서 네 자식을 위하여 네 자신을 바치라고 하신다든가, 부모를 위하여 네 목숨을 바치라고 한다면 그것은 가능할 수 있을 것입니다. 기독교 역사에도 그렇고 세계사에 있어서도 그런 예는 많이 있습니다.

그러나 하나님께서 나를 원하시는 것이 아니라 자식을 원하신다고 말씀하시면 그것은 이야기가 달라집니다. 자식을 하나님 앞에 바치는 방법이 여러 가지가 있을 텐데, 하필이면 짐승을 바치는 방법으로 바치라고 하니까 문제인 것입니다. 번제물을 드리듯이 자식을 태워서 바치라는 것입니다. 이것은 아무리 생각을 해 보아도 순종하기 어려운 시험입니다. 백 세에 약속하셔서 주신 하나밖에 없는 아들을 바치라는 것이니 얼마나 기가 막힌 이야기입니까?

우리에게도 그런 경우가 있을 수 있습니다. 나의 가족, 나의 재산, 나의 건강 같은 것들을 하나님은 요구하실 수 있습니다. 그것은 대단히 고통스러운 시험인 것입니다.

예수님께서도 이같이 요구하신 적이 있습니다. 어떤 부자 청년이 와서 "선생님, 어떻게 해야 영생을 얻겠습니까?" 하고 물으니까, "네가 가진 것을 전부 팔아서 가난한 사람에게 나누어 주고 너는 나를 따르라"고 말씀하셨습니다. 물론 아무나 보고 이렇게 말씀하시지는 않습니다. 아마 그 부자가 선뜻 하겠다고 나섰다면 그 재산을 요구하지 않으셨을지도 모릅니다.

또 어느 사람에게는 "제가 주님을 따르겠습니다"라는 말이 떨어지기가 무섭게 "지금 당장 따라오라"고 말씀하셨습니다. 그러자 그가 "주님, 제가 얼마 전에 소를 산 것이 있는데 그 소로 우리 밭을 갈아 놓고 오겠습니다"라고 말했다가 주님의 잔치 자리에 참여하지 못했습니다.

그보다 더한 경우도 있었습니다. 그 사람은 주님을 따르고 싶은데 아버지가 막 돌아가셨다는 연락을 받은 것입니다. 그래서 아버님의 장사를 치르고 따르겠다고 말씀을 드렸습니다. 그랬더니 예수님은 "죽은 자는 죽은 자에게 장사를 치르라고 하고 너는 나를 따르라"고 말씀하셨습니다.

이 얼마나 무정한 말씀이십니까? 그러나 주님이 원하시면 언제나 어디서나 무엇을 하고 있었든지 그것을 버려두고 주님을 따라야만 합니다. 주님을 따르고자 하는 사람은 자기 아내나 자식이나 부모나 사랑하는 사람을 다 버리고 주님을 따라야만 합니다.

그러나 그것은 말 그대로 다 버리라는 뜻이 아닙니다. 주님이 원하시면은 다 버릴 작정을 해야 하고, 주님을 위해서라면 나의 가장 사랑하는 독자라도 바칠 작정을 해야 하나님을 따를 수 있다는 것입니다. 그런 사람만이 하나님이 베푸시는 놀라운 축복을 받을 수 있다는 것이 신앙의 시험인 것입니다.

22장 1절을 보면 하나님께서 아브라함을 시험하기 위해서 부르셨다는 것을 정확히 밝혀 놓았습니다. 하나님께서는 우리가 언제나 유치원생으로 머물러 있기를 원하지 않으시기 때문에 우리에게 가끔 진급을 위한 시험을 주신 것입니다. 우리는 인생의 시험과 믿음의 시련을 통해서 그동안에 배운 것을 근거로 하나님의 시험에 임해야 합니다. 아브라함은 그 동안에 많은 공부를 한 사람입니다. 그는 여러 가지 시련을 통해서 많은 것을 이미 배운 사람이었습니다. 하나님께서는 아무 준비도 없는 사람에게 단번에 이런 큰 시험을 하시지 않습니다. 아브라함에게 주신 시험은 신앙의 가장 높은 경지에 이르른 사람이 할 수 있는 것이었습니다. 아브라함만이 경험할 수 있는 사건이었던 것입니다.

우리들도 마찬가지입니다. 우리가 예수 그리스도를 알고 나서 얼마만큼의 시간이 흘렀습니까? 그 흐른 시간 동안 우리가 배우고 경험한 것은 무엇입니까? 그 동안 우리의 신앙은 얼마나 자랐습니까? 우리의 신앙적 체험은 무엇이 있었습니까? 우리가 배운 하나님은 어떤 하나님이십니까?

아브라함은 자신의 일생을 통해서 자기가 믿는 하나님은 축복의 하나님이라는 사실을 배웠습니다. 갈데아 우르에서 하나님을 알지 못하고 우상을 숭배하던 아브라함을 부르셔서 내가 너를 축복하고 너의 이름을 크게 하겠다고, 너의 자손들로 큰 민족을 이루겠다고 약속하신 분입니다.

그분이 바로 우리가 믿는 하나님이십니다. 우리는 가끔 하나님을 의심할 수도 있습니다. 왜 하나님은 나에게 이런 시련을 주시는가 하고 하나님을 원망할 수도 있습니다. 그러나 아브라함이 발견한 하나님은 자신을 축복하시는 하나님이었고, 아브라함은 그것을 굳게 믿었던 것입니다.

하나님께서 모세에게 말씀하셨습니다.

> "네 형 제사장 아론을 통해서 하나님의 백성 이스라엘에게 이렇게 축복해 주어라. 하나님께서 너를 축복하시고 너를 지키시기를 원하며, 여호와께서 너의 얼굴을 비추시기를 원하며, 여호와의 얼굴이 너를 향하기를 원하며, 너를 향하여 얼굴을 돌리시기를 원하신다. 이것이 내 백성에게 주는 축복의 내용이니 이 말을 내 백성에게 가서 전해주어라."

이것이 하나님의 말씀인 것입니다. **하나님은 자기 백성인 이스라엘을 축복하기 원하시고, 아브라함을 축복하기 원하시고, 우리를 축복하기 원하십니다.** 아브라함은 신앙의 귀로 하나님의 이 말씀을 먼저 들었던 것입니다. 아브라함의 하나님이 곧 우리의 하나님이십니다. 우리도 우리를 축복하시겠다는 하나님의 말씀을 우리의 영적인 귀로 들어야 합니다.

아브라함의 하나님은 지존자 하나님, 가장 높으신 하나님이셨습니다. 자신이 믿는 하나님이 가장 위대한 하나님이라는 사실을 그는 믿고 있었던 것입니다. 아브라함이 깨달은 하나님은 엘 샤다이의 하나님, 무엇이나 할 수 있는 전능하신 하나님이었습니다. 아브라함은 대단한 신학을 갖게 된 것이었습니다.

그는 무엇보다 우리를 웃게 하시는 하나님이라는 사실을 체험으로 알고 있었습니다. 백 세에 낳은 아들 이삭을 통해서 자기 자신과 자기의 집뿐만 아니라 주변의 사람들까지도 웃게 하시는 하나님이라는 사실을 아브라함은 경험했던 것입니다. 우리들 중에 누군가가 만약에 아브라함과 같은 경우는 아닐지라도 자신을 웃게 하시는 하나님을 경험했다면 그 사람은 더 높은 시험을 칠 자격이 생기는 것입니다.

뿐만 아니라 아브라함은 모든 것을 감찰하시는 하나님, 그 눈동자로 삶을 지켜 주시는 하나님을 체험했습니다. 기도에 응답하시는 하나님, 억울함을 풀어 주시는 하나님을 그의 삶 속에서 체험을 하고 신학을 터득한 것입니다.

이렇게 많은 신앙적 체험을 했기 때문에 이제 하나님께서는 마지막 단계인 높은 시험을 통해서 그 동안의 체험과 기도와 하나님과의 성숙한 관계 맺음으로 이룬 신앙을 확인하고 그에게 큰 축복을 주시기를 원하시는 것입니다. 하나님께서 우리에게도 이같이 하시고 싶어 한다는 사실을 우리는 믿어야 합니다.

준비하시는 하나님

이제 아브라함이 하나님 말씀에 순종하여 이삭을 데리고 모리아 산으로 갑니다. 그리고 번제로 드릴 제물이 어디 있느냐는 아들 이삭의 말에 다음과 같이 대답합니다.

8절을 보십시오.

"아브라함이 가로되 아들아 번제할 어린 양은 하나님이 자기를 위하여 친히 준비하시리라 하고 두 사람이 함께 나아가서."

이것은 아브라함이 하나님의 시험에 임하는 자세이자 신앙고백입니다. 아브라함이 이렇게 말할 수 있었던 것은 자기가 믿는 하나님이 어떤 분이라는 것을 그동안 보았고 들었고 체험했기 때문이었습니다. 지금까지 자신이 알고 믿어온 하나님은 친히 제물을 준비하시는 하나님이라는 것입니다.

이 얼마나 확실한 신앙고백입니까? 하나님께서 알아서 친히 준비하신다는 이 말은 보통의 믿음에서는 나올 수 없는 것입니다.

우리는 어떻습니까? 우리의 자녀, 우리의 자손들에게 전해 줄 수 있는 신앙고백은 어떤 것입니까? 어려움 가운데 있는 자녀에게 하나님께서 너를 지켜주실 것이니 걱정하지 말라는 확신을 심어줄 수 있습니까?

"하나님께서 필요할 때에 필요한 방법으로 너를 인도하실 것이니 아무 걱정하지 말아라" 우리가 하나님의 자녀라면 바로 이런 믿음을 심어 주어야 합니다. 부모의 입에서, 형의 입에서 어떤 말이 나오는가를 보면 그 사람의 신앙을 알 수 있습니다. 믿음의 신앙고백이 나오는지 아니면 절망적인 하소연이 나오는가가 우리의 신앙 척도일 것입니다.

우리가 경험한 하나님은 어떤 하나님입니까? 우리가 체험한 하나님에 따라서 우리 입술의 신앙고백은 달라집니다. 우리가 아브라함의 하나님을 경험했다면 어떤 시험이 닥쳐도, 이삭을 바치라는 시험이 와도 모든 것을 하나님께서 준비하실 것이라는 고백을 할 수 있을 것입니다.

적절한 때에 적절한 방법으로 우리를 인도해 주시고 필요한 것을 반드시 제공해 주시리라는 확실한 믿음이, 아들을 통해 시험을 받는 아버지의 입에서 고백하는 신앙이 될 수 있기를 바랍니다. 그러한 부모의 신앙을 통해서 아이들은 우리 부모님의 하나님이 참된 하나님이라는 사실을 자연스럽게 체험하게 되는 것입니다.

아브라함은 끝까지 믿었습니다. 그리고 끝까지 순종했습니다. 그는 아들을 묶었습니다. 그런데 성경에는 이삭이 반항했다는 말이 없습니다. 이삭은 이미 십대 중반의 청년이었는데도 아버지에게 반항하지 않는 것입니다. 이삭의 신앙도 보통의 신앙이 아닙니다. 이삭은 그 순간까지도 하나님이 제물을 준비하신다는 사실을 믿은 것입니다. 그리고 이제 막 칼을 내리치려는 순간입니다.

> "하나님이 그에게 지시하신 곳에 이른지라 이에 아브라함이 그 곳에 단을 쌓고 나무를 벌여 놓고 그 아들 이삭을 결박하여 단 나무 위에 놓고 손을 내밀어 칼을 잡고 그 아들을 잡으려 하더니 여호와의 사자가 하늘에서부터 그를 불러 가라사대 아브라함아 아브라함아 하시는지라 아브라함이 가로되 내가 여기 있나이다 하매."

하나님께서 "아브라함아" 하고 부르셨습니다. 두 번이나 부르셨던 것으로 보아서 하나님도 다급하셨던 것 같습니다. 예상한 것보다 더 철저한 순종이었던 모양입니다. 아브라함이 얼마나 하나님을 두려워하고 경외하는지 하나님께서 확실히 아신 것입니다.

시험은 발전을 위해 있다

시험은 합격하기 위해서 있으며, 시련은 그것을 통해서 발전하기 위해서 있는 것입니다. 우리에게 오는 시험도 주님을 의뢰하면 어떤 것이든지 극복할 수 있는 것입니다. 우리가 끝까지 하나님을 의지하고 우리의 신앙고백을 잃지 않을 때에 하나님께서 그것을 이길 힘을 주십니다.

이제 12,13절을 읽어 봅시다.

"사자가 가라사대 그 아이에게 네 손을 대지 말라 아무 일도 그에게 하지 말라 네가 네 아들 네 독생자라도 내게 아끼지 아니하였으니 내가 이제야 네가 하나님을 경외하는 줄을 아노라 아브라함이 눈을 들어 살펴본즉 한 수양이 뒤에 있는데 뿔이 수풀에 걸렸는지라 아브라함이 가서 그 수양을 가져다가 아들을 대신하여 번제로 드렸더라."

하나님께서 말씀하십니다. "이제는 네가 나를 얼마나 사랑하는지 알겠다. 네가 나를 인생에서 최상으로 최선으로 생각한다는 것을 확실히 알았다. 내가 준비한 수양이 있으니 그 양을 갖다 바쳐라."
아브라함의 믿음이 현실화된 것입니다. 이삭이 제물이 어디에 있느냐고 물었을 때에 아브라함이 대답하지 않았습니까? "양은 하나님께서 친히 준비해 주실 것이다." 과연 그의 말대로 된 것입니다. 이삭은 아버지의 신앙을 통해서 놀라운 역사를 경험한 것이었습니다. 아버지의 믿음으로 인해서 아들의 믿음까지 강해졌습니다. 아버지의 신앙고백이 그대로 성취되어 맞아 떨어진 것입니다.

이제 남은 것은 하나님께서 아낌없이 부어 주실 축복입니다. 16-18절을 읽어 봅시다.

"가라사대 여호와께서 이르시기를 내가 나를 가리켜 맹세하노니 네가 이같이 행하여 네 아들 네 독자를 아끼지 아니하였은즉 내가 네게 큰 복을 주고 네 씨로 크게 성하여 하늘의 별과 같고 바닷가의 모래와 같게 하리니 네 씨가 그 대적의 문을 얻으리라 또 네 씨로 말미암아 천하만민이 복을 얻으리니 이는 네가 나의 말을 준행하였음이니라 하셨다 하니라."

하나님께서 말씀하신 내용은 네 가지로 요약됩니다.

첫째/ 하나님께서는 "내가 너를 축복하겠다"고 말씀하십니다. 하나님은 우리가 순종할 때마다 큰 축복을 내리시는 것입니다.

둘째/ "너뿐만 아니라 네 자손을 번창하게 해 주시겠다"고 말씀하십니다. 한 사람이 순종한 것으로 말미암아 그 한 사람뿐 아니라 그 후손까지 축복해 주시겠다고 하는 것입니다. 우리 자신을 하나님 앞에 어떻게 바치느냐에 따라서 우리 자손의 축복까지도 달려 있는 것입니다.

셋째/ 우리의 후손들이 승리하며 살 것이라는 약속입니다. 이 땅에 살면서 어떤 전쟁에서도 승리하며 적의 문을 얻으리라는 말씀입니다. 조상의 승리가 후손에게 이어지는 것입니다.

넷째/ 아브라함을 통하여 세계를 축복하신 것입니다. 우리 믿는 사람이 곧 그의 후손이기 때문입니다.

우리가 자식들을 위해서 하는 기도는 어떤 것입니까? 그저 '좋은 대학 나와서 좋은 직장 들어가서 잘 살다가 죽게 해 주십시오' 하는 것으로 그쳐서는 믿는 사람의 기도라고 할 수 없습니다. '하나님, 이 자손들이 가는 곳마다 이들을 통해서 그 사회가 축복을 받을 수 있도록 해 주시옵소서. 우리 아이들이 있는 곳이 학교면 학교가, 직장이면 직장이, 나라면 온 나라가 그리고 온 세계가 축복을 받을 수 있도록 해 주시옵소서'라고 기도해야 합니다. 그것이 하나님께 영광을 돌리는 길이요, 우리가 축복받는 길이요 우리의 자손 만대가 번성하는 길인 것입니다.

나의 신앙고백은 내 것으로 그치는 게 아닙니다. 그것이 하나님 앞에 인정을 받으면 그 인정으로 인해서 나와 내 가정은 물론 우리의 후손 만대에 이르기까지 하나님의 축복은 약속되는 것입니다. 이 사실을 깨달은 우리가 이제 해야 할 일은 우리의 이삭이 무엇인가를 먼저 찾고, 그것보다 하나님을 더 사랑한다는 것을 신앙고백과 헌신으로 보여줄 수 있는 사람이 되는 것입니다.

확인된 축복

믿음의 조상인 아브라함은 아주 모범적이고 결단에 있어서 아주 단호한 사람으로 기록되어 있지만, 자식인 이삭을 바칠 때의 아브라함의 심정은 심히 괴로웠을 것입니다. 다른 일도 아니고 자식에 관한 일은 부모에게 있어서 가장 심각하고 어려운 문제이기 때문입니다.

더욱이 그 아들이 "불도 있고 장작도 있는데 바칠 제물은 어디에 있습니까?"하고 물었을 때는 그 아버지의 가슴이 얼마나 아팠겠습니까? 하나님께서 준비하실 것이라는 여호와이레의 대답을 하긴 했지만, 혹시라도 하나님의 손길이 닿지 않는다면 하는 염려를 하지 않는 부모가 어디 있겠습니까?

하나님을 믿고 앞으로 전진해 가다가도 어쩌다 한 번쯤은 자신의 믿음에 대해 회의나 의심을 품을 수 있는 것입니다. '만약에 만약에,'라는 가정을 하게 되면 얼마나 초조하고 불안하고 공포감이 들었겠습니까? 모리아산이 가까워질수록 아브라함의 마음은 무거웠을 것입니다. 그리고 그 산꼭대기를 향해 가는 길은 괴롭고도 외로운 길이었을 것입니다.

아브라함은 자식을 하나님께 바치는 것에 대해 아내인 사라에게도 말하지 못했습니다. 그렇게 사랑하는 아내인데도 차마 그 말을 꺼내지 못하고 길을 떠난 것입니다.

순종의 길은 외로운 길입니다. 자기 십자가를 지고 주님을 따르는 길은 영광된 길이지만 또한 외롭고 힘든 길인 것을 알아야 합니다. 아브라함이 하나님으로부터 받은 명령은 아무에게도 상의할 수 없었고 아무도 이해시킬 수 없는 것이었습니다.

자식을 번제로 바치겠다는 아브라함의 말을 이해할 수 있는 사람은 아무도 없었을 것입니다. 그리고 만약에 하나님께서 정말로 이삭을 번제로 받으셨다면 집에 돌아와서 아내 사라가 이삭은 어디에 있느냐고 물으면 무어라고 대답할 수 있었겠습니까?

우리는 아브라함의 처한 위치와 그 마음을 한 번 상상해 볼 필요가 있습니다. 믿음의 길과 순종의 길은 때때로 상상할 수 없을 만큼 어렵고 힘든 길입니다. 아브라함은 혼자서 눈물을 흘렸을지도 모릅니다. 순종의 길은 쓰라린 눈물의 길, 가시밭 길, 그리고 고통의 길입니다.

그러나 아브라함은 하나님께서 자기 삶의 주인이자 자기 아들인 이삭의 주인이라는 사실을 잊지 않았습니다. 순종은 쓰지만 그 열매는 달콤한 것입니다. 17절의 말씀처럼 아브라함에게도 축복을 주시고 그 후손 대대로 축복을 주어 그 자손이 하늘의 별과 같이 바닷가의 모래와 같이 만들고 그 대적을 이기게 하시겠다는 약속을 하셨던 것입니다.

큰 축복에는 반드시 큰 순종이 있습니다. "십자가를 질 수 있나, 가시밭 길을 갈 수 있나, 외로운 길을 갈 수 있나?" 하고 물으실 때에 "나는 연약하오나 하나님께서 말씀하시면 어디든지 주와 함께 가겠습니다" 하는 고백을 할 수 있어야 합니다. 이와 같은 신앙고백으로 맺은 열매는 달콤한 것입니다.

19절을 봅시다.

"이에 아브라함이 그 사환에게 돌아와서 함께 떠나 브엘세바에 이르러 거기 거하였더라."

이제 모든 고민과 걱정이 풀렸습니다. 하나님께서 친히 여호와이레하사 적절한 때에 아브라함에게 나타나셨습니다. 아브라함은 필요한 때에 만나 주시고, 필요한 때에 공급해 주시고, 필요한 때에 돌봐 주시는 하나님을 만나게 된 것입니다. 이 열매는 순종의 믿음이 없이는 경험할 수 없는 것이었습니다.

약삭빠르게 자신의 한 발만 순종의 길에 들여 놓고 한 발은 여차하면 도망갈 준비를 하고 있는 사람은 하나님을 만나지 못합니다. 모리아산까지 가는 것은 힘이 들었지만 그 곳까지 갈 결심을 하고 걷는 온전한 믿음은 모리아산을 내려올 때 달콤한 열매를 가지고 가벼운 발걸음으로 내려올 수 있는 것입니다. 올라갈 때 사나흘 걸렸다면 내려올 때는 한달음에 내려왔을 것입니다.

산을 내려오는 아브라함의 가슴은 하나님의 은혜와 기쁨으로 충만해서 터질 것 같았을 것입니다. 자신이 체험한 하나님의 은혜와 사랑 중에 가장 큰 것을 맛 본 심정을 상상해 보면 그 기쁨이 어떤 것인지 짐작이 갈 것입니다.

모리아산을 갔다오기 전까지의 믿음과 갔다온 후의 믿음은 천지 차이로 달라졌습니다. 절망에서 희망으로, 시련에서 영광으로 성숙해진 믿음을 경험하게 된 것입니다. 이 때야말로 믿는 자의 축복을 경험하게 되어서 감사하며 기쁨으로 산을 내려왔을 것입니다.

제가 영화감독이었다면 이 장면을 아주 대단한 하이라이트 장면으로 만들었을 것 같습니다. 그 승리의 기쁨을 맛보면서 이삭을 묶었던 밧줄을 푸는 장면부터 아버지와 아들이 서로 끌어안고 기뻐하는 그 장면을 상상해 보십시오. 아마 영화 장면치고도 가장 감동적인 장면으로 영상화할 수 있을 것입니다. '빨리 돌아가서 사람들에게 말해야지. 내가 저 모리아산 꼭대기에서 여호와이레의 하나님을 만났노라'고. 모리아산에 올라갈 때는 아무에게도 말하지 못하고 있었는데 이제는 누구에게도 하나님의 은혜와 축복을 말할 수 있다는 간증거리가 쏟아져 나왔을 것입니다. 그것이 창세기 22장의 내용입니다.

아브라함 개인에게는 하나님께서 이삭을 바치라고 한 이것이 아브라함의 신앙의 클라이막스였습니다. 이제 그는 최종 시험에 합격한 것입니다.

아브라함으로 인하여 그 아들 이삭의 믿음은 또 얼마나 장성했겠습니까? 하나님이 우리 아버지와 함께 하시고 우리 아버지는 하나님께 순종하는 신실한 믿음을 가진 사람이라는 사실을 알고 얼마나 감사하고 자랑스러우며 마음이 든든했겠습니까? 사실 처음에 하나님께서 친히 제물을 준비하실 것이라고 하였는데 막상 산에 올라가 제단을 쌓더니 자신을 잡아 묶는 아버지의 모습을 보았을 때 이삭의 마음이 어떠했겠습니까?

아브라함은 이삭에게 설명했을 것입니다.

> "너는 네가 어떻게 태어났는지 알 것이다. 내가 백살 때에 하나님의 은혜로 너는 태어났고 이제 하나님께서 너를 바치라고 하니 나는 너를 바칠 수밖에 없다. 그러나 하나님께서 너를 살리실 것을 나는 믿는다. 너와 내가 믿는 하나님은 여호와이레 엘 샤다이의 하나님이시니 우리가 순종하자."

그리고 그 말을 들은 이삭도 자기 아버지의 말에 순종해서 순순히 밧줄에 묶였을 것입니다. 이 일은 이삭의 순순한 행동이 없었다면 이루어질 수 없는 일이었습니다. 아브라함은 백 살이 넘은 할아버지였고 아들 이삭은 십대의 건장한 청년이었으니 마음만 먹으면 얼마든지 도망칠 수 있었을 것입니다. 하나님께서 원하시고 아버지가 순종하시는 일이니 이삭도 아무 저항하지 않고 순종했다고 볼 수 있습니다.

그 아들이 죽어도 반드시 살려낼 것이라고 믿고 아브라함은 기도했을 것입니다. 그리고 이런 아버지의 믿음은 아들의 믿음에 충격을 주었고 여호와이레의 하나님을 체험하게 하는 기회가 되었습니다.

아브라함과 이삭의 믿음은 이 일로 인하여 더욱 깊어지고 서로의 신뢰도 더욱 커지는 기회가 되었습니다. 이 부자의 사랑과 믿음은 하나님의 축복이 처음으로 확인되는 순간입니다.

우리 나라에는 아버지보다 어머니의 믿음을 본받고 자랑스러워하는 사람들이 많이 있습니다. 이제는 우리도 아버지에 대한 신앙간증이 많이 나타나는 사람들이 되어야겠습니다.

신앙은 간증이 있는 삶이다

두 사람은 이 소식을 전하기 위해서 모리아산을 뛰어내려 왔습니다. 그리고 밑에서 기다리고 있던 종들에게 이 소식을 전했습니다. 그 이야기를 들은 종들도 자기 주인의 믿음과 순종 때문에 여호와 이레 하나님의 축복을 알게 되었습니다.

아마 그 이야기를 종들에게 한 사람은 이삭이었을 것입니다. 아직 젊고 기쁨이 넘치는 아들 이삭이 뛰는 가슴으로 급하게 설명을 했을 것입니다. 믿는 사람들의 간증이 나타나면 여러 사람들과 그 동네가 놀라고 기뻐하며 함께 하나님을 체험하게 됩니다. 또한 그렇게 축복받은 사람들과 함께 있을 수 있다는 것을 감사하게 여기고 그것을 축복이라고 생각하게 됩니다. 주인의 믿음 때문에 종들도 삶의 의미를 갖게 되고 더욱 열심히 주인을 섬기게 되는 것입니다.

이 이야기를 들은 사라도 깜짝 놀랐을 것입니다. 자신은 아무것도 알지 못하고 그저 남편과 자식을 기다리고만 있었는데 그 사이에 그렇게 엄청난 일이 있다는 것을 알고 얼마나 놀랐겠습니까? 어쩌면 자기에게는 말 한 마디하지 않고 아들을 번제로 바치려 데리고 나간 아브라함에 대해 서운한 감정을 갖거나 화를 냈을지도 모릅니다.

그러나 아브라함을 위해 미리 준비하신 하나님의 이야기를 아브라함으로부터 듣고는 사라 역시 하나님을 찬양하고 감사했을 것입니다. 그래서 아브라함과 이삭, 사라, 물론이고 그 집의 종들과 그 이야기를 들은 모든 사람들까지도 하나님의 위대하심을 찬양했을 것입니다.

그 후에 이 축복은 그 집에서만 그치지 않고 그 집안 사람들에게도 나타납니다.

> "이 일 후에 혹이 아브라함에게 고하여 이르기를 밀가가 그대의 동생 나홀에게 자녀를 낳았다 하였더라"(22:20).

이 일 후에 어떤 사람이 와서 그의 동생 나홀이 밀가에게서 자녀를 낳았다고 알려줍니다. 자식을 여덟이나 낳았습니다. 그리고 그 자손 중에는 아브라함의 며느리이자 이삭의 아내가 된 리브가가 있었습니다.

하나님께서 아브라함만 축복하신 것이 아니라 그의 집안까지도 축복하사 자손을 주신 것입니다. 이 소식은 계속해서 하나님께서 축복하신 대로 이루신다는 좋은 소식만이 들려온다는 것을 확인해 줍니다. 모든 것이 아브라함이 이삭을 바친 그 일 후에 나타났습니다. 아브라함 때문에 이 모든 일이 이루어진 것입니다.

아브라함의 위대한 점은 여기에서 그치지 않고 이 믿음의 사람 아브라함 때문에 여호와이레 하나님의 이야기가 이천 년이 지난 지금 이 땅에까지 전해지게 했습니다. 우리에게도 아브라함과 같은 놀라운 축복이 있다는 것을 이 땅에 사는 사람들도 믿게 되고 그의 믿음을 본받으려는 마음을 갖게 해서 하나님을 체험하게 만든 것입니다.

순종은 외롭고 힘들고 고통스럽지만 그 고통은 기쁨의 전주곡입니다. 하나님의 축복을 받을 그릇을 준비하는 것이 순종입니다. 하나님이 "가라" 하시면 "제가 여기 있나이다"하는 믿음으로 앞을 향해 가는 것이 믿음입니다.

  그러면, 모리아산을 향해 올라갈 때는 외롭고 힘들어도, 내려올 때는 찬송과 감사가 넘치는 걸음으로 산을 내려오게 되는 것입니다.

제 20 장

대가를 지불하라

"… 아브라함이 이에 그 땅 백성을 대하여 몸을 굽히고 그 땅 백성의 듣는데 에브론에게 말하여 가로되 당신이 합당히 여기면 청컨대 내 말을 들으시오 내가 그 밭값을 당신에게 주리니 당신은 내게서 받으시오 내가 나의 죽은 자를 거기 장사하겠노라 에브론이 아브라함에게 대답하여 가로되 내 주여 내게 들으소서 땅값은 은 사백 세겔이나 나와 당신 사이에 어찌 교계하리이까 당신의 죽은 자를 장사하소서 아브라함이 에브론의 말을 좇아 에브론이 헷 족속의 듣는 데서 말한 대로 상고의 통용하는 은 사백 세겔을 달아 에브론에게 주었더니 마므레 앞 막벨라에 있는 에브론의 밭을 바꾸어 그 속의 굴과 그 사방에 둘린 수목을 다 성문에 들어온 헷 족속 앞에서 아브라함의 소유로 정한지라 그 후에 아브라함이 그 아내 사라를 가나안 땅 마므레 앞 막벨라 굴에 장사하였더라(마므레는 곧 헤브론이라) 이와 같이 그 밭과 그 속의 굴을 헷 족속이 아브라함의 소유 매장지로 정하였더라"(창 23:1-20).

대가를 지불하라

한 여자의 일생

지금까지 우리는 주로 아브라함의 이야기를 해 왔습니다. 그래서 이제는 아브라함과 일생을 같이 했던 한 여인 사라의 일생에 대해서 살펴보고자 합니다. 23장 1,2절을 보면 사라가 127세를 향수하고 죽었다는 기록이 나옵니다. 참 간단한 기사로 끝나 있지만 그의 인생이 그렇게 간단했던 것은 아니었습니다.

"사라가 일백 이십 칠세를 살았으니 이것이 곧 사라의 향년이라 사라가 가나안 땅 헤브론 곧 기럇아르바에서 죽으매 아브라함이 들어가서 사라를 위하여 슬퍼하며 애통하다가."

사라는 페르시아 만 근처에서 태어났습니다. 유프라테스 강가의 우르라는 도시였습니다. 사라가 태어난 집에는 십 년 먼저 태어난 아브라함이라는 이복오빠가 있었고, 그 둘은 서로 좋아했고 나중에는 결혼까지 하게 되었습니다.

그리고 나서 남편 아브라함과 함께 백여년을 살면서 여러 번 이사를 하는 방랑 생활을 했습니다. 갈데아 우르에서 하란으로, 거기서 가나안으로, 그리고 또다시 애굽으로 떠도는 생활을 해야 했습니다.

지금의 경계로 말하면 이란, 이라크, 이집트, 이스라엘 네 나라를 거치면서 산 것이고, 이스라엘에 와서도 동서남북의 지방을 다니면서 살아야 했습니다. 127년을 살면서 여덟 번을 이사한 사람이었던 것입니다.

이사라면 저도 만만치 않은 사람입니다. 어릴 때는 접어 두고라도 고등학교 때부터 미국에 갈 때까지 29번을 이사한 사람입니다. 그 때의 이사는 책가방 하나, 보따리 하나였습니다만 이사가 그다지 신나는 일은 아니었습니다.

우리의 인생이라는 것이 어차피 나그네이기 때문에 우리의 인생은 이사의 연속인 것입니다. 이사를 하면 누구보다 가정 주부가 바쁘고 힘이 듭니다. 남자가 거드는 것은 큰짐 몇 번 나르는 것 정도이고 나머지는 모두 여자의 몫입니다. 간장 종지 싸는 것에서부터 짐 정리가 끝날 때까지 일이 끝나지 않습니다. 이사할 때마다 짐은 점점 불어나고, 버려야 할 것도 많고 새로 사야 할 것도 많아집니다. 구석 구석 여자의 손이 가지 않으면, 제대로 되는 것이 없습니다. 그럼에도 불구하고 다른 가족들은 당연히 '여자가 해야 할 일'이라고 생각합니다. 그러니 사라의 삶이 얼마나 힘들었겠습니까?

학생 때, 청년이었을 때는 그렇게 발랄하고 똑똑했던 여자도, 한 남자를 만나서 결혼하고 나면 그를 위해 헌신하고 가족들을 위해 희생하느라고 자기 자신은 이름도 없이 묻히고 맙니다. 그래서 어떤 때는 '이 여자가 과연 그렇게 밝고 아름답고 똑똑했던 여자인가?' 싶은 생각이 들 정도로 지친 모습을 하고 있는 것입니다.

저는 그래서 제 딸들에게 말합니다.
"여자라고 해서 하나님께서 남자보다 적은 능력을 주신 것이 아니다. 너희가 계발할 수 있는 최대한의 능력을 계발해서 결혼을 하더라도 너희 자신을 계속해서 발전시켜라. 그래서 자신의 삶이 결혼을 해서도 계속적으로 지속되어야만이 하나님이 주신 자신의 가치를 우리가 유지할 수 있는 것이다."

사라는 결혼 생활에서 특별한 재능을 나타내거나 어떤 사건을 일으키지는 않았습니다. 다만 오랜 결혼 생활을 했는데도 아이를 낳지 못했습니다. 그 때의 자식의 의미란 지금에 비하면 엄청나게 큰 것이었습니다.

사라가 남몰래 얼마나 고통스럽고 외로웠겠습니까? 그가 얼마나 많은 밤을 눈물로 지새웠겠습니까? 어딘가 한 쪽은 빈 것 같은 삶을 살았을 것입니다. 그런데 사라는 그저 주저앉아서 울고만 있는 사람은 아니었습니다. 그는 어떻게 해서든지 인간적인 방법으로라도 자식을 가지려고 했습니다. 악착같은 면이 있었던 것입니다. 그래서 자기의 몸종 하갈을 남편에게 주어서 아들을 낳게 했습니다.

그러나 그 결과는 더 비참한 것이었습니다. 인간적인 방법을 동원해서라도 아이를 갖겠다는 그의 생각은 너무 단순한 것이었습니다. 하갈은 아이를 갖자 자기 주인인 사라를 깔보고 멸시했습니다.

그러자 그 멸시받은 억울함 때문에 이번에는 하갈을 구박하고 도저히 못 견딜 정도로 괴롭혔습니다. 여자로서의 위치와 아내로서의 위치를 안전하게 지키기 위해서 결사적인 싸움을 한 것입니다. 한 여자의 행복이 전적으로 남자에게 달려 있으므로 그것은 피할 수 없는 투쟁이었습니다.

우르에서 하란으로 다시 가나안으로, 애굽으로, 세겜으로, 벧엘로, 헤브론으로, 네겝으로, 그 많은 도시를 거치면서도 아브라함 한 사람에게 소망을 두었기에 일생을 아무 말 없이 따르고 순종했던 여인이 사라였습니다.

남자들은 이 사실을 알아야 합니다. 하나님께서 주신 한 여인을 가슴 아프게 하고 갈등하게 하고 가치를 떨구게 하는 일을 해서는 안됩니다. 아내 외의 여자에게 눈을 돌리지 않도록 조심해야 합니다.

제가 목회를 하면서 보면 외도하는 남편을 둔 아내의 고통이라는 것이 얼마나 수치스럽고 수모가 되고 고통스러운지 당해 보지 않고는 말로 표현할 수 없는 것입니다. 하나님이 짝지워 주신 한 여인을 남자의 한때 실수로 그런 고통 속으로 빠뜨려서는 안되는 것입니다.

저는 남편을 위해서 눈물을 흘리며 간절히 기도하는 아내를 많이 보았습니다. 그런데 그와 반대로 아내를 눈물 흘리며 기도하는 남편은 별로 보지 못했습니다.

우리 남편들도 아내를 위해서 기도해야 합니다. 같은 하나님을 섬기고 한 가정을 이끌어 나가면서 서로를 위해 기도하지 않는다는 것은 어느 한 쪽이 자신의 의무를 다하지 못하고 있는 것입니다.

다행히도 사라는 하나님의 축복을 받은 여인이었습니다. 하나님의 사자가 어느 날 나타나서 사라가 아들을 낳을 것이라고 말했습니다. 그러자 그 이야기를 천막 뒤에서 듣고 있던 사라가 웃었습니다. 사라는 인생의 어려움 가운데서도 웃음을 잃지 않고 사는 여인이었던 것입니다.

아무리 어려움이 닥치고 괴로움이 있어도 웃을 때는 웃을 수 있는 사람이 되어야 합니다. 고통 중에서도 웃음을 보일 수 있는 사람만이 참된 기쁨도 맛 볼 수 있는 것입니다.

웃음의 여인 사라는 하나님의 은혜로 구십 세 이후의 사십여 년의 삶을 웃음 속에서 보내다가 죽을 수 있었습니다. 그의 말년이 웃음꽃 속에 지나간 것입니다. 이삭의 이름 자체가 '웃음'이란 것을 기억하지요?

사라는 하나님을 체험하고 산 신앙의 체험이 있었습니다. 자기 마음 속의 소원을 감찰하시고 들어주시는 전능하신 하나님을 사라는 그의 일생에서 확실하게 체험한 것입니다. 사라는 자기 삶 속에서 무한하신 은혜의 하나님, 자비의 하나님, 이루시는 하나님, 고통을 해결해 주시는 하나님을 이삭을 통해 깨달은 여인이었습니다.

거기다가 사라는 인간적으로도 누린 행복이 있었습니다. 그것은 바로 남편 아브라함의 사랑이었습니다. 아브라함은 아내 사라가 백 살이 넘었는데도 그를 스무 살 처녀처럼 아름답게 생각했습니다. 혹시 누군가가 이상한 눈짓을 하지는 않을까, 누군가가 빼앗아 가지는 않을까 항상 노심초사했습니다. 그리고 백 살이 넘어서도 자기 아내에게 사랑을 고백하는 사람이 아브라함이었습니다.

사실 여자로서 아내로서 이런 축복이 없을 것입니다. 자신의 일생을 바쳐서 함께 한 남자가 자신을 끝까지 아름다운 여자요, 훌륭한 여자요, 가치 있는 여자라고 인정해 준다는 것은 한 여인의 일생에 있어서 대단히 중요한 의미인 것입니다.

그런데 특별히 우리 한국 남자들은 자기 아내에게 이런 말 한 마디를 하지 못합니다. "나는 당신을 사랑한다"는 그 한 마디 말에 왜 그렇게 인색한지 모르겠습니다. 한국 남자들의 사랑은 은근하고 조용한 사랑입니다. 그래서 평생을 사랑하고 지냈으면서도 사랑한다는 말 한 마디를 못하고 죽음을 맞는 경우가 허다합니다.

물론 사랑한다고 말하지 않아도 사랑하는 줄은 알고 있지만 그 말 한 마디 하는 것과 하지 않는 것의 차이는 대단한 것입니다. 사랑의 말과 표현에 조금만 더 후하면 부부 사이의 관계가 얼마나 더 아름답고 깊어지겠습니까?

아브라함처럼 "당신은 나에게 누구보다 귀중하고 아름다운 사람이요" 하는 말 한 마디면 아내의 모든 피로와 고통이 한꺼번에 눈 녹듯이 사라질 것 아니겠습니까?

미국의 속담 중에 "아름다움은 보는 사람의 눈에 있다"는 말이 있습니다. 보는 사람이 아름답다고 생각하면 아름다운 것입니다. 사라는 일평생 남편에게 아름답다는 말을 듣고 산 행복한 여인이었습니다.

그런데 몇 번은 아브라함의 사랑을 의심하게 만드는 사건도 있었습니다. 아브라함은 두 번이나, 자기의 목숨이 위태로울까봐 사라에게 자기를 오빠라고 부르라고 시킨 것입니다. 평소에는 참 사랑하는 것 같은데 위급한 상황이 생기니까 아내를 방패막이로 만드는 것입니다. 아브라함의 사랑이 의심을 받을 수 있는 태도였습니다.
우리의 사랑은 희생이고 헌신이어야 합니다. 특히 위급할 때일수록 나를 바쳐서 아내를 사랑해야 하는데 아브라함은 그러지 못했습니다. 우리의 사랑은 이렇게 급할 때 돌아서는 것이어서는 안되겠습니다. 어떤 상황에서든지 믿을 수 있는 사랑이라고 확신하는 사랑이어야 진정한 사랑이기 때문입니다.

사라는 또 아들 이삭의 사랑을 받았습니다. 어머니가 돌아가시자 이삭은 가슴이 아파서 마음을 잡지 못했습니다. 그래서 아버지가 결혼을 서두를 정도로 허전한 마음을 감추지 못했습니다. 이 이야기는 창세기 강해서 제3권에서 자세히 살펴볼 기회가 있을 것입니다.

그리고 마지막으로, 사라는 아브라함의 비통한 슬픔 가운데 숨을 거둔 여인이었습니다. 23장 2절을 보십시오. "아브라함이 사라를 위하여 슬퍼하며 애통하였다"고 말씀하고 있습니다. 백 년을 같이 살고도 그 죽음이 안타까워서 비통해 하는 모습이 얼마나 사랑에 넘쳐 보입니까?
우리 나라 남편들은 아내의 장례식에도 거의 표정이 없습니다. 물론 슬프지 않아서 그런 것은 아니겠지만, 관이 내려갈 때 껴안고 통곡하는 아내들에 비하면 남편들은 참 무덤덤한 편입니다. 그러나 아브라함은 자기의 슬픔을 있는 그대로 표현하는 사람이었습니다. 사라는 죽어서도 행복한 아내였습니다.

한 가지 더 감사할 것은 남편보다 아내가 먼저 죽은 것입니다. 저는 제 아내에게 나보다 당신이 먼저 하늘나라 가는 것이 낫겠다고 말합니다. 다른 의미에서 그러는 것이 아니라 남편이 끝까지 아내를 돌보는 것이 낫지 아내가 혼자 남아서 남편의 장례를 치르고 그 뒷처리를 다 해야 한다고 생각하면 안심이 안되고 가슴이 아프기 때문입니다.

홀로 사는 아내의 고통이 얼마나 깊고 크겠습니까? 우리가 주변에서 보지 않습니까? 그러나 다행히도 사라는 남편의 비통함 속에 남편보다 먼저 눈을 감을 수 있어서 참 편안한 마음으로 마지막을 맞았을 것입니다.

사라의 일생이 주는 교훈

이제 한 여인 사라의 일생이 우리에게 주는 교훈이 무엇인지 생각해 봅시다. 우리 시대의 남편들은 자기 아내를 위해서 사랑하는 마음을 표현하는 것을 배워야 합니다. 특히 우리 세대의 남자들은 요즘의 젊은 사람들보다 더 표현력이 부족합니다. 우리가 자라는 동안 우리의 부모들이 사랑을 표현하는 것을 보고 배울 기회가 없었기 때문에 우리도 사랑을 표현한다는 것이 잘 안됩니다. 그러나 지금부터라도 노력해야 합니다. 그래서 아내가 그 남편을 만난 것을 행복하게 여기고 하나님께 감사할 수 있도록 만들어 주어야 하는 것입니다.

또 아내들은 남편의 사랑이 조금 부족할지라도, 또 인간적으로 조금 서운한 생각이 들지라도 그 사랑이 다라고 생각하지 말고 더 큰 하나님의 사랑을 체험할 수 있는 믿음의 삶을 살아야 합니다.

우리 인간의 사랑은 아무리 마셔도 갈증이 가시지 않는 물과 같습니다. 인간의 사랑은 유한한 것입니다. 그러나 하나님이 주시는 사랑은 그의 백성을 다시는 갈하지 않게 하는 생명수이며, 아무도 이 진정한 사랑에서 우리를 떼어 놓을 수 없다는 것을 알아야 합니다.

우리는 한 여인 사라의 일생을 통해서 진정한 여인의 행복이 하나님을 의뢰하며 그의 사랑과 능력을 체험하는 것이라는 사실을 깨닫고, 우리도 그 여인과 같은 복된 삶을 살 수 있도록 기도해야 할 것입니다.

대가를 지불하라

아무리 우리가 우리의 가족을 사랑하고 아끼고 좋아해도 우리는 가족과 이별을 경험하게 되어 있습니다. 그것은 누구를 막론하고 경험해야 하는 것입니다. 선택의 여지가 있는 것이 아니기 때문입니다.

누군가가 죽으면 우리는 그를 매장해야 합니다. 부활하는 날 다시 만날 것을 믿으며 그를 덮는 것입니다. 그런데 장례는 육신만 지내는 것은 아닙니다. 물론 그 사람이 세상을 떠났다고 해서 그 사람에 대한 기억을 완전히 지울 수는 없습니다. 그러나 살아있는 사람의 삶에서는 그 사람을 잊어버려야 하는 것입니다.

이미 돌아가신 분을 너무 오래 붙들고 있으면 앞으로 남은 삶에 좋지 않은 영향을 미치게 됩니다. 그래서 장사를 지낸다는 것은 육신만을 지낸다는 것이 아니라 지나간 분은 그대로 보내드리고 남은 사람들은 다시 앞을 향해서 달려갈 준비를 하는 것이 장례입니다.

장례식은 아주 중요한 사건입니다. 실제적으로도 그렇고 심리적으로도 그렇습니다. 아브라함도 그 아내 사라를 장사 지내면서 여러 가지 일이 생깁니다. 그는 먼저 매장지를 구해야 했습니다. 그 때 보여준 그의 모습을 봅시다.

아브라함은 참 겸손한 사람이었습니다.

3절을 봅시다.

"그 시체 앞에서 일어나 나가서 헷 족속에게 말하여 가로되."

그는 먼저 일어납니다. 그렇습니다. 먼저 그 앞에서 일어나야 합니다. 정신적, 육체적으로 주저앉아 있어서는 안됩니다. 우리가 인생의 한 장을 접고 다시 힘을 내기 위해서는 어서 일어나야 합니다.

제가 본 미국 부인 한 분은 남편을 몸으로는 장사지내고도 마음으로 장례를 지내지 못해서 10년 동안을 폐인이 되다시피한 것을 보았습니다. 이미 세상을 떠난 분도 그런 것을 원하지는 않을 것입니다. 남은 사람은 이미 가신 분의 몫까지 열심히 살아야 합니다.

계속해서 4절을 보십시오.

"나는 당신들 중에 나그네요 우거한 자니 청컨대 당신들 중에서 내게 매장지를 주어 소유를 삼아 나로 내 죽은 자를 내어 장사하게 하시오."

아브라함이 헷 족속들에게 한 말입니다. 여기서 '나그네'라는 말은 외국인이라는 것입니다. '우거하는 자'라는 말도 여기저기를 떠돌아다니면서 집을 짓고 사는 사람이라는 것입니다. 아브라함의 이런 모습은 결국 인간의 모습을 대표하는 것입니다.

우리 인간들도 세상에 잠깐 왔다가는 나그네인 것입니다. 우리의 집은 본향인 하나님 앞에 가서야 생기는 것입니다. 그러므로 이 땅에서 뿌리를 내리고 영원히 살 것처럼 생각해서는 안됩니다.

아브라함은 65세부터 137세까지 62년을 그 땅에서 살았는데도 자신을 나그네라고 말합니다. 그러면서 자신에게 아내를 매장할 땅을 좀 달라고 말합니다.

그 다음의 헷 사람의 말을 들어봅시다. 5, 6절입니다.

"헷 족속이 아브라함에게 대답하여 가로되 내 주여 들으소서 당신은 우리 중 하나님의 방백이시니 우리 묘실 중에서 좋은 것을 택하여 당신의 죽은 자를 장사하소서 우리 중에서 자기 묘실에 당신의 죽은 자 장사함을 금할 자가 없으리이다."

우리는 이 말을 통해서 아브라함이 외국인으로 살면서 그 나라 사람에게 인정을 받았다는 사실을 알 수 있습니다. 헷 사람이 그를 부르면서 "내 주여"라는 존칭을 씁니다. 그리고 아브라함을 "우리 중 하나님의 방백"이라고 말합니다. 아브라함이 그들 가운데에서도 지도자가 될 만한 분이라는 것입니다. 얼마나 성실하게 하나님을 섬기고 하나님의 은총을 입었던지 이방인인데도 존경을 받는 삶을 살았던 것입니다.

우리도 이땅에 살면서 외인들일 수 있습니다. 우리가 하늘에 본향을 둔 나그네이기 때문에 이 세상에 적을 두고 사는 사람들에게는 이방인이라고 할 수 있습니다. 그래서 때때로 안 믿는 사람들은 믿는 사람들을 잘 이해하지 못 하는 때가 있습니다. 똑같은 땅에서 태어나 똑같은 교육을 받고 살았는데 나중에 보니까 전혀 다른 생각을 하는 외국인이 되어 있는 것입니다. 심지어 한 가족 중에서도 하나님을 아는 사람과 알지 못하는 사람으로 나뉘면 형제끼리도 알 수가 없습니다. 서로가 무슨 생각을 하고 있는지, 무슨 말을 하는지 도대체 모르게 되는 것입니다. 마치 이방인들 하고 사는 것 같이 됩니다.

저도 몇 십 년만에 고등학교 동창회에 가서 한 시간 정도를 같이 있었는데 말씨나 행동이나 생각하는 것이나 너무 달라서 완전히 외국인들과 함께 있는 기분이었습니다.

그러나 외국인 속에 살면서도 하나님을 알기 때문에, 주님의 인도하심을 따라 살기 때문에 그 사람들에게 인정을 받는 것입니다. 그 사람들이 보기에 자기들과 어딘가 다르지만 그 사람에게는 인격이 훌륭하고 삶에 뭔가 다른 의미가 있는 사람이라는 것을 알게 됩니다. 세상에서 소위 성공한 사람이 저에게 하던 말이 생각납니다. "목사님, 저는 부족한 것이 없습니다. 단 한 가지 부러운 것이 있다면 예수를 잘 믿는 제 친구들이 갖고 있는 평안입니다."

이것이 아브라함의 모습이고 우리가 추구해야 할 모습입니다. 우리가 주님의 뜻을 따라 열심히 살면 이 곳이 이방의 땅은 아니지만 다른 사람들의 눈에는 뭔가 다른 사람으로 비쳐지고 존경을 받게 됩니다. 사회적 지위는 낮을 수도 있으나 지위는 존경과 전혀 상관없는 것입니다. 그 사람 속에는 지위의 고하를 막론하고 아무도 범할 수 없는 강력한 힘이 있는 것입니다. 이것이 하나님 믿는 사람의 특징입니다.

헷 족속은 아브라함에게 그들이 가진 매장지 중 어떤 것이라도 드릴 테니까 우리 묘실 중에서 좋은 것을 택하라고 말합니다. 마음대로 쓰라는 것입니다. 그들이 이렇게 말하는 데는 그동안 아브라함이 하나님 앞에서 충실히 살고 그 땅의 사람들에게도 하나님의 은총의 손이 함께 하시는 것을 알고 있었기 때문입니다.

하나님을 모르는 사람이라도 그 사람을 존경하지 않을 수 없습니다. 사람이 사람을 존경하지 않는 것은 소신 없이 살거나 목표 없이 살기 때문입니다. 남이 알아주지 않아도 꾸준히 목표를 가지고 살 때에 그 사람은 존경을 받게 됩니다.

어떤 때는 예수 믿는 사람처럼 살고 어떤 때에는 전혀 예수님과 무관한 사람처럼 사는 사람은 결코 존경받으면서 살 수 없습니다. 자신은 동의할 수 없지만 그 사람의 사는 모습이 정말 신실하고 소신 있는 것이면 다른 사람들도 그 사람의 삶을 인정할 수밖에 없는 것입니다.

7절을 보십시오.

"아브라함이 일어나 그 땅 거민 헷 족속을 향하여 몸을 굽히고."

헷 족속이 그렇게 말하니까 아브라함이 몸을 굽혔다고 했습니다. 여기서 몸을 굽혔다는 것은 머리를 깊이 숙여 감사의 인사를 했다는 말입니다. 137살의 고령의 노인이 자기보다 어린 사람들에게 감사의 절을 한 것입니다. 헷 족속의 사람들이 몸둘 바를 몰랐을 것입니다.

우리 믿는 사람들은 이 점을 배워야 합니다. 믿지 않는 사람들보다 특별히 더 겸손하게 사람을 대하는 자세를 가져야 하고 감사의 표현을 잊지 않아야 합니다. 이방 사람들 사이에서 사는 사람으로서 그들의 인정을 얻고 존경을 얻으려면 그 사람들이 하는 것 이상의 훌륭한 태도를 보여야 하는 것입니다. 그래서 하나님이 함께 하시는 사람들은 다르다는 것을 확실하게 느낄 수 있도록 해야 합니다.

교만한 태도는 자신의 가치를 인정 받지 못하는 사람들의 태도입니다. 자신은 아무 것도 존경할 만한 것을 가지고 있지 못하면서 사람들이 자기를 알아 주지 않으니까 스스로 자신을 높이는 것입니다. 다른 사람들에게 인정을 받고 싶어서 발버둥을 치는 것이 바로 교만입니다. 참된 가치를 가진 사람들은 다른 사람에게 머리를 숙일 때에 오히려 더 인정을 받습니다.

8, 9절을 보십시오.

> "그들에게 말하여 가로되 나로 나의 죽은 자를 내어 장사하게 하는 일이 당신들의 뜻일진대 내 말을 듣고 나를 위하여 소할의 아들 에브론에게 구하여 그로 그 밭머리에 있는 막벨라 굴을 내게 주게 하되 준가를 받고 그 굴을 내게 주어서 당신들 중에 내 소유 매장지가 되게 하기를 원하노라."

아브라함은 헷 족속의 호의를 정중하게 거절합니다. 그리고 에브론이라는 사람이 가진 땅 중에 굴이 있는 땅과 굴을 팔도록 설득해 달라고 말합니다. 그러자 그 이야기를 들은 에브론이 그 밭과 굴을 거저 주겠으니 당신의 죽은 자를 장사하라는 것입니다.

> "때에 에브론이 헷 족속 중에 앉았더니 그가 헷 족속 곧 성문에 들어온 모든 자의 듣는 데서 아브라함에게 대답하여 가로되 내 주여 그리 마시고 내 말을 들으소서 내가 그 밭을 당신께 드리고 그 속의 굴도 당신께 드리되 내가 동족 앞에서 당신께 드리니 당신의 죽은 자를 장사하소서"(23:10,11).

이 얼마나 고마운 말입니까? 아브라함이 얼마나 인정을 받았으면 자기 재산을 아깝게 생각하지 않고 거저 주겠다고 말하겠습니까? 하나님의 사람이 존경을 받으면서 사는 모습의 일부분인 것입니다.

우리 자신의 모습을 돌아봅시다. 우리는 믿지 않는 사람들 가운데에 살면서 어느 정도의 존경을 받고 있습니까? 이땅에 살면서 흔들리지 않으면 우리도 그와 같이 될 수 있습니다. 하나님 앞에서 일관되게 그리고 철저하게 사십시오.

12,13절의 아브라함의 모습을 보십시오.

> "아브라함이 이에 그 땅 백성을 대하여 몸을 굽히고 그 땅 백성의 듣는데 에브론에게 말하여 가로되 당신이 합당히 여기면 청컨대 내 말을 들으시오 내가 그 밭값을 당신에게 주리니 당신은 내게서 받으시오 내가 나의 죽은 자를 거기 장사하겠노라."

그는 대가를 지불하겠다고 말합니다. 그는 에브론에게 다시 한 번 머리를 숙여서 절을 합니다. 그 사람의 호의를 받든 안 받든 감사의 표시를 하는 것입니다. 다른 사람이 호의를 베풀 때에 마땅히 받아야 할 것을 받는 것처럼 머리를 빳빳이 세우고 교만한 태도를 하는 사람이었다면 아브라함이 그렇게 존경을 받는 사람이 못 되었을지도 모릅니다. 그러면서 아브라함은 그 땅의 대가를 지불하겠다고 합니다.

13절을 보십시오. "당신이 합당히 여기시면"이라는 말이 나옵니다. 이 얼마나 정중하고 겸손한 말입니까? 8절에서도 "당신들의 뜻일진대"라는 말이 나오지 않습니까?

이것은 당신들의 마음에 맞지 않는 일은 하지 않겠다는 뜻입니다. 그들의 허락 하에서 무슨 일이든 하겠다는 것이고 상대방의 의사를 충분히 존중하고 자신의 의사는 그 다음이라는 것을 정중하게 밝히는 태도입니다.

미국에 있을 때에 제 자동차를 고치는 사람이 그 차를 고칠 수 있는 방법을 자세히 설명해 주고는 "저는 어떻게 해도 상관이 없으니 목사님이 결정하시면 원하시는 대로 해 드리겠습니다" 하는 것이었습니다. 이런 사람이 장사를 잘 하는 사람입니다. 고객들은 이런 사람을 신뢰하게 되고 그러면 이 사람은 그 분야에서 존경받는 동시에 성공한 사람이 되는 것입니다. 이 분은 자동차 정비로 성공한 사람이었습니다. 그에게는 다른 사람을 섬기려는 태도가 있었기 때문입니다.

미국에서 건축가들이 우리 교회를 지을 때에도 교회에서 원하는 것이 무엇인지를 계속 알아내서 그것에 맞추어서 두서너 가지 가능성을 연구해와서 제시해 주고 그중에 마음에 드는 것을 고를수 있는 선택의 기회를 줍니다. 이 분들은 늘 "원하시는 대로 우리가 몇 가지를 연구해서 다음 주일에 보여 드리겠습니다(as you please)"라고 말하고는 돌아가서 일을 해옵니다. 성경적인 표현으로는 "당신이 합당히 여기시면," "당신들의 뜻일진대," "당신께 은혜를 입었사오면" 등으로 표현합니다만 이런 접근과 태도는 상대방의 마음을 편하게 상대방의 호의를 사게 하는 성공적인 자질입니다.

미국 사람들의 이런 태도는 생활화가 되어 있습니다. 똑같은 일을 하면서도 상대방의 마음에 들도록 최선의 노력을 기울입니다. 지금도 저와 함께 일하는 미국인 동역자들과 편지와 대화를 하면 늘 저에게 "무얼 더 제가 해 드릴수 있는 것이 없습니까? 제가 도와드릴수 있는 일이 있으면 언제라도 말씀해 주십시오"라고들 말합니다. 섬기려고 하는 사람들의 성경적인 모습입니다.

우리도 이제는 이런 풍토를 체득할 때가 된 것 같습니다. 그 동안은 군사 정권의 잔재로 명령을 하고 명령을 받는 관계에 머물러 있었지만 이제는 우리도 상대방의 원하는 것을 살펴서 일을 하는 태도를 길러야 하겠습니다.

정부는 우리 국민이 원하는 것을 찾아 해주려고 최선의 노력을 해야지, 내가 이것을 할테니 국민들은 그저 정부가 하는 대로 따라오라고 해서는 민주 정부나, 진정한 지도자라고 할 수 없을 것입니다. 이것이 바로 섬기는 자의 모습입니다.

계속해서 14절에서 16절을 봅시다.

> "에브론이 아브라함에게 대답하여 가로되 내 주여 내게 들으소서 땅값은 은 사백 세겔이나 나와 당신 사이에 어찌 교계하리이까 당신의 죽은 자를 장사하소서 아브라함이 에브론의 말을 좇아 에브론이 헷 족속의 듣는 데서 말한 대로 상고의 통용하는 은 사백 세겔을 달아 에브론에게 주었더니."

아브라함은 거저 받을 수 있는 땅을 은 400세겔이라는 거금을 주고 샀습니다. 거저 얻을 수 있었지만 땅을 얻는 대가를 지불한 것입니다.

우리에게도 공짜로 쉽게 할 수 있는 것들이 많이 있을 것입니다. 그러나 그런 것들은 가치가 없습니다. 어떤 것이든지 우리가 정당하게 대가를 지불하고 얻은 것들이라야 소중한 가치를 지니는 것입니다. 거저 들어 온 것은 거저 나갑니다. 돈도 힘써 번 돈이 아니면 쌓이지 않고 표도 안 나게 도로 나갑니다. 준 사람은 오래도록 기억할지라도 받은 사람은 곧 잊어버립니다. 그래서 나중에 서운한 일이 생기거나 오해가 생길 수도 있습니다. 힘이 들더라도 대가를 지불하고 떳떳하게 얻어야 합니다.

최근에 제게 편지가 한 통 왔는데, 그 내용은 미국으로 유학을 가고 싶으니 토플 시험 보지 않고 갈 수 있는 곳을 소개해 달라는 것이었습니다. 그래서 제가 다른 사람은 죽어라고 공부를 해서 유학갈 준비를 하는데 아무 수고도 없이 유학을 가려고 한다면 그런 사람은 공부할 자격이 없다고 답장을 썼습니다.

자기 대가를 지불하지 않고 원하는 것을 얻으려고 하고 좋은 자리에 앉으려고 하는 사람은 평생 그 버릇을 버리지 못합니다. 이런 사람들이 사회에 나가면 성공할 수 없습니다.

묵묵하게 자기가 지불할 대가를 지불하는 사람이 성공하는 사람입니다. 작은 것이라도 대가를 지불해야만 가치가 있고 소중한 것입니다. 당장은 쉽게 사는 것이 좋아 보일지 모르지만 그러나 참된 가치는 들어나기 마련입니다. 대가를 지불하지 않은 인생은 아무 가치가 없습니다. 지금은 어렵고 힘이 들어도 그 사람의 인생은 정금 같은 인생이 되는 것입니다. 대가를 지불하는 것이 어려운 길인 것 같지만 그 길이 참된 길입니다.

얼마 전에 제 친구가 책을 한 권 출판했습니다. 대학 다닐 때에는 어리숙해 보이던 삼총사 중의 한 명이었습니다. 강의 시간에 맨 앞줄에 앉아서 공부하는 것 이외에는 아무 재주도 없는 바보 같은 삼총사가 몇 십 년이 지난 지금은 한국 사회에서 대단한 일을 하고 있는 삼총사가 되었다는 내용이었습니다.

인생은 멀리 봐야 합니다. 길게 봐야 합니다. 단판에 승부가 나는 것이 아닙니다. 예수를 믿는 것도 산에 가서 한 번 신비적인 경험을 한 것을 가지고 다 된 것으로 생각하면 시험에 빠지기 쉽습니다. 매일을 주님과 함께 동행하며 꾸준히 성장한 사람들이 교회에서도 건전한 기둥으로 자랍니다. 매일 매일의 대가를 지불하는 사람이 좋은 열매를 거두는 사람들이 되고, 하나님의 축복을 받아서 다른 사람에게 덕을 끼치는 사람이 되는 것입니다. 성장을 위한 매일의 대가도 필요한 것입니다.

> "마므레 앞 막벨라에 있는 에브론의 밭을 바꾸어 그 속의 굴과 그 사방에 둘린 수목을 다 성문에 들어온 헷 족속 앞에서 아브라함의 소유로 정한지라 그 후에 아브라함이 그 아내 사라를 가나안 땅 마므레 앞 막벨라 굴에 장사하였더라(마므레는 곧 헤브론이라) 이와 같이 그 밭과 그 속의 굴을 헷 족속이 아브라함의 소유 매장지로 정하였더라"(23:17-20).

결국 아브라함은 대가를 지불하고 땅을 샀습니다. 대가를 지불하고 사는 그 땅은 영원히 아브라함 가문의 땅이 되었습니다. 그래서 지금도 정정 당당하게 그의 자손들이 그 땅의 주인이라고 주장할 수 있는 권리가 있는 것입니다.

그 때 만일 아브라함이 그 땅을 사 놓지 않았으면 그의 아내 사라, 자손 이삭, 리브가, 야곱, 요셉이 묻힐 땅이 없었을 것입니다. 애굽에서 430년을 지낸 후에도 돌아갈 땅이 있었던 것도 그 때 땅을 대가를 지불하고 샀기 때문입니다. 아브라함은 그 때 자손들의 땅을 샀을 뿐 아니라 영원한 권리를 산 것이었습니다. 대가를 지불해야만 자기 소유가 되는 것입니다.

저는 오래 전에 제 아내에게 돈이 없어 가장 싼 재봉틀을 하나 사 주었습니다. 그런데도 제 아내는 지금도 그것을 쓰고 있습니다. 그래서 제가 그것을 볼 때마다 '그 때 조금 더 좋은 것을 사 줄걸' 하는 생각을 합니다. 기계를 살 때도 처음에 좀 돈이 들더라도 좋은 것을 사야지 싸다고 사면 나중에는 버릴 수도 없고, 새로 사자면 돈도 들고 아주 골치거리가 됩니다. 기계도 이런데 사람의 인생은 더 말할 나위가 없습니다. 인생은 투자한 만큼 이윤을 받게 되어 있습니다. "심는 대로 거둔다"는 말씀입니다.

우리의 인생은 대가를 지불한 대로 됩니다. 아브라함의 삶처럼 하나님께 충실해서 사람들에게 신임을 얻고, 한편으로는 매일의 대가를 지불하는 삶을 살아야겠습니다. 우리의 앞으로의 삶은 정당한 대가를 지불해서 시간이 감에 따라 더 빛을 발하는 삶이 되도록 기도합시다.

제 21 장

충성스러운 종과 아리따운 처녀

"…종이 마주 달려가서 가로되 청컨대 네 물 항아리의 물을 내게 조금 마시우라 그가 가로되 주여 마시소서 하며 급히 그 물 항아리를 손에 내려 마시게 하고 마시우기를 다하고 가로되 당신의 약대도 위하여 물을 길어 그것들로 배불리 마시우게 하리이다 하고 급히 물 항아리의 물을 구유에 붓고 다시 길으려고 우물로 달려가서 모든 약대를 위하여 긷는지라 그 사람이 그를 묵묵히 주목하며 여호와께서 과연 평탄한 길을 주신 여부를 알고자 하더니 약대가 마시기를 다하매 그가 반 세겔 중 금고리 한 개와 열 세겔 중 금 손목고리 한 쌍을 그에게 주며 가로되 네가 뉘 딸이냐 청컨대 내게 고하라 네 부친의 집에 우리 유숙할 곳이 있느냐 그 여자가 그에게 이르되 나는 밀가가 나홀에게서 낳은 아들 브두엘의 딸이니이다 또 가로되 우리에게 짚과 보리가 족하며 유숙할 곳도 있나이다 이에 그 사람이 머리를 숙여 여호와께 경배하고 가로되 나의 주인 아브라함의 하나님 여호와를 찬송하나이다 나의 주에게 주의 인자와 성실을 끊이지 아니하셨사오니 여호와께서 길에서 나를 인도하사 내 주인의 동생의 집에 이르게 하셨나이다 하니라 …"(창 24:1-58).

충성스러운 종과 아리따운 처녀

갈수록 더 큰 은혜

사람의 인생을 관찰해 보면 날이 갈수록 하나님의 은총을 더 입는 사람들이 있는가 하면, 시간이 지날수록 하나님의 은총에서 멀어지는 사람들이 있습니다. 아브라함은 시작은 미미하나 끝은 창대한 사람이었습니다.

24장 1절을 보면 아브라함의 인생이 어떠했는지를 말해 주고 있습니다.

"아브라함이 나이 많아 늙었고 여호와께서 그의 범사에 복을 주셨더라."

나이가 들어 늙는다는 것은 사람에게 있어서 정한 이치입니다. 그런데도 젊은 사람들 중에는 마치 자신은 안 늙을 것처럼 노인을 무시하는 사람이 있습니다.

한번은 미국에서 14살짜리 점원 아이가 어떤 노인을 무시하는 것을 보고 제가 그 아이를 혼내 주었습니다. 그리고 나서 한 마디 했습니다. "너도 언젠가는 60이 될 때가 있다"고.

그렇습니다. 우리 인간은 늙음을 피할 수 없습니다. 그런데 나이가 들었을 때의 모습은 다 다릅니다.

1절을 보면 "아브라함이 나이 많아 늙었"다고 한 다음에 이어지는 말이 있습니다. 그것은 "여호와께서 그의 범사에 복을 주셨"다는 것입니다. 여기서 우리는 하나님의 은혜가 갈수록 커지는 것이 그의 신앙생활이었다는 것을 알 수 있습니다. 이것이 그의 신앙 결과였습니다.

이 말씀은 우리에게 도전을 주는 것입니다. 우리 신앙의 상태는 어떻습니까? 나이가 많아 늙어서 아무 쓸데없는 사람이 되느냐, 나이가 많아 늙을수록 더욱 풍성한 하나님의 축복을 받는 사람이 되느냐 하는 것은 우리의 신앙 상태에 달려 있습니다.

우리는 아브라함의 축복이 우리의 것이 될 수 있기를 간절히 기도해야 합니다. 늙는다는 것과 시간이 간다는 것은 전혀 문제가 되지 않습니다. 하나님과 함께 하는 시간이 많을수록 하나님의 은혜가 넘치는 삶을 살 수 있는데 그것이 왜 문제가 될 수 있겠습니까? 나이가 들어감에 따라 하나님을 경험할 수 있는 시간이 더욱 많아지는 것입니다.

아브라함은 사라를 잃고 이삭의 나이 40세, 아브라함은 140세가 되던 해 그는 자기의 늙은 종에게 이삭의 결혼에 대한 이야기를 했습니다. 이삭을 결혼시켜야 하겠으니 내 고향 우리 족속이 있는 밧단아람에 가서 여자를 데려오라는 명령이었습니다.

2절에서 4절 말씀을 봅시다.

"아브라함이 자기 집 모든 소유를 맡은 늙은 종에게 이르되 청컨대 네 손을 내 환도 뼈 밑에 넣으라 내가 너로 하늘의 하나님, 땅의 하나님이신 여호와를 가리켜 맹세하게 하노니 너는 나의 거하는 이 지방 가나안 족속의 딸 중에서 내 아들을 위하여 아내를 택하지 말고 내 고향 내 족속에게로 가서 내 아들 이삭을 위하여 아내를 택하라."

아브라함은 이삭에게 자신의 집이 신앙적인 가정을 이루어야하므로 가나안 여자는 안된다는 것을 하늘의 하나님과 땅의 하나님을 가리켜 맹세하라고 합니다. 신앙의 가문을 이루려는 결단이 있었습니다.

우리의 하나님은 어떤 하나님입니까? 우리가 믿는 하나님이 어떤 하나님이라고 말할 수 있습니까?

제가 미국으로 떠나기 전까지의 하나님은 무서운 하나님이셨습니다. 조금만 잘못하면 야단치고 벌 주는 하나님이었습니다. 그러나 주님을 다시 알게 된 다음부터 하나님도 변했습니다. 하나님은 나를 지극히 사랑하는 하나님이 되셨습니다. 절대적으로 무조건 영원히 사랑하시는 하나님이신 것입니다. 나를 향하여 웃는 얼굴을 하신 하나님이신 것입니다. 나를 지켜 주시고 나의 삶을 돌보시는 하나님, 아브라함의 하나님이 바로 나의 하나님이 되셨습니다.

아브라함은 절대자 하나님, 모든 것을 할 수 있는 하나님, 능력의 하나님, 자신의 삶 전체를 돌보시는 하나님을 믿었던 것입니다.

우리는 이 하나님이 곧 우리의 하나님이라는 사실을 확신해야 합니다. 나이가 많아 늙어도 함께 하셔서 갈수록 더 큰 은혜를 경험하게 하는 하나님이신 것입니다.

아브라함은 이 하나님을 가리켜 맹세하기를 원합니다(3절). 내 자식은 내 가족은 하나님께서 선택한 사람과 결혼해야 한다는 결심, 이방인과는 결혼할 수 없다는 결심입니다. 인물이 잘났거나 권력이 있는 집안의 자식이거나 돈이 많은 집의 자식을 원한 것이 아닙니다.

요즘은 믿는 사람들 사이에도 그 사람이 어느 대학을 나왔느냐, 어느 직장을 다니느냐, 월급은 얼마나 받느냐 하는 것을 예수님보다 더 중요하게 여기는 사람이 있습니다.

그러나 고린도후서 6장 14절에 보면 "빛과 어둠이 어떻게 같이 사귈 수 있느냐"고 합니다. "하나님의 자녀와 세상의 자녀가 어떻게 한 멍에를 멜 수 있느냐"고 합니다.

월급 2,30만 원 더 받는다고 결혼했다가 영적인 괴로움과 고민을 해결하지 못하면 그것이 무슨 소용이 있겠습니까? 물론 결혼 후에 하나님 앞으로 올 수도 있지만 아브라함처럼 처음부터 선택의 제일 조건으로 삼는 믿음이 중요한 것입니다.

세상적인 조건에는 조금 뒤지더라도 결국 영적 일치가 있는 가정들이 복된 삶을 누립니다. 시작은 미미하지만 하나님이 함께 하심으로 나중은 창대케 되는 것입니다. 시간이 갈수록 범사에 하나님의 은혜를 체험하는 것이 하나님을 믿는 사람들의 삶이기 때문입니다.

하나님께서는 신앙 생활을 철저하게 하는 사람들의 자식을 축복하십니다. 미국에서 제일 큰 회사 백 개와 그 회사의 사장을 조사한 적이 있었습니다. 그런데 그 회사 사장들의 집안 중에 가장 많은 집안은 목회자 가정이었습니다.

그래서 저는 한국의 은퇴한 목회자들을 만날 때마다 그 분들의 자손들이 어떻게 살고 있는지 물어 보았습니다. 그랬더니 역시 다 잘 돼 있었습니다. 다른 사람들은 생각조차 못했을 때에 유학을 가서, 얼마나 훌륭하게 자리를 잡았는지 모릅니다. 목회자인 부모들은 고난의 길을 걸은 분들이 많았지만 하나님께서는 그의 자손들은 축복해 주신 것입니다. 어떤 상황에서든지 자신이 믿고 있는 하늘과 땅의 하나님이신 여호와의 뜻대로 살겠다고 결심하고 산 사람들에게는 하나님께서 그 자손을 대대로 축복하신다는 사실이 증명된 것입니다.

우리는 우리의 신앙이 자손들의 삶에 지대한 영향을 미칠 수 있다는 사실을 분명히 기억해야 합니다.

아브라함은 또 앞을 향하여 전진하는 삶을 살았습니다. 5, 6절을 살펴봅시다.

"종이 가로되 여자가 나를 좇아 이 땅으로 오고자 아니하거든 내가 주인의 아들을 주인의 나오신 땅으로 인도하여 돌아가리이까 아브라함이 이르되 삼가 내 아들을 그리로 데리고 돌아가지 말라."

아브라함의 종은 만약의 사태를 걱정합니다. "만약에 그 아가씨가 이방의 땅인 이 곳으로 오지 않겠다고 말하면, 이삭을 그 아가씨에게 보여 주기 위해서 데려 갈까요?" 하고 아브라함에게 묻자 그것에 대한 아브라함의 대답은 무엇입니까? "아니다, 데려가지 말라"고 대답합니다. 넘어져도 앞으로 넘어지는 것이지 뒤로 넘어지는 법이 없다는 것입니다. 미래를 바라보고 하늘에 소망을 두는 것이지 후퇴하지 말라는 말입니다.

우리에게 시련도 있고 실패도 있을 수 있습니다. 그러나 어제의 실패 때문에 내일을 잃어버려서는 안됩니다. 사도 바울도 뒤의 것은 다 잊어버리고 앞의 푯대를 향하여 달려갈 것이라고 말했습니다.

몇 년 전에 제가 목회자 수양회에 강사로 초청을 받은 적이 있었습니다. 그런데 그 모임의 주제가 "옛날로 돌아가자"였습니다. 저는 옛날에 아주 번성하던 교파였기 때문에 그런 주제를 생각한 것이라고 이해할 수는 있었습니다.

그렇지만 저는 첫 시간에 지적했습니다. "지금 시대가 어느 땐데 옛날로 돌아가기를 원하십니까?" 오히려 2000년대를 향한 목회자 상을 만들어야 할 때인데, 과거를 바라보고 그리워하면서 뒤로 돌아가려고 하는 사람들은 새 역사를 창조할 수 없습니다. 역사는 거꾸로 가는 법이 없기 때문에 뭔가 새로운 전기를 마련하려고 하는 사람들은 앞을 바라보고 걸어야 합니다. 현재가 어렵다고 해서 과거만 회상한다면 그 자리에서 벗어날 수가 없는 것입니다.

　어떤 걸림돌이 있어도 뒤를 돌아보지 말라는 것이 아브라함의 말입니다. 우리는 지나간 것에 매달리지 말고 오로지 지금 내가 해야 할 일, 앞으로 내가 해야 할 일에 하나님의 은혜를 구해야 합니다.

　제가 뉴욕에서 만난 72세 된 할아버지는 제게 중국에 선교사로 가겠다는 말을 했습니다. 그래서 저는 "꼭 그렇게 되십시오"하고 격려를 해 드렸습니다. 물론 그 분이 못 가실 수도 있습니다. 그러나 가고 못 가고가 중요한 것이 아니라 나이가 많이 들었는데도 불구하고 하나님의 일을 하고자 하는 그 분은 정말 멋있는 삶을 사는 사람인 것입니다.
　아브라함은 하나님의 사자가 자기를 돌본다는 사실을 믿고 사는 사람이었습니다. 7절을 봅시다.

> "하늘의 하나님 여호와께서 나를 내 아버지의 집과 내 본토에서 떠나게 하시고 내게 말씀하시며 내게 맹세하여 이르시기를 이 땅을 네 씨에게 주리라 하셨으니 그가 그 사자를 네 앞서 보내실지라 네가 거기서 내 아들을 위하여 아내를 택할지니라."

　하늘과 땅의 권세를 주관하시는 분이 나의 하나님인데 그분이 나에게 미래의 소망을 주셨다는 것입니다. 나의 후손을 통해서 영광을 받으시고 온 땅의 백성들이 축복을 받을 것이라고 말씀하셨기 때문에 하나님께서는 하나님의 사자를 미리 보내실 것이라고 확신했습니다.
　하나님의 천사들은 우리들을 위해 있는 것입니다. 우리의 삶을 위해서 필요한 것을 전해 주려고 존재하는 것입니다. 그 천사는 눈에 보이지 않지만 우리보다 능력이 많고 속도도 빠르고 하나님의 말씀에 무엇이든지 충성하는 사자들입니다.

선지자 엘리사는 그 하나님의 사자를 볼 수 있는 영적인 눈이 있었습니다. 그래서 시리아 군대가 그의 집 주위를 둘러싸고 있는 것을 보지 못하고 불안에 떨고 있는 그의 종 게하시의 눈을 뜨게 해 주는 장면이 있습니다.

이처럼 하나님의 천사는 여러분 가운데에 있습니다. 아브라함이 가졌던 신앙처럼 우리도 하나님의 천사가 우리보다 먼저 우리를 위해 간다는 사실을 알아야 합니다.

아브라함은 걱정하는 종에게 자신있게 말합니다.
"하나님의 천사가 먼저 가서 우리가 데려올 여인을 준비해 놓으실 것이다. 그러니 아무 걱정 말고 데려오너라."
우리도 이와 같이 영의 눈으로 우리의 앞을 보아야 합니다. 그래서 무슨 일을 하든지 하나님께서 먼저 준비해 주신다는 것을 믿어야 합니다. 믿음으로 사는 자는 하늘 위로를 받는다고 했습니다. 믿음으로 보고, 듣고, 따라가는 사람이 되어야 하나님의 천사가 우리들의 삶을 인도해 주십니다.

아브라함은 의심하거나 걱정하지 않고 하나님의 사자를 믿은 사람입니다. '안 따라오겠다고 하면'이라는 생각을 하지도 않았습니다. 그래서 그는 시간이 갈수록 범사에 하나님의 은혜가 넘치는 삶을 살았던 것입니다.

우리가 본받아야 할 아브라함의 모습은 참 여러 가지가 있습니다. 그중에서도 시간이 지날수록 하나님께 의뢰하고 주의 예비하심을 믿는 그 신앙의 자세로 범사에 하나님의 축복을 더하는 삶을 살았던 그의 믿음은 나이가 들수록 우리가 되새겨야 할 신앙인의 모습일 것입니다.

충성스러운 종과 아리따운 처녀

아브라함이 이삭의 아내를 찾기 위해 보낸 종 엘리에셀은 원래 다메섹 사람이었습니다. 아브라함이 하란에 갔을 때에 만나게 된 사람이었는데 한 때는 아브라함에게 자식이 없어서 이 충실한 종을 자신의 후계자로 삼을 생각까지 했던 사람이었습니다. 그 정도로 믿는 사람이었으니 자신의 며느리감을 찾아오라고 맡겼을 것입니다.

그러면 이 종이 떠나는 모습을 봅시다. 10절을 봅시다.

> "이에 종이 그 주인의 약대 중 열 필을 취하고 떠났는데 곧 그 주인의 모든 좋은 것을 가지고 떠나 메소보다미아로 가서 나홀의 성에 이르러."

낙타를 열 마리나 가져갔으니 그 걸음이 얼마나 더뎠겠습니까? 이스라엘에서 나홀의 도시까지 가려면 최소한 700킬로, 2000리 가까이 되는 거리입니다. 거기다가 짐까지 가득 실었으니 더 힘이 들었을 것입니다.

12절에서 14절을 살펴보면 그렇게 힘들게 목적지에 도착한 종이 하는 기도가 나타납니다.

> "그가 가로되 우리 주인 아브라함의 하나님 여호와여 원컨대 오늘날 나로 순적히 만나게 하사 나의 주인 아브라함에게 은혜를 베푸시옵소서 성 중의 사람의 딸들이 물 길러 나오겠사오니 내가 우물 곁에 섰다가 한 소녀에게 이르기를 청컨대 너는 물 항아리를 기울여 나로 마시게 하라 하리니 그의 대답이 마시라 내가 당신의 약대에게도 마시우리라 하면 그는 주께서 주의 종 이삭을 위하여 정하신 자라 이로 인하여 주께서 나의 주인에게 은혜 베푸심을 내가 알겠나이다."

이 종의 기도는 몇 가지 내용으로 나타납니다.

첫째는 "나에게 은혜를 베풀어 주옵소서" 하는 것입니다. 오늘 만나기로 되어 있는 사람을 순적히, 성공적으로 만나게 해서 자기의 사명을 잘 감당케 해 달라는 기도이며 둘째는 그의 주인을 위해 "나의 주인 아브라함에게 은혜를 베풀어 주옵소서"라고 기도 합니다. 주인이 원하는 사람을 찾을 수 있기를 간구하는 것입니다. 또한 이 일을 이루시는 이는 하나님이시라는 사실을 알고 있는 종은 자기의 임무를 확실히 완수하기 위해서 구체적으로 기도하기 시작합니다.

기드온은 하나님의 명령을 확인하기 위해서 표적을 구한 일이 있습니다. 바위에 음식을 놓아 두고 하나님의 응답을 기다렸더니 하나님께서 그것을 불로 태우셨습니다. 그리고 나서는 다시 구체적인 표적을 구합니다. 양털을 담장 위에 얹어 놓고 밤 사이에 양털에만 이슬에 젖게 해 달라고 했다가 그 다음에는 거꾸로 바닥에만 이슬에 젖게 해 달라고 합니다.
　이런 확인 과정을 거쳐서 하나님의 뜻을 알게 된 기드온은 하나님의 군대로 나서게 됩니다. 이것은 하나님의 뜻을 알기 위해서 일종의 표적을 구한 것처럼 우리가 기도할 때에도 구체적으로 기도하는 것이 좋습니다.

아브라함의 종도 하나님이 선택한 사람을 알기 위해서 구체적인 표적을 구합니다. 자기가 물을 마시고 싶다고 할 때 곧바로 물을 주는 것뿐만 아니라 낙타에게도 물을 주겠다고 말하는 사람이 있으면 그를 정해 주신 사람으로 알겠다는 것입니다. 15, 16절을 보십시오.

"말을 마치지 못하여 리브가가 물 항아리를 어깨에 메고 나오니 그는 아브라함의 동생 나홀의 아내 밀가의 아들 브두엘의 소생이라 그 소녀는 보기에 심히 아리땁고 지금까지 남자가 가까이 하지 아니한 처녀더라."

그가 말을 마치자마자 리브가가 나타납니다. 그래서 종은 리브가가 물을 떠 가지고 오기를 기다렸다가 물을 좀 달라고 말합니다.

"그가 우물에 내려가서 물을 그 물 항아리에 채워 가지고 올라오는지라 종이 마주 달려가서 가로되 청컨대 네 물 항아리의 물을 내게 조금 마시우라"(17절).

이런 경우에는 여러 가지 반응이 나올 수 있을 것입니다. 첫째는 바로 우물 곁에서 물을 길을 때에 달라고 했으면 쉬울 것을, 물을 길어서 힘들게 매고 오는데 물을 달라고 하니 얼마나 귀찮겠습니까? 그냥 화를 내면서 갈 수도 있는 일입니다.

두번째는 우물가에 가서 거기 있는 여자들에게 달라고 하라고 하거나, 직접 떠먹으라고 할 수도 있습니다. 세번째는 그 자리에서 항아리를 내리고 선선히 물을 주는 것입니다. 목이 마른 노인에게 물 주는 정도는 할 수 있는 사람이 많을 것입니다.

그런데 리브가의 반응은 아주 놀라운 것이었습니다. 사람에게 물을 마시게 해줄 뿐만 아니라 낙타에게까지 물을 주겠다고 자청하는 사람이었던 것입니다. 낙타가 한 두 마리가 아니라 열 마리나 되는데 그 낙타에게 모두 물을 주겠다고 하는 것입니다.

이 얼마나 아름다운 여인입니까? 종이 기도한 대로입니다. 만약 우리가 그런 말을 들었다면 어떤 반응을 했을 것 같습니까? 한 번 생각해 보십시오.

리브가는 아브라함의 동생인 나홀의 손녀였습니다. 이삭하고는 조카와 삼촌 관계가 됩니다. 그 리브가의 인물 묘사는 "보기에 심히 아름답고 그 때까지 남자를 가까이하지 아니한 처녀"라고 되어 있습니다. 아주 '맵씨' 있는 모습이었을 것입니다. 거기다가 종에게 하는 말을 들어보면 아주 '말씨'가 공손하고 얌전합니다.

> "그가 가로되 주여 마시소서 하며 급히 그 물항아리를 손에 내려 마시게 하고 마시우기를 다하고 가로되 당신의 약대도 위하여 물을 길어 그것들로 배불리 마시우게 하리이다 하고 급히 물항아리의 물을 구유에 붓고 다시 길으려고 우물로 달려가서 모든 약대를 위하여 긷는지라"(24:18-20).

리브가는 다른 사람이나 동물의 어려움을 돌아보는 '마음씨'를 가진 고운 사람이었습니다. 우리 나라에서 말하는 세 가지 '씨'를 다 갖춘 여인이었습니다. 거기다가 스스로 알아서 일을 처리하는 적극적인 사람이었습니다. 누가 무엇을 시키면 그 다음의 것까지 하는 사람이 바로 리브가였습니다.

리브가의 이런 태도는 리더가 될 수 있는 자질입니다. 하나님께서 쓰신 인물 가운데는 이런 솔선하는 자질을 가진 사람이 많이 있습니다. 자원해서 선을 행하기를 즐거워하고 어떤 일이든지 미리미리 알아서 하는 사람들이 지도자적인 인격을 갖춘 사람들입니다. 어느 지도자를 막론하고 이 부분을 갖추지 않은 지도자는 한 사람도 없었습니다.

20절을 보십시오. 해야 할 일이 생기면 즉시로 해 내는 리브가의 모습을 볼 수 있습니다. 일하는 것을 두려워하거나 겁내지 않고 합니다. 낙타 열 마리를 먹이는 데는 상당한 시간과 노력이 들었을 것입니다.

잠언의 말씀을 보면 "현숙한 여자는 밤을 새워가며 즐겁게 일하고 일하는 것을 겁내지 않는 여자"입니다. 일을 피하고 편하게 살려고 하는 사람들은 길게 보아 인생에서 성공할 수 없습니다. 그 많은 여자 가운데 왜 하나님께서는 리브가를 택해서 이삭의 아내를 만들었겠습니까? 그것은 리브가가 맵씨 있고, 말씨가 곱고, 마음씨가 고운데다가 솔선수범하는 지도자적 자질까지 갖추었기 때문입니다. 그래야만 지도자의 어머니, 지도자의 조상이 될 수 있기 때문입니다.

"그 사람이 그를 묵묵히 주목하며 여호와께서 과연 평탄한 길을 주신 여부를 알고자 하더니"(21절).

종은 리브가가 일하는 모습을 보면서 자신의 기도가 그대로 이루어진 것을 알았습니다. 아브라함이 기도한 대로 하나님의 사자가 먼저 와서 종이 생각한 대로 리브가의 마음을 움직이는 것을 본 것입니다.
기도로 출발하고 기도로 진행하고 기도로 결과를 기다리면 하나님께서 미리 자기의 천사를 보내서 원하는 것을 이루시는 것입니다. 종은 리브가에게 금고리 하나와 팔찌 두 개를 주었습니다.

"약대가 마시기를 다하매 그가 반 세겔 중 금고리 한 개와 열 세겔 중 금 손목고리 한 쌍을 그에게 주며 가로되 네가 뉘 딸이냐 청컨대 내게 고하라 네 부친의 집에 우리 유숙할 곳이 있느냐 그 여자가 그에게 이르되 나는 밀가가 나홀에게서 낳은 아들 브두엘의 딸이니이다 또 가로되 우리에게 짚과 보리가 족하며 유숙할 곳도 있나이다"(24:22-25).

그리고 22절에서 25절까지는 기도 응답에 대한 확인을 해 봅니다. 누구 집 딸이냐고 묻는 종에게 리브가는 자기 할아버지의 이름을 말합니다. 자기의 가문을 설명하는 것입니다. 얼마나 똑똑한 여인입니까? 종이 알고 싶어 하는 것을 정확하게 파악하고 하는 대답입니다.
25절을 보면 "너희 집에 유할 곳이 있느냐"고 묻는 종에게 사람뿐 아니라 동물도 충분히 유할 수 있을 만큼 먹이도 있고 장소도 있다고 말합니다. 역시 한 발 앞선 대답인 것입니다. 지도자의 소양을 갖춘 사람이라는 것을 보여 주는 또 하나의 예입니다.

> "이에 그 사람이 머리를 숙여 여호와께 경배하고 가로되 나의 주인 아브라함의 하나님 여호와를 찬송하나이다 나의 주에게 주의 인자와 성실을 끊이지 아니하셨사오니 여호와께서 길에서 나를 인도하사 내 주인의 동생의 집에 이르게 하셨나이다 하니라" (24:26,27).

26,27절에는 주인이 찾던 사람을 발견한 종의 감사의 기도가 나옵니다. 여기서 우리는 이 종의 태도를 보고 배워야 합니다. 자신이 기도한 것이 이루어지자마자 그 자리에서 감사의 기도를 하는 것입니다.

어떤 사람들은 기도할 때는 급한 마음으로 하는데 막상 그것이 이루어지면 먼저 다른 사람들과 어울려 그 기쁨을 나누려고 달려갑니다. 가장 먼저 감사를 해야 할 사람은 하나님인데 그분은 잊어 버리고 엉뚱한 곳으로 달려갑니다.

그런 의미에서 감사헌금은 하나님과 나 사이에 감사한 마음을 표시할 수 있는 방법으로 참 좋은 일이라고 생각합니다.

종은 먼저 하나님께 찬양을 드리고 나서 자기 주인에게 하나님의 인자가 함께 하시는 것을 감사드렸습니다. 이 종은 언제나 주인을 생각합니다. 종으로서 주인을 섬기는 일에 최선을 다하는 모습을 보여주는 것입니다.

리브가와 아브라함의 늙은 종은 우리에게 아주 많은 모범을 보여주는 아름다운 사람들입니다. 하나님을 섬기는 사람으로서 그리고 적극적으로 하나님의 일을 하는 사람으로서, 우리는 노종과 리브가처럼 주인의 부탁을 기도로 철저히 수행하는 신실한 종으로 그리고 지혜롭고 마음씨 고운 사람으로 축복받을 수 있기를 기도해야 할 것입니다.

섬기는 자세를 계발합시다

우리 사회는 오랫동안의 유교적 전통 때문에 남을 섬긴다고 하는 것에 대한 인식이 그리 좋지 않습니다. 그러나 우리는 누구나 다 우리의 윗사람을 모시고 사는 사람입니다. 집안에는 어른이 계시고 직장에는 상사가 있습니다. 그리고 사업을 하는 사람은 그 회사에서 만드는 상품을 사는 소비자가 그들의 진정한 상관입니다. 내가 만드는 상품이 그것을 사용하는 소비자들에게 어떻게 하면 더 편리하고 꼭 필요한 것이 될 수 있을까 항상 생각하며 만들어야 하는 것입니다. 이런 사람이라야 진정한 사업가라고 할 수 있습니다.

선생님도 마찬가지입니다. 나의 지식을 학생들에게 나타내려고 하는 자세가 아니라 내가 가지고 있는 것을 어떻게 하면 학생들에게 잘 전달하고, 그들이 그것보다 더 나은 지식을 연구해 낼 수 있도록 할 수 있는가 하는 자세로 학생들을 가르쳐야 하는 것입니다. 그들이 잘 가르쳐서 훌륭한 지도자를 만들어야 다음 세대가 지금보다 한층 나아질 수 있다는 마음가짐으로 수업에 임해야 합니다.

이 땅에도 민주주의가 제대로 되려면 나라의 지도자들이 먼저 국민들을 잘 섬기는 나라가 되어야 합니다. 그렇다면 그 섬기는 자세를 만드는 것은 누구이겠습니까? 바로 국민인 우리들입니다. 우리가 하나님을 바로 섬기는 자세를 가지고 각자 자기가 처한 곳에서 그 곳 사람들을 섬긴다면 우리의 사회를 변화시킬 수 있는 것입니다. 시민을 섬기는 지도자, 소비자를 섬기는 기업가, 학생을 섬기는 선생님, 동료들을 섬기는 회사원 이런 사람들이 모여서 진정한 민주주의를 만드는 것입니다.

섬기는 자의 자세

그러면 섬기는 자의 귀감이 될 수 있는 아브라함의 종이 자기의 주인을 어떻게 섬겼는지 알아봅시다.

첫째/ 그는 주인이 원하는 것을 정확히 파악하고 정확하게 알아서 책임을 수행하려고 노력했습니다.
24장 2절에서 9절 말씀을 보십시오. 그 종은 어디로 가서 무슨 일을 해야 할지 묻습니다. 아브라함은 금기 사항을 먼저 말합니다. 절대로 가나안 땅은 안 된다. 가나안 여자도 안 된다. 그리고 자신의 친척들이 사는 밧단아람으로 가라고 합니다. 그 종은 자기 주인의 말을 다 주의해서 듣고 떠날 준비를 합니다. 우리는 우리가 섬기는 분의 요구가 무엇인지 알아서 그 요구를 그대로 시행하려고 하는 자세를 가져야 합니다. 그래야만 우리가 속한 사회에서 꼭 필요한 사람이 될 수 있는 것입니다.

우리는 누구보다도 크신 하나님을 섬기는 종입니다. 우주를 창조하시고 역사를 이끄시는 하나님을 주인으로 모시고 사는 사람인 것입니다. 그러므로 우리는 하나님께서 나에게 원하시는 것이 무엇인지 들을 수 있어야 합니다.

사회에서 일을 하든지 교회에서 일을 하든지 하나님의 뜻을 바로 알아서 하는 능력이 필요한 것입니다. **우리가 중심이 아니라 하나님이 중심입니다.** 하나님께 묻고 하나님의 음성을 듣고 나서 행동해야 합니다. 어떻게 해야 할지, 어디로 가야 할지, 어떤 것을 하지 말아야 할지를 하나하나 묻고 결정해야 합니다. 그래야 우리가 하나님의 종이라 할 수 있는 것입니다.

둘째/ 이 종은 하나님의 도움을 구하면서 그 임무를 수행하려고 했습니

다.

　10절에서 14절 말씀을 보십시오. 그는 자기 주인 위에 또 주인이 있다는 사실과 인생의 마지막 축복권자는 하나님이신 것을 이 종은 알고 있었던 것입니다. 자기 주인이 원하는 것도 하나님이 함께 하셔야 성취될 수 있다는 것을 알았기 때문에 자기 주인의 하나님을 위해 기도하는 것입니다.
　이것이 진정으로 섬기는 사람들의 모습입니다. **자신만 잘 되기 위해서 기도하는 것이 아니라 우리가 섬기고 있는 사람을 위해서 기도하는 것이 충심으로 섬기는 자의 태도인 것입니다.** 섬기고 있는 사람이 잘 되어야 섬기는 사람도 잘 되는 것입니다.

셋째/ 이 종은 치밀하게 계획하고 훈련해서 자기의 임무를 수행하는 사람이었습니다.

　이 종은 하나님의 뜻을 알기 위해서 세밀한 부분까지 생각해서 하나님의 표적을 구하고 그대로 시행했습니다. 그래서 바로 리브가를 만날 수 있었고, 단번에 그 처녀가 하나님이 예비해 주신 주인의 며느리감인 줄 알았던 것입니다. 그는 자신이 생각해서 좋겠다고 판단되는 사람을 선택하지 않았습니다. 자신의 판단을 믿은 것이 아니라 하나님께서 지시해 주는 사람을 어떻게 찾을 수 있을 것인가를 연구해서 그대로 실행했습니다.

넷째/ 이 종은 일을 성취시키기 위해서 분명한 결정을 합니다.

　리브가를 따라서 브두엘의 집에 간 종은 브두엘에게 상황을 설명하고 확실한 결정을 요구합니다. 결혼을 시킬 수 있는지 없는지를 확인해서 자신의 임무 수행을 확실히 하는 것입니다.

　"라반이 가로되 여호와께 복을 받은 자여 들어오소서 어찌 밖에 섰나이까 내가 방과 약대의 처소를 예비하였나이다 그 사람이

집으로 들어가매 라반이 약대의 짐을 부리고 짚과 보리를 약대에게 주고 그 사람의 발과 그 종자의 발 씻을 물을 주고 그 앞에 식물을 베푸니 그 사람이 말하여 가로되 내가 내 일을 진술하기 전에는 먹지 아니하겠나이다 라반이 가로되 말하소서 그가 가로되 나는 아브라함의 종이니이다 여호와께서 나의 주인에게 크게 복을 주어 창성케 하시되 우양과 은금과 노비와 약대와 나귀를 그에게 주셨고 나의 주인의 부인 사라가 노년에 나의 주인에게서 아들을 낳으매 주인이 그 모든 소유를 그 아들에게 주었나이다 나의 주인이 나로 맹세하게 하여 가로되 너는 내 아들을 위하여 아내를 택하라 하시기로 내가 내 주인에게 말씀하되 혹 여자가 나를 좇지 아니하면 어찌하리이까 한즉 주인이 내게 이르되 나의 섬기는 여호와께서 그 사자를 너와 함께 보내어 네게 평탄한 길을 주시리니 너는 내 족속 중 내 아비의 집에서 내 아들을 위하여 아내를 택할 것이니라 네가 내 족속에게 이를 때에는 네가 내 맹세와 상관이 없으리라 설혹 그들이 네게 주지 아니할지라도 네가 내 맹세와 상관이 없으리라 하시기로 내가 오늘 우물에 이르러 말씀하기를 나의 주인 아브라함의 하나님 여호와여 만일 나의 행하는 길에 형통함을 주실진대 내가 우물 곁에 섰다가 청년 여자가 물을 길러 오거든 내가 그에게 청하기를 너는 물 항아리의 물을 내게 조금 마시우라 하여 그의 대답이 당신은 마시라 내가 또 당신의 약대를 위하여도 길으리라 하면 그 여자는 여호와께서 나의 주인의 아들을 위하여 정하여 주신 자가 되리이다 하여 내가 묵도하기를 마치지 못하여 리브가가 물 항아리를 어깨에 메고 나와서 우물로 내려와 긷기로 내가 그에게 이르기를 청컨대 내게 마시우라 한즉 그가 급히 물 항아리를 어깨에서 내리며 가로되 마시라 내가 당신의 약대에게도 마시우리라 하기로 내가 마시매 그가 또 약대에게도 마시운지라 내가 그에게 묻기를 네가 뉘 딸이뇨 한즉 가로되 밀가가 나홀에게 낳은 브두엘의 딸이라 하기로 내가 고리를 그 코에 꿰고 손 목고리를 그 손에 끼우고 나의 주인 아브라함의 하나님 여호와께서 나를 바른 길로 인도하사 나의 주인의 동생의 딸을 그 아들을 위하여 택하게 하셨으므로 내가 머리를 숙여 그에게 경배하고 찬송하였나이다 이제 당신들이 인자와 진실로 나의 주인을 대접하려거든 내게 고하시고 그렇지 않을지라도 내게 고하여 나로 좌우간 행하게 하소서"(창 24:31-49).

다섯째/ 마지막으로, 이 종은 자기 주인의 위대함을 칭찬하는 사람이었습니다.

34절을 보십시오. 다른 사람들 앞에서 진심으로 자신의 주인을 찬양하고 드높이는 종의 모습이 보입니다. 이것은 진심으로 주인을 섬기는 사람이 아니면 할 수 없는 일입니다. 마음에서 우러나는 사람만이 할 수 있는 섬김의 태도인 것입니다.

그 주인을 진심으로 섬기지 않으면 그 사람이 보지 않는 곳에서는 욕하고 험담하기가 얼마나 쉽습니까? 그러나 충직한 종은 주인이 보이는 곳에서건 보이지 않는 곳에서건 한결같이 주인을 섬기는 태도를 갖는 것입니다. 종은 자기를 내세우지 않고 자신의 주인의 영광을 위해서 일합니다.

제가 미국에서 만난 목사님들도 두 부류로 나뉘어졌습니다. 목회를 원만하게 하는 사람들과 그렇지 못한 사람들입니다. 목회를 원만하게 하는 사람들은 자신이 속한 교회의 당회원들을 언제나 칭찬만 하는 반면에, 그렇지 못한 목사님들은 언제나 자신의 당회원들에게 불만을 갖고 있습니다.

자신이 있는 위치가 많은 사람들을 거느리는 사람들일수록 당회원들을 더욱 잘 섬겨야 하는 것입니다. 목회자는 교인을, 장군들은 병사들을, 사장은 사원들을 더욱 잘 섬겨야 합니다. 우리의 주인인 예수님께서도 섬김을 받으러 온 것이 아니라 섬기려 왔다고 말씀하셨습니다.
예수님은 우리에게 친히 섬기는 자의 모범을 보이셨습니다. 그분은 제자들의 발을 씻어 주시면서 우리들에게도 이렇게 하라고 가르치셨습니다.

우리 믿는 사람의 진정한 모습은 그 사람이 세상에서 어느 위치에 있든지, 교회에서 어느 위치에 있든지 자신의 주변에 있는 사람들을 섬기는 모습이라는 것을 늘 기억하고 자신을 헌신하여 실천하는 사람들이 되어야겠습니다.

나를 인도하셨네

하나님의 사람은 하나님께서 나를 인도해 주신다는 믿음을 가지고 살아야 합니다. 아브라함의 종은 48절에 이렇게 말합니다.

"나의 주인 아브라함의 하나님 여호와께서 나를 바른 길로 인도하사 나의 주인의 동생의 딸을 그 아들을 위하여 택하게 하셨으므로 내가 머리를 숙여 그에게 경배하고 찬송하였나이다."

아브라함의 종은 하나님께서 자신을 바른 길로 인도하셨다고 간증합니다. 시편 23편 3절에도 "내 영혼을 소생시키시며 그의 이름을 인하여 의의 길로 인도하시도다"라는 말씀이 나옵니다. 옳은 길, 바른 길로 인도하셔서 꼭 필요한 곳으로 데려가신다는 고백입니다.

그런데 그렇게 인도하신 데에는 목적이 있습니다. 그의 이름을 위하여 그렇게 하시는 것입니다. 우리의 발걸음에 하나님의 이름이 상관을 가진다는 말입니다. 하나님과 우리는 영원히 하나로 묶여 있기 때문에 만일 우리를 잘못 인도하시는 날에는 하나님의 이름이 손상을 입게 되고, 우리를 잘 인도하시면 우리와 함께 그의 이름이 빛나는 것입니다. 하나님의 명예는 그의 자녀인 우리의 명예와 직결되어 있습니다.

그러므로 우리는 하나님께 대단히 중요한 사람입니다. 하나님의 은혜로 인하여 믿음으로 하나님의 자녀가 된 순간부터는 우리는 하나님과 한 이름으로 묶인 자들이 되는 것입니다. 그가 우리를 선택하지 않았다면 우리는 그와 아무 관계가 없으나 그가 우리를 구속하시는 은혜를 내린 순간부터 우리는 하나님의 사람으로 살아야 합니다.

그 순간부터는 하나님 자신의 이름 때문에 우리를 선하고 바른 길로 인도해 주십니다. 여기에 우리의 평안이 있고, 여기에 우리의 안전과 은혜가 있는 것입니다. 우리 삶에 어려움이 닥칠 때는 하나님의 인도하심을 의심할 수도 있습니다. 자신이 없어지고 불안하고 초조해질 때도 있습니다. 그러나 우리는 이럴 때에도 하나님께서 자신의 이름을 위하여 우리를 의의 길로 인도하신다는 것을 분명히 기억하고 믿어야 합니다. 오늘까지 인도하신 하나님께서 장래에도 인도하실 것을 확실히 믿고 우리의 희망 찬 미래를 바라보아야 합니다.

어느 집사님께서 간증을 하셨습니다. 그분은 어려서 부모님을 여의고 아주 어렵게 자라났다고 합니다. 그래서 하나님 앞에 더욱 간구하고 기도하면서 성장했는데, 하나님께서는 그분의 기도를 즉각적으로 들어주지는 않으셨습니다. 어떤 때는 그것을 아주 야속하게 생각될 정도였다고 합니다. 얼마나 속이 상했겠습니까? 그런데 시간이 지나서 생각해 보니 자신이 멀리 보고 생각하는 것이 부족했던 것 같다고 했습니다.

오늘 기도하고 내일 당장 응답이 오지 않으면 짜증내면서 하나님이 자기 기도를 들어주지 않는다고 원망했다고 합니다. 그러나 나중에 되돌아서 생각해 보니 그 어릴 때에 간절하게 기도했던 모든 것이 오랜 시간이 지난 후에 보니 다 이루어져 있다는 것을 깨닫게 되었다는 것입니다. 자신은 그저 포기하지 않고 꾸준히 앞을 보면서 왔더니 어느 때인가 하나님께서 이미 그것을 이루어 놓으셨다는 것을 알았다는 말입니다. 자신도 모르는 사이에 하나님께서는 그 때의 기도를 기억하시고 그 분이 원했던 것보다 더 많고 좋은 것으로 이루어 주신 것입니다.

우리의 하나님은 그런 분이십니다. 자기 이름을 위하여 우리의 기도를 이루시는 분임을 믿어야 합니다. 저도 그 집사님과 같은 경험을 한 사람입니다. 다른 사람의 기도는 쉽게 빨리 들어주시는 것 같은데, 왜 내 기도는 그렇게 느리고 잘 안들어 주시는지 하는 조바심을 가졌던 적이 많았습니다. 그러나 지나고 보니까 하나님께서는 제가 의식하지 못하는 사이에 다 이루어 놓으셨다는 것을 알았습니다. 하나님께서는 자기의 이름을 위하여 우리의 기도를 이루시는 분입니다.

아브라함의 종은 하나님을 생각할 때에 당장 하나님 앞에 무릎을 꿇고 엎드리고 싶어합니다. 그저 서서 머리를 숙이는 것이 아니라 땅에 엎드리는 것입니다. 자신을 정확한 길로 인도해 주신 놀라우신 하나님을 생각하면 그 은혜가 너무 감사해서 그저 그 자리에서 엎드려 기도하고 경배할 수밖에 없습니다. 그의 입술에는 하나님으로 인하여 감사와 만족과 평화와 기쁨과 즐거움의 고백이 있습니다.

이것이 하나님과 함께 살며, 하나님의 인도하심을 따라서 행하는 사람의 자세이며, 하나님이 나를 항상 바른 길로 인도하셨다는 것이 하나님의 종의 간증입니다. 우리가 주를 주인으로 모신 사람이라면 그와 같은 종의 간증이 있어야 합니다.

하나님의 인도는 신앙의 사람들을 통해서 나타납니다.

믿음의 사람들은 하나님을 친히 경험하고 아는 사람들이기 때문에 하나님은 신실한 믿음의 사람들을 영적인 길잡이로 세우셔서 우리의 길을 인도하시게 합니다.

영적인 인도자는 가족 가운데에도 있습니다. 교회에도 있고 사회에도 있습니다. 우리들의 영적인 여정을 돌이켜보면 하나님께서 나를 위하여 영적인 지도자를 세우시고 그를 통하여 인도해 주신 사실을 깨달을 수 있을 것입니다.

  저의 삶 속에도 구석 구석에 믿음의 사람들이 있었습니다. 항상 저를 지도해 주시고 제가 잘못된 길로 나가지 않도록 채찍질해 주신 분이 계셨습니다. 혹시 제가 무엇을 잘해도 하나님 앞에서 교만해지지 않도록 주의를 주시고 하나님이 함께 하셨기 때문에 그렇게 된 것이라고 일깨우셨습니다. 하나님께서는 영적으로 깨어 기도하는 분들을 우리의 길잡이로 사용하시는 것입니다.

  뿐만 아니라 **하나님께서는 여호와의 사자를 통해서 우리를 인도하십니다.**
  종이 가기 전에 하나님의 사자가 먼저 그 곳에 가서 모든 준비를 해 놓았던 것처럼, 하나님께서 미리 사람의 마음을 돌이키시고 환경을 만들어 놓으시는 것입니다. 하나님께서 이렇게 준비해 주시는 삶이 하나님의 자녀들의 삶입니다.
  육신의 눈으로는 보이지 않지만 믿음의 눈으로 우리는 하나님의 사자를 볼 수 있습니다. 우리가 어떤 일을 계획하든지 그것이 하나님의 뜻에 합당하면 하나님께서는 자신의 사자를 보내사 그 일이 성취되도록 미리 준비해 놓으십니다.
  하나님의 자녀라면 누구나 자신의 과거를 돌이켜볼 때 이같은 하나님의 은혜를 입은 적이 있다는 사실을 시인할 것입니다. 리브가와 종의 만남도 그러하지 않았습니까? 하나님께서 사자를 미리 보내지 않으셨다면 리브가가 그렇게 준비된 자세로 종을 맞이하지 못했을 것입니다. 종을 맞이해서도 종의 기도와 똑같은 반응을 하지는 못했을 것입니다.

하나님은 또 우리 자신의 신앙을 통해서 우리의 갈 길을 인도해 주십니다.

하나님께 기도하면 틀림없이 바른 길로 인도해 주실 것이라는 믿음이 있어야 하는 것입니다. 그의 믿음이 그를 하나님의 길로 인도하도록 돕는 것입니다. 조그마한 일도 하나님의 은혜인 줄 알고 감사하고 기도하는 믿음이 있는 사람이 큰 일에도 하나님의 인도를 받는 것입니다.

52절을 보십시오. 이 종은 어떤 일이든지 하나님의 은혜인 줄 알고 그 자리에서 하나님께 경배하는 사람이었습니다. 우리의 구하는 것을 들으시고 이루시는 하나님을 믿고 그의 인도하심을 따라 사는 우리는, 하나님의 인도하심을 볼 때에 그 자리에서 감사의 경배와 찬양을 해야 합니다.

이제 끝으로 49절과 50절 말씀을 살펴보겠습니다.

"이제 당신들이 인자와 진실로 나의 주인을 대접하려거든 내게 고하시고 그렇지 않을지라도 내게 고하여 나로 좌우간 행하게 하소서 라반과 브두엘이 대답하여 가로되 이 일이 여호와께로 말미암았으니 우리는 가부를 말할 수 없노라."

리브가의 오빠 라반은 가부를 말할 수는 없지만 이 일이 하나님으로부터 왔다는 사실을 인정합니다. 하나님의 사자는 리브가의 마음처럼 그 가족의 마음도 움직여 주신 것입니다.

하나님은 강제로 자신의 일을 이루시지 않습니다. 하나님의 일을 한다고 부모의 반대를 무릅쓰고 하는 것은 다시 생각해야 할 일입니다. 특히 결혼의 경우에는 더욱 그렇습니다. 결혼은 당사자들만의 결합이 아닙니다. 양가 가족들의 결합입니다. 그 결혼이 하나님의 뜻이라면 하나님께서 그 부모들의 마음을 움직이실 것입니다. 두 사람만 결정하면 모든 것이 다 끝난 것처럼 생각해서 부모님의 뜻을 무시해서는 안 됩니다. 하나님은 자신의 뜻을 강제로, 억지로 이루시는 분이 아니기 때문입니다.

어떤 일이든 마지막 결정은 자기 자신에게 달려 있습니다.

> "그들이 가로되 우리가 소녀를 불러 그에게 물으리라 하고 리브가를 불러 그에게 이르되 네가 이 사람과 함께 가려느냐 그가 대답하되 가겠나이다"(24:57,58).

리브가의 가족들은 최종 결정을 본인인 리브가에게 맡깁니다. 모든 일을 순리대로 하는 것입니다. 본인인 리브가는 종을 따라가겠다고 말합니다. 하나님께서는 리브가의 마음을 움직이사 아무 의심이나 두려움 없이 그 종을 따라나서도록 하셨습니다. 강제로 데려가려 하지 않고 본인의 뜻을 물어서 스스로 결정하도록 하시는 것입니다.

우리에게 닥치는 일도 마찬가지입니다. **하나님의 예비하심과 우리의 믿음의 결단이 함께 만날 때 그 일은 하나님의 영광과 우리의 기쁨을 위하여 성공적으로 이루어지는 것입니다.**

하나님이 예비하신 일을 만났을 때 하나님이 주신 기회인 줄 분별할 줄 알아서 하나님을 기쁘시게 하는 우리들이 되어야 하겠습니다.

제 22 장

명상의 저녁

"그들이 그 누이 리브가와 그의 유모와 아브라함의 종과 종자들을 보내며 리브가에게 축복하여 가로되 우리 누이여 너는 천만민의 어미가 될지어다 네 씨로 그 원수의 성문을 얻게 할지어다 리브가가 일어나 비자와 함께 약대를 타고 그 사람을 따라가니 종이 리브가를 데리고 가니라 때에 이삭이 브엘 라해로이에서 왔으니 그가 남방에 거하였었음이라 이삭이 저물 때에 들에 나가 묵상하다가 눈을 들어 보매 약대들이 오더라 리브가가 눈을 들어 이삭을 바라보고 약대에서 내려 종에게 말하되 들에서 배회하다가 우리에게로 마주 오는 자가 누구뇨 종이 가로되 내 주인이니이다 리브가가 면박을 취하여 스스로 가리우더라 종이 그 행한 일을 다 이삭에게 고하매 이삭이 리브가를 인도하여 모친 사라의 장막으로 들이고 그를 취하여 아내를 삼고 사랑하였으니 이삭이 모친 상사 후에 위로를 얻었더라"(창 24:59-67).

명상의 저녁

축복하며 살리라

하나님의 사람들에게는 하나님의 축복이 있습니다. 또한 하나님의 사람들은 하나님께로부터 진정한 축복이 있다는 것을 알기 때문에 다른 사람에게 가장 좋은 것을 주기를 원할 때는 무엇보다 먼저 하나님의 축복을 빌어줍니다. 우리 크리스챤들이 서로를 위해 하나님께서 축복해 주시도록 기도해 주는 것은 하나님의 자녀들만 누릴 수 있는 특권입니다.

리브가의 가족들도 리브가를 환송하면서 하나님의 축복을 위해 기도해 주었습니다. 창세기 24장 59,60절을 봅시다.

> "그들이 그 누이 리브가와 그의 유모와 아브라함의 종과 종자들을 보내며 리브가에게 축복하여 가로되 우리 누이여 너는 천만 민의 어미가 될지어다 네 씨로 그 원수의 성문을 얻게 할지어다."

리브가의 가족은 리브가에게 간단하면서도 확실한 축복을 주고 리브가를 떠나보냅니다. 그들의 축복은 미래지향적이고 희망적인 것이었습니다. 미지의 세계로 떠나는 딸에게 용기를 주고 힘을 주는 말이었습니다.

부모님들이 자식에게 하는 말은 대단히 중요합니다. 부모님은 가정에서 하나님의 대리인입니다. 하나님은 눈에 보이지 않지만 그분의 주시고자 하는 축복이 부모님의 입술을 통해서 나타나는 것입니다. 부모의 말 한 마디는 그렇게 중요한 의미를 지니는 것입니다. 부모의 말은 축복 뿐만 아니라 저주도 그대로 이루어집니다.

한 예를 들면 어떤 집에서 딸을 시집보내기 위해서 사윗감을 골랐습니다. 그랬더니 그 딸은 자기가 좋아하는 사람이 있다고 했습니다. 그러자 아버지는 딸아이를 마구 야단치면서 네가 그렇게 속을 썩이면 네가 아이를 낳아도 곧 죽을 것이라고 저주의 말을 했습니다. 그 딸은 결국 겁에 질려서 시집을 갔습니다. 그리고 그 딸은 첫 아이를 갖자 아버지의 말이 생각나서 계속 그 아이가 죽을 것이라는 불안에 사로잡혔고, 아이를 낳고 나서는 저 아이 대신 내가 죽어야지 하는 생각만 하다가 시름시름 앓아 눕더니 급기야는 죽음에 이르고 말았습니다. 아버지의 말 한 마디가 이렇게 무서운 것입니다.

아버지 되신 분들은 이 사실을 분명히 알아야 합니다. 아버지의 말 한 마디가 얼마나 권위를 갖는 것인지 모릅니다. 우리 가정들엔 아버지와 자녀들의 대화가 많이 부족합니다. 대부분의 대화는 어머니가 합니다. 그러나 이것은 잘못된 것입니다. 아버지의 관심과 축복이 있어야만 우리의 자녀들이 훌륭하게 자랄 수 있는 것입니다. 하나님을 섬기며 하나님의 축복을 받고 사는 사람들은 우리의 가족을 서로 축복하며 지내야 합니다.

우리의 자녀들은 언젠가는 부모를 떠날 사람들이지만 항상 부모의 가르침과 태도와 말씨와 생각하는 자세 등 영향을 받으면서 삽니다. 그래서 그들이 기억하는 부모님상이 평생을 지배하는 것입니다.

부모가 날마다 자식들을 함부로 대하고 분노하고 저주했다면 자식들은 부모를 생각할 때마다 몸서리를 칠 것입니다. 그러나 반대로 부모가 늘 따뜻하고 웃는 모습으로 자녀를 축복했다면 자식들은 부모를 기억할 때마다 그 사랑과 인자가 넘치는 하나님의 모습으로 기억할 것입니다. 가끔씩 우리 중에 부모된 사람들은 자식들에게 비친 자신의 인상은 어떠한지 한 번 생각해 볼 일입니다.

부모의 언어는 속히 변화되어야 합니다. 자식이란 언제 부모의 곁을 떠날지 모릅니다.

"리브가의 오라비와 그 어미가 가로되 소녀로 며칠을, 적어도 열흘을 우리와 함께 있게 하라 그 후에 그가 갈 것이니라"(24:55).

리브가의 가족들은 리브가를 갑자기 보내는 것이기 때문에 며칠을 더 머물게 할 생각을 했으나 하루 사이에 딸을 떠나보낼 수밖에 없는 형편이 되고 맙니다(58절).

아무도 미래를 예측할 수 없는 것입니다. 그렇게 우리의 아이들이 갑자기 우리의 곁을 떠나게 될 때 우리 아이들은 어떤 기억을 가지고 떠나게 될까 하는 것을 부모는 생각해야 합니다. 증오나 불평이나 비난의 말을 새기고 가느냐, 사랑과 감사와 축복의 말을 새기고 떠날 것인지는 부모의 행동에 달려 있는 것입니다. 우리의 일상이 우리의 인상을 지배하는 것입니다. 자신은 의식하지 못하고 하는 행동인데 그것이 자신의 인상을 만듭니다.

하나님의 백성은 입술에서부터 축복이 나타나야 합니다. 우리 아이들은 인격적인 존재입니다. 아무리 어린 아이라도 사람은 하나님의 형상을 닮은 인격이 있는 귀한 존재입니다.

"그들이 가로되 우리가 소녀를 불러 그에게 물으리라 하고 리브가를 불러 그에게 이르되 네가 이 사람과 함께 가려느냐 그가 대답하되 가겠나이다"(24:57,58).

리브가에게 물었더니 리브가는 곧 그 종을 따라 나간다고 합니다. 그의 부모들은 강권하여 리브가의 생각을 지배하지 않고 그의 인격에 모든 것을 맡깁니다. 부모가 보기에 자식은 아직도 미성숙하고 가치관이 부족하고 못 미덥지만 그러나 그 속에도 하나님이 함께 하시는 것입니다. 느끼고 생각하고 결정하는 능력을 가진 하나님의 형상을 가진 존재인 것입니다.

부모라고 해서 함부로 그의 인생에 개입하고 억지로 움직이게 해서는 안됩니다. 일단 결정을 하면 이제는 그들이 하는 대로 믿고 맡겨 두어야 합니다. 한 번 떠나기로 한 이상 그들이 자신의 힘으로 최선을 다해 살 수 있도록 해야 합니다. 일단은 뒤로 물러서서 지켜보고 축복하는 것이 부모의 도리인 것입니다.

"리브가에게 축복하여 가로되 우리 누이여 너는 천만민의 어미가 될지어다 네 씨로 그 원수의 성문을 얻게 할지어다"(24:60).

리브라의 가족들은 리브가에게 몇 가지의 축복을 했습니다.

첫째/ 번창한 민족의 어머니가 될 것이라고 축복합니다.

대단한 축복이요, 믿음입니다. 리브가는 미미한 한 여성이었지만 그녀를 통해서 이스라엘 민족이 점점 이 땅에 퍼져나갔습니다. 리브가는 두 명의 아이를 낳았지만 그 아이들이 이스라엘을 이루어 가지 않습니까? 지금은 전 세계에 없는 곳이 없습니다.

우리가 아이를 바라볼 때는 그저 아이의 모습 그대로 바라보아서는 안됩니다. 그 아이가 자라서 무엇이 될런지는 아무도 알 수가 없으나 아이들에게는 눈에 보이지 않는 가능성이 있고 하나님의 계획이 있습니다. 아무도 믿어 주지 않을 때에도 부모는 그 아이의 가능성을 믿고 기도하고 축복해야 합니다.

둘째/ 그 이룬 민족이 막강한 민족이 될 것이라고 축복합니다.
적들 사이에서도 승리하며 살 수 있는 민족이 된다는 말입니다. 어떤 어려움이 와도 이겨 나가며 적의 성을 정복하는 민족이 되라는 축복입니다.

리브가는 종을 따라 집을 떠난 다음에 한 번도 집에 가지 못했습니다. 그래서 부모가 생각날 때마다 부모로부터 들은 마지막 이야기를 늘 마음에 새기고 살았을 것입니다.

세계 인구의 0.3% 밖에 안되는 1500만의 유태인들이 현대세계의 정신을 주도해 나가고 정계와 재계 그리고 언론 분야에 고루 퍼져서 주요한 직책을 맡고 있습니다. 세계적인 노벨상을 받은 사람수는 전체 수상자의 13%나 됩니다. 어느 민족도 무시하거나 얕잡아보지 못하는 막강한 민족이 된 것입니다. 리브가에게 한 축복이 역사를 관통해서 나타난 것입니다.

유대인의 가슴 속에는 하나님이 함께 하심으로 그들이 극복하지 못할 문제는 없다는 믿음이 마음 깊숙이 새겨져 있는 것입니다. 오래 전 부모의 축복이 현실적으로 이루어졌습니다.

우리 주님은 우리를 저주하고 미워하는 자를 위해 축복해 주라고 하셨는데, 우리가 사랑하는 자를 위한 축복도 하지 못하면서 원수를 위해 축복할 수는 없을 것입니다. 자신을 사랑하는 사람이 이웃을 자기 몸같이 사랑할 수 있는 것처럼 우리의 자식을 축복하지 못하면 우리를 저주하는 자를 축복할 수 없는 것이 당연합니다.

우리의 자녀들이 커서 훌륭한 지도자가 되어, 자신의 이야기를 담은 자서전을 쓸 때에 반드시 어려서부터 들은 부모님의 축복을 가장 먼저 쓸 수 있도록 해야겠습니다. 하나님을 찬양하는 우리의 입술이 우리의 자녀를 축복하는 입술이 되어서, 우리의 자손들로 하늘의 하나님과 땅의 부모님을 축복의 근원으로 인식하는 믿음의 삶, 승리하는 삶을 살 수 있도록 해야 할 것입니다.

명상의 저녁

많은 젊은 사람들이 미래를 걱정합니다. 미래란 항상 불투명하기 때문입니다. 그러나 준비되어 있는 사람의 미래는 걱정할 것이 없습니다. 갈 곳도 많고 할 일도 많습니다. 우리가 걱정해야 할 것은 나 자신을 어떻게 준비할까, 어떻게 계발할까 하는 것입니다.

리브가는 자기 자신을 계발해 놓은 사람입니다. 결혼하기 전에 막강한 민족, 번창한 민족이 나올 것이라고 미리 축복함으로써 리브가의 미래를 준비했습니다. 그리고 준비한 대로 큰 민족을 이루는 어머니가 되었습니다.

리브가에게는 상황을 정확히 파악할 수 있는 지혜가 있었고, **짧은 시간에도 정확한 결정을 내릴 줄 아는 사람이었기 때문에 하루만에 평생을 좌우하는 결정을 내릴 수 있었습니다**. 리브가는 또 기회를 정확하게 포착할 줄 아는 사람이었습니다.

기회는 늘 오는 것이 아닙니다. 어느 날 갑자기 낯선 사람이 나타나서 자기 주인의 며느리를 구한다고 하면서 한 번도 가보지 못한 먼 땅으로 가자고 한다면 그 사람을 선뜻 따라나설 결심을 하기란 그리 쉬운 일이 아닙니다. 그 기회를 잡는 것은 모험입니다.

리브가가 그 때 망설이거나 두려워서 거절했다면, 그는 한 민족을 이루는 어머니가 되지 못하고 그저 평범한 여인으로 살다가 죽었을 것입니다. 기회가 있을 때 정확하게 손에 잡았기 때문에 그는 역사에 남는 여인이 되었던 것입니다. 또 리브가는 모험을 두려워하지 않는 사람이었으므로 그 먼 길을 낯선 사람과 함께 갔습니다.

큰 일을 한 위대한 사람들은 모험적인 사람들이었습니다. 모험을 두려워하면 작은 안정을 가질 수는 있겠지만 인류를 위한 큰 일은 할 수 없습니다. 물론 여러 상황을 고려해서 승산이 있다고 판단한 뒤에 해야 하는 일입니다. 리브가는 자신의 미래를 위해서 부모와 고향을 떠나는 대가를 지불합니다.

어떤 것이든 대가를 지불하지 않은 성취는 있을 수 없습니다. 하나님의 위대한 성취를 위해서 모험을 하고 거기에 요구되는 대가를 지불하는 것입니다. 예수님께서도 "누구든지 나를 따르려거든 자기 십자가를 지고 나를 좇으라"고 말씀하십니다. 우리는 모두 그 십자가를 질 수 있다고 대답한 사람들입니다. 그렇지 않으면 하나님의 사람이라고 할 수 없습니다. 지금 가면 다시는 부모를 보지 못하고 고향으로 돌아가지 못하는 대가를 리브가는 지불하고 떠나는 것입니다.

62절 이하의 말씀을 봅시다.

"때에 이삭이 브엘라해로이에서 왔으니 그가 남방에 거하였었음이라 이삭이 저물 때에 들에 나가 묵상하다가 눈을 들어 보매 약대들이 오더라 리브가가 눈을 들어 이삭을 바라보고 약대에서 내려 종에게 말하되 들에서 배회하다가 우리에게로 마주 오는 자가 누구뇨 종이 가로되 내 주인이니이다 리브가가 면박을 취하여 스스로 가리우더라"(24:62-65).

여기에 리브가의 지도자적인 소양이 나타납니다. 이스라엘에 도착했을 때 마침 이삭이 들에 나와 있었습니다. 이삭은 브엘라해로이에서 돌아와 있는 중이었습니다.

'브엘'이라는 말은 '우물'이라는 말이고, '라해'란 말은 '살아계신다'는 말이며, '로이'라는 말은 '나를 쳐다보신다'는 말입니다. 합하면 '살아계셔서 나를 쳐다보시는 분의 우물'이라는 뜻이 됩니다. 옛날에 하갈과 이스마엘이 이 곳까지 와서 하나님 앞에 죽고 싶다고 한 바로 그 곳입니다.
 이삭이 그 곳에 있다가 온 것입니다. 신부인 리브가를 맞을 수 있도록 하나님께서 예비하셔서 바로 그 시간에 남방에서 돌아와 있었던 것입니다.

 이삭은 저녁이 되자 잊지 않고 묵상을 하러 들로 나갔습니다. 여기서 '묵상한다'는 것은 기도한다는 말입니다. 저녁에 기도하기 위해서 들로 나간 사람은 그리 많지 않습니다. 이처럼 이삭은 하나님의 은혜를 받기에 적합한 적당한 시간과 장소를 선택하여 기도를 하는 충실한 사람이었습니다.
 아마 이삭의 기도 제목은 종이 찾으러간 아내에 대한 것이었을 가능성이 높습니다. 그리고 기도를 끝내자마자 리브가를 실은 낙타를 발견했을 것입니다.
 이삭은 특별한 은총으로 하나님의 목소리를 듣거나 꿈을 꾸는 사람은 아니었지만 순전한 믿음으로 기다리며 묵상하는 조용한 하나님의 사람이었습니다.

 믿는 사람들도 이삭과 같습니다. 하나님이 주신 소명, 비전, 축복의 약속이 있으면 고요한 곳으로 나아가 하나님을 만나야 합니다. 그러면 하나님은 그의 기도 중에 하나님의 자녀를 만나 주십니다.
 이삭은 그의 기도 중에 그가 기다리던 아리따운 아내 리브가를 만났습니다. 고요한 가운데 세미한 음성으로 말씀하시는 하나님의 말씀에 귀기울이는 여러분이 되십시오. 아무리 급한 일과 바쁜 일이 놓여 있더라도 하나님과 고요한 만남의 시간을 갖는 것은 인생의 어떤 일보다도 더욱 중요한 일입니다. 인생의 목적이 바로 하나님을 만나는 일이기 때문입니다.
 여러분도 고요한 기도 중에 하나님을 만나는 축복을 누리는 성도들이 되시기를 진심으로 기도합니다.

제 23 장

만족한 최후

"아브라함이 후처를 취하였으니 그 이름이 그두라라 그가 시므란과 욕산과 므단과 마디안과 이스박과 수아를 낳았고 욕산은 스바와 드단을 낳았으며 드단의 자손은 앗수르 족속과 르두시 족속과 르움미 족속이며 미디안의 아들은 에바와 에벨과 하녹과 아비다와 엘다아니 다 그두라의 자손이었더라 아브라함이 이삭에게 자기 모든 소유를 주었고 자기 서자들에게도 재물을 주어 자기 생전에 그들로 자기 아들 이삭을 떠나 동방 곧 동국으로 가게 하였더라 아브라함의 향년이 일백 칠십 오 세라 그가 수가 높고 나이 많아 기운이 진하여 죽어 자기 열조에게로 돌아가매 그 아들 이삭과 이스마엘이 그를 마므레 앞 헷 족속 소알의 아들 에브론의 밭에 있는 막벨라 굴에 장사하였으니 이것은 아브라함이 헷 족속에게서 산 밭이라 아브라함과 그 아내 사라가 거기 장사되니라 아브라함이 죽은 후에 하나님이 그 아들 이삭에게 복을 주셨고 이삭은 브엘 라해로이 근처에 거하였더라…"(창 25:1-11).

만족한 최후

아브라함의 이야기는 열 세 장에 걸쳐 이야기되고 있기 때문에 창세기를 읽다 보면 정이 흠뻑 드는 인물입니다. 그는 사는 동안에 믿음으로 살려고 노력을 많이 했지만 실수도 많았던 사람입니다. 거짓말을 하기도 했습니다. 누구나 믿음의 초기에는 이런 일들이 일어날 수 있는 것입니다.

아브라함은 여덟 번이나 하나님을 만났고 그 음성을 들을 때마다 삶이 변화했습니다. 또한 기적적인 삶도 체험을 했습니다. 하나님께서 자식을 바치라고 할 때에는 결사적인 신앙을 가지고 자식까지도 바치는 결단을 내리기도 했습니다.

아브라함은 자신의 모든 이야기를 창세기를 통해서 다 보여 주었기 때문에 읽는 사람들과 가까워집니다. 사람은 자기 자신의 이야기를 함으로써 그 사람의 고난과 슬픔 아픔 등이 적나라하게 노출될 때에 서로가 가까워지는 것입니다.

아브라함도 이렇게 자신의 모든 것을 보여줌으로써 가까운 사람이 되었지만, 그러나 아무리 가까운 사람이라 하더라고 언젠가는 떠나보낼 수밖에 없는 것입니다. 그 사람을 장사한 후에. 다시는 그 사람을 만날 수가 없기 때문입니다.

우리들도 마찬가지입니다. 그런데 우리들에게는 모두 최후를 만날 수밖에 없는 사람들이고 가능하다면 그 최후가 만족한 것이 되기를 바라는 소망이 있습니다. 어떻게 사는가도 중요하지만 어떻게 인생을 마치는가 하는가도 대단히 중요한 것입니다.

믿음의 조상 아브라함은 만족한 최후를 마쳤습니다. 우리의 인생은 대부분 시간이 가고 나이가 들수록 퇴화되기가 쉬운데 아브라함은 갈수록 왕성해지는 삶을 살았습니다.

아브라함은 사라가 죽은 후에도 재혼을 했습니다. 이삭을 결혼시킨 후에 아들과 며느리가 사는 것을 보던 아브라함도 결혼을 할 생각을 하게 되었던 모양입니다. 아브라함의 아버지 데라가 이백 세까지 살았기 때문에 아브라함 역시 앞으로 살 날이 많이 남아 있다고 생각되고, 체력적으로도 왕성했기 때문에 다시 아내를 얻은 것입니다.

그러면 이제, 아브라함의 만족스러운 최후의 모습을 살펴봅시다.

첫째/ 아브라함은 그두라라는 여자를 만나서 재혼을 했습니다.

그리고 아들을 여섯을 더 낳았습니다.

> "아브라함이 후처를 취하였으니 그 이름이 그두라라 그가 시므란과 욕산과 므단과 마디안과 이스박과 수아를 낳았고 욕산은 스바와 드단을 낳았으면 드단의 자손은 앗수르 족속과 르두시 족속과 르움미 족속이며 미디안의 아들은 에바와 에벨과 하녹과 아비다와 엘다아니 다 그두라의 자손이었더라"(25:1-4).

백사십 년을 살면서는 아들을 둘밖에 못얻었는데 그 후로 삼십여 년 동안에 아들을 여섯을 얻었으니, 갈수록 왕성한 사람이라고 할 수 있습니다. 아브라함의 이런 모습이 꼭 아내가 죽으면 재혼을 하라는 것은 아닙니다. 다만 갈수록 왕성해지는 그의 삶을 본받아서 우리의 삶도 시간이 가고 나이가 들수록 왕성해지는 삶이 되도록 해야 한다는 말입니다.

둘째/ 아브라함은 죽기 전에 복잡한 가정의 문제를 다 해결해 놓고 죽음을 맞았습니다.

"아브라함이 이삭에게 자기 모든 소유를 주었고"(25:5).

가정의 유산 문제는 생전에 다 해결을 해 놓고 생을 마감하는 것은 중요한 일입니다. 우리는 갑자기 세상을 떠날 수 있습니다. 갑자기 한 마디 유언도 못하고 죽을 수도 있고, 의식을 잃고 말을 할 수 없게 되는 혼수상태에 빠질 수도 있습니다.

우리의 최후는 살아 있을 때에 계획해야 합니다. 아브라함은 살아 있을 때에 모든 것을 해 놓은 사람이었습니다. 약속의 자식인 이삭에게 모든 유산을 주었고 다른 여섯 아들에게도 재물을 주어 형제 사이에 다툼이 일어나지 않도록 했습니다.

재산이 있는 사람일수록 미리 정돈을 하지 않으면 큰 문제가 일어납니다. 제가 아는 어느 분도 갑자기 혼수 상태에 들어가셨는데 은행에 있는 재산을 찾으려고 하는데도 비밀 번호를 알지 못해서 돈을 찾지 못하고 있었습니다. 아무에게도 가르쳐 주지 않고 본인만 알고 있다가 덜컥 쓰러지고 나니까 아무도 돈 문제를 해결할 수 없게 된 것입니다. 자신의 살 날이 얼마나 남았는지는 아무도 모릅니다.

그래서 사람은 유사시에 대비하는 자세가 필요한 것입니다. 부모의 유산 때문에 형제끼리 싸우고 심지어는 재판을 거는 경우까지도 있지 않습니까? 우리의 최후가 만족스러운 최후가 되려면 우리가 없을 때에도 모든 일이 잘 될 수 있도록 신경을 써 두어야 하는 것입니다.

유서를 미리 작성하는 것도 하나의 방법이 될 수 있습니다. 우리 나라 사람들 생각에는 미리 유서를 작성하는 것에 대한 거부감이 있는 것 같습니다. 유서는 죽은 이후를 전제로 하기 때문에 죽음 자체를 생각하는 것만으로도 불쾌해 합니다. 그런데 현실은 우리에게 죽음이 찾아온다는 것이고 이것을 준비하는 것이 결코 해롭지 않다는 것입니다. 더구나 하나님을 믿는 사람들은 죽음에 대해서 결코 불안하게 생각하거나 불쾌하게 생각해서는 안됩니다. 아브라함처럼 살아있을 때에 다 정리를 하는 것이 바람직한 태도입니다.

미국에 있는 한국 교포들도 유서를 미리 작성하자고 하면 기분 나쁜 일이라고 하지 않으려고 합니다. 그래서 저는 어느 한 예배시간에 예배를 마치고 변호사를 초청, 모든 교인들에게 유서 작성지를 한 장씩 나누어 주는 등 모든 준비를 다 갖춘 다음에 강의를 듣고 유서를 작성하게 한 적도 있습니다. 유서 작성하는 것을 어렵게만 생각하지 말고 장례식 때 누가 집례를 하고 누가 찬송을 불러 주었으면 좋겠고 하는 것을 다 써 두는 것도 좋습니다.
김활란 박사는 자신의 장례식 노래로 헨델의 메시아를 불러달라고 했습니다. 자신의 삶과 죽음을 슬픈 것으로 생각하지 않고 영광된 삶과 죽음으로 승화시키려는 생각을 한 것입니다.

아브라함은 하나님께서 자신에게 주신 축복을 다 나누어서 자식들에게 주고 자신이 살아있을 때에 각자의 땅에서 정착하는 것을 확인했습니다.
죽은 후에 나누는 것은 확인도 할 수 없거니와 그 쓰임이 정확할 수도 없습니다. 학교를 위해서 교회를 위해서 선교를 위해서 자신이 가지고 있는 것을 나누어 주고 확인하는 것이 정확한 유산 관리의 방법인 것입니다.

저는 미국을 일 년에 몇 번씩 다니는데 그 때마다 딸들에게 줄 편지를 작성해서 속달로 먼저 보냅니다. 설령 미국을 가다가 어떤 일을 당해도 편지는 도착할 수 있기 때문에 저의 마지막 말은 남겨질 수 있기 때문입니다. 이렇게 생전에 자신의 삶을 계획하면서 사는 것이 현명한 방법입니다.

셋째/ 아브라함은 이삭과 그 형제간의 문제도 해결을 해 놓았습니다.
이삭 외에 나머지 형제들을 모두 동쪽으로 이주를 시켰습니다.

"자기 서자들에게도 재물을 주어 자기 생전에 그들로 자기 아들 이삭을 떠나 동방 곧 동국으로 가게 하였더라"(25:6).

같은 지역에서 살다가는 서로 싸우게 되는 일이 있을 수 있기 때문에 서로가 서로의 영역을 가지고 멀리서 살 수 있도록 하려는 의도였습니다. 이스마엘과 이삭은 처음부터 적수인 사이였기 때문에 가까이 두면 감정이 생기고 싸울 수 있는 여지가 충분히 있는 사람들이었습니다.

어떤 장례식에 가 보면 아들이 아버지의 장례식에 오지 않는 경우도 있었습니다. 아버지가 살아있을 때에 서로의 사이가 좋지 않았다고 장례식에도 오지 않은 것입니다. 살아있을 때에 화해하지 못하니까 죽어서까지 화해하지 못하고 말았습니다.

살아있을 때에 해결을 하지 못하면 남은 사람은 일평생 죄의식 속에서 살아가야 합니다. 이렇게 자기 가족들과의 갈등을 풀지 못하고 일평생을 살게 되는 것만큼 가슴 아프게 하는 일은 없을 것입니다. 살아 있을 때에, 하나님께서 우리를 부르시기 전에 가족간의 문제를 해결하는 여유가 있어야 합니다. 아브라함은 이것을 미리 해결해 놓은 것입니다.

아무리 장수하고 좋은 인생을 살아도 인생은 끝이 있습니다.

"아브라함의 향년이 일백 칠십 오 세라 그가 수가 높고 나이 많아 기운이 진하여 죽어 자기 열조에게로 돌아가매"(25:7,8).

우리에게도 기운이 쇠해지는 날이 오는 것입니다. 과학적으로 왜 그런지 알 수 없지만 이런 일이 일어나는 것은 엄연히 사실입니다. 인간은 죄성을 가지고 태어났기 때문에 하나님께서 법칙으로 마련하신 죽음과 심판을 피할 수 없는 것입니다. 시간 문제일 뿐 누구 한 사람도 이것을 비켜갈 수는 없습니다.

아브라함은 가나안 땅에서 백 년 동안 살다가 백칠십오 세로 하나님 앞에 간 것입니다. 그동안 그는 하나님을 만났고 영원한 하나님의 나라를 소유했습니다. 죽음을 두려워하지 않는 것이 믿는 사람과 안 믿는 사람의 차이입니다.

"그 아들 이삭과 이스마엘이 그를 마므레 앞 헷 족속 소알의 아들 에브론의 밭에 있는 막벨라 굴에 장사하였으니"(25:9).

원수 사이 같았던 두 아들 이삭과 이스마엘이 사이좋게 아버지의 장례를 치를 수 있도록 한 것도 아브라함의 공이었습니다. 형제끼리는 문제가 있었는지 모르지만 아버지와 자식 사이에는 아무런 문제가 없었던 것입니다. 그래서 서로가 적수인 형제간이었지만 하나로 협력해서 아버지의 장례를 지내고 마지막 최후를 맞게 한 것입니다.

우리의 장례에 우리의 가족들이 오지 않고 친척들이 오지 않는다고 생각하면 얼마나 끔찍한 일이겠습니까? 심지어 원수된 자가 있다 할지라도 마지막 과정을 계기로 서로 화해할 수 있는 사람이 되어야 할 것입니다. 그리고 이런 것들은 생전에 준비하지 않으면 안될 일인 것입니다.

넷째/ 아브라함은 마지막에 자신의 아내 옆에 누웠습니다.

"이것은 아브라함이 헷 족속에게서 산 밭이라 아브라함과 그 아내 사라가 거기 장사되니라"(25:10).

그 굴은 아브라함이 사라를 위해서 돈을 주고 산 것이었습니다. 이로써 원만하고 행복한 최후를 맞은 것입니다. 남편으로서 자신의 아내 옆에 안장되는 일은 최후에 누리는 행복이라고 생각합니다.

미국에는 자기의 장지를 생전에 미리 사 놓는 사람들이 많이 있습니다. 아버지와 어머니의 장지를 미리 사 놓고 선물로 드리는 사람들도 있습니다. 이것은 언뜻 보면 기분 나쁜 일이 될 수도 있지만 실제로 노인들은 그것을 아주 좋은 선물로 여기고 안심을 하게 됩니다. 자신이 이 다음에 죽고 나서 어디에 묻힐지도 모르는 것보다 자신이 갈 자리를 아는 것이 마음에 안정을 줄 수 있기 때문입니다.

제 경우는 저보다 제 아내가 먼저 떠나는 것이 안심이 될 것 같습니다. 그렇지 않으면 약한 여자가 어떻게 남편의 시신을 보고 만지고 할 수 있겠습니까? 남자는 아내를 잘 돌볼 수 있지만 아내는 다를 것 같고, 그 후의 고생을 생각하면 더 가슴이 아프기 때문입니다.

아브라함이 죽고 난 그 후에도 하나님께서는 그 아들을 축복하셨습니다.

"아브라함이 죽은 후에 하나님이 그 아들 이삭에게 복을 주셨고 이삭은 브엘라해로이 근처에 거하였더라"(25:11).

이것이 만족한 최후의 완성인 것입니다. 하나님의 축복이 자손에게까지 미치는 것이 얼마나 큰 축복입니까? 그가 신앙적으로 살려고 노력한 대가가 아들에게까지 미치는 것입니다.

  하나님께서는 아브라함을 잘 안다고 하셨습니다. 하나님은 아브라함을 친구처럼 생각하셨습니다. 우리는 우리의 가족들을 뒤에 놓고 세상을 떠나게 되어 있습니다.

  그러나 우리가 살아 있는 동안 아브라함과 같이 헌신적으로 살고 신앙적인 결단을 가지고 살면 우리의 신앙 때문에 우리의 후손이 하나님의 축복을 경험하는 후손들이 될 것입니다. 이것을 이루어야 진정으로 하나님의 축복을 받은 사람이라고 할 수 있습니다.

제 24 장

위대한 믿음의 조상, 아브라함

"아브라함이 바랄 수 없는 중에 바라고 믿었으니 이는 네 후손이 이 같으리라 하신 말씀대로 많은 민족의 조상이 되게 하려 하심을 인함이라 그가 백세나 되어 자기 몸의 죽은 것 같음과 사라의 태의 죽은 것 같음을 알고도 믿음이 약하여지지 아니하고 믿음이 없어 하나님의 약속을 의심치 않고 믿음에 견고하여져서 하나님께 영광 돌리며 약속하신 그것을 또한 능히 이루실 줄을 확신하였으니 그러므로 이것을 저에게 의로 여기셨느니라"(롬 4:18-22).

위대한 믿음의 조상, 아브라함

창세기 강해 제 2권도 이제는 마지막 장입니다. 2권을 마무리하기에 앞서 우리는 스스로에게 질문을 던져볼 필요가 있습니다. 우리가 아브라함의 생애를 공부하는 이유가 무엇입니까?

그것은 우리 자신이 아브라함을 통해서 어떻게 하나님의 사람이 될 것인가를 배우기 위해서입니다. 아브라함에 대한 지식, 성경에 대한 지식을 넓히기 위해서가 아닙니다. 아브라함을 통해 신앙적인 삶을 배우기 위해서입니다. 아브라함의 생애와 아브라함에게 나타나신 하나님에 대해 살펴보는 것이 나 자신에게 아무런 의미가 없다면 그것은 이 창세기 강해의 목적을 잃어버리는 것입니다.

아브라함을 왜 믿음의 조상이라고 하는가?

아브라함을 왜 믿음의 조상이라고 합니까? 그 이유를 히브리서 11장 8절 말씀을 근거로 하나씩 살펴보겠습니다.

첫째/ 아브라함은 목적지를 모르면서도 믿고 떠났습니다.

이것이 참된 믿음입니다. 다 따져보고 이익과 손해를 계산해보는 것은 믿음이 아닙니다. 믿음은 그 이유나 결과를 모르더라도 하나님께서 명령하시면 무조건 따르는 것입니다.

믿음은 결과를 두려워하지 않습니다. 결과를 두려워하는 사람들은 아브라함처럼 믿음으로 길을 떠날 수 없습니다. 좋은 결과만을 바랬더라면 초대교회의 수많은 순교자들이나, 아시아와 아프리카 등에서 이름도 빛도 없이 숨져간 수많은 선교사들은 존재하지 않았을 것입니다.

하나님께서는 하나님을 위해 많은 일을 하고 수많은 사람들을 하나님께로 돌아오게 만든 선교자들도 그리고 선교지에 도착하자마자 순교당하거나 복음을 한 마디도 전하지도 못하고 살해당한 무명의 선교사들이 모든 사람들을 귀하게 여기실 것입니다.

히브리서 11장 8절에서 "믿음으로 아브라함은 갈 바를 알지 못하고 나갔으며"라고 말씀하고 있습니다. 떠나라고 하시니까 하나님이 그 길을 인도하시리라 믿고 한 발자국씩 앞으로 나아간 것입니다.

사실상 우리에게 있는 것은 현재뿐입니다. 미래는 하나님의 손에 있습니다. 현재를 살아가는 우리는 하나님을 의지하고 발걸음을 옮기면 됩니다. 그러면 하나님께서 계획하신 미래가 우리의 현재 속에 이루어집니다. 그러므로 우리가 우리 스스로의 미래를 계획하려 하고 미리 걱정하며 현재에 주저앉아 있을 필요는 없습니다. 그냥 우리는 가만히 우리의 미래를 하나님의 손에 맡기고 앞으로 나아가면 됩니다.

둘째/ 아브라함은 순종으로 떠났습니다.

우리가 불순종으로 하나님의 일에 방해를 가져 올 때도 있습니다. 하기 싫은 것을 억지로 하기도 하고, 요나처럼 하나님께 불순종하여 이리저리 도망다니다가 결국 하나님의 강권하심에 어쩔 수 없이 순종하기도 합니다. 우리가 순종하지 않으면 하나님께서는 누군가를 세워 일을 하심으로 하나님께서는 단지 우리가 억지로하는 것이 아니라 기쁘게 자발적으로 순종하기를 원하십니다.

아브라함이 믿음의 조상이라 불리우는 것은 "하나님, 도대체 가야 할 곳이 어디인지 가르쳐 주시지도 않고 무작정 어디로 떠나란 말입니까?"

또는 "하나님, 떠나라고 하시면 어디든지 떠나겠습니다. 어디로 떠나야 하는지 정도는 말씀해 주십시오."라고 하나님께 물어볼 수도 있었을 것입니다.

그러나 창세기 12장을 보면 어디에도 아브라함이 하나님께 물어본 흔적이 없습니다. 그저 아브라함은 묵묵히 하나님께 순종하며 떠났을 뿐입니다.

오늘날에도 마찬가지입니다. **위대한 신앙의 사람들은 묵묵히 순종하는 사람들입니다.** 세상적으로 볼 때 똑똑한 사람들은 그 일이 옳으냐 그르냐, 어떤 방법이 효과적이냐를 따지고, 이것저것 묻고 말이 많지만, 정작 신앙의 사람들은 아브라함처럼 묵묵히 순종하는 사람들입니다. 순종하기만 하면 나머지 모든 것은 하나님께서 알아서 인도하실 것을 믿는 사람들입니다.

셋째/ 아브라함은 천막생활을 하면서 하나님의 인도하심을 따랐습니다.

하란에서 아브라함은 안정된 생활을 하고 있었습니다. "본토 아비 친척"이 그곳에 있었고 드라빔을 만들어 파는 아버지 데라로 인하여 부유한 생활을 누렸을 것입니다. 그런데도 아브라함은 집을 버리고, 친척을 버리고, 고향을 떠나 장막에서 유랑하는 생활을 택하였던 것입니다. 인간은 순례자라고 합니다만 자신이 땅에 속하지 않은 외인임을 알지 못하면 순례자가 될 수는 없습니다.

천막의 생활은 떠돌이 생활입니다. 모든 것을 하나님께만 의지하는 생활입니다. 고향의 따스한 집과는 비교할 수 없이 고된 삶이었지만 아브라함은 처자와 종들을 거느리고 기꺼이 천막생활을 택했던 것입니다. 그것은 하나님의 약속을 확실히 믿는 마음에서 비롯된 것입니다.

시카고대학교에는 오리엔탈박물관이 있습니다. 오리엔탈이란 극동을 말하는 것이 아니라 메소포타미아 지방을 말합니다. 오리엔탈박물관의 전시구역 한쪽에는 아브라함 시대의 갈대아 지방 유물을 발굴해서 모형을 만들어 놓은 대형 유리상자가 있습니다.

그 전시물 가운데는 아브라함 시대의 집이 모형으로 제작되어 있는데, 그 규모로 보아 보통집들도 돌로 지어져 있었고 방이 열 다섯 칸, 마굿간과 마당, 목욕실, 하수도까지 다 설치되어 있었습니다. 아브라함 시대의 건축은 발달했습니다. 아브라함은 그런 집을 버리고 천막에서 살았습니다. 천막생활은 한 곳에 뿌리 내리고 영원히 사는 삶이 아닙니다. '이 땅은 내 집이 아니요 저 천국이 내 집'이라는 삶의 태도를 말하는 것입니다.

아브라함은 정말 믿음이 있는 사람이었습니다. 믿음이 있다고 말하기는 쉽고, 스스로 믿음이 있는 것으로 착각하기도 쉽습니다. 그러나 실제로 삶의 현장에서 믿음을 실천하기는 쉽지 않습니다. 더욱이 아브라함처럼 집, 친척, 그리고 고향을 버리고 온 식솔들을 거느리고 정처 없이 길을 떠난다는 것은 더욱 어려운 일입니다.

보통 조그마한 교회에서 큰 교회로 오라고 목회자를 초빙하면 목회자가 가겠다고 결정을 내리기는 비교적 쉬운 반면에, 큰 교회에 있는 목회자를 작은 교회로 오라 할 때는 선뜻 결정을 내리기가 결코 쉽지 않을 것입니다. 그러나 주님이 가라고 하시면 가야 합니다.

저는 미국에서 공부할 때 직장생활을 했었습니다. 크리스챤으로서 최선을 다하다 보니 직장생활을 성공적으로 할 수 있었습니다. 그 당시로서는 꽤 많은 월급을 받으면서 백화점의 매니저를 하게 되었습니다. 사장님이 저에게 운영자의 길을 터준다고 같이 일을 해보자고 제안하기도 했습니다.

하루는 한 신학대학교 총장님이 저에게 교수로 오지 않겠느냐며 강의를 부탁해 왔습니다. 월급은 당시 제가 받고 있던 월급의 3분의 1 정도라고 했습니다. 그것도 믿음으로 주겠답니다. 그 얘기는, 돈이 있으면 주고 없으면 못 준다는 이야기였습니다.

"우린 믿음으로 사는 사람들이니까, 하나님께서 주시는 대로 드리겠습니다"라고 하시는데, 기가 막혔습니다. 그때 벌써 저는 아내와 아이가 둘이나 있었습니다. 이제 좋은 월급도 받고 안락한 생활을 하고 있었는데, 어떻게 합니까? 신학교에서 주는 월급으로는 식구들을 굶기기 십상이었습니다.

고민을 하면서 기도했습니다. 기도를 하니까 제 마음 속에는 신학교로 가야겠다는 마음이 생겼습니다. 저야 제가 결정한 대로 하면 그만이지만 제 아내와 아이들은 어떻게 합니까? 제 아내는 제가 목사가 된다거나 신학교수가 된다는 것에 동의하고 저와 결혼한 것이 아니었습니다. 오랫동안 기도하다가 마지막에 가서 아내에게 사실대로 이야기를 했습니다. 아내가 안 된다고 하더라도 저는 아내에게 할 말이 없었습니다. 아내는 제가 이야기를 꺼내자 눈 한 번 깜짝하지 않고 선뜻 신학교로 가자고 동의했습니다. 3분의 1밖에 안 되는 월급도 믿음으로 준다는 이야기를 다 했는데도 아내는 가자는 것이었습니다. 그 때 하나님과 아내에게 얼마나 감사했는지 모릅니다.

그 학교에 있는 동안 저는 믿음으로 사는 것이 무엇인지 배웠습니다. 가난하더라도 믿음으로 사니까 즐거웠습니다. 사람이 행복하게 사는 것은 돈의 문제가 아닙니다. 하나님을 순종하며 사는 삶입니다. 믿음으로 사는 사람에게는 하나님의 축복이 있습니다. 하나님이 하라고 하시는대로 순종하면 그것이 행복의 지름길입니다.

넷째/ 아브라함은 믿음으로 이민생활을 했습니다.

아브라함은 고국을 떠나 일생 외국에서 살았습니다. 히브리서 11장 9절은 아브라함이 "외방(外邦)에 있는 것같이" 살았다고 말하고 있습니다. 전혀 낯선 곳에서 낯선 사람들에 둘러싸여 살아갔던 것입니다. 사람에게는 누구나 태어나고 자란 곳을 그리워하는 귀소본능이 있기 때문에 명절이 되면 고향에 찾아갑니다. 마치 연어가 모천회귀하듯이 사람에게도 이런 회귀본능이 있습니다. 사람은 누구나 부모형제가 있는 고향, 자기가 뛰놀던 그곳을 그리워하기 마련입니다. 아직도 우리 땅에는 북녘에 두고온 고향땅을 그리워하며 눈물 흘리는 수많은 실향민들이 있지 않습니까?

그런데 아브라함은 자기가 태어나고 자라난 고향 땅을 버리고 낯선 이방 땅을 향해 떠났습니다. 사람은 직장을 바꾸거나, 이사를 하게 되거나, 사랑하는 사람과 헤어지게 될 때 엄청난 심리적 스트레스를 받는다고 합니다. 그런데 아브라함은 사는 곳이 바뀌고, 생계수단이 바뀌고, 친구가 바뀌고, 이웃이 바뀌고, 먹는 음식과 마시는 물이 바뀌는 낯선 이방에서의 생활을 불평 불만없이 오로지 순종 하나로 받아들였습니다.

아브라함과 마찬가지로, 신앙 생활은 외국생활입니다. 믿지 않는 사람 사이에 완전히 둘러싸여 살아갑니다. 사고방식도 다르고, 생활방식도 다르고, 가치관도 다른 이웃들과 완전히 외국인들 속에서 살아가듯 삽니다.

우리는 이땅에서 대한민국의 백성으로 살고 있지만 우리의 시민권은 천국에 있습니다(빌 3:20). 이땅에 살면서도 저 하늘나라 시민으로 사는 것이 우리의 삶입니다. 이땅에 뿌리를 깊히 박으며 살려고 하지 않습니다. 그래서 신앙의 삶은 도전적인 삶, 모험적인 삶입니다. 하나님이 떠나라 하시면 천막을 걷고 서슴없이 떠날 수 있습니다.

다섯째/ 아브라함은 약속의 기업을 받으러 떠났습니다.

아브라함은 "장래 기업으로 받을 땅"(히 11:9)을 바라보며 살았습니다. 그러므로 그 기업을 받기 위해 길을 떠난 것입니다.

만약 어떤 재벌의 후계자인 아들이 언젠가 그 기업을 이어받을 준비를 하기 위해서 아버지 회사에 들어가서 신분을 숨기고 말단사원으로 일을 시작한다고 가정해 봅시다. 그렇다면 그는 아무리 힘든 일이라도 배우는 것 하나하나를 재미있게 받아들일 수 있을 것입니다. 같은 동료가 일이 힘들다고 불평할 때 그는 그것을 어떻게 고쳐나갈까를 궁리하며 동료를 격려할 것입니다. 만약 불평하던 동료가 지금보다 더 나은 대우와 보수를 약속받고 다른 기업으로 스카우트되어 간다고 하더라도 그는 결코 그것을 부러워하지 않을 것입니다. 왜냐하면 그는 그 기업이 자신의 기업이 될 것이란 점을 너무나 잘 알고 있기 때문입니다. 그리스도인들은 세상의 기업과는 비교할 수 없는 하늘의 기업을 소유한 사람들입니다.

영원한 하늘의 기업에 대한 약속과 하나님의 인도와 축복에 대한 분명한 신뢰가 있을 때 우리도 아브라함과 같은 믿음을 가질 수 있습니다. 장래에 받을 것이 얼마나 귀한 것인지를 아는 사람만이 지금 가진 것들을 포기할 수 있습니다.

믿음이란 장래에 받을 영원한 것을 위하여 지금 귀한 것처럼 보이는 것들을 포기하는 것이기 때문입니다.

여섯째/ 아브라함은 하나님께서 세우실 도시를 향해서 찾아갔습니다.

아브라함의 눈은 영원한 곳에 집중되어 있었습니다. 아브라함에게는 영원을 바라볼 수 있는 눈이 있었습니다. 즉 갈대아 우르의 멋진 집을 바라보는 것이 아니라 하나님께서 주실 영원한 도시를 바라보았습니다.

"이는 하나님의 경영하시고 지으실 터가 있는 성을 바라보았음이라"(히 11:10).

아브라함에게는 하나님에 대한 신뢰와 함께 소망이 있었습니다. 소망은 매우 중요합니다. 소망이 있는 사람과 없는 사람은 아브라함과 롯만큼이나 다른 삶을 살게 됩니다. 아브라함이 하나님께서 손수 지으실 성을 바라볼 때에 롯은 세상이 지어놓은, 보기 좋은 소돔과 고모라 성을 바라보았습니다. 그 결과가 어떻다는 것은 우리가 너무나 잘 아는 바와 같습니다. 롯이 바라보았던 소돔과 고모라 성의 최후는 유황불의 심판이었습니다.

지금 여러분은 어떤 도시를 바라보고 있습니까? 아브라함이 바라보고 소망하였던 하나님의 도시입니까, 아니면 롯이 바라보았던 화려한 부와 쾌락의 도시 소돔과 고모라 성입니까?

믿음의 눈으로 위의 것을 바라봅시다. 소망을 하늘에 두십시다. 하나님의 눈으로 세상을 바라보는 그리스도인이 되어야 합니다.

하나님은 하나님을 의뢰하는 사람의 삶을 인도해 주십니다. 그 개인뿐만 아니라 하나님을 의뢰하는 한 사람을 통하여 그 가족 전체에 하나님의 축복을 내려주십니다. 아브라함의 삶을 통하여 우리는 한 사람과, 그의 가족, 후손들 위에 역사하시는 하나님의 모습을 살펴보았습니다.

이런 하나님을 잘 알고 있었기에 아브라함은 가정에 대한 전적인 책임을 지려는 모습을 보여주었습니다. 그래서 하나님도 아브라함을 '안다'고 인정하셨습니다. 그러면 이제 구약에 나타난 아브라함의 생애를 다시 한번 살펴보도록 하겠습니다.

주님과 늘 교제하는 아브라함

첫째/ **아브라함은 하나님과 직접 대화하며 교제를 나누었습니다**(12:7, 17:1, 18:1).

아브라함은 하나님과 늘 가깝게 교제하고 대화하던 사람이라고 성경은 말씀하고 있습니다. 하나님과 아브라함 사이에는 문이 열려 있어서, 하나님께서 아브라함을 찾아가시고, 아브라함도 늘 하나님을 찾아갔습니다. 이처럼 서로간의 언제나 대화의 문이 열려 있었습니다. 창세기 12장부터 25장까지 하나님께서 아브라함에게 직접 나타나셔서 말씀하신 것이 성경에 8군데 나와 있는데 그 때마다 그것은 아브라함의 생애가 결정적으로 변화되는 계기가 되었습니다. 하나님께서 친히 한 인간에게 나타나시는 것은 하나님이 계획하시는 일이 있어서입니다. 하나님께서 주권적인 프로그램을 가지고 하나님의 일을 이루시기 위하여 인간에게 나타나셔서 대화하시고 소통하시는 것입니다.

여러분과 제가 거듭난 그리스도인이 되기까지의 과정에는 분명히 하나님이 직접 나타나셔서 삶을 변화시킨 과정이 있습니다. 우리가 그리스도인이 되고 싶다고 그리스도인이 되고, 우리가 거듭나고 싶다고 그냥 거듭나집니까? 우리가 거듭난 그리스도인이 되기까지에는 분명히 하나님의 개입과 역사가 있습니다. 우리의 삶에 하나님께서 주권적으로 나타나셔서, 삶이 뒤집히고 결정적으로 변화되는 시기가 있었습니다.

그러나 어떤 때는, 하나님이 왜 좀 자주자주 나타나시지 않나 의문이 들고 기다려지기도 합니다. 날마다 기도를 하지만 아브라함에게 하신 것처럼 하나님이 직접 나타나셔서 말씀해 주시는 일은 아주 드뭅니다.

하나님이 직접 나타나셔서 말씀해 주시는 일은 신구약의 많은 선지자들에게는 많이 나타나던 일입니다. 하나님이 어떤 사람에게 나타나실 때는 그 주위 사람들은 듣지 못하지만, 그 사람에게만은 확성기를 댄 것 같이 분명하고 확실하게 말씀하셔서 잊을래야 잊을 수 없게 하십니다. 글자 한 마디 한 마디, 그 때의 감정과 그 때의 기분이 너무도 분명해서 어디를 가도 그 때의 간증을 하고 또 하게 됩니다.

하나님을 만난 경험을 한 사람은 자신의 변화된 이야기를 할 때마다 감격이 있고 힘이 나고 눈물이 납니다. 마치 첫사랑에 빠졌던 이야기처럼, 혹은 결혼을 한 배우자를 처음 만나 사랑에 빠질 때의 이야기처럼, 한 사람의 인생에 너무 중요한 사건이기 때문에 영원히 잊을 수 없습니다.

주님과 직접 만난 이러한 사건 없이는 영적인 힘과 영적인 지구력과 영적인 비전이 있을 수 없습니다. 주님을 향한 첫사랑이 있기 때문에 어떠한 고난이 있어도 문제가 없습니다. '하나님이 나에게 나타나셔서 말씀하셨다. 하나님이 가라고 하셨다.' 이 하나의 확신이 있으면 넘어져도 일어나서 가고, 또 가고, 누가 우리를 죽인다고 해도 가게 하는 영적인 동기가 되는 것입니다. 성공했다 혹은 실패했다는 세상의 평가가 문제가 아닙니다. 하나님과 나와 일대일로 만난 그 사건, 저는 이 사건을 '나의 출애굽 사건'이라고 이야기합니다.

이스라엘 역사를 보면, 출애굽 사건이 이스라엘 역사의 근본을 이루고 있습니다. 시편을 읽어도 출애굽 이야기요, 이사야서나 예레미야서를 읽어도 출애굽 이야기입니다. 출애굽을 이야기해야 그 다음 얘기가 풀리는 것입니다. **출애굽은 신앙의 출발점입니다.** 마치 창세기 없이는 나머지 성경66권이 의미가 없는 것처럼, 출애굽 사건 없이는 이스라엘의 역사는 시작되지 않습니다.

우리들 개개인에게도 주님께서 나타나신 출애굽 사건이 있습니다. 아브라함으로 말하면, 12장 1절부터 4절까지가 아브라함의 출애굽입니다. 저도 저의 출애굽 사건에 대해서 한 이야기를 하고 또 하곤 합니다. 가끔 제 아내가 묻습니다.

"여보, 당신은 왜 그 이야기를 하고 또 하고 못이 박히도록 하나요?"

못이 박혀도 할 수 없습니다. 그 얘기를 안 하면 나머지 얘기가 안되기 때문입니다. 하나님께서 나타나셔서 나를 감동시키시고, 나를 울리신 그 사건이 없으면 목회가 안되고, 힘이 안 납니다. 그 사건이 없으면 고난을 이겨낼 수가 없습니다.

아브라함에게도 이런 사건이 여덟 번 있었습니다. 그래서 저 자신도 생각해 봅니다. '아브라함에게는 이런 사건이 여덟 번 있었는데 나에게는 몇 번이었나?' 제게는 세 번쯤 되는데, 조금 위로가 되는 것은 아브라함은 175년 살 동안 여덟 번이었으니까, 즉 평균 20년 만에 한 번씩 나타나셨는데 저도 지금까지 두세 번 나타나셨으면 아브라함만큼은 된다는 생각입니다.

몇 번 안 되는 사건이지만, "여호와께서 아브라함에게 나타나"듯 우리에게도 나타나신 이것 때문에 우리는 살고, 힘을 얻고, 희망을 얻습니다. 이것 때문에 지금도 분골쇄신 주님을 위하여 살고, 가루가 되어도 희망을 버리지 않고 사는 것입니다.

그래서 이런 경험을 인하여 하나님께 감사합니다. 앞으로도 하나님께서는 얼마든지 결정적인 시간에, 우리가 괴롭고, 희망이 없고, 견딜 수 없을 때 나타나실 것입니다. 앞으로도 얼마든지 여러분과 저를 옆에서 지키실 것입니다.

2차대전 때의 이야기입니다. 2차대전 때에는 태평양에 U보트라는 독일 잠수함이 있어서 영국이나 미국 배를 마구 폭파해 버리던 때입니다. 어느날 여객선 하나가 영국에서 미국을 향해 항해하고 가는데, 영국 군함에서 연락이 왔습니다. 그런데 영국 군함이 여객선에 전하기를 "똑바로, 항로를 조금도 옆으로 틀지 말고 똑바로 가라. 만약에 무슨 일이 있으면 우리가 지시할테니 그 전까지는 똑바로 가라"고 지시했습니다. 그래서 여객선 선장은 지시대로 똑바로만 가서 오랜 시간이 걸려 샌프란시스코 항에 도착을 했습니다.

그런데 그 이튿날 보니까 똑같은 항으로 큰 영국 군함 한 척이 들어왔습니다. 그래서 여객선 사람들은 깜짝 놀랐습니다. 여객선 탄 사람들은 영국 군함이 어디 있는지를 못 보았었습니다. 그러나 넓은 태평양을 다 건너올 때 까지 영국 군함은 안개 속에서 계속 따라오면서, 어디서 독일 잠수함이 나타나지 않는가, 계속 보호하고 있었던 것입니다. 그런데 다 도착하고 나니까 이제 모습을 나타내는 것입니다.

마찬가지로 우리가 신앙생활을 해가는 동안, 어떤 때는 폭풍도 있고 비바람이 불어서, 정말 하나님이 나와 함께 하시는지 의심도 나고, 염려도 되고, 짜증도 나는데, 하나님께서는 여객선을 따라다니던 영국 군함처럼 우리가 필요할 때는 언제라도 즉시 나타나시기 위해서 계속 안개 속에서 따라다니시는 것입니다. 우리를 보호하시는 하나님, 때때로 필요할 때마다 나타나셔서 도우시는 하나님의 모습이 아브라함이 인생의 경험을 통해서 발견한 모습이었습니다.

롯과 아브라함이 헤어질 때의 얘기는 앞에서도 몇 번 살펴보았습니다. 롯이 요단 온 들을 택하니까 아브라함이 낙심하고 있을 때, 하나님이 나타나셔서 "고개를 들라. 바라보는 온 땅이 다 네 것이다" 말씀해주셨습니다. 롯은 그 땅이 다 자기 것인 줄 알았지만, 온 우주가 하나님의 주권적인 섭리하에 있다는 것을 몰랐습니다.

이렇게 아브라함의 평생 175년 동안 여덟 번이나 나타나셔서 아브라함을 돌보시는 하나님의 모습을 창세기를 통해 볼 수 있습니다.

둘째/ 하나님은 400년 후 아브라함의 후손인 모세 시대에 일어날 일들을 미리 보여 주셨습니다(15:7-17).

창세기 15장 7절부터 17절에 보면, 하나님은 400년 후 아브라함의 후손인 모세 시대에 일어날 일을 미리 아브라함에게 말씀해주십니다. 아브라함이 자기 후손에 대한 예언을 하나님께로부터 받아서 자기 후손에게 미리 예언해 줄 수 있는 예언자의 역할도 하게 하셨습니다.

그 내용 중에 한 가지 살펴보고 싶은 것은, 하나님이 아브라함에게 "네 후손들이 이방의 땅에 가서 많은 고생을 하다가 400년 후에 이 땅으로 다시 돌아올 것이다"라고 하신 말씀입니다.

왜 400년이라고 하셨을까요? 아모리 사람들의 악이 아직도 가득 차지 않았기 때문이었습니다. 아모리 사람들은 가나안 사람들을 말합니다. 이 아모리 사람들이 범죄하기 시작해서 400년 후에는 완전히 악이 가득 차고 넘쳐서 하나님이 도저히 견딜 수 없을 정도로 되는데, 그 때에 이스라엘 백성을 애굽에서 불러내어서 가나안의 악에 대한 형벌의 도구로 쓰실 계획을 하신 것입니다. 아모리 사람들이 아기를 죽여서 재물로 바치는 우상숭배와 성적인 타락에 물들어 있었기 때문에 하나님은 더 견딜 수 없어서 이들을 진멸하여 죄에 대한 하나님의 심판을 보여주시는 동시에, 이스라엘 민족에게는 약속한 가나안 땅을 주심으로 아브라함에게 주셨던 언약을 성취하시는 일을 동시에 이루시는 것입니다.

셋째/ 하나님은 아브라함을 선지자라고 말씀하십니다(20:7).
20장 7절에 보면 아브라함이 선지자라는 것을 알 수 있습니다. 하나님께서도 아브라함이 선지자라는 사실을 인정하셨습니다.

이때, 선지자라는 것은, 구약 성경을 전체적으로 연구해 보면, 두 가지의 뜻이 있습니다. 하나는 선지자의 직책을 가진 사람을 말하고, 다른 하나는 선지자의 은사를 가진 사람을 말하는 것입니다.

선지자의 직분을 맡은 사람들은 이사야, 예레미야, 아모스, 오바댜, 하박국 이런 사람들입니다. 이들은 선지자의 직분을 가진 사람이고, 선지자의 은사를 가진 사람은 아브라함, 모세, 다윗과 같은 사람들입니다. 선지자의 직분을 받은 사람은 아니지만, 하나님으로부터 선지자의 은사(gift)를 받은 사람이기 때문에 하나님께서 친히 "그는 선지자라"(20:7)고 하시는 것입니다.

선지자의 직분을 받은 사람은 선지자의 직분과 은사를 다 받은 사람들입니다. 그리고 선지자의 은사를 받은 사람들은 원래는 선지자가 아니지만, 때때로 하나님의 말씀을 받아서 백성들에게 그 말씀을 나타내는 선지자의 역할을 하는 선지자적 은사를 가진 그런 사람들이라는 의미입니다.

그런데 선지자(先知者)라는 단어는 무슨 뜻입니까? 이 단어의 뜻은 선견자(先見者), '미리 앞을 보는 사람'이라는 뜻입니다. 다시 말해, '예언자', '미래를 보는 사람'이라는 의미입니다. 우리말 성경에는 이렇게 표현되어 있습니다.

그러나 선지자의 본래 뜻은 선포자(proclaimer)입니다. 선지자를 나타내는 히브리어의 '나바르'라는 단어는 '어떤 강한 압력에 의해 터져나온다'는 뜻입니다. 마치, 콜라나 사이다를 막 흔들면 그 안에 압력이 높아져서 마개를 따면 쫙 뿜어져 나가는 것과 같은 상황을 말하는 것입니다. 그러한 뜻이 '나바르'라는 히브리어 단어의 의미입니다.

그러므로 예언이란, 하나님의 성령이 그 사람에게 나타나셔서 하나님께서 말씀하시고 하는 메시지를 그 사람 속에 집어넣고 마구 흔드는 것입니다. 그러면 그 선지자는 말을 안 할 수가 없습니다. 에스겔서에 보면 "내가 내 말을 네 입에다 집어넣어 주겠다. 너는 내가 하는 말을 그대로 말하라"고 하는 부분이 있습니다. 하나님이 하시는 말씀을 대언하는 것, 그것이 선지자의 본래 의미입니다.

그런데 우리말의 '선지자', '예언자'는 미래를 말하는 예언의 의미만을 강조하는 경향이 있습니다. 그러나 사실은 선지자가 말하는 의미 속에는 과거에 대한 얘기도 있고, 현재에 대한 얘기도 있고, 미래에 대한 애기도 있습니다. 미래에 대한 애기는 한 부분에 불과합니다. 미래에 대한 애기만 하는 사람이 선지자는 아닙니다. 왜냐하면 시간과 공간을 초월하시는 하나님이 말씀하시기 때문입니다.

초월자 하나님이 세계 역사를 한 눈에 보시고 동서 남북 모든 애기를 하시니까, 과거 애기를 해도 예언하는 것이고, 현재 애기나 미래 애기 모두가 예언입니다. 선지자가 미래만을 애기하는 것이 아니라는 것을 확실히 하고 넘어가야 앞으로 성경을 볼 때 오해를 하지 않을 수 있습니다.

그런 점에서 목회자는 예언자적인 역할을 하고 있다고 말할 수 있습니다. 그러나 목사님들은 하나님의 말씀을 선포한다는 의미에서 예언자적이라고 하는 것이지, 미래를 말한다는 뜻은 아닙니다. 예언과 예언자라는 말의 성경신학적 의미는 이것입니다.

너그러운 사람 아브라함

아브라함은 상당히 인간적이고 너그러운 사람이었습니다. 너그럽고 손대접하기를 잘했습니다. 아브라함의 너그럽고 인간적인 성격은 아브라함의 몇 가지 모습에서 발견할 수 있습니다.

첫째/ 아브라함은 조카 롯을 길렀습니다(12:5).

자기 친 자식이 아닌 조카를 집에서 기른다는 것은 쉬운 일이 아닙니다. 요즘에도 보면 부모 없이 친척의 손에 맡겨지는 아이들이 있는데, 친척이라 할지라도 직접 키우지 않으려는 일들이 너무 많습니다.

미국에서 목회를 할 때, 한번은 저희 형님이 저를 방문하겠다고 해서 저희 집에 오셨습니다. 저는 형님이 세 분이 있는데, 그 형님은 저와 제일 가까운 형님이었습니다. 그래서 얼마나 반가운지, 혼자 미국에 떨어져서 살다가 친 형을 만나니까 반가워서 얼싸안았습니다. 둘째 날도 여전히 반가웠습니다. 한 일주일이 되니까 더이상 반갑지는 않고 그냥 담담했습니다.

그때는 아내가 첫 아기를 가졌을 때였고, 저도 목회만 하는 것이 아니라 신학교 강의도 나가는 때였습니다. 그래서 제가 직접 밥도 해야 하고, 기저귀도 빨아야 하고, 식품점에 가서 찬거리도 사와야 되고, 정신없이 바쁠 때였습니다. 저는 학교에도 가야 하고 할 일이 많은데, 형님은 미국에 처음 오셨으니까 여기도 가고 싶다, 저기도 가고 싶다 하셨습니다. 한 2주가 지나니까 형님이 이제 그만 가줬으면 하는 생각이 간절했습니다. 한 달째 되니까 이젠 형님이 미워지기까지 했습니다.

한 달 후에 저는 인간의 모습이 어떠한지를 발견했습니다. 그래서 제가 저를 보고 말했습니다. "김상복, 네가 그럴 줄 몰랐다." "야, 네가 그렇게도 사랑하고, 보고 싶어하던 형님이 와서 겨우 한 달 있었는데, 인간의 모습이 그렇게 간사하냐?"

형님은 결국 넉 달을 계셨습니다. 그땐 정말 별의별 생각이 다 들었습니다. 형님이 가신 후 저는 회개를 많이 했습니다. '하나님이여, 저를 용서하여 주옵소서. 귀한 형님을 모시고 있으면서 이런 마음이 생기다니.' 저는 언제나 사람을 좋아했고, 사람 만나는 일을 즐겨했고, 사람을 중요시했습니다. 그런데 다른 사람도 아니고 저의 형님한테 그런 생각을 하다니 예전에는 꿈이라도 꿔보았겠습니까?

그래서 저는 아브라함이 자기 조카를 키웠다는 것을 보고 '아브라함이 참 인격의 폭이 넓고, 인간을 용납하고 사랑하는 훌륭한 분이구나' 하는 것을 느꼈습니다.

둘째/ 아브라함은 롯이 분가를 할 때도 롯에게 우선권을 주었습니다 (13:9).

아브라함은 롯이 분가할 때 어느 땅을 소유하느냐는 문제에 있어서도 자기 조카에게 먼저 선택권을 주었습니다. 이런 사람을 하나님은 축복하십니다. 가슴을 열고 사람을 받아들일 줄 압니다.

어떤 사람들은 자꾸 사람을 고르기도 합니다. 자기와 성격이 비슷하면 좋아하고, 동창생이면 좋아하고…. 믿는 사람들도 마찬가지입니다. 사람은 좋아하는 사람이 있고, 안 좋아하는 사람이 있기 마련인데, 문제는 교회 안에서도 골라서 좋아하는 것입니다. 모를 것 같지만 교인들도 이것을 압니다. 그러면 교회 안에서 시기와 질투가 생기고 파벌이 생깁니다.

최근에 있었던 일입니다. 어느 목사님이 교회에서 성도를 골라 사귀는 것 때문에 거의 쫓겨나다시피 나갔습니다. 이 목사님은 당회에서 일어난 일 때문에 괴로움이 생기면 당회 끝나고 집에 가서 자기와 가까운 장로하고 전화를 하는 겁니다.

그런데 그것이 거기서 멈추면 괜찮은데, 다음 주일이면 목사님과 불편한 관계에 있는 사람에게 그 이야기가 전달되는 것입니다. 그래서 일주일 내내 목사를 괴롭힌 사람이 벌써 그 얘기를 듣고 아는 것입니다. 결국 이 목사님은 교회에서 밀려났습니다. 이 목사님은 공부도 많이 하고, 설교도 잘 하고, 사람도 좋은데, 사람을 가려 사귀는 바람에 결국 좋은 목회의 기회를 놓치신 것입니다.

이것은 목회자들이 피해야 할 큰 문제 가운데 하나입니다. 사람의 입에서 나온 이야기는 사람의 입에서 입으로 돌게 마련입니다. "이 얘기는 당신한테만 하는 건데"라고 해도 소용없습니다. 그러므로 하지 않아야 될 말은 하지 않는 것이 최고입니다.

목사는 절대로 사람을 가려서 사귀면 안됩니다. 물론 가슴 속으로는 개인적으로 좋아하는 사람이 있을 수 있습니다. 그러나, 있어도 말이나 태도로 좋아하는 것이 아니라 그저 가슴 속으로 좋아해야 합니다.

이것 때문에 목사는 가끔 외로운 때가 있습니다. 저도 그럴 때가 있는데, 좋아하면서도 좋아한다는 말을 못하는 것입니다.

제가 좋아하는 집사만 저녁에 초대해서 식사를 같이 하고 싶어도 그렇게 못합니다. 만약 초대해 놓으면 그 집사가 갔다와서 "아, 어저께 김 목사님 댁에 갔다왔는데, 사모님 참 요리를 잘하시더라. 초밥을 참 맛있게 먹었어." 그러면 그 이야기를 듣는 사람이 "그래요? 그런데 왜 김 목사님이 당신만 초대했지? 난 왜 안 하지?" 합니다. 그러면 이제 문제가 시작되는 것입니다.

그러므로 초대를 하고 싶어도 여러분을 한꺼번에 초청하는 것이 지혜롭습니다. 남전도회 임원을 같이 초대한다든지 주일학교 교사들을 초대한다든지 해서 여럿을 초청하는 것이 좋습니다. 모든 교인을 너그럽게 골고루 대하는 태도, 편견이 없다는 것이 목회에서는 대단히 중요합니다.

저는 미국에서 한국교민들 교회 목회를 11년 했습니다. 교인들과 서서 2분만 대화를 해도 얼마나 교인들이 좋아합니까? 담임목사님이 악수만 해도 그렇게 좋아합니다. 도움이 필요하고 시간이 필요한 사람들에게 골고루 울타리를 쳐주는 것이 대단히 중요한 것 같습니다.

제가 11년 사역을 끝마치고 한국으로 돌아올 때 교인들이 바로 이 점을 지적해 주었습니다. 그것이 저의 장점이었다는 겁니다. 목사님께서는 골고루 사람들을 좋아하셨다는 것입니다. 그래서 저는 11년 동안 그렇게 많은 교인들을 만나면서도 한 번도 교인들과 갈등을 일으킨 적이 없습니다. 심지어 저를 속썩인 사람마저도 언제나 너그럽게 대했습니다. 그랬더니 그 사람이 지금도 제게 편지하고, 전화가 옵니다.

그런데 저와 같이 목회를 하면서, 편중적인 목회를 했던 부목사님은 교회에서 쫓겨나게 되었습니다. 제가 그 부목사님을 원목사로 세우려

하니까 편애를 한 사람들은 좋다고 하는데, 그렇지 않은 사람들은 딱 질색을 하는 것이었습니다. 목회자는 가슴이 열려서 사람을 고르지 않고 무조건 끌어안는 태도가 필요합니다. 그래야 원수도 사랑할 수 있습니다.

가슴을 터놓고 원수도 끌어안는 사람은 하나님이 축복을 해주십니다. 다윗이 바로 대표적인 예입니다. 다윗이 왜 '하나님 마음에 합한 자'가 되고, 그렇게 어려울 때도 많은 사람들이 뒤따랐던가는 여러 가지 이유가 있지만 그 가운데 하나는, 다윗은 사람들을 무조건적으로 사랑했다는 것입니다. 특히 자기와 적대 관계에 있던 사울에게도 그랬습니다. 적군의 장군일지라도, 그가 죽으면 꼭 통곡을 했습니다. 그래서 그 적장이 죽으면 그 부하들이 전부 다윗 편이 되었습니다.

"야, 저것을 봐라. 자기를 죽이려고 하는 적군의 군대장관이 죽었는데, 저렇게 통곡하는 것을 보라." 몇 번을 그랬습니다. 자기를 죽이려고 했던 사울이 죽자 그 부하들이 모두 자기 편이 되었습니다. 물론 금방 그렇게 된 것은 아닙니다. 사울의 아들이 죽고, 장관이 죽었을 때, 가슴을 열고 받아들이니까 그 부하들이 전부 자기 편이 된 것입니다.

블레셋에서 도망다닐 때도 전리품을 열두 지파에게 다 나누어 주었습니다. 다윗은 인간관계에 대해서 굉장히 너그러운 사람이었습니다. 이스라엘 역사 가운데 가장 큰 영토와 가장 큰 민족을 이룬 것이 바로 다윗 시대였습니다. 사람의 울타리가 넓으니까 그 영토가 넓어졌습니다.

사람을 고르지 않고 자기 팔 안에 들어 오는 사람은 누구든지 끌어안는 이런 포용력을 가진 사람, 이런 사람이 하나님께 축복을 받습니다. 아브라함이 바로 이런 사람이었습니다.

셋째/ 아브라함은 천사들을 금방 알아보고 천사들을 환대했습니다 (18:3).

천사들이 찾아와서 대접을 요구한 것이 아니었습니다. 그들을 보자마자 아브라함은 "곧 장막문에서 달려나가 영접"했습니다(18:1). 물로 발을 씻기고 떡으로 대접하기를 원했습니다. 떡 뿐만이 아니라 제일 좋은 송아지를 잡고 온갖 요리로 그들을 대접했습니다. 천사들이 급하게 지나가는 바람에 이런 대접을 했지만 충분한 시간이 있었더라면 아브라함은 모든 것을 드려서라도 대접을 하려고 했을 것입니다.

아브라함이 천사들을 대접한 것은 두 가지 면에서 살펴볼 필요가 있습니다. 먼저, 아브라함은 손님 대접하기를 힘쓰는 사람이었다는 것입니다. 아브라함은 남에게 베풀고 대접하기를 좋아하는 사람이었음에 틀림없습니다.

또, 아브라함은 하나님을 쉽게 알아보는 사람이었습니다. 천사들이 사람의 복장을 하고 지나칠 때 아브라함은 그들이 하나님의 사자인 천사들이라는 것을 금방 알아차렸습니다. 그만큼 **아브라함은 하나님과 가까이서 동행하고 하나님의 음성에 민감한 사람이었습니다.**

넷째/ 아브라함은 아비멜렉의 종들이 아브라함의 우물을 늑탈했을 때 아비멜렉을 금방 용서해 주었습니다(21:25).

처음에 아브라함은 아비멜렉의 종들이 우물을 빼앗아버린 일에 대해 아비멜렉을 책망했지만 아비멜렉이 금시초문이라고 하자 그를 금방 용서하였습니다. 목자에게 우물은 생명과 같은 것입니다. 그런데도 아브라함은 아비멜렉이 자신의 종들이 아브라함의 우물을 빼앗았던 일을 몰랐다고 말하자 그를 신뢰해 주었습니다. 그 동안의 피해에 대한 어떤 보상도 요구하지 않았습니다.

쉽게 용서해 주고, 쉽게 사람을 돌보아주고, 쉽게 남에게 우선권을 주고, 쉽게 남을 대접해주는 사람, 그가 바로 아브라함입니다. 그래서 우리는 아브라함을 위대한 신앙의 조상으로 부릅니다. 이 위대한 하나님의 사람은 우리가 어떻게 살아야 할 것인가에 대해 많은 교훈을 줍니다. 믿는 사람들은 우선 가슴이 커야 됩니다. 처음 보는 사람도 끌어안을 수 있을 만큼 가슴이 넓어야 합니다.

그리스도인은 아브라함처럼 가슴을 열어놓고 살아야 합니다. 아브라함처럼 따스한 가슴을 소유하고 있어야 합니다. 가슴이 열린 사람은 용서를 구하는 사람을 마음 문을 닫아 걸고 그냥 돌려보내지 않습니다. 가슴이 따스한 사람은 도움을 필요로 하는 손길들을 그냥 뿌리치지 않습니다.

다섯째/ 아브라함은 남을 위해 중보기도하는 사람이었습니다(18:23-33)

아브라함은 남을 위해서 늘 중보기도하는 사람이었습니다. 아브라함은 소돔과 고모라를 위해서 하나님께 간청했습니다. 하나님을 대면하여 중보기도했습니다. 의인의 수를 50명, 40명, 30명, 20명, 마침내는 열 명으로 줄여가면서까지 집요하게 하나님을 설득했습니다. 그렇게 타락한 민족인데도 그 사람들을 어떻게든 구하기 위해서, 자기 조카 롯의 가족을 구하기 위해서 중보기도를 했습니다.

위대한 사람들은 무릎으로 기도하는 사람들이었습니다. 영국과 미대륙에 영적대각성운동을 불러일으킨 조나단 에드워드와 조지 윗필드, 그리고 오직 기도로만 고아원을 운영한 조지 뮐러, 중국대륙에 복음을 전파한 허드슨 테일러… 성경시대와 현대의 모든 위대한 신앙의 인물들은 늘 열심히 기도하는 사람들이었습니다. 그들의 기도의 대부분은 자신을 위한 기도가 아니라 다른 사람들을 위한 중보기도들이었습니다.

조나단 에드워드가 해야 할 일이 많을수록 더 많은 시간을 기도했다는 것은 이미 널리 알려진 일입니다. 조지 뮐러도 사람에게 구하지 않고 오직 모든 것을 하나님께만 기도하여 그의 평생을 풍성한 하나님의 기도응답 가운데 살다가 하나님 품으로 돌아갔습니다. 중국내지 선교회(현 OMF)를 세운 허드슨 테일러도 선교에 필요한 모든 것은 오직 하나님께만 구한다는 OMF선교회의 전통을 세웠습니다.

우리도 아브라함이나 허드슨 테일러처럼 기도의 사람이 되어야 하겠습니다. 기도로 하나님과 대화하며, 기도로 호흡하며, 기도로 발걸음 한 걸음 한 걸음을 옮기는 기도의 사람이 되어야 합니다.

육신을 가지고 명백한 한계를 지닌 우리가 할 수 있는 일에는 한계가 있으나 기도는 하지 못하는 일이 없습니다.

우리가 드리는 헌금도 사용되는 것이 한정되어 있습니다. 그러나 기도는 하면 할수록 더 풍성한 기도가 나오고 더욱더 풍성한 기도응답이 끊이지 않습니다.

우리가 갈 수 있는 곳은 한정되어 있으나 기도가 가지 못하는 곳은 없습니다.

위대한 사람들은 자기에 대한 관심보다는 남에 대한 관심이 훨씬 큽니다. 자기에 대한 관심이 많은 사람은 큰 일을 할 수가 없습니다. 역사상 위대했던 사람들을 보면 그들은 대개 자기 한 사람에게 관심이 있었던 사람이 아니라 많은 사람들에게 관심이 있고 많은 사람들을 위해 기꺼이 자기 자신을 희생하려 했던 사람들입니다.

위대한 사람들은 마치 전화수리공과 같습니다. 전화를 고치는 사람은 전화를 고칠 때 전신주 위에까지 올라갑니다. 올라갈 때에는 올라가야 하니까 두 손을 써서 올라가는데, 다 올라가서는 굵은 혁대를 꺼내서 허리에 두릅니다. 올라갈 때에는 자신을 보호하기 위해서 두 손을 다 쓰는데, 올라가서는 남의 문제를 해결하기 위해서 두 손을 놓고 일을 합니다. 남을 위한 일을 할 때는 두 손이 자유로워지니까 금방 전화를 고칠 수 있습니다.

자기 자신에 대해서 해방된 사람만이 남을 도울 수가 있습니다. 자신에 대해서 완전히 해방되면 해방될수록 남을 더 많이 도울 수가 있습니다. 자기 자아에 계속 집착하는 사람은 남을 도울 수가 없고, 돕고자 해도 별 도움이 안됩니다. 자꾸 자기에만 관심을 갖고, 자기가 어떻게 될 것인가를 생각하는데 어떻게 다른 사람을 도울 수가 있겠습니까? **남을 위해 간구하고 기도하는 사람이 남을 도울 수 있습니다.** 그 사람의 사람됨과 인격의 폭을 아는 것은 그 사람의 기도 제목을 보면 알 수 있습니다. 남을 위해 사는 사람은 남을 위한 중보기도제목이 많을 수밖에 없습니다.

아브라함이 그런 사람이었습니다. 아브라함은 늘 남을 위해서 기도하는 사람이었습니다. 소돔과 고모라를 위해 기도했을 뿐아니라 롯과 그 가족을 위해서도 기도했습니다. 아브라함이 하나님의 천사들에게 의인 열 명으로 인해 소돔과 고모라를 구원해 달라고 간청했을 때 아브라함의 마음에는 롯의 가족들이 있었습니다.

신약에 나타난 아브라함

지금까지 우리는 구약에 나타난 아브라함의 생애를 살펴보았습니다. 창세기 강해 제 1권 「잃어버린 왕좌」에서는 성경말씀을 한 구절씩 상세하게 그 신학적 의미와 신앙적 교훈을 찾아보았는데, 제 2권에서는 아브라함의 생애에 나타난 개괄적인 사건들을 중심으로 신앙적인 교훈을 살펴보았습니다. 한 구절 한 구절에서 나타나는 성경신학적인 깊은 의미를 찾기보다는 아브라함의 생애에서 배울 수 있는 신앙적 교훈을 우선적으로 살펴보았습니다.

이제 이러한 아브라함에 대해 신약은 어떻게 평가하고 있는지를 간략하게 살펴보겠습니다.

첫째/ 아브라함은 신약에서 74번 언급됩니다.

신약에서 이만큼 아브라함에 대해서 말씀하고 있다는 것은 신앙의 역사에서 아브라함이 어떤 위치를 차지하고 있는가를 잘 말해줍니다. 신약을 통틀어 예수님을 제외하고는 가장 이름이 많이 등장한 사람, 신약에서 신앙과 생활에 있어서 가장 위대한 인물로 나타난 사람이 바로 아브라함입니다.

아브라함이 신약에 언급된 74번 중에서 31번은 아브라함의 언약에 관한 것입니다. 하나님께서 아브라함을 통해서 메시아가 나타날 것이라는 언약을 주셨는데 그 언약이 예수님에 의해서 성취된 것을 기록한 신약에서는 아브라함의 언약을 31차례 언급하고 있습니다.

17번은 "의인은 믿음으로 말미암아 살리라"는 것을 말씀하시면서 그 대표로서 아브라함을 언급하고 있습니다. 신앙 생활은 믿음으로 사는 것이라는 사실을 아브라함을 통해서 나타내고 있습니다.

또 4번은 아브라함을 족보와 관계해서 나타나고 있습니다. 이밖에도 아브라함의 육체적인 후손에 대한 논쟁과, 멜기세덱에게 드린 십일조와 사라가 아브라함을 "주(lord)"라고 불렀던 사실과 관련하여 언급되고 있습니다.

둘째/ 아브라함의 이름은 신약의 첫구절에서부터 나타납니다.

마태복음 1장 1절에서는 "아브라함과 다윗의 자손 예수 그리스도의 세계라"라고 신약성경의 첫 단어를 아브라함으로부터 시작하고 있습니다. 창세기는 구약성경 39권의 첫권이라면 마태복음은 신약성경 27권의 시작입니다.

창세기에서부터 기독교가 시작되고 우리의 믿음은 시작됩니다. 이 창세기의 1장 1절은 "태초에 하나님이 천지를 창조하시니라"로서 신구약 성경의 첫 구절에서부터 바로 하나님을 나타내면서 시작하고 있습니다. 그런데 신약성경의 첫 구절은 우리의 구주요 주가 되시는 예수 그리스도로부터 시작하는데, 이 신약성경의 첫머리에 언급된 이름이 다름아니라 모험을 두려워 하지 않았던 '위대한 믿음의 조상 아브라함'인 것입니다.

신약에서 기록한 아브라함의 믿음

신약에서는 아브라함을 '위대한 믿음의 조상'으로 기록하면서 세 가지 점에 초점을 맞추고 있습니다. 신약에서 평가한 아브라함의 삶을 살펴보는 것으로 창세기 강해 둘째권인 본서를 마무리하겠습니다.

첫째/ 바울은 하나님의 약속에 대해 단순하게 순종한 아브라함의 믿음을 강조하고 있습니다.

> "아브라함이 바랄 수 없는 중에 바라고 믿었으니 이는 네 후손이 이같으리라 하신 말씀대로 많은 민족의 조상이 되게 하려 하심을 인함이라 그가 백 세나 되어 자기 몸의 죽은 것 같음과 사라의 태의 죽은 것 같음을 알고도 믿음이 약하여지지 아니하고 믿음이 없어 하나님의 약속을 의심치 않고 믿음에 견고하여져서 하나님께 영광 돌리며 약속하신 그것을 또한 능히 이루실 줄을 확신하였으니 그러므로 이것을 저에게 의로 여기셨느니라"(롬 4:18-22).

바울을 통해 하나님은 아브라함의 신앙이 "바랄 수 없는 중에 바라고" "믿음이 없어 하나님의 약속을 의심치 않고 믿음에 견고하여져서"라고 말씀하고 있습니다. 사실은 어떻습니까?

사실 아브라함은 이삭의 탄생을 믿지 않았을 뿐만 아니라, 아내 사라는 하나님의 약속에 웃음을 띄기까지 했었습니다. 심지어는 여종 하갈을 통해 성급하게 이스마엘을 낳기까지 했습니다. 그런데 왜 하나님은 아브라함의 신앙을 "의심치 않는 견고한 믿음"이라고 평가하고 있을까요?

이것이 바로 하나님의 마음이기 때문입니다. 간음에 살인까지 교사한 다윗을 "하나님 마음에 합한 자"라고 하신 하나님입니다. 하나님은 우리가 우리의 죄를 회개할 때 그 죄를 용서하실 뿐만 아니라 깨끗이 잊어버리시는 분입니다. 주홍같이 붉은 죄를 눈같이 희게 하시는 분입니다.

그러므로 하나님은 아브라함을 "믿음의 사람"이라고 부르시고 다윗을 "하나님 마음에 합한 사람"이라고 부르시는 것입니다. **우리가 비록 죄인이고 앞으로도 여전히 죄를 지으며 살아갈 수밖에 없는 연약한 인간이라는 것을 아시는 하나님은 우리를 '의롭다' 칭해 주시는 분입니다.**

만약 우리가 인간의 잣대로 아브라함을 바라보면 그는 더이상 '위대한 하나님의 사람'이 아닐 수도 있습니다. 그리고 만약 동일한 잣대로 우리 자신을 재어본다면 우리 가운데 우리의 의로 구원받을 수 있는 사람은 한 사람도 없을 것입니다. 그러나 하나님의 잣대는 다릅니다. 하나님의 사랑의 잣대로는 아브라함은 '위대한 믿음의 조상'이요 우리들 자신도 '의롭다 칭할 만한 사람'입니다. 이것이 하나님의 은혜입니다.

지금까지 우리는 아브라함의 생애를 살펴보았지만, **아브라함의 생애보다 더욱 주목해 보아야 할 것은 그 아브라함을 다듬고 인도해가시는 하나님의 손길이며, 아브라함을 바라보시는 하나님의 눈빛입니다.**

아브라함을 바라보시던 그 시선으로 지금도 하나님은 여러분과 저 자신을 바라보고 계십니다.

둘째/ 히브리서 기자는 아브라함의 신앙의 인내를 강조하고 있습니다.

"믿음으로 아브라함은 부르심을 받았을 때에 순종하여 장래 기업으로 받을 땅에 나갈새 갈 바를 알지 못하고 나갔으며 믿음으로 저가 외방에 있는 것 같이 약속하신 땅에 우거하여 동일한 약속을 유업으로 함께 받은 이삭과 야곱으로 더불어 장막에 거하였으니 이는 하나님의 경영하시고 지으실 터가 있는 성을 바랐음이라"(히 11:8-10).

아브라함이 하나님을 믿은 신앙은 단순히 입술로만 "믿습니다"라고 고백한 믿음이 아닙니다. 하나님께서 후손을 주시겠다고 약속하시고 그 약속을 이삭의 출생을 통하여 처음으로 성취하시는 데만 25년이 걸렸습니다. 히브리서 기자는 아브라함의 이 인내를 높이 평가하고 있습니다.

뿐만 아닙니다. 아브라함이 자신의 생전에 눈으로 본 후손은 이삭과 이스마엘과 그두라의 여섯 자식들, 그리고 이삭의 아들 야곱과 에서 등 손자들까지밖에 보지 못했습니다. 아브라함이 살아생전 눈으로 확인한 자식들의 숫자는 모래알이나 뭇별의 수와는 거리가 멀었습니다.

그 자식들이 열국을 이룬 것도 아니었습니다. 아직 완전한 형태의 부족공동체를 이루기에도 모자라는 규모였습니다. 그럼에도 불구하고 아브라함은 뭇별과 같은, 모래알과 같은 후손들을 볼 수 있었습니다. 아브라함이 하나님의 비전에 동참했을 때, 하나님의 말씀을 전적으로 신뢰했을 때 아브라함은 "하나님의 경영하시고 지으실 터가 있는 성"을 바라볼 수 있었던 것입니다.

믿음은 "바라는 것들의 실상이요 보이지 않는 것들의 증거"이기 때문입니다. 우리가 하나님 안에 있으면 우리도 아브라함처럼, 바라는 것들과 보이지 않는 것들을 볼 수 있는 눈이 생깁니다.

셋째/ 야고보서 기자는 참된 신앙은 순종으로 증명되는데 그 순종의 정수를 아브라함의 신앙이라고 말씀하고 있습니다.

> "우리 조상 아브라함이 그 아들 이삭을 제단에 드릴 때에 행함으로 의롭다 하심을 받은 것이 아니냐 네가 보거니와 믿음이 그의 행함과 함께 일하고 행함으로 믿음이 온전케 되었느니라 이에 경에 이른 바 아브라함이 하나님을 믿으니 이것을 의로 여기셨다는 말씀이 응하였고 그는 하나님의 벗이라 칭함을 받았나니"(약 2:21-23).

야고보서 기자는 **온전한 믿음이란 행함과 함께 일하는 것**이라고 말씀하고 있습니다. 그리고 그 예로 아브라함이 이삭을 제단에 드릴 때를 들면서 아브라함의 믿음이 행함과 믿음이 함께 한 '온전한 믿음'이라고 평가하고 있습니다.

이전에는 실수도 많고 의심도 있었지만 이삭을 하나님의 제단에 바치기로 결심한 순간, 아브라함은 하나님을 '알았습니다.' 그리고 하나님도 아브라함이 하나님을 경외하는 줄을 '안다'고 확증해 주셨습니다.

그리고 이후에 아브라함의 모습은 조그마한 흔들림 없이, 의심 없이 모든 일을 믿음으로, 지혜롭게 잘 처리해 나갔습니다.

이전에는 많은 허물이 있던 아브라함이었지만 이 순간 이후 하나님은 아브라함을 '의롭다' 하시고, '하나님의 벗'이라고 칭하셨습니다.

하나님의 벗! 이보다 더 극진한 표현은 성경의 어디에서도 찾아볼 수가 없습니다. 마침내 아브라함과 하나님은 친구처럼 서로의 마음을 알고, 서로 응답하고, 서로 동행하는 삶을 살게 된 것입니다.

이제 아브라함의 최후의 모습을 살펴봄으로써, 위대한 믿음의 조상이요 하나님의 벗이었던 아브라함의 생애와 그에게 주신 하나님의 축복을 살펴본 본 강해서를 마무리 짓겠습니다.

"아브라함의 향년이 일백 칠십 오세라 그가 수가 높고 나이 많아 기운이 진하여 죽어 자기 열조에게로 돌아가매 그 아들 이삭과 이스마엘이 그를 마므레 앞 헷 족속 소할의 아들 에브론의 밭에 있는 막벨라 굴에 장사하였으니 이것은 아브라함이 헷 족속에게서 산 밭이라 아브라함과 그의 아내 사라가 거기 장사되니라"(창 25:7-10).

기독교 신앙의 문을 연 사람, 또한 신약성경의 첫 구절을 연 사람, 아브라함의 생애는 조용히 막을 내립니다. 그가 내린 막 뒤로 달려올 뭇별 같은, 모래알 같은 믿음의 자손들을 바라보면서— .